AF825596

§ 33g GWB – Die Offenlegung von Beweismitteln im Kartellschadensersatzprozess

von

Caroline Rohling

utzverlag

Rechtswissenschaftliche Forschung und Entwicklung

Herausgegeben von

Prof. Dr. jur. Michael Lehmann, Dipl.-Kfm.
Universität München

Band 853

MIX
Papier aus verantwortungsvollen Quellen
FSC® C083411
FSC
www.fsc.org

D 61

Bibliografische Information der Deutschen Nationalbibliothek:
Die Deutsche Nationalbibliothek verzeichnet diese Publikation in der Deutschen Nationalbibliografie; detaillierte bibliografische Daten sind im Internet über http://dnb.d-nb.de abrufbar.

Das Werk ist urheberrechtlich geschützt. Sämtliche, auch auszugsweise Verwertungen bleiben vorbehalten.

Copyright © utzverlag GmbH · 2022

ISBN 978-3-8316-4960-0 (gedrucktes Buch)
ISBN 978-3-8316-7713-9 (E-Book)

Printed in EU
utzverlag GmbH, München
089–277791–00 · www.utzverlag.de

In Liebe und Dankbarkeit meinen Eltern.

Vorwort

Die vorliegende Arbeit wurde am 24.02.2020 von der Juristischen Fakultät der Heinrich-Heine-Universität Düsseldorf als Dissertation angenommen. Rechtsprechung und Literatur konnten bis Februar 2020 berücksichtigt werden. Die mündliche Prüfung fand am 27.04.2021 statt.

Mein ganz besonderer Dank gilt meinem verehrten Doktorvater, Herrn Prof. Dr. Rupprecht Podszun, für die hervorragende Betreuung. Stets stand er mir mit vielfältigen Ratschlägen zur Seite. Dabei hat er mir zugleich eine sehr große Freiheit bei der Anfertigung der Arbeit gelassen. Ohne seine Diskussionsbereitschaft und seinen fachlichen Rat wäre es mir nicht möglich gewesen, die Arbeit in dieser Form abzuschließen.

Ich möchte mich zudem bei Frau Prof. Dr. Nicola Preuß für die sehr engagierte und schnelle Erstellung des Zweitgutachtens bedanken.

Herzlich bedanken möchte ich mich bei meinen lieben Eltern, Agnes und Wolfgang Rohling. Sie haben mich bei meiner akademischen Ausbildung immer unterstützt und begleitet.

Düsseldorf, im Juni 2022
Caroline Rohling

Inhaltsverzeichnis

A. Einleitung

Die Offenlegungsvorschrift § 33g GWB (im Folgenden auch: „Offenlegungsanspruch") ermöglicht sowohl dem (vermeintlichen) Kartellgeschädigten als auch dem (vermeintlichen) Schädiger die Offenlegung von Beweismitteln[1]. Dazu gibt § 33g GWB dem (vermeintlichen) Kartellgeschädigten und dem (vermeintlichen) Schädiger einen Beweismittelherausgabeanspruch und einen Auskunftsanspruch an die Hand. Diese Ansprüche werden ergänzt durch einen Aufwendungsersatzanspruch und durch einen Schadensersatzanspruch.

Das Gesetz gegen Wettbewerbsbeschränkungen (GWB) wurde mit dem Neunten Gesetz zur Änderung des Gesetzes gegen Wettbewerbsbeschränkungen vom 01.06.2017 überarbeitet. Mit dieser neunten GWB-Novelle wurde auch die Offenlegungsvorschrift § 33g GWB in das GWB eingefügt.

Durch die neunte GWB-Novelle haben unterschiedliche Regelungen in das GWB Eingang gefunden. Es lassen sich im Wesentlichen drei verschiedene Regelungsgegenstände unterscheiden. In Reaktion auf die Digitalisierung der Wirtschaft sollte mit der neunten GWB-Novelle der Schutz vor Marktmissbrauch sichergestellt werden. Darüber hinaus wurde durch die neunte GWB-Novelle das Bußgeldrecht geändert.

Ein weiterer Regelungsgegenstand der neunten GWB-Novelle war die Umsetzung der Richtlinie 2014/104/EU[2] des Europäischen Parlaments und

---

1 Offenlegung von Beweismitteln im Sinne von § 33g GWB meint im Folgenden sowohl die Beweismittelherausgabe gemäß § 33g Abs. 1, 2 GWB als auch die Auskunftserteilung gemäß § 33g Abs. 10 GWB i.V.m. § 33g Abs. 1, 2 GWB. Damit ist der Begriff „Offenlegung" von Beweismitteln im Sinne von § 33g GWB ein Oberbegriff für die Beweismittelherausgabe und die Auskunftserteilung gemäß § 33g GWB.

2 Richtlinie 2014/104/EU des Europäischen Parlaments und des Rates vom 26. November 2014 über bestimmte Vorschriften für Schadensersatzklagen nach nationalem Recht wegen Zuwiderhandlungen gegen wettbewerbsrechtliche Bestimmungen der Mitgliedstaaten und der Europäischen Union (ABl. L 349/1 vom 5.12.2014).

des Rates vom 26. November 2014 über bestimmte Vorschriften für Schadensersatzklagen nach nationalem Recht wegen Zuwiderhandlungen gegen wettbewerbsrechtliche Bestimmungen der Mitgliedstaaten und der Europäischen Union (im Folgenden: „Kartellschadensersatzrichtlinie" oder „SE-RL"). Damit betrifft der dritte Regelungsgegenstand der neunten GWB-Novelle das Kartellschadensersatzrecht.

Die Kartellschadensersatzrichtlinie, deren Umsetzung Änderungen im GWB erforderte, war neben der Digitalisierung der Wirtschaft Anlass der neunten GWB-Novelle.[3] Die EU hatte den Mitgliedstaaten aufgegeben, die Kartellschadensersatzrichtlinie bis zum 27.12.2016 umzusetzen, Art. 21 Abs. 1 S. 1 SE-RL. Mit der neunten GWB-Novelle ist der deutsche Gesetzgeber dieser Umsetzungspflicht nachgekommen, wenn auch in Überschreitung der Umsetzungsfrist. Am 09.06.2017 ist die neunte GWB-Novelle in Kraft getreten.

Die Umsetzung der Kartellschadensersatzrichtlinie ist nicht nur Anlass der Novelle, sondern auch Schwerpunkt. Im Rahmen dieses Schwerpunkts ist insbesondere die Umsetzung der Richtlinienvorgaben zur Offenlegung von Beweismitteln von großer Bedeutung. Denn diese Offenlegungsvorschriften stellen die Kernvorschriften der Kartellschadensersatzrichtlinie dar.[4] Die Richtlinienvorgaben zur Offenlegung von Beweismitteln stellten den Gesetzgeber vor Herausforderungen. Sie sind ein Novum und jedenfalls in der Reichweite des Art. 5 SE-RL dem deutschen Recht fremd, da sie erheblich über die Möglichkeiten der Anordnung der Urkundenvorlegung gemäß § 142 ZPO hinausgehen. Die Reichweite der Richtlinienvorgaben zu den Offenlegungsvorschriften schwächen den Beibringungsgrundsatz.

Darüber hinaus stellt die Umsetzung der Richtlinienvorgaben zur Offenlegung von Beweismitteln den Gesetzgeber vor Herausforderungen, weil diese Richtlinienvorgaben ein höchst sensibles Thema mit viel Sprengkraft sind. Denn die Offenlegung von Beweismitteln ermöglicht jedermann Informatio-

---

3 Regierungsbegründung, BT-Drs. 18/10207, S. 1 f.

4 *Makatsch / Kacholdt,* in: MüKo, WettbR, Band 2, § 33g GWB, Rn. 1.

nen über ein Unternehmen zu erlangen, sofern ein Kartellschadensersatzanspruch „plausibel“ gemacht wird.

Mithin stellten die Richtlinienvorgaben zur Offenlegung von Beweismitteln den Gesetzgeber nicht nur rechtstechnisch, sondern auch inhaltlich vor eine Herausforderung. Nachdem die neunte GWB-Novelle am 09.06.2017 in Kraft getreten ist, kann beurteilt werden, wie der Gesetzgeber diese Herausforderung angenommen hat und die Richtlinienvorgaben hinsichtlich der Offenlegung von Beweismitteln umgesetzt hat.

I. Beweisführung in Kartellschadensersatzprozessen

In Kartellschadensersatzprozessen stellt sich insbesondere die Beweisführung als Problem dar. Denn Kartellschadensersatzprozesse leiden in der Regel an einer „Informationsasymmetrie“[5] zwischen (vermeintlichen) Kartellgeschädigten und Kartellanten.[6]

Um einen Kartellschadensersatzanspruch erfolgreich einzuklagen, ist es erforderlich, dass der (vermeintliche) Kartellgeschädigte als Kläger die Tatsachen darlegt und beweist, aus denen sich der Anspruch ergibt. Dies stellt die (vermeintlichen) Kartellgeschädigten als Kläger gewöhnlich vor sehr große Herausforderungen, da Kartelle einen konspirativen[7] Charakter aufweisen.

Die „Informationsasymmetrie“[8] ist dem Umstand geschuldet, dass die (vermeintlichen) Kartellgeschädigten als Kläger beweisbelastet sind, ihnen jedoch zugleich aufgrund der regelmäßig geheimen Kartellabsprachen der Zugang zu Beweismitteln schwer möglich ist. Denn die Beweismittel, die zum Beweis und zur Bezifferung des Kartellschadens erforderlich sind, befinden

---

5 Siehe Erwägungsgrund 15 der Kartellschadensersatzrichtlinie.

6 Siehe Erwägungsgrund 15 der Kartellschadensersatzrichtlinie; *Mäsch,* in: Berg / Mäsch, Deutsches und Europäisches Kartellrecht, § 33g GWB, Rn. 1.

7 *Saller,* BB 2013, 1160, 1160.

8 Siehe Erwägungsgrund 15 der Kartellschadensersatzrichtlinie.

sich in der Regel bei den Kartellanten.[9] In Reaktion auf diese Schwierigkeiten in der Beweisführung im Rahmen von Kartellschadensersatzklagen haben (vermeintliche) Kartellgeschädigte immer wieder versucht, Einsichtnahme in Kronzeugenanträge zu erlangen.

Die Einsichtnahme in Kronzeugenanträge durch (vermeintliche) Kartellgeschädigte missfiel den Kartellanten.[10] Sie befürchteten, dass die Einsichtnahme in Kronzeugenanträge den (vermeintlichen) Kartellgeschädigten die Beweisführung erheblich erleichtern könnte.[11] Mit der Einsichtnahme in Kronzeugenanträge stießen die (vermeintlichen) Kartellgeschädigten jedoch nicht nur auf Widerstand bei Kartellanten und Kronzeugen. Die Einsichtnahme von Kronzeugenanträgen beunruhigte darüber hinaus auch die nationalen sowie europäischen Kartellbehörden.[12] Das Bundeskartellamt sowie die Europäische Kommission als Kartellbehörde befürchteten, dass ein Rückgang von Kronzeugenanträgen erfolgen könnte, sofern den (vermeintlichen) Kartellgeschädigten Einsicht in Kronzeugenanträge gewährt wird.[13]

Potenzielle Kronzeugen könnte die Einsichtnahme in Kronzeugenanträge abschrecken und sie von dem Mitwirken an einem Kronzeugenprogramm abhalten. Denn bei einer Einsichtnahme der Kronzeugenanträge durch die (vermeintlichen) Kartellgeschädigten wäre für potenzielle Kronzeugen der Vorteil an der Teilnahme am Kronzeugenprogramm begrenzt. Durch die Teilnahme am Kronzeugenprogramm würden sich die Kronzeugen zwar den Vorteil einer Reduzierung oder eines Erlasses des Bußgeldes verschaffen. Mit diesem Vorteil würde aber auch der erhebliche Nachteil einhergehen, dass mit der Teilnahme am Kronzeugenprogramm den (vermeintlichen) Kartellgeschädigten Beweismittel an die Hand gegeben werden, die ihnen andern-

---

9 *Oest/Hess/Janutta,* CCZ 2017, 273, 275; *Petrasincu/von Steuben,* NZKart 2018, 286, 287. Vgl. auch *Preuß,* in: LMRKM, Kartellrecht, § 33g GWB, Rn. 2.

10 Vgl. *Fiedler/Huttenlauch,* NZKart 2013, 350, 350.

11 Vgl. *Bien,* NZKart 2013, 481, 481, 482; *Schweitzer,* NZKart 2014, 335, 341.

12 Vgl. *Schweitzer,* NZKart 2014, 335, 335, 341.

13 Vgl. *Fiedler/Huttenlauch,* NZKart 2013, 350, 350, 353; *Schweitzer,* NZKart 2014, 335, 335, 341.

falls nicht zur Verfügung stehen würden und durch die sie möglicherweise erst in die Position versetzt werden, ihren Kartellschadensersatzanspruch darzulegen und zu beweisen. In Anbetracht der Tatsache, dass Kartelle erhebliche Schäden[14] verursachen und mithin Kartellschadensersatzklagen in erheblicher Höhe zur Folge haben können, wäre der durch die Kronzeugenerklärung mögliche Nachteil, der in der möglichen Einsichtnahme von (vermeintlichen) Geschädigten in diese Erklärung besteht, erheblich. Dieser Nachteil fällt zu dem durch die Kronzeugenerklärung bedingten Vorteil erheblich ins Gewicht.

Der abschreckende Effekt durch eine mögliche Einsichtnahme in Kronzeugenanträge sorgte die Kartellbehörden deswegen so sehr, weil Kronzeugen zur Aufdeckung von Kartellen beitragen.[15] Aufgrund des geheimen Charakters von Kartellen sind die Kartellbehörden zur Aufdeckung eines Kartells in der Regel darauf angewiesen, dass einer aus der Mitte der Kartellanten Informationen bekannt gibt. Werden potenzielle Kronzeugen durch die Weitergabe von Kronzeugenerklärungen an (vermeintliche) Kartellgeschädigte von der Teilnahme an Kronzeugenprogrammen abschreckt, so haben die Kartellbehörden die Gefährdung der öffentlichen Durchsetzung des Kartellrechts (public enforcement) zu befürchten.[16]

Um die effektive Kartellrechtsdurchsetzung durch die Kartellbehörden (public enforcement) sicherzustellen, schlug die Europäische Kommission den Erlass der Kartellschadensersatzrichtlinie vor. Mit dem Erlass der Kartellschadensersatzrichtlinie wollte die Europäische Kommission sicherstellen, dass Kronzeugenerklärungen und Vergleichsausführungen zu keinem Zeitpunkt eingesehen werden können. Der Unionsgesetzgeber hat dieses ka-

---

14 *Dose,* VuR 2017, 297, 297; *Makatsch / Mir,* EuZW 2015, 7, 9; *Mederer,* EuZW 2013, 847, 848. Vgl. auch Folgenabschätzungsbericht v. 11.6.2013 zum Vorschlag, SWD(2013) 203 final (Euro-Lex-Referenz 52013SC0203), Rn. 67, 102, 172.

15 Siehe Erwägungsgrund 26 der Kartellschadensersatzrichtlinie.

16 Siehe Erwägungsgrund 26 der Kartellschadensersatzrichtlinie.

tegorische Offenlegungsverbot bezüglich Kronzeugenerklärungen und Vergleichsausführungen in Art. 6 Abs. 6 SE-RL geregelt.

Darüber hinaus wollte der Unionsgesetzgeber mit der Kartellschadensersatzrichtlinie auch die „Informationsasymmetrie“[17] als besonderes Problem von Kartellschadensersatzklagen beseitigen.[18] Dieser „Informationsasymmetrie“[19] begegnete der Unionsgesetzgeber insbesondere durch die Offenlegungsvorschriften, Art. 5 SE-RL ff., und durch die Schadensschätzung, Art. 17 SE-RL.

Denn mit Hilfe von öffentlich zugänglichen Informationen lässt sich häufig nicht beurteilen, ob und in welcher Höhe das Kartell einen Schaden für unmittelbare Abnehmer verursacht hat und ob diese unmittelbaren Abnehmer den Schaden an die nächste Marktstufe weitergegeben haben.[20] Daher ist die Offenlegung von Informationen im Besitz beziehungsweise in der tatsächlichen Verfügungsgewalt von Kartellbehörden und von Parteien sowohl für die Geltendmachung eines Kartellschadensersatzanspruchs als auch für die Verteidigung gegen einen Kartellschadensersatzanspruch besonders bedeutsam.[21]

Mit dem Schutz von Kronzeugenerklärungen einerseits und der Erleichterung der Beweisführung im Rahmen von Kartellschadensersatzverfahren andererseits intendierte der Unionsgesetzgeber, den widerstreitenden Interessen von Kartellanten, Kronzeugen und (vermeintlichen) Kartellgeschädigten zu einem Ausgleich zu verhelfen. Mithin versucht die Richtlinie zwei entgegengesetzte und miteinander unvereinbare Interessen zugleich umzusetzen: zum einem das Informationsbedürfnis der (vermeintlichen) Kartell-

---

17 Siehe Erwägungsgrund 15 der Kartellschadensersatzrichtlinie.

18 Siehe Erwägungsgrund 14 f., 46 f., 54 der Kartellschadensersatzrichtlinie.

19 Siehe Erwägungsgrund 15 der Kartellschadensersatzrichtlinie.

20 Vgl. *Weitbrecht,* NZKart 2019, 70, 73; *Preuß,* in: LMRKM, Kartellrecht, § 33g GWB, Rn. 69.

21 *Weitbrecht,* NZKart 2019, 70, 73.

geschädigten und zum anderem das Geheimhaltungsbedürfnis von Kartellanten und Kronzeugen.

Der deutsche Gesetzgeber hat die Kartellschadensersatzrichtlinie durch die neunte GWB-Novelle umgesetzt. Die Offenlegungsvorschriften der Kartellschadensersatzrichtlinie erfahren insbesondere durch §§ 33g, 89b, 89c GWB eine Umsetzung. Darüber hinaus wird dem (vermeintlichen) Kartellgeschädigten die Beweisführung durch die Bindungswirkung von Entscheidungen einer Wettbewerbsbehörde, § 33b GWB, und durch die Schadensschätzung, § 33a Abs. 3 GWB i.V.m. § 287 ZPO, erleichtert.

Insbsondere die Bindungswirkung gemäß § 33b GWB hilft dem (vermeintlichen) Kartellgeschädigten bei der Beweisführung, sodass bei follow-on-Klagen in der Regel „nur" noch über den Schaden gestritten wird. Hinsichtlich der Darlegung und des Beweises des Schadens kommt dem (vermeintlichen) Kartellgeschädigten sowohl bei follow-on-Klagen als auch bei stand-alone-Klagen die Schadensschätzung, § 33a Abs. 3 GWB i.V.m. § 287 ZPO, zur Hilfe. Auch wenn die Schadensschätzung, § 33a Abs. 3 GWB i.V.m. § 287 ZPO, eine erhebliche Erleichterung bei der Beweisführung darstellt, muss der (vermeintliche) Kartellgeschädigte für eine Schadensschätzung gemäß § 33a Abs. 3 GWB i.V.m. § 287 ZPO immer noch die Anknüpfungstatsachen darlegen und beweisen.[22] Sofern der (vermeintliche) Kartellgeschädigte keinen Zugang zu diesen Anknüpfungstatsachen hat, können ihm die Offenlegungsvorschriften gemäß §§ 33g, 89b, 89c GWB helfen.

Auch wenn die Kartellschadensersatzrichtlinie die Rechtsunsicherheit hinsichtlich der Offenlegung von Kronzeugenerklärungen beseitigt und dem (vermeintlichen) Kartellgeschädigten die Beweisführung durch die Offenlegungsvorschriften erleichtert hat, sind durch die Umsetzung der Kartellschadensersatzrichtlinie durch die neunte GWB-Novelle eine Vielzahl neuer Pro-

---

22 Vgl. *Bornkamm / Tolkmitt,* in: Langen / Bunte, Kartellrecht, Band 1, § 33g GWB, Rn. 35.

bleme und Fragestellungen hinsichtlich der Offenlegung von Beweismitteln entstanden, die erneut eine Rechtsunsicherheit[23] verursachen.

II. Relevanz der neuen Offenlegungsvorschriften des GWB

Die Offenlegungsvorschriften §§ 33g, 89b, 89c GWB sind für Kartellschadensersatzklagen deshalb von so entscheidender Relevanz, weil die Vorschriften in Umsetzung der Kartellschadensersatzrichtlinie die „Informationsasymmetrie"[24] zwischen (vermeintlichen) Kartellgeschädigten und Kartellanten beseitigen sollen. Gerade weil Kartellschadensersatzprozesse durch Schwierigkeiten bei der Beweisführung gekennzeichnet sind und diese „Informationsasymmetrie"[25] eine Herausforderung für (vermeintliche) Kartellgeschädigte darstellt, kommt den neuen Offenlegungsvorschriften des GWB eine erhebliche Bedeutung zu.

Die Offenlegungsvorschriften beseitigen aber nicht nur die „Informationsasymmetrie"[26] zugunsten des (vermeintlichen) Kartellgeschädigten. Darüber hinaus sollen die Offenlegungsvorschriften auch dem (vermeintlichen) Schädiger die Offenlegung von Beweismitteln ermöglichen, damit der (vermeintliche) Schädiger sich angemessen gegen die Kartellschadensersatzklage verteidigen kann.

Durch die Schaffung eines Offenlegungsanspruchs (damit ist im Folgenden die Vorschrift § 33g GWB in ihrer Gesamtheit gemeint, also sowohl die Beweismittelherausgabeansprüche gemäß § 33g Abs. 1 GWB und gemäß § 33g Abs. 2 GWB als auch die Auskunftsansprüche gemäß § 33g Abs. 10 GWB i.V.m. § 33g Abs. 1 GWB und gemäß § 33g Abs. 10 GWB

23 Vgl. *Hellmann / Steinbrück*, NZKart 2017, 164, 164; *Mäsch*, in: Berg / Mäsch, Deutsches und Europäisches Kartellrecht, § 33g GWB, Rn. 3.

24 Siehe Erwägungsgrund 15 der Kartellschadensersatzrichtlinie.

25 Siehe Erwägungsgrund 15 der Kartellschadensersatzrichtlinie.

26 Siehe Erwägungsgrund 15 der Kartellschadensersatzrichtlinie.

i.V.m. § 33g Abs. 2 GWB) im Rahmen seiner europarechtlichen Umsetzungspflicht hat der deutsche Gesetzgeber insbesondere den Versuch unternommen, die „Informationsasymmetrie“[27] zu beseitigen, zumindest jedoch abzuschwächen. Die erfolgreiche Durchsetzung eines Kartellschadensersatzanspruchs hängt entscheidend von der Praxistauglichkeit des neu eingeführten Offenlegungsanspruchs gemäß § 33g GWB ab und überdies von der Praxistauglichkeit der §§ 89b, 89c GWB.

Sofern sich die §§ 33g, 89b, 89c GWB im Rahmen von Zivilprozessen als nicht praktikabel erweisen, wird es für den (vermeintlichen) Kartellgeschädigten weiterhin schwierig sein, die den Anspruch begründenden Tatsachen darzulegen und zu beweisen. Zwar kommt dem (vermeintlichen) Kartellgeschädigten sowohl die Bindungswirkung von Entscheidungen einer Wettbewerbsbehörde gemäß § 33b GWB zur Hilfe als auch die Schadensschätzung gemäß § 33a Abs. 3 GWB i.V.m. § 287 ZPO. Gleichwohl muss der (vermeintliche) Kartellgeschädigte für eine Schadensschätzung gemäß § 33a Abs. 3 GWB i.V.m. § 287 ZPO die Anknüpfungstatsachen darlegen und beweisen.[28]

Aufgrund der „Informationsasymmetrie“[29] in Kartellschadensersatzverfahren hat der (vermeintliche) Kartellgeschädigte in der Regel keinen Zugang zu den für eine Schadensschätzung gemäß § 33a Abs. 3 GWB i.V.m. § 287 ZPO erforderlichen Anknüpfungstatsachen. Insofern ist der (vermeintliche) Kartellgeschädigte wegen des Zugangs zu diesen Anknüpfungstatsachen auf die Offenlegung von Beweismitteln und Informationen angewiesen. Erweisen sich die §§ 33g, 89b, 89c GWB als nicht praktikabel, wird die bisherige „Informationsasymmetrie“[30] fortbestehen und den (vermeintlichen) Kartellgeschädigten wird es weiterhin vielfach – auch unter Berücksichtigung

27 Siehe Erwägungsgrund 15 der Kartellschadensersatzrichtlinie.

28 Vgl. *Bornkamm / Tolkmitt*, in: Langen / Bunte, Kartellrecht, Band 1, § 33g GWB, Rn. 35.

29 Siehe Erwägungsgrund 15 der Kartellschadensersatzrichtlinie.

30 Siehe Erwägungsgrund 15 der Kartellschadensersatzrichtlinie.

der Schadensschätzung gemäß § 33a Abs. 3 GWB i.V.m. § 287 ZPO – nicht möglich sein, den ihnen entstandenen Schaden darzulegen und zu beweisen.

Dies hätte zur Folge, dass erhebliche wirtschaftliche Schäden der Kartellgeschädigten nicht kompensiert werden könnten. Dies ist insofern von Relevanz, als Kartelle jährlich Schäden in Höhe von mehreren Milliarden Euro[31] verursachen. Jedenfalls vor Inkrafttreten der Kartellschadensersatzrichtlinie wurde nur ein Bruchteil dieser Schäden kompensiert.[32] Überwiegend verblieb der rechtswidrig erlangte Vermögensvorteil beim Rechtsverletzer.[33] Vor Inkrafttreten der Kartellschadensersatzrichtlinie schätzte die EU, dass bezogen auf die EU die Opfer auf die Geltendmachung eines Schadens in Höhe von EUR 5,7 Milliarde bis EUR 23,3 Milliarde verzichtet hätten.[34] So sehen Geschädigte von einer Klage ab, wenn sie nur über unzureichende Beweismittel verfügen.[35] Mithin ist die erfolgreiche Geltendmachung von Kartellschäden in der Zukunft unter anderem davon abhängig, welche Instrumente der Beweisführung dem (vermeintlichen) Kartellgeschädigten an die Hand gegeben werden.

Eine effektive Beweisführung im Kartellschadensersatzprozess dient auch der Durchsetzung des Kartellrechts im Allgemeinen. Sofern die gerichtliche Geltendmachung von Kartellschäden durch wirksame Instrumente der Be-

---

31 *Dose,* VuR 2017, 297, 297; *Makatsch / Mir,* EuZW 2015, 7, 9; *Mederer,* EuZW 2013, 847, 848. Vgl. auch Folgenabschätzungsbericht v. 11.6.2013 zum Vorschlag, SWD(2013) 203 final (Euro-Lex-Referenz 52013SC0203), Rn. 67, 102, 172.

32 Weißbuch v. 2.4.2008, „Schadenersatzklagen wegen Verletzung des EG-Wettbewerbsrechts", KOM (2008) 165 endg., S. 2; *Mederer,* EuZW 2013, 847, 848. Dazu auch *Makatsch / Mir,* EuZW 2015, 7, 9.

33 *Makatsch / Mir,* EuZW 2015, 7, 9; *Mederer,* EuZW 2013, 847, 848.

34 Folgenabschätzungsbericht v. 11.6.2013 zum Vorschlag, SWD(2013) 203 final (Euro-Lex-Referenz 52013SC0203), Rn. 67, 102, 172. Vgl. auch Weißbuch v. 2.4.2008, „Schadenersatzklagen wegen Verletzung des EG-Wettbewerbsrechts", KOM (2008) 165 endg., S. 2.

35 *Makatsch / Mir,* EuZW 2015, 7, 9.

weisführung erleichtert wird, kann durch Kartellschadensersatzklagen als private enforcement die Durchsetzung des Kartellrechts verbessert werden. Denn müssen Kartellanten neben einem Bußgeld auch Schadensersatzklagen fürchten, so könnten diese Schadensersatzklagen dazu beitragen, dass die Kartellanten zukünftig immer mehr von Kartellabsprachen abgehalten werden. Kartellschadensersatzklagen haben damit nicht nur einen kompensatorischen Charakter, sondern auch einen präventiven. Damit dient das private enforcement neben dem public enforcement der praktischen Wirksamkeit („effet utile“) der Art. 101, 102 AEUV.[36]

Eine misslungene Umsetzung der Offenlegungsvorschriften stellt sich aber nicht nur für (vermeintliche) Kartellgeschädigte als Problem dar. Denn auch Kartellenten haben zur Verteidigung gegen einen Kartellschadensersatzanspruch einen Beweismittelherausgabeanspruch gemäß § 33g Abs. 2 GWB und einen Auskunftsanspruch gemäß § 33g Abs. 10 GWB i.V.m. § 33g Abs. 2 GWB gegen Dritte und gegen denjenigen, der einen Beweismittelherausgabeanspruch, § 33g Abs. 1 GWB, einen Auskunftsanspruch, § 33g Abs. 10 GWB i.V.m. § 33g Abs. 1 GWB, oder einen Kartellschadensersatzanspruch, § 33a Abs. 1 GWB, rechtshängig gemacht hat.

In § 33g GWB werden viele unbestimmte Rechtsbegriffe verwendet, wie beispielsweise „erforderlich“, § 33g Abs. 1, 2 GWB, „so genau bezeichnet, wie dies auf Grundlage der mit zumutbarem Aufwand zugänglichen Tatsachen möglich ist“, § 33g Abs. 1 GWB, und „unverhältnismäßig“, § 33g Abs. 3 S. 1 GWB. Erweist sich § 33g GWB durch die Verwendung unbestimmter Rechtsbegriffe als unklar und missverständlich, so haben die Anspruchsgegner eines Offenlegungsanspruchs zu befürchten, dass § 33g GWB durch die Gerichte extensiv ausgelegt wird. Bei einer extensiven Auslegung und Anwendung des Offenlegungsanspruchs käme § 33g GWB einem „Aus-

36 Siehe Erwägungsgrund 3, 6 der Kartellschadensersatzrichtlinie; EuGH, Urteil vom 20.09.2001, C-453/99, ECLI: EU:C:2001:465, Rn. 26 – *Courage;* EuGH, Urteil vom 13.07.2006, C-295/04 u.a., ECLI: EU:C:2006:461, Rn. 60 – *Manfredi.*

forschungsanspruch“[37] nach dem Vorbild des anglo-amerikanischen discovery-Verfahrens gleich.[38] Eine Ausforschungsmaßnahme ist eine nicht gezielte oder unnötig weit gefasste Suche nach Informationen, die für die Verfahrensbeteiligten wahrscheinlich nicht relevant sind.[39]

Solange die unbestimmten Rechtsbegriffe des § 33g GWB durch Literatur und Rechtsprechung nicht konkretisiert sind, führt die Verwendung dieser unbestimmten Begriffe zu einer Rechtsunsicherheit. Für (vermeintliche) Kartellgeschädigte, Kartellanten, am Kartell unbeteiligte Unternehmen als Dritte sowie für Kartellbehörden ist es nicht vorhersehbar, wie die deutschen Gerichte §§ 33g, 89b, 89c GWB anwenden und auslegen werden.

Diese Rechtsunsicherheit ist deswegen bedeutend, da die Rechtsprechung mit der von ihr vorzunehmenden Auslegung der unbestimmten Rechtsbegriffe der §§ 33g, 89b, 89c GWB bestimmen wird, in welche Richtung sich der Offenlegungsvorschriften entwickeln werden und ob sich durch die Offenlegungsvorschriften die Rechtslage erheblich ändern wird. Es ist aber auch denkbar, dass die Rechtsprechung den §§ 33g, 89b, 89c GWB auch nach einer Auslegung jede Praxistauglichkeit versagt, sodass den §§ 33g, 89b, 89c GWB keine praktische Bedeutung zukommen würde und sowohl für Unternehmen als auch für Kartellbehörden ohne Belang wären.

Solange die Rechtsprechung die Rechtsunsicherheit nicht durch eine Auslegung der Offenlegungsvorschriften beseitigt, besteht die Gefahr, dass sich ein Kartellschadensersatzprozess wegen des Streits der Parteien über die Offenlegung von Beweismitteln auf langwierige Art und Weise hinauszögern wird.

Die neuen Offenlegungsvorschriften besitzen auch insofern rechtspolitische Sprengkraft, als bei einer extensiven Auslegung und Anwendung des

---

37 *Podszun / Kreifels / Schmieder,* WuW 2017, 114, 116.

38 *Podszun / Kreifels,* GWR 2017, 67, 72. Vgl. auch *Mallmann / Lübbig,* in: Fuchs / Weitbrecht, Handbuch Private Kartellrechtsdurchsetzung, § 13, Rn. 53.

39 Vgl. auch die Definition der Kartellschadensersatzrichtlinie in Erwägungsgrund 23 der Kartellschadensersatzrichtlinie.

Offenlegungsanspruchs nicht nur (vermeintliche) Kartellgeschädigte und vermeintliche Kartellanten zu einer umfangreichen Offenlegung von Beweismitteln verpflichtet sind, sondern auch unbeteiligte Unternehmen als Dritte. Unternehmen befinden sich in der neuen sowie unangenehmen Situation, dass (vermeintliche) Kartellgeschädigte von ihnen unter dem Vorwand eines möglicherweise bestehenden Kartellschadensersatzanspruchs umfangreiche Informationen verlangen können. Insofern ist zu berücksichtigen, dass allein die „Glaubhaftmachung" eines Kartellschadensersatzanspruchs für die erfolgreiche Geltendmachung eines Offenlegungsanspruchs ausreichend ist.

Sofern gerade nicht Betriebs- und Geschäftsgeheimnisse betroffen sind, könnten die §§ 33g, 89b, 89c GWB einen bislang der deutschen Rechts- und Wirtschaftsordnung gänzlich unbekannten Informationsfluss in der Wirtschaft verursachen. Dabei hängt es ganz entscheidend von der Auslegung der Begriffe „Glaubhaftmachung" und „Betriebs- und Geschäftsgeheimnisse" ab, wie weit sich Unternehmen im Rahmen des Offenlegungsanspruchs offenbaren müssen. Bei einer weiten Auslegung der §§ 33g, 89b, 89c GWB laufen Unternehmen Gefahr, „gläsern" zu werden; und zwar betrifft dies nicht nur Unternehmen als Kartellanten und (vermeintliche) Geschädigte, sondern auch dritte, unbeteiligte Unternehmen.

Es bleibt festzuhalten, dass die neuen Offenlegungsvorschriften Kartellschadensersatzklagen zum Erfolg verhelfen können und sie „befeuern" können. Abgesehen von der Bedeutung der §§ 33g, 89b, 89c GWB als Hilfsmitteln von Kartellschadensersatzklagen, besteht jedoch auch die Gefahr, dass diese Vorschriften missbraucht werden, um an Informationen zu gelangen.

III. Forschungsfrage

Es soll der Forschungsfrage nachgegangen werden, wie Beweismittel und Auskünfte gemäß § 33g GWB offengelegt werden können. Dazu sollen die Anspruchsvoraussetzungen der Beweismittelherausgabeansprüche gemäß § 33g Abs. 1, 2 GWB und der Auskunftsansprüche gemäß § 33g Abs. 10 GWB ausgelegt und definiert werden. Zudem sollen die Ausschlussgründe und die Herausgabeverweigerungsrechte des § 33g GWB dargestellt werden.

Im Rahmen der Erläuterung und Darstellung des § 33g GWB sollen zugleich europarechtswidrige Regelungen dieser Vorschrift aufgezeigt werden.

Zudem soll der Frage nachgegangen werden, ob eine Umsetzung der Offenlegungsvorschriften der Kartellschadensersatzrichtlinie durch eine ausschließlich prozessuale Regelung gegenüber der Umsetzung durch einen materiellrechtlichen Offenlegungsanspruch zweckmäßiger gewesen wäre. Mithin soll geprüft werden, ob die Umsetzung der Kartellschadensersatzrichtlinie durch die neunte GWB-Novelle zweckmäßig ist oder aber eine Umsetzung durch eine innerprozessuale Regelung dienlicher gewesen wäre.

Abschließend soll ein Vorschlag für eine Überarbeitung von § 33g GWB unterbreitet werden, indem für europarechtswidrige, unpraktikable und unzweckmäßige Regelungen eine Alternative vorgelegt wird.

IV. Methodik

Die Forschungsfrage soll insbesondere im Wege der Auslegung beantwortet werden.

Im Einzelnen wird wie folgt an die Forschungsfrage herangegangen: Zunächst werden die Offenlegungsvorschriften der Kartellschadensersatzrichtlinie vorgestellt. Im Rahmen der Darstellung der Richtlinie soll insbesondere auf die Erwägungsgründe der Richtlinie Bezug genommen werden. Unter Darlegung von Anlass und Beweggrund des Unionsgesetzgebers für den Erlass der Richtlinie sowie unter Berücksichtigung der Erwägungsgründe der Richtlinie, soll die Intention des Unionsgesetzgebers, die dieser mit den einzelnen Regelungen der Kartellschadensersatzrichtlinie zur Offenlegung von Beweismitteln verfolgt hat, klar herausgearbeitet werden.

Sodann sollen die Offenlegungsvorschriften des GWB vorgestellt werden. Dabei soll insbesondere auch auf die Gesetzgebungsmaterialien Bezug genommen werden. Die Offenlegungsvorschrift § 33g GWB soll im Wege der Auslegung eine Konkretisierung erfahren. § 33g GWB ist nach den juristischen Auslegungsmethoden, den „Canones“, die auf Friedrich Carl von Savigny zurückgehen, richtlinienkonform[40] auszulegen. Bei der Auslegung des § 33g GWB sind die aus der Darstellung der Kartellschadensersatzrichtlinie gewonnen Erkenntnisse zu berücksichtigen. Diese Erkenntnisse sollen eine richtlinienkonforme Auslegung von § 33g GWB sicherstellen.

Ausgehend vom Wortlaut im Wege der grammatikalischen Auslegung ist die Offenlegungsvorschrift § 33g GWB systematisch, historisch und teleologisch auszulegen. Unbestimmte Rechtsbegriffe sollen ausgelegt werden und definiert werden. Hierzu wird auch die schon vorhandene Rechtsprechung[41] zu den Offenlegungsvorschriften des GWB herangezogen.

Vorschriften, die sich einer richtlinienkonformen Auslegung nach den „Canones“ entziehen, sind aufzuzeigen. Darüber hinaus sind im Rahmen der Auslegung auch die Vorschriften aufzuzeigen, die sich in der Anwendung durch Richter und Rechtsanwälte als unpraktikabel erwiesen haben. Ferner sind die Vorschriften zu bemerken, die sich unter Berücksichtigung der unter dem Gliederungspunkt A. II. dargelegten Gründe rechtspolitisch als misslungen darstellen, da sie entweder einen „Ausforschungsanspruch“[42] nach dem Vorbild des anglo-amerikanischen Discovery-Verfahrens[43] schaffen oder aber die Beweisnot der (vermeintlichen) Kartellgeschädigten nicht beseitigen.

Für diese rechtspolitisch misslungenen, unpraktikablen oder richtliniennonkonformen Vorschriften soll im Anschluss an die Auslegung nach den „Canones“ ein Gesetzgebungsvorschlag unterbreitet werden, der im Wege einer Überarbeitung der neunten GWB-Novelle berücksichtigt werden könn-

40 So auch *Preuß*, in: LMRKM, Kartellrecht, § 33g GWB, Rn. 24.

41 OLG Düsseldorf, Beschluss vom 03.04.2018 – VI-W (Kart) 2/18 = BeckRS 2018, 6656; OLG Düsseldorf, Beschluss vom 07.05.2018 – VI-W (Kart) 2/18 = BeckRS 2018, 8830; LG Hannover, Urteil vom 18.12.2017 – 18 O 8/17, BeckRS 2017, 140329; LG Stuttgart, Urteil vom 20.06.2018 – 30 O 79/18 = BeckRS 2018, 16091.

42 *Podszun / Kreifels / Schmieder*, WuW 2017, 114, 116.

43 *Mallmann / Lübbig*, in: Fuchs / Weitbrecht, Handbuch Private Kartellrechtsdurchsetzung, § 13, Rn. 53.

te. Dabei soll der Vorschlag zur Überarbeitung der neunten GWB-Novelle im Wege eines Rechtsvergleichs gefunden werden. Es soll untersucht werden, wie ein anderer Mitgliedstaat an die Umsetzung Kartellschadensersatzrichtlinie herangegangen ist. Vor- und Nachteile dieser Umsetzung sollen der deutschen Umsetzung im Wege eines Rechtsvergleichs gegenübergestellt werden.

Für einen Rechtsvergleich bietet sich insbesondere eine mitgliedstaatliche Richtlinienumsetzungen an, die die Kartellschadensersatzrichtlinie gänzlich anders als der deutsche Gesetzgeber umgesetzt hat. Vollständig anders hat der österreichische Gesetzgeber die Kartellschadensrichtlinie umgesetzt.

Die Umsetzung des österreichischen Gesetzgebers ist insbesondere deswegen interessant, weil die österreichische Umsetzung anders als die deutsche Umsetzung ohne einen materiellrechtlichen Anspruch auf Offenlegung von Beweismitteln auskommt.[44] Gerade weil ein materiellrechtlicher Anspruch auf Offenlegung von Beweismitteln in diesem weiten Umfang dem deutschen Recht fremd ist und gleichsam ein Novum[45] darstellt, ist dieser Rechtsvergleich mit der österreichischen Umsetzung spannend.

Im Wege des Rechtsvergleichs wird beantwortet, ob der deutsche Gesetzgeber in rechtspolitisch unzweckmäßiger sowie bedenklicher Art und Weise über die Richtlinienvorgaben unnötigerweise „hinausgeschossen" ist. Die Vor- und Nachteile der österreichischen Umsetzung werden dargelegt. Dabei werden die rechtspolitischen Vor- und Nachteile des deutschen Offenlegungsanspruchs gemäß § 33g GWB der österreichischen Umsetzung gegenübergestellt und insbesondere die Vor- und Nachteile herausgestellt, die sich daraus ergeben, dass sich der deutsche Gesetzgeber für eine materiellrechtliche Umsetzung und der österreichische Gesetzgeber für eine verfahrensrechtliche Umsetzung entschieden hat.

Aufgrund der aufgezeigten Vor- und Nachteile wird bewertet, ob die Offenlegungsvorschriften der Kartellschadensersatzrichtlinie sich besser durch eine verfahrensrechtliche Offenlegungsvorschrift umsetzen lassen. Dabei

44 Vgl. *Podszun / Kreifels*, GWR 2017, 67, 69.

45 *Makatsch / Kacholdt*, in: MüKo, WettbR, Band 2, § 33g GWB, Rn. 6; *Podszun / Kreifels*, GWR 2017, 67, 71.

wird insbesondere berücksichtigt, dass die Kartellschadensersatzrichtlinie den Mitgliedstaaten die Schaffung eines materiellrechtlichen Offenlegungsanspruchs nicht aufgegeben hat. In diesem Zusammenhang werden etwaige Schwierigkeiten und Besonderheiten des Offenlegungsanspruchs, § 33g GWB, aufgezeigt, die gerade der Umsetzung der verfahrensrechtlichen Richtlinienvorgaben durch einen Anspruch geschuldet sind.

Unter Berücksichtigung der Erkenntnisse, die im Wege des Rechtsvergleichs mit der österreichischen Umsetzung gewonnen werden, wird ein Vorschlag zur Überarbeitung von § 33g GWB unterbreitet werden. Der Vorschlag berücksichtigt die verschiedenen Interessen von (vermeintlichen) Kartellgeschädigten, Kartellanten und Dritten und orientiert sich an den Erwägungsgründen der Kartellschadensersatzrichtlinie. Dabei sollen die rechtspolitischen Erwägungen berücksichtigt werden, die unter dem Gliederungspunkt A. II. dargelegt wurden.

Ferner soll der Gesetzgebungsvorschlag bereits in der Literatur geäußerte Kritik an §§ 33g, 89b, 89c GWB umfassend einbeziehen.

V. Interessenmatrix als Bewertungsmaßstab

Die Auslegung als Methode zur Beantwortung der Forschungsfrage soll sich an einem Bewertungsmaßstab orientieren. Als Bewertungsmaßstab dient eine Interessenmatrix, die verschiedene Interessen als Kriterien aufweist. Bei der Auslegung sind diese verschiedenen Kriterien zu berücksichtigen. Die Interessenmatrix besteht aus folgenden Kriterien: Interessenausgleich, Verhinderung von Missbrauch, Kostenrisiko, Praktikabilität und Rechtseinheit.

1. Interessenausgleich

Das erste Kriterium ist der Interessenausgleich. Durch die Auslegung müssen die widerstreitenden Interessen von (vermeintlichen) Kartellgeschädigten, (vermeintlichen) Schädigern und Dritten zum Ausgleich gebracht werden.

Die Interessen stellen sich wie folgt dar: Der (vermeintliche) Kartellgeschädigte möchte möglichst viele sowie umfangreiche Auskünfte und Beweismittel erlangen, damit er prüfen sowie gegebenenfalls sodann beweisen kann, ob und in welcher Höhe und gegen wen ihm ein Kartellschadensersatzanspruch zusteht. Detailreiche Auskünfte und Beweismittel sind für den (vermeintlichen) Kartellgeschädigten auch deswegen wichtig und interessant, weil sie ihm ermöglichen das Prozessrisiko besser abzuschätzen.

Demgegenüber besteht das Interesse des (vermeintlichen) Schädigers darin, möglichst keine Auskünfte und Beweismittel zu übermitteln, die zu seiner Verurteilung auf Kartellschadensersatz beitragen können. Insofern hat der (vermeintliche) Schädiger kein Interesse an einer Abkehr vom Beibringungsgrundsatz.

Dritte haben kein Interesse, Auskunft zu erteilen oder Beweismittel herauszugeben. Denn sie waren am Kartell nicht beteiligt und sind weder Anspruchsteller noch Anspruchsgegner eines etwaigen Kartellschadensersatzanspruchs. Der Ausgang eines etwaigen Kartellschadensersatzprozesses ist ihnen gleichgültig, da sie weder Vorteile erwarten können noch Nachteile zu befürchten haben. Umso mehr wollen sie mit Auskunftsansprüchen und Beweismittelherausgabeansprüchen nicht behelligt werden.

Wird gegen Dritte ein Auskunftsanspruch oder ein Beweismittelherausgabeanspruch geltend gemacht, bringt ihnen dies nur Nachteile und keinen einzigen Vorteil. Durch die Erteilung von Auskunft oder die Herausgabe von Beweismitteln entstehen Dritten Unannehmlichkeiten und Kosten. Darüber hinaus werden die personellen sowie sachlichen Ressourcen von Dritten gebunden.

Die Erteilung von Auskunft und die Herausgabe von Beweismitteln ist aber nicht nur für Dritte lästig. Vielmehr sorgen sich Dritte vor der Erteilung von Auskunft und der Herausgabe von Beweismitteln, weil die Anspruchsteller des Offenlegungsanspruchs nicht nur Kenntnis von unbedeutenden Daten erlangen könnten, sondern auch Kenntnis von sensiblen Daten[46] und Geschäftsgeheimnissen erlangen könnten. Aber nicht nur Dritte fürchten

46 Vgl. auch Stellungnahme, BDI, Ausschuss-Drs. 18(9)1094, S. 25.

die Erteilung von Auskunft und die Herausgabe von Beweismitteln; auch der (vermeintliche) Schädiger und der (vermeintliche) Geschädigte möchten keine sensiblen Daten[47] und Geschäftsgeheimnisse preisgeben.

Zwischen diesen widerstreitenden Interessen von (vermeintlichen) Geschädigten, (vermeintlichen) Schädigern und Dritten muss ein Ausgleich getroffen werden, der jedem Interesse zur bestmöglichen Wirkung verhilft und zugleich das jeweils gegenläufige Interesse möglichst wenig beeinträchtigt.

Bei der Bewertung der Interessen von (vermeintlichen) Geschädigten, (vermeintlichen) Schädigern und Dritten muss berücksichtigt werden, in welchem Umfang dem Bedürfnis an Auskunft und Beweismitteln bereits durch Beweiserleichterungen, wie beispielsweise der Schadensschätzung, Rechnung getragen werden kann.

Ob und in welchem Umfang auf Beweiserleichterungen zurückzugreifen ist und welche Anstrengung Unternehmen bei der Auskunftserteilung und Beweismittelherausgabe zuzumuten ist, beurteilt sich auch danach, ob das Unternehmen (vermeintlicher) Geschädigter, (vermeintlicher) Schädiger oder etwa „nur" Dritter ist. Jedenfalls sollten Unternehmen – auch unter Berücksichtigung einer Kompensation durch einen etwaigen Kostenerstattungsanspruch – nicht so überlastet werden, dass ihre Verwaltungen durch die Erteilung von Auskünften und die Herausgabe von Beweismitteln organisatorisch blockiert werden. Dies gilt insbesondere für Unternehmen als Dritte.

2. Verhinderung von Missbrauch

Die Auslegung muss sich an dem Interesse orientieren, einen Missbrauch der Offenlegungsvorschriften zu verhindern.

Ein Missbrauch der Offenlegungsvorschriften liegt vor, wenn die Offenlegung von Auskünften und Beweismitteln verlangt wird, ohne dass zugleich ein Rechtsverfolgungsinteresse oder ein Rechtsverteidigungsinteresse an einem Kartellschadensersatzanspruch besteht. Darüber hinaus liegt ein Miss-

---

47 Vgl. auch Stellungnahme, BDI, Ausschuss-Drs. 18(9)1094, S. 25.

brauch der Offenlegungsvorschriften bei „fishing expeditions“[48] vor; also wenn mit Hilfe der Offenlegungsvorschriften versucht wird, an zuvor unbekannte Beweismittel[49] als „Zufallsfunde“[50] zu gelangen.

Eine Gefahr des Missbrauchs der Offenlegungsvorschriften besteht, wenn Auskünfte und Beweismittel auch zu dem Zweck herausverlangt werden, einen Kartellschadensersatzprozess zu verschleppen. Überdies kann eine Gefahr des Missbrauchs der Offenlegungsvorschriften durch die Kosten der Offenlegung und die Bindung von personellen sowie sachlichen Ressourcen bei der Herausgabe entstehen.[51] Die Offenlegung könnte zu dem Zweck verlangt werden, den Offenlegungsverpflichteten mit den Kosten und der Bindung von Ressourcen zu behelligen. Insofern schafft der Aufwendungsersatzanspruch hinsichtlich der Kosten nur bedingt Abhilfe, da der zur Offenlegung Verpflichtete jedenfalls die Aufwendungen für die Offenlegung zunächst übernehmen muss und damit zumindest das Insolvenzrisiko desjenigen trägt, der die Offenlegung begehrt.

Eine enge und präzise Auslegung wirkt einer ausufernden Anwendung der Offenlegungsvorschriften entgegen, sodass auf diese Art und Weise auch „fishing expeditions“[52] vermieden werden. Durch eine Auslegung der in den Offenlegungsvorschriften verwendeten unbestimmten Rechtsbegriffe wird Rechtssicherheit geschaffen und so ein Missbrauch der Offenlegungsvorschriften abgewendet.

---

48 Zum Begriff „fishing expeditions“: Stellungnahme, BDI, Ausschuss-Drs. 18(9)1094, S. 25; *Podszun / Kreifels / Schmieder,* WuW 2017, 114, 116.

49 *Makatsch / Kacholdt,* in: MüKo, WettbR, Band 2, § 33g GWB, Rn. 31.

50 *Makatsch / Kacholdt,* in: MüKo, WettbR, Band 2, § 33g GWB, Rn. 31.

51 Vgl. Stellungnahme, BDI, Ausschuss-Drs. 18(9)1094, S. 25.

52 Zum Begriff „fishing expeditions“: *Podszun / Kreifels / Schmieder,* WuW 2017, 114, 116.

3. Kostenrisiko

Die Kosten der Auskunft und der Beweismittelherausgabe sind bereits als Erwägung im Rahmen der Verhältnismäßigkeitsprüfung zu berücksichtigen. Darüber hinaus kann der zur Offenlegung Verpflichtete die Erstattung der erforderlichen Kosten der Auskunft und der Beweismittelherausgabe verlangen.

Das Kostenrisiko ist aber auch bereits im Rahmen der Auslegung als Auslegungskriterium zu berücksichtigen, um einer Kostenexplosion entgegenzuwirken. Bereits bei der Auslegung muss der Aufwand der Auskunft und Beweismittelherausgabe beachtet werden, sodass die Kosten in einem angemessenen Verhältnis zum Nutzen stehen.

4. Praktikabilität

Ein weiteres Auslegungskriterium ist die Praktikabilität. Die Offenlegungsvorschriften sollen so ausgelegt werden, dass sie praktikabel sind und möglichst viel Anwendung finden. Nur eine praktikable Vorschrift kann auch Bedeutung in der Praxis erlangen.

5. Rechtseinheit

Die Auslegung als Methode zur Beantwortung der Forschungsfrage soll sich darüber hinaus an dem Kriterium der Rechtseinheit orientieren. Begriffe der Offenlegungsvorschriften sollen so ausgelegt werden, dass sie mit dem übrigen Rechtssystem möglichst im Einklang stehen.

Dabei steht die Auslegung unter dem Gebot der Rechtseinheit vor der besonderen Herausforderung, dass der deutsche Gesetzgeber die Offenlegungsvorschriften der Kartellschadensersatzrichtlinie sowohl durch materielle als auch durch prozessuale Vorschriften umgesetzt hat. Insbesondere der Beweismittelherausgabeanspruch gemäß § 33g Abs. 1, 2 GWB ist ein Novum[53] im deutschen Rechtssystem, das eigentlich von der strikten Trennung von materiellrechtlichen und verfahrensrechtlichen Vorschriften geprägt ist.

Es wird die besondere Aufgabe der Auslegung sein, diesen neuen Beweismittelherausgabeanspruch in das bestehende deutsche Rechtssystem zu integrieren und dabei möglichst Brüche zu vermeiden.

Eine gute Integration in das bestehende Rechtssystem dient auch der Praktikabilität. Je besser die Offenlegungsvorschriften in das Rechtssystem integriert sind, desto besser können sie Praktiker auch anwenden. Denn Praktiker können bei guter Integration der neuen Vorschriften in das Rechtssystem bei deren Anwendung auf bestehende Strukturen des Rechtssystems zurückgreifen, sodass ihnen die Anwendung der neuen Vorschriften erleichtert wird. Dies schafft Rechtssicherheit.

VI. Stand der Forschung

In Kommentaren[54] und Handbüchern[55] sind Abhandlungen zu § 33g GWB erschienen. Hervorzuheben ist, dass teilweise die „kartellschadensersatz-

---

53 *Makatsch / Kacholdt,* in: MüKo, WettbR, Band 2, § 33g GWB, Rn. 6; *Podszun / Kreifels,* GWR 2017, 67, 71.

54 *Bechtold / Bosch,* in: Bechtold / Bosch, GWB, § 33g GWB; *Bornkamm / Tolkmitt,* in: Langen / Bunte, Kartellrecht, Band 1, § 33g GWB; *Mäsch,* in: Berg / Mäsch, Deutsches und Europäisches Kartellrecht, § 33g GWB; *Makatsch / Kacholdt,* in: MüKo, WettbR, Band 2, § 33g GWB.

55 *Denzel / Holm-Hadulla,* in: Kamann / Ohlhoff / Völcker, Kartellverfahren und Kartellprozess, § 29, Rn. 15 ff.; *Inderst / Thomas,* in: Inderst / Thomas, Schadensersatz bei Kartellverstößen, S. 497 ff.; *Mallmann / Lübbig,* in: Fuchs / Weitbrecht, Handbuch Private Kartellrechtsdurchsetzung, § 13, Rn. 50 ff.; *Preuß,* in: Kersting / Podszun, Die 9. GWB-Novelle, S. 245 ff (Kapitel 10.).

rechtlichen Informationsansprüche"[56] gelobt werden.[57] Sie seien ein „erste[r] Schritt in die richtige Richtung, nämlich zur Beseitigung der Rückständigkeit des deutschen Zivilverfahrensrechts im Bereich der Informationsbeschaffung zur Sachverhaltsaufklärung"[58].

Bereits vor Herausgabe von Handbüchern und Kommentaren wurden Aufsätze in der Literatur zur neunten GWB-Novelle veröffentlicht. In den Aufsätzen stellt die Literatur[59] insbesondere die Vorschriften der neunten GWB-Novelle vor und legt die Systematik der materiellrechtlichen und verfahrensrechtlichen Vorschriften dar.

In der Literatur[60] werden im Rahmen der veröffentlichten Aufsätze nur vereinzelt Lösungsvorschläge für die Anwendung der neuen Vorschriften unterbreitet, indem Begriffe definiert werden. Im Vordergrund steht in der Literatur eine Darstellung der neuen Offenlegungsvorschriften des GWB und die Kritik an der Umsetzung der Schadensersatzrichtlinie durch die neunte GWB-Novelle. In der Regel bleibt die Kritik an der neunten GWB-Novelle jedoch ohne einen konstruktiven Verbesserungsvorschlag zur Überarbeitung der neunten GWB-Novelle.

---

56 *Mäsch,* in: Berg / Mäsch, Deutsches und Europäisches Kartellrecht, § 33g GWB, Rn. 5.

57 *Mäsch,* in: Berg / Mäsch, Deutsches und Europäisches Kartellrecht, § 33g GWB, Rn. 5.

58 *Mäsch,* in: Berg / Mäsch, Deutsches und Europäisches Kartellrecht, § 33g GWB, Rn. 5.

59 *Bach / Wolf,* NZKart 2017, 285; *Hellmann / Steinbrück,* NZKart 2017, 164; *Kahlenberg / Heim,* BB 2016, 1863; *Klumpe / Thiede,* BB 2016, 3011; *Klumpe / Thiede,* NZKart 2016, 471; *Klumpe / Thiede,* NZKart 2017, 332; Lübbig / Mallmann, NZKart 2016, 518; *Podszun / Kreifels,* GWR 2017, 67; *Podszun / Kreifels / Schmieder,* WuW 2017, 114; *Preuß,* WuW 2017, 301; *Rosenfeld / Brand,* WuW 2017, 247; *Rother,* NZKart 2017, 1; *Weitbrecht,* NJW 2017, 1574; *Seeliger / de Crozals,* ZRP 2017, 37; *Weitbrecht,* NZKart 2018, 106.

60 So definieren *Bach / Wolf,* NZKart 2017, 285 und *Rosenfeld / Brand,* WuW 2017, 247 Begriffe der neuen Offenlegungsvorschriften des GWB und geben Lösungsvorschläge.

In der Literatur[61] werden die im GWB neuen Vorschriften zur Offenlegung von Beweismitteln als unpraktikabel und prozessual schwer umsetzbar erachtet. Insbesondere an § 33g GWB wird Kritik geübt. § 33g GWB weise *„handwerkliche[n] Mängel“*[62] auf. Fortwährend und anhaltend wird in der Literatur[63] überwiegend vertreten, dass die in § 33g Abs. 1 GWB verwendete Begrifflichkeit des Glaubhaftmachens verfehlt sei.

Es wird in der Literatur[64] darauf hingewiesen, dass mit § 101 UrhG bereits ein eigenständiger Auskunftsanspruch in der deutschen Rechtsordnung vorhanden sei. Gleichwohl würde der Vergleich von § 33g GWB mit § 101 UrhG nicht weit tragen, da die Vorschriften sehr unterschiedlich seien.[65]

Weiter wird diskutiert, ob eine Umsetzung des Art. 5 SE-RL durch einen materiellrechtlichen Offenlegungsanspruch überhaupt erforderlich und zweckmäßig war.[66] Es wird vertreten, dass die Umsetzung des Art. 5 SE-RL durch einen materiellrechtlichen Herausgabeanspruch über die Richtlinien-

61 *Klumpe / Thiede,* NZKart 2016, 471, 471; *Preuß,* WuW 2017, 301, 301; *Rosenfeld / Brand,* WuW 2017, 247, 250; *Weitbrecht,* NJW 2017, 1574, 1576.

62 *Weitbrecht,* NZKart 2018, 106, 110.

63 *Hellmann / Steinbrück,* NZKart 2017, 164, 169; *Klumpe / Thiede,* BB 2016, 3011, 3014; *Klumpe / Thiede,* NZKart 2016, 471, 471; *Klumpe / Thiede,* NZKart 2017, 332, 336; *Podszun / Kreifels,* GWR 2017, 67, 70 f.

64 *Podszun / Kreifels,* GWR 2017, 67, 71.

65 *Podszun / Kreifels,* GWR 2017, 67, 71.

66 *Klumpe / Thiede,* NZKart 2016, 471, 471 f.; *Lübbig / Mallmann,* NZKart 2016, 518, 519.

vorgaben hinausgehe.[67] Andere Mitgliedstaaten, wie etwa Österreich, hätten sich mit gutem Grund für eine innerprozessuale Regelung entschieden.[68]

Teilweise wird sogar vertreten, dass die Vorgaben des Art. 5 SE-RL schon durch eine entsprechende Auslegung und Anwendung von § 142 ZPO beachtet werden könnten.[69] Jedenfalls hätte sich der Gesetzgeber zur Umsetzung bereits vorhandenen Instrumenten des BGB und der ZPO bedienen können.[70] Andere diskutieren im Rahmen der Bewertung der Zweckmäßigkeit einer Richtlinienumsetzung durch einen materiellrechtlichen Offenlegungsanspruch, ob § 33g Abs. 1 GWB einen „Ausforschungsanspruch"[71] geschaffen habe und eine Art „Pretrial Discovery"-Verfahren nach US-amerikanischer Prägung darstelle.[72] Dem wird entgegengehalten, dass ein materiellrechtlicher Anspruch bereits rudimentär in § 242 BGB enthalten sei und seine prozessuale Durchsetzung in den Vorschriften der §§ 142, 428 ZPO an-

---

67 *Denzel / Holm-Hadulla,* in: Kamann / Ohlhoff / Völcker, Kartellverfahren und Kartellprozess, § 29, Rn. 16; *Klumpe / Thiede,* BB 2016, 3011, 3013; *Klumpe / Thiede,* NZKart 2016, 471, 471; *Klumpe / Thiede,* NZKart 2017, 332, 336; *Mallmann / Lübbig,* in: Fuchs / Weitbrecht, Handbuch Private Kartellrechtsdurchsetzung, § 13, Rn. 50. Vgl. auch Stellungnahme, Podszun, Ausschuss-Drs. 18(9)1092, S. 23; *Podszun / Kreifels,* GWR 2017, 67, 68; *Podszun / Kreifels / Schmieder,* WuW 2017, 114, 116.

68 *Klumpe / Thiede,* BB 2016, 3011, 3014; *Klumpe / Thiede,* NZKart 2017, 332, 336; *Podszun / Kreifels / Schmieder,* WuW 2017, 114, 116. Für eine innerprozessuale Lösung sprechen sich auch *Hellmann / Steinbrück,* NZKart 2017, 164, 169, 171 aus.

69 *Lübbig / Mallmann,* NZKart 2016, 518, 519.

70 *Klumpe / Thiede,* NZKart 2016, 471, 473.

71 *Podszun / Kreifels / Schmieder,* WuW 2017, 114, 116.

72 Stellungnahme, BDI, Ausschuss-Drs. 18(9)1094, S. 26; Stellungnahme, Podszun, Ausschuss-Drs. 18(9)1092, S. 23; *Brand,* NJW 2017, 3558, 3561; *Hiéramente,* NZKart 2018, 260, 260; *Podszun / Kreifels,* GWR 2017, 67, 69; *Podszun / Kreifels / Schmieder,* WuW 2017, 114, 116 und *Rosenfeld / Brand,* WuW 2017, 247, 252 stellen eine Annäherung fest. *Seeliger / de Crozals,* ZRP 2017, 37, 38 bezweifeln das.

gelegt sei.[73] Im Übrigen sei der Offenlegungsanspruch nicht so weitgehend wie die Discovery-Regeln im US-amerikanischen Recht.[74]

In der Literatur[75] wird der Offenlegungsanspruch überwiegend als Bruch mit überkommenen Grundsätzen des deutschen Zivilrechts und Zivilprozessrechts gewertet. Vereinzelt wird auf eine Missbrauchsgefahr der Offenlegungsvorschriften hingewiesen, die die Gerichte zu verhindern hätten.[76] Es wird zum Teil[77] vertreten, dass der Offenlegungsanspruch zu weit reiche und daher einzuschränken sei. Der Offenlegungsanspruch werde zur „fishing expedition“[78], zu einem „ins Blaue hinein gestarteten Ausforschungsanspruch“[79].[80] Dies wird in der Literatur[81] damit begründet, dass der Offenlegungsanspruch geringe Voraussetzungen aufweise und auch gegen Dritte geltend gemacht werden könne, die zwar nicht unbedingt an dem Kartell beteiligt waren, aber vielleicht im Besitz von Beweismittel sind. Dieser „Ausforschungsanspruch“[82] werde in Hinblick auf Dritte nur durch den Kosten-

73 *Rother,* NZKart 2017, 1, 1.

74 *Makatsch / Kacholdt,* in: MüKo, WettbR, Band 2, § 33g GWB, Rn. 7.

75 *Bornkamm / Tolkmitt,* in: Langen / Bunte, Kartellrecht, Band 1, § 33g GWB, Rn. 1; *Lübbig / Mallmann,* NZKart 2016, 518, 518. Vgl. auch *Podszun / Kreifels,* GWR 2017, 67, 70 und *Podszun / Kreifels / Schmieder,* WuW 2017, 114, 117; *Rosenfeld / Brand,* WuW 2017, 247, 252. Anderer Auffassung: *Althammer,* in: Festschrift für Prütting, S. 212; *Rother,* NZKart 2017, 1, 1.

76 *Lübbig / Mallmann,* NZKart 2016, 518, 518; *Seeliger / de Crozals,* ZRP 2017, 37, 38. Vgl. auch *Podszun / Kreifels,* GWR 2017, 67, 71 f. Anderer Auffassung: *Hellmann / Steibrück,* NZKart 2017, 164, 169.

77 *Podszun / Kreifels / Schmieder,* WuW 2017, 114, 114, 116, 120.

78 *Podszun / Kreifels / Schmieder,* WuW 2017, 114, 116.

79 *Podszun / Kreifels / Schmieder,* WuW 2017, 114, 116.

80 *Podszun / Kreifels / Schmieder,* WuW 2017, 114, 116.

81 *Podszun / Kreifels / Schmieder,* WuW 2017, 114, 116.

82 *Podszun / Kreifels / Schmieder,* WuW 2017, 114, 116.

erstattungsanspruch gemäß § 33g Abs. 7 GWB und durch „eine richterliche Verhältnismäßigkeitsprüfung relativiert“[83].[84]

Ob der Anspruchsteller die Beweismittel tatsächlich herausverlangen kann, sei letztlich von einer richterlichen Abwägung abhängig, die sich an den ziemlich weichen Voraussetzungen des § 33g Abs. 3 GWB orientiere.[85] Die Warnung des Bundesverbands der Deutschen Industrie e. V. (BDI)[86], dass Unternehmen in Deutschland nach der neunten GWB-Novelle besonders leicht verklagt werden könnten, sei berechtigt.[87] Dies begründet die Literatur[88] damit, dass die prozessuale Waffengleichheit für den Anspruchsgegner des Offenlegungsanspruchs nicht bestehen würde und überdies der Beibringungsgrundsatz des deutschen Zivilprozessrechts relativiert sei. Es wird sogar auch vertreten, dass der Offenlegungsanspruch den überkommenen zivilprozessualen Grundsatz durchbreche, nach dem eine Prozesspartei nicht verpflichtet sei, „dem Gegner für dessen Prozesserfolg die erforderlichen Waffen an die Hand zu geben“[89].[90]

Darüber hinaus werden in der Literatur[91] vor allem die vielzähligen unbestimmten Rechtsbegriffe beanstandet, die der deutsche Gesetzgeber in § 33g GWB verwendet hat. Die nicht abschließende Aufzählung der Unverhältnismäßigkeitsgründe in § 33g Abs. 3 GWB könne in der Praxis Streit über

---

83 *Podszun / Kreifels / Schmieder,* WuW 2017, 114, 116.

84 *Podszun / Kreifels / Schmieder,* WuW 2017, 114, 116.

85 *Podszun / Kreifels / Schmieder,* WuW 2017, 114, 116.

86 Stellungnahme, BDI, Ausschuss-Drs. 18(9)1094.

87 *Podszun / Kreifels / Schmieder,* WuW 2017, 114, 116 f.

88 *Podszun / Kreifels,* GWR 2017, 67, 72; *Podszun / Kreifels / Schmieder,* WuW 2017, 114, 117.

89 *Bornkamm / Tolkmitt,* in: Langen / Bunte, Kartellrecht, Band 1, § 33g GWB, Rn. 25.

90 *Bornkamm / Tolkmitt,* in: Langen / Bunte, Kartellrecht, Band 1, § 33g GWB, Rn. 25.

91 *Kahlenberg / Heim,* BB 2016, 1863, 1868; *Lübbig / Mallmann,* NZKart 2016, 518, 519; *Seeliger / de Crozals,* ZRP 2017, 37, 38.

die Unverhältnismäßigkeit der Herausgabe der Beweismittel beziehungsweise über das Auskunftsverlangen entstehen lassen.[92] Auch der Aufwendungsersatzanspruch gemäß § 33g Abs. 7 GWB könne unter Berücksichtigung zu erwartender erheblicher Kosten erheblichen Streit entstehen lassen.[93] Es sei unklar, ob es sich bei § 33g Abs. 7 GWB um einen nachgelagerten Anspruch handeln solle oder der Anspruch gleichsam als Vorschussanspruch Gegenstand eines materiellen Zurückbehaltungsrechts sei.[94] Andere begrüßen den Kostenerstattungsanspruch, weisen jedoch daraufhin, dass dieser möglicherweise nicht mit der Richtlinie vereinbar sein könnte.[95]

Zudem sei der Schadensersatzanspruch gemäß § 33g Abs. 8 GWB angesichts der §§ 883 ZPO ff. (ggfs. i.V.m. den Regelungen zur Beweisvereitelung) überflüssig.[96] Vielmehr sei eine Ordnungsstrafe nach Vorbild der österreichischen Richtlinienumsetzung abschreckender und wirksamer als ein Schadensersatzanspruch gemäß § 33g Abs. 8 GWB.[97]

Auch die mit § 33g GWB korrespondierende verfahrensrechtliche Vorschrift § 89b GWB wird in der Literatur von Kritik nicht verschont. Der Verweis des § 89b Abs. 2 GWB auf § 142 ZPO sei verfehlt.[98] Überdies seien § 89b Abs. 1 GWB und § 89b Abs. 2 GWB überflüssig, da sich der Gesetzgeber vorhandenen zivilprozessualen Instrumenten hätte bedienen kön-

92 *Lübbig/Mallmann,* NZKart 2016, 518, 519.

93 *Lübbig/Mallmann,* NZKart 2016, 518, 520. Vgl. auch *Seeliger/de Crozals,* ZRP 2017, 37, 38.

94 *Klumpe/Thiede,* BB 2016, 3011, 3015; *Klumpe/Thiede,* NZKart 2017, 332, 337.

95 *Podszun/Kreifels,* GWR 2017, 67, 71.

96 *Klumpe/Thiede,* BB 2016, 3011, 3016. Auch *Podszun/Kreifels,* GWR 2017, 67, 71 bezweifeln den Sinn des Schadensersatzanspruchs gemäß § 33g Abs. 8 GWB.

97 *Klumpe/Thiede,* NZKart 2017, 332, 337.

98 *Hellmann/Steinbrück,* NZKart 2017, 164, 171; *Klumpe/Thiede,* BB 2016, 3011, 3018; *Klumpe/Thiede,* NZKart 2016, 471, 472.

nen.[99] Auch die Ermöglichung einer Entscheidung durch Zwischenurteil in § 89b Abs. 3 GWB entspreche dogmatisch nicht den überkommenen Grundsätzen der Zivilprozessordnung (ZPO) für eine prozessuale Situation, in der eine Entscheidung durch Zwischenurteil angezeigt wäre.[100] Vielmehr müsse die Entscheidung gemäß § 89b Abs. 3 GWB richtigerweise durch Teilurteil erfolgen.[101] Weiter wird vorgeschlagen, eine „Konzentrationsvorschrift für die diversen denkbaren Prozesse auf Vorlage und Auskunft“[102] zu schaffen.[103] Dies würde verhindern, dass Prozesse durch das ganze Bundesgebiet verteilt stattfinden.[104]

Die Kritik[105] der Literatur an § 89b Abs. 5 GWB des Referentenentwurfs zur neunten GWB-Novelle und des Regierungsentwurfs zur neunten GWB-Novelle hat der deutsche Gesetzgeber aufgenommen und den Entwurf zu § 89b Abs. 5 GWB entsprechend geändert. Das Neunte Gesetz zur Änderung des Gesetzes gegen Wettbewerbsbeschränkungen vom 01.06.2017 (9. GWB-Novelle) ist unter Berücksichtigung dieser Änderungen am 01.06.2017 in Kraft getreten.

---

99 *Klumpe / Thiede*, BB 2016, 3011, 3017.

100 *Hellmann / Steinbrück*, NZKart 2017, 164, 171; *Klumpe / Thiede*, NZKart 2016, 471, 472 f; *Klumpe / Thiede*, NZKart 2017, 332, 338.

101 *Klumpe / Thiede*, NZKart 2016, 471, 472 f.; *Klumpe / Thiede*, NZKart 2017, 332, 338.

102 *Klumpe / Thiede*, NZKart 2016, 471, 473.

103 *Klumpe / Thiede*, BB 2016, 3011, 3014; *Klumpe / Thiede*, NZKart 2016, 471, 473; *Rosenfeld / Brand*, WuW 2017, 247, 251; *Weitbrecht*, NJW 2017, 1574, 1578

104 *Klumpe / Thiede*, NZKart 2016, 471, 473.

105 *Hellmann / Steinbrück*, NZKart 2017, 164, 172; *Klumpe / Thiede*, BB 2016, 3011, 3017 f.; *Klumpe / Thiede*, NZKart 2016, 471, 473; *Lübbig / Mallmann*, NZKart 2016, 518, 520.

B. Die Kartellschadensersatzrichtlinie

Im Folgendem werden die Offenlegungsvorschriften der Kartellschadensersatzrichtlinie vorgestellt. Dabei soll insbesondere auch auf die Erwägungsgründe der Richtlinie Bezug genommen werden, sodass die Intention des europäischen Gesetzgebers bezüglich der Offenlegungsvorschriften der Richtlinie deutlich wird.

I. Die Offenlegungsvorschriften der Kartellschadensersatzrichtlinie

Die Offenlegung von Beweismitteln ist im Kapitel II der Kartellschadensersatzrichtlinie (Art. 5 SE-RL bis Art. 8 SE-RL) geregelt.

1. Systematik des Kapitels II der SE-RL

Art. 5 SE-RL stellt die zentrale Vorschrift für die Offenlegung von Beweismitteln im Kartellschadensersatzprozess dar.

In den Art. 6 SE-RL und Art. 7 SE-RL erfährt die in Art. 5 SE-RL geregelte grundsätzlich mögliche Offenlegung von Beweismitteln eine Einschränkung. Art. 6 SE-RL beschränkt die Offenlegung von Beweismitteln, die in Akten einer Wettbewerbsbehörde enthalten sind. Art. 7 SE-RL beschränkt die Verwendung von allein durch Einsicht in die Akten einer Wettbewerbsbehörde erlangten Beweismittel.

Das Kapitel der Kartellschadensersatzrichtlinie mit den Vorschriften zur Offenlegung von Beweismitteln schließt mit Art. 8 SE-RL ab. Art. 8 SE-RL regelt mögliche Sanktionen, die gegen Parteien, Dritte und ihre rechtlichen Vertreter verhängt werden können, sofern diese gegen die Offenlegungsvorschriften verstoßen.

2. Art. 5 SE-RL als zentrale Vorschrift des Kapitels II der SE-RL

Gemäß Art. 5 Abs. 1 SE-RL müssen die Mitgliedstaaten gewährleisten, dass sowohl auf Antrag des Kartellschadensersatzklägers als auch auf Antrag des Kartellschadensersatzbeklagten die nationalen Gerichte unter Beachtung der Voraussetzungen des Kapitels II SE-RL die Offenlegung von Beweismitteln durch den Kartellschadensersatzkläger, den Kartellschadensersatzbeklagten oder einen Dritten anordnen können. Dabei muss den nationalen Gerichten gemäß Art. 5 Abs. 2 SE-RL nicht nur die Offenlegung von bestimmten einzelnen Beweismitteln möglich sein, sondern unter bestimmten Voraussetzungen auch die Offenlegung von relevanten Kategorien möglich sein.

Die von den nationalen Gerichten angeordnete Offenlegung von Beweismitteln muss gemäß Art. 5 Abs. 3 SE-RL verhältnismäßig sein. In Art. 5 Abs. 3 S. 3 SE-RL führt der Unionsgesetzgeber die Verhältnismäßigkeitserwägungen auf, die insbesondere zu berücksichtigen sind.

In Art. 5 Abs. 8 SE-RL stellt der Unionsgesetzgeber klar, dass die Mitgliedstaaten auch Offenlegungsvorschriften beibehalten oder einführen können, die über die Offenlegungsvorschriften der Kartellschadensersatzrichtlinie hinausgehen. Mithin statuiert die Kartellschadensersatzrichtlinie in Art. 5 SE-RL die Mindestanforderungen an die Offenlegung von Beweismitteln (vgl. Umkehrschluss zu Art. 5 Abs. 8 SE-RL). Den Mitgliedstaaten steht es gemäß Art. 5 Abs. 8 SE-RL frei, über die in Art. 5 SE-RL formulierten Mindestanforderungen hinauszugehen.

3. Beschränkungen der Offenlegung in Art. 6 SE-RL und 7 SE-RL

Art. 6 SE-RL schränkt die Offenlegung von Beweismitteln ein, die in den Akten einer Wettbewerbsbehörde enthalten sind. Hervorzuheben ist insbesondere der Absatz sechs des Art. 6 SE-RL, nach dem Kronzeugenerklärungen und Vergleichsausführungen für eine Kartellschadensersatzklage zu keinem Zeitpunkt offengelegt werden dürfen. Art. 7 SE-RL bestimmt Verwendungsbeschränkungen, sofern Beweismittel allein durch Einsicht in die wettbewerbsbehördlichen Akten erlangt wurden. Die Beweisverwertungsverbote des Art. 7 SE-RL sollen der in Art. 6 SE-RL bestimmten Beschränkung der Offenlegung zur vollen Wirksamkeit verhelfen und eine Umgehung dieser Beschränkung verhindern.[106]

II. Die Erwägungsgründe der Kartellschadensersatzrichtlinie

Schadensersatzklagen wegen Zuwiderhandlungen gegen nationales Wettbewerbsrecht oder das Wettbewerbsrecht der Union erfordern in der Regel eine komplexe Analyse der zugrunde liegenden Tatsachen und wirtschaftlichen Zusammenhänge.[107]

1. Probleme bei der Beweisführung im Kartellschadensersatzprozess

Die für die Begründung eines Schadensersatzanspruchs erforderlichen Beweismittel befänden sich häufig ausschließlich im Besitz der gegnerischen Partei oder Dritter.[108] Jedenfalls seien dem Kläger die erforderlichen Beweismittel in der Regel nicht bekannt und zugänglich, sodass das strenge rechtliche Erfordernis, dass der Kläger zu Beginn des Verfahrens im Detail alle für seinen Fall relevanten Tatsachen behaupten und dafür genau bezeichnete einzelne Beweismittel anbieten muss, die wirksame Geltendmachung des durch den AEUV garantierten Schadensersatzanspruchs übermäßig erschweren könne.[109]

106 Siehe Erwägungsgrund 32 der Kartellschadensersatzrichtlinie.

107 Siehe Erwägungsgrund 14 der Kartellschadensersatzrichtlinie.

108 Siehe Erwägungsgrund 14 der Kartellschadensersatzrichtlinie.

109 Siehe Erwägungsgrund 14 der Kartellschadensersatzrichtlinie.

2. Beseitigung der „Informationsasymmetrie“[110] im Kartellschadensersatzprozess

Der Unionsgesetzgeber geht davon aus, dass Beweismitteln bei der Erhebung von Schadensersatzklagen wegen einer Zuwiderhandlung gegen das Wettbewerbsrecht der Union oder wegen einer Zuwiderhandlung gegen nationales Wettbewerbsrecht große Bedeutung zukomme.[111] Da wettbewerbsrechtliche Streitigkeiten durch eine „Informationsasymmetrie“[112] gekennzeichnet seien, sei es angebracht zu gewährleisten, dass die Kläger das Recht erhielten, die Offenlegung der für ihren Anspruch relevanten Beweismitteln zu erwirken, ohne konkrete einzelne Beweismittel benennen zu müssen.[113] Wegen des „Grundsatz[es] der Waffengleichheit“[114] sollen diese Mittel auch den Beklagten in Verfahren über Schadensersatzklagen zur Verfügung stehen, damit diese die Offenlegung von Beweismitteln durch die Kläger beantragen können.[115] Darüber hinaus sollen die nationalen Gerichte auch die Offenlegung von Beweismitteln durch Dritte, einschließlich Behörden, anordnen können.[116]

3. Offenlegung von Beweismitteln im Kartellschadensersatzprozess

Gemäß Erwägungsgrund 16 SE-RL sollen die nationalen Gerichte die Möglichkeit haben, „die Offenlegung von genau bezeichneten einzelnen Beweismitteln oder Kategorien von Beweismitteln auf Antrag einer Partei anzuord-

---

110 Siehe Erwägungsgrund 15 der Kartellschadensersatzrichtlinie.

111 Siehe Erwägungsgrund 15 der Kartellschadensersatzrichtlinie.

112 Siehe Erwägungsgrund 15 der Kartellschadensersatzrichtlinie.

113 Siehe Erwägungsgrund 15 der Kartellschadensersatzrichtlinie.

114 Siehe Erwägungsgrund 15 der Kartellschadensersatzrichtlinie.

115 Siehe Erwägungsgrund 15 der Kartellschadensersatzrichtlinie.

116 Siehe Erwägungsgrund 15 der Kartellschadensersatzrichtlinie.

nen"[117]. Unter Berücksichtigung von Verhältnismäßigkeitserwägungen dürfe die Offenlegung erst angeordnet werden, wenn der Kläger auf der Grundlage von ihm mit zumutbarem Aufwand zugänglichen Tatsachen plausibel gemacht habe, dass er einen vom Beklagten verursachten Schaden erlitten habe.[118]

4. Schutzbedürftigkeit von Geschäftsgeheimnissen und sonstigen vertraulichen Informationen

Die EU erkennt die Schutzbedürftigkeit von Beweismitteln an, die Geschäftsgeheimnisse oder sonstige vertrauliche Informationen enthalten.[119] Zwar sollen diese Beweismittel für Schadensersatzklagen grundsätzlich zur Verfügung stehen.[120] Jedoch sollen vertrauliche Informationen angemessen geschützt werden.[121]

5. Beweismittel aus Akten einer Wettbewerbsbehörde

Bezüglich der Beweismittel, die in Akten einer Wettbewerbsbehörde enthalten sind, stellt die EU klar, dass die Wirksamkeit und Kohärenz der Anwendung der Art. 101, 102 AEUV durch die Europäische Kommission und die nationalen Wettbewerbsbehörden ein in der ganzen Union einheitliches Konzept für die Offenlegung dieser Beweismittel voraussetzen.[122] Die Offenlegung von Beweismitteln dürfe die Wirksamkeit der Durchsetzung des

117 Siehe Erwägungsgrund 16 der Kartellschadensersatzrichtlinie.

118 Siehe Erwägungsgrund 16 der Kartellschadensersatzrichtlinie.

119 Siehe Erwägungsgrund 18 der Kartellschadensersatzrichtlinie.

120 Siehe Erwägungsgrund 18 der Kartellschadensersatzrichtlinie.

121 Siehe Erwägungsgrund 18 der Kartellschadensersatzrichtlinie.

122 Siehe Erwägungsgrund 21 der Kartellschadensersatzrichtlinie.

Wettbewerbsrechts durch die Wettbewerbsbehörden nicht übermäßig beeinträchtigen.[123]

6. Gefahr von Ausforschungsmaßnahmen

Die EU sieht auch die Gefahr der Ausforschungsmaßnahmen,[124] „d. h. einer nicht gezielten oder unnötig weit gefassten Suche nach Informationen, die für die Verfahrensbeteiligten wahrscheinlich nicht relevant sind"[125]. Daher seien Offenlegungsanträge nicht verhältnismäßig, „wenn sie sich ganz allgemein auf die Offenlegung der Unterlagen in den Akten einer Wettbewerbsbehörde zu einem bestimmten Fall oder ganz allgemein auf die Offenlegung der von einer Partei im Zusammenhang mit einem bestimmten Fall übermittelten Unterlagen beziehen"[126].

Kronzeugenprogramme und Vergleichsverfahren hebt die EU als wichtige Instrumente für die öffentliche Rechtsdurchsetzung des Wettbewerbsrechts der Union (public enforcement) hervor.[127] Gleichermaßen seien Kronzeugenprogramme für Kartellschadensersatzklagen wichtig, da zahlreiche Beschlüsse der Wettbewerbsbehörden auf Kronzeugenregelungen gründen würden und Kartellschadensersatzklagen in der Regel Folgeklagen dieser Beschlüsse seien.[128]

Sofern Unternehmen die Offenlegung von Kronzeugenerklärungen und Vergleichsausführungen befürchten müssten, könnten sie von der Zusammenarbeit mit Wettbewerbsbehörden im Rahmen von Kronzeugenprogrammen und Vergleichsverfahren abschreckt werden.[129] Denn eine Offenlegung

123 Siehe Erwägungsgrund 21 der Kartellschadensersatzrichtlinie.

124 Siehe Erwägungsgrund 23 der Kartellschadensersatzrichtlinie.

125 Siehe Erwägungsgrund 23 der Kartellschadensersatzrichtlinie.

126 Siehe Erwägungsgrund 23 der Kartellschadensersatzrichtlinie.

127 Siehe Erwägungsgrund 26 der Kartellschadensersatzrichtlinie.

128 Siehe Erwägungsgrund 26 der Kartellschadensersatzrichtlinie.

129 Siehe Erwägungsgrund 26 der Kartellschadensersatzrichtlinie.

würde die Gefahr mit sich bringen, „dass mitwirkende Unternehmen oder ihre Führungskräfte einer zivilrechtlichen Haftung oder strafrechtlichen Verfolgung unter schlechteren Bedingungen ausgesetzt würden als die anderen Rechtsverletzer, die nicht mit den Wettbewerbsbehörden zusammenarbeiten“[130]. Um dies zu verhindern, seien Kronzeugenerklärungen und Vergleichsausführungen von der Offenlegung von Beweismitteln auszunehmen.[131]

7. Quantifizierung des Schadens als besonders Problem

Als besonderes Problem des (vermeintlichen) Kartellgeschädigten bei der Beweisführung im Rahmen eines Kartellschadensersatzprozesses hebt die EU in den Erwägungsgründen 45, 46 und 47 SE-RL die Quantifizierung des durch die Zuwiderhandlung gegen das Wettbewerbsrecht erlittenen Schadens hervor. Der Nachweis des Schadensumfangs sei in wettbewerbsrechtlichen Prozessen in Bezug auf Sachverhaltsfeststellung und Sachverhaltsbewertung sehr aufwendig und erfordere gegebenenfalls die Anwendung komplexer ökonomischer Modelle.[132] Dabei werde der Kläger darüber hinaus vor die Herausforderung gestellt, an die für die Substantiierung seiner Ansprüche erforderlichen Daten zu gelangen.[133] Mithin könne die Ermittlung des Schadensumfangs ein Hindernis bei der Geltendmachung eines Kartellschadensersatzanspruchs darstellen.[134]

Die Schwierigkeiten bei der Beweisführung des Schadensumfangs seien auf die in Kartellschadensersatzprozessen vorzufindende „Informationsasymmetrie“[135] zurückzuführen, die durch den geheimen Charakter der Kar-

130 Siehe Erwägungsgrund 26 der Kartellschadensersatzrichtlinie.

131 Siehe Erwägungsgrund 26 der Kartellschadensersatzrichtlinie.

132 Siehe Erwägungsgrund 45 der Kartellschadensersatzrichtlinie.

133 Siehe Erwägungsgrund 45 der Kartellschadensersatzrichtlinie.

134 Siehe Erwägungsgrund 45 der Kartellschadensersatzrichtlinie.

135 Siehe Erwägungsgrund 15 der Kartellschadensersatzrichtlinie.

telle hervorgerufen werden würden.[136] Diesen Beweisschwierigkeiten bei der Ermittlung des Schadensumfangs möchte die EU mittels Schadensvermutung und Schadensschätzung als Beweiserleichterung begegnen.[137]

136 Siehe Erwägungsgrund 45 der Kartellschadensersatzrichtlinie.

137 Siehe Erwägungsgrund 46 f. der Kartellschadensersatzrichtlinie.

C. Die Offenlegungsvorschrift § 33g GWB: Überblick, Besonderheit und Systematik

Die Offenlegungsvorschrift § 33g GWB wurde durch die neunte GWB-Novelle eingeführt. Mittlerweile hat das Bundesministerium für Wirtschaft und Energie (BMWi) einen Referentenentwurf[138] (Bearbeitungsstand: 24.01.2020, 09:32 Uhr) eines Zehnten Gesetzes zur Änderung des Gesetzes gegen Wettbewerbsbeschränkungen für ein fokussiertes, proaktives und digitales Wettbewerbsrecht 4.0 (GWB-Digitalisierungsgesetz) veröffentlicht. Es ist sehr wahrscheinlich, dass der Gesetzgeber im Rahmen dieser zehnten GWB-Novelle keine Änderungen an der Offenlegungsvorschrift § 33g GWB vornimmt. Jedenfalls sieht der Entwurf[139] (Bearbeitungsstand: 24.01.2020, 09:32 Uhr) des Bundesministeriums für Wirtschaft und Energie (BMWi) keine Änderungen an der Offenlegungsvorschrift § 33g GWB vor.

I. Überblick über die deutsche Umsetzung

Der deutsche Gesetzgeber hat die Offenlegungsvorschiften der Kartellschadensersatzrichtlinie insbesondere durch §§ 33g, 89b, 89c GWB umgesetzt.

---

138 Referentenentwurf des Bundesministeriums für Wirtschaft und Energie (Bearbeitungsstand: 24.01.2020, 09:32 Uhr): Entwurf eines Zehnten Gesetzes zur Änderung des Gesetzes gegen Wettbewerbsbeschränkungen für ein fokussiertes, proaktives und digitales Wettbewerbsrecht 4.0 (GWB-Digitalisierungsgesetz).

139 Referentenentwurf des Bundesministeriums für Wirtschaft und Energie (Bearbeitungsstand: 24.01.2020, 09:32 Uhr): Entwurf eines Zehnten Gesetzes zur Änderung des Gesetzes gegen Wettbewerbsbeschränkungen für ein fokussiertes, proaktives und digitales Wettbewerbsrecht 4.0 (GWB-Digitalisierungsgesetz).

1. Umsetzung in verschiedenen Kapiteln des GWB

Die Offenlegungsvorschriften wurden im zweiten Abschnitt des sechsten Kapitels („Schadensersatz und Vorteilsabschöpfung“) des ersten Teils des GWB umgesetzt sowie im vierten Kapitel („Bürgerliche Rechtsstreitigkeiten“) des dritten Teils des GWB. Bereits die Umsetzung der Offenlegungsvorschriften in verschiedenen Kapiteln des GWB deutet auf eine besondere Systematik hin.

2. Materiellrechtliche und prozessuale Offenlegungsvorschriften

Der deutsche Gesetzgeber unterscheidet zwischen materiellrechtlichen und prozessualen Offenlegungsvorschriften.

§ 33g GWB stellt eine materiellrechtliche Offenlegungsvorschrift dar. Diese materiellrechtliche Offenlegungsvorschrift wird durch die verfahrensrechtlichen Offenlegungsvorschriften, §§ 89b, 89c GWB, ergänzt. Unter Berücksichtigung des verschiedenen Charakters der materiellrechtlichen Offenlegungsvorschrift § 33g GWB einerseits und der verfahrensrechtlichen Offenlegungsvorschriften, §§ 89b, 89c GWB andererseits, ist die Umsetzung in verschiedenen Teilen des GWB konsequent. § 33g GWB befindet sich als materiellrechtliche Vorschrift bei den Vorschriften zum Schadensersatz. §§ 89b, 89c GWB befinden sich als verfahrensrechtliche Vorschriften im dritten Teil des GWB, das mit „Verfahren“ tituliert ist und ausschließlich zivilrechtliche sowie öffentlich-rechtliche verfahrensrechtliche Vorschriften enthält. Der dritte Teil des GWB widmet in Kapitel 4 den zivilrechtlichen Verfahrensvorschriften ein eigenes Kapitel, in dem auch §§ 89b, 89c GWB vorzufinden sind.

Mithin unterscheidet der deutsche Gesetzgeber systematisch strikt zwischen materiellrechtlichen sowie verfahrensrechtlichen Vorschriften.

II. Besonderheit der Offenlegungsvorschrift § 33g GWB

Die Umsetzung der Offenlegungsvorschriften durch materiellrechtliche sowie verfahrensrechtliche Vorschriften stellt eine Eigenart der deutschen Umsetzung dar, die für eine richtlinienkonforme Umsetzung nicht erforderlich gewesen wäre. Insbesondere weil die Kartellschadensersatzrichtlinie zwischen materiellrechtlichen Offenlegungsvorschriften einerseits und verfahrensrechtlichen Offenlegungsvorschriften andererseits nicht unterscheidet, stellt dies eine ausdrücklich zu betonende Besonderheit der deutschen Umsetzung dar. Zu bemerken ist in diesem Zusammenhang, dass die Kartellschadensersatzrichtlinie eine Umsetzung der Offenlegungsvorschriften durch eine materiellrechtliche Vorschrift beziehungsweise durch einen materiellrechtlichen Anspruch nicht fordert.

Weiter ist an der materiellrechtlichen Offenlegungsvorschrift § 33g GWB besonders, dass sie dem Anspruchsteller nicht nur einen Auskunftsanspruch gewährt, § 33g Abs. 10 GWB, sondern darüber hinaus sogar einen Beweismittelherausgabeanspruch, § 33g Abs. 1, 2 GWB.

1. Vorgaben des Art. 5 SE-RL

Der Unionsgesetzgeber gibt den Mitgliedstaaten auf zu gewährleisten, dass die nationalen Gerichte unter Berücksichtigung der in Art. 5 SE-RL näher umschriebenen Voraussetzungen die Offenlegung von Beweismitteln anordnen können. Dabei muss die Offenlegung nach den Vorgaben der Kartellschadensersatzrichtlinie sowohl auf Antrag des Klägers, Art. 5 Abs. 1 S. 1 SE-RL, als auch auf Antrag des Beklagten erfolgen können, Art. 5 Abs. 1 S. 2 SE-RL.

Gemäß Art. 5 Abs. 8 SE-RL will der Unionsgesetzgeber die Mitgliedstaaten unbeschadet von Art. 5 Abs. 4, 7 SE-RL und Art. 6 SE-RL nicht daran hindern, Vorschriften beizubehalten oder einzuführen, die zu einer umfassenderen Offenlegung von Beweismitteln führen würden. Mithin steht es den Mitgliedstaaten frei, umfassendere Offenlegungsvorschriften beizubehalten oder einzuführen, sofern die zur Offenlegung Verpflichteten vor der Anordnung der Offenlegung durch ein nationales Gericht Gelegenheit zur Anhörung erhalten, die Offenlegungsbeschränkungen des Art. 6 SE-RL beachtet werden und die Offenlegung von vertraulichen Informationen nur erfolgt, wenn sie als sachdienlich für die jeweilige Schadensersatzklage erachtet werden und den nationalen Gerichten wirksame Maßnahmen zum Schutz dieser vertraulichen Informationen zur Verfügung stehen.

2. Vorgaben des Art. 13 SE-RL

Dass auch der Beklagte eines Kartellschadensersatzprozesses nach dem Willen des Unionsgesetzgebers die Offenlegung von Beweismitteln durch den Kartellschadensersatzkläger oder durch einen Dritten verlangen kann, ergibt sich nicht nur aus Art. 5 Abs. 1 S. 2 SE-RL sondern auch aus Art. 13 S. 2 SE-RL.

Art. 13 SE-RL ist Teil des Kapitels IV SE-RL (Art. 12 bis Art. 16 SE-RL), in dem die Abwälzung des Preisaufschlags (passing-on of overcharges) eine umfassende Regelung erfährt. Gemäß Art. 13 SE-RL müssen die Mitgliedstaaten gewährleisten, dass der Beklagte in einem Verfahren über Schadensersatzklagen als Einwendung gegen einen Schadensersatzanspruch geltend machen kann, dass der Kläger den sich aus der Zuwiderhandlung gegen das Wettbewerbsrecht ergebenden Preisaufschlag ganz oder teilweise weitergegebenen hat.

Die Beweislast für die Weitergabe dieses Preisaufschlags trägt der Beklagte, Art. 13 S. 2 SE-RL. Um den Beklagten diese Beweisführung zu erleichtern, kann er in angemessener Weise Offenlegungen von dem Kläger oder von Dritten verlangen, Art. 13 S. 2 SE-RL.

Unter Berücksichtigung der in Art. 13 S. 2 SE-RL normierten Beweislastregel wird die Offenlegungsvorschrift des Art. 5 Abs. 1 S. 2 SE-RL verständlich, die auch dem Beklagten und damit dem Kartellanten die Offenlegung von relevanten Beweismitteln ermöglicht.

Dass nicht nur der Kläger, sondern auch der Beklagte die Offenlegung von Beweismitteln verlangen kann, soll gemäß Erwägungsgrund 15 SE-RL die „Waffengleichheit“[140] der Parteien gewährleisten. Mit dem Begriff „Waffengleichheit“[141] möchte die Kartellschadensersatzrichtlinie veranschaulichen, dass sie nicht den (vermeintlichen) Kartellgeschädigten in Vorteil bringen will, sondern dem (vermeintlichen) Schädiger für seine Verteidigung im Kartellschadensersatzprozess genauso wirksame Mittel zur Verfügung stellen will wie dem (vermeintlichen) Kartellgeschädigten für seinen Angriff im Kartellschadensersatzprozess.

Die zum Zeitpunkt des Erlasses der Kartellschadensersatzrichtlinie bestehende „Informationsasymmetrie“[142] zulasten des (vermeintlichen) Kartellgeschädigten möchte die Kartellschadensersatzrichtlinie zwar aufheben, aber nicht so sehr ins Gegenteil verkehren, dass dem (vermeintlichen) Kartellgeschädigten in Abkehr des „Grundsatz[es] der Waffengleichheit“ für den Angriff mit der Kartellschadensersatzklage wirksamere Mittel zur Verfügung stehen als dem (vermeintlichen) Schädiger für die Verteidigung gegen die Kartellschadensersatzklage.

Die Kartellschadensersatzrichtlinie will dem Beklagten mit der Offenlegung von Beweismitteln und der Einwendung der Abwälzung des Preisaufschlags eine angemessene Verteidigung gegen die Kartellschadensersatzklage ermöglichen.

3. Umsetzung durch Offenlegungsanspruch

Der Unionsgesetzgeber ging offensichtlich davon aus, dass die EU-Mitgliedstaaten die Offenlegungsvorschriften der Kartellschadensersatzrichtlinie durch eine verfahrensrechtliche Vorschrift umsetzen würden. Denn der Unionsgesetzgeber verwendet in Art. 5 Abs. 1 SE-RL typische Begriffe des Verfahrensrechts.

140 Siehe Erwägungsgrund 15 der Kartellschadensersatzrichtlinie.

141 Siehe Erwägungsgrund 15 der Kartellschadensersatzrichtlinie.

142 Siehe Erwägungsgrund 15 der Kartellschadensersatzrichtlinie.

In der englischen Sprachfassung der Kartellschadensersatzrichtlinie heißt es „upon request of a claimant“, Art. 5 Abs. 1 S. 1 SE-RL, beziehungsweise „upon request of the defendant“, Art. 5 Abs. 1 S. 2 SE-RL. Die deutsche Sprachfassung übersetzt in diesem Kontext den englischen Begriff „request“ zutreffend mit „Antrag“ (siehe Wortlaut der deutschen Sprachfassung des Art. 5 Abs. 1 S. 1, 2 SE-RL).

Darüber hinaus heißt es in Art. 5 Abs. 1 S.1 SE-RL der englischen Sprachfassung „national courts are able to order the defendant or a third party to disclose relevant evidence“ und in Art. 5 Abs. 1 S. 2 SE-RL der englischen Sprachfassung heißt es „national courts are able [...] to order the claimant or a third party to disclose relevant evidence“. Die deutsche Sprachfassung übersetzt in diesem Kontext den englischen Begriff „order“ zutreffend mit „anordnen“ (siehe Wortlaut der deutschen Sprachfassung des Art. 5 Abs. 1 S. 1, 2 SE-RL).

Sowohl der Begriff „Antrag“ als auch der Begriff „anordnen“ sind Begriffe des Verfahrensrechts.

Auch inhaltlich ist Art. 5 Abs. 1 S. 1 SE-RL zu entnehmen, dass der Unionsgesetzgeber von einer Umsetzung dieser Offenlegungsvorschrift durch eine verfahrensrechtliche Vorschrift ausging.[143] Denn der Kläger soll einen Antrag an das Gericht stellen, den er zu begründen hat. Über diesen Antrag hat das Gericht zu entscheiden. Sofern das Gericht den Antrag für begründet erachtet, ordnet das Gericht die Offenlegung von Beweismitteln an.

Gleichwohl ist die Umsetzung von Art. 5 SE-RL durch einen Anspruch und damit durch keine verfahrensrechtliche Regelung richtlinienkonform. Denn eine Umsetzung durch einen Anspruch stärkt die Rechte des (vermeintlichen) Kartellgeschädigten gegenüber einer prozessleitenden Anordnung.

Dem deutschen Gesetzgeber stand es frei, über das Ziel der Richtlinie hinauszuschießen und statt einer prozessualen Regelung eine materiellrecht-

143 Vgl. *Preuß*, in: Kersting / Podszun, Die 9. GWB-Novelle, Kapitel 10., Rn. 23 und vgl. *Preuß*, in: LMRKM, Kartellrecht, § 33g GWB, Rn. 10. Auch Preuß ist der Auffassung, dass die Offenlegungsvorschriften der Kartellschadensersatzrichtlinie prozessrechtliche Regelungen darstellen.

liche Regelung zu schaffen. Denn die Richtlinie schreibt den Mitgliedstaaten nicht vor, die Offenlegungsvorschriften gemäß Art. 5 SE-RL ff. ausschließlich durch prozessuale Vorschriften umzusetzen. Dies geht aus Art. 5 SE-RL hervor: Gemäß Art. 5 Abs. 1 SE-RL haben die Mitgliedstaaten lediglich zu gewährleisten, dass in Verfahren über Schadensersatzklagen auf Antrag eines Klägers die Gerichte die Offenlegung von relevanten Beweismitteln anordnen können.

Gleichwohl war der Unionsgesetzgeber auf eine prozessuale Umsetzung fokussiert. Dies geht zum einem daraus hervor, dass in Art. 5 SE-RL nicht normiert ist, dass der Kläger einen „Anspruch" auf Offenlegung von Beweismitteln gegenüber dem Beklagten oder einen Dritten haben soll; und zum anderem daraus, dass der Unionsgesetzgeber mit den Worten „Antrag" und „Gerichte [...] anordnen können" in Art. 5 Abs. 1 SE-RL Terminologie aus dem Verfahrensrecht verwendet.

III. Systematik der Offenlegungsvorschrift § 33g GWB

In § 33g Abs. 1 GWB, § 33g Abs. 2 GWB und § 33g Abs. 10 GWB i.V.m. § 33g Abs. 1, 2 GWB sind die Anspruchsvoraussetzungen des jeweiligen Beweismittelherausgabeanspruchs und Auskunftsanspruchs normiert. Weiter differenziert § 33g GWB systematisch zwischen Ausschlussgründen und Verweigerungsrechten.[144]

1. Ausschlussgründe und Verweigerungsrechte

§ 33g GWB unterscheidet zwischen drei verschiedenen Arten von Ausschlussgründen.[145]

144 *Preuß,* in: Kersting / Podszun, Die 9. GWB-Novelle, Kapitel 10., Rn. 60. Vgl. auch *Preuß,* in: LMRKM, Kartellrecht, § 33g GWB, Rn. 14, 81.

145 *Preuß,* in: Kersting / Podszun, Die 9. GWB-Novelle, Kapitel 10., Rn. 43.

Gemäß § 33g Abs. 3 GWB ist die Herausgabe ausgeschlossen, soweit sie unter Berücksichtigung der berechtigten Interessen der Beteiligten unverhältnismäßig ist. Damit ist der Ausschluss der Herausgabe von Beweismitteln gemäß § 33g Abs. 3 GWB das Ergebnis einer vom Gericht vorzunehmenden Abwägung[146]. Demgegenüber stellt der Ausschlussgrund des § 33g Abs. 4 GWB einen absoluten Ausschlussgrund dar, der sich mithin jeder Abwägung durch das Gericht entzieht und zwingend zu berücksichtigen ist.

Neben den Ausschlussgründen der Absätze 3 und 4 des § 33g GWB befindet sich ein weiterer Ausschlussgrund in § 33g Abs. 5 GWB. Der Ausschlussgrund in § 33g Abs. 5 GWB ist ein temporärer Ausschlussgrund.[147] Gemäß § 33g Abs. 5 GWB ist lediglich bis zum vollständigen Abschluss des wettbewerbsbehördlichen Verfahrens gegen alle Beteiligte die Herausgabe von in § 33g Abs. 5 GWB näher bezeichneten Beweismitteln ausgeschlossen. Mithin ist die Herausgabe der in § 33g Abs. 5 GWB bestimmten Beweismittel nur für einen konkreten Zeitraum ausgeschlossen. Nach Abschluss des wettbewerbsbehördlichen Verfahrens gegen alle Beteiligte ist eine Herausgabe der in § 33g Abs. 5 GWB ohne Einschränkung möglich, sofern die Herausgabe nicht aus anderen Gründen ausgeschlossen ist oder verweigert werden kann.

Den Ausschlussgründen als negative[148] Anspruchsvoraussetzungen stehen die in § 33g GWB normierten Herausgabeverweigerungsrechte gegenüber. Ausschlussgründe und Herausgabeverweigerungsrechte unterscheiden sich insofern, als dass das Bestehen eines Ausschlussgrundes den Anspruch auf Herausgabe bereits entfallen lässt; wohingegen ein Herausgabeverweigerungsrecht lediglich einem bereits bestehenden Anspruch entgegengehalten werden kann. Die in § 33g Abs. 6 GWB normierten Herausgabeverweige-

---

146 *Preuß,* in: Kersting / Podszun, Die 9. GWB-Novelle, Kapitel 10., Rn. 43.

147 *Mäsch,* in: Berg / Mäsch, Deutsches und Europäisches Kartellrecht, § 33g GWB, Rn. 21; *Preuß,* in: Kersting / Podszun, Die 9. GWB-Novelle, Kapitel 10., Rn. 43.

148 Vgl. auch *Preuß,* in: LMRKM, Kartellrecht, § 33g GWB, Rn. 14.

rungsrechte[149] stellen damit eine Einrede dar, die der Anspruchsgegner des Offenlegungsanspruchs erheben muss.

Dass der deutsche Gesetzgeber die Herausgabeverweigerungsrechte des § 33g Abs. 6 GWB als Einrede gestaltet hat, ergibt sich aus dem Wortlaut des § 33g Abs. 6 GWB. Die Vorschrift bestimmt „Die Herausgabe von Beweismitteln [...] kann verweigert werden". Durch die Verwendung des Wortes „kann" stellt der deutsche Gesetzgeber klar, dass sich der Anspruchsgegner selbst auf das Herausgabeverweigerungsrecht berufen muss. Der Anspruchsgegner „kann" sich auf sein Herausgabeverweigerungsrecht berufen, jedoch „muss" er dies nicht. § 33g Abs. 6 GWB stellt insofern die Ausübung des Herausgabeverweigerungsrechts in das Ermessen des Anspruchsgegners. Mithin findet ein Herausgabeverweigerungsrecht nur dann Berücksichtigung, wenn sich der Anspruchsgegner darauf beruft.

Die Unterscheidung von Ausschlusstatbeständen einerseits und Herausgabeverweigerungsrechten andererseits ist nicht in der Kartellschadensersatzrichtlinie angelegt. Dies ist schon darauf zurückzuführen, dass die Richtlinie den Mitgliedstaaten die Umsetzung der Offenlegungsvorschriften durch einen Anspruch und damit durch eine materiellrechtliche Vorschrift nicht vorgibt. Nur hinsichtlich der in § 33g Abs. 3 S. 2 Nr. 1, 2, 6 GWB normierten Ausschlussgründe gibt die Richtlinie den Mitgliedstaaten in Art. 5 Abs. 3 SE-RL vor, dass diese von den nationalen Gerichten im Rahmen einer Verhältnismäßigkeitsprüfung berücksichtigt werden müssen.

Die Umsetzung der Verhältnismäßigkeitserwägungen des Art. 5 Abs. 3 SE-RL durch Ausschlussgründe in § 33g Abs. 3 GWB ist richtlinienkonform, da das Gericht dem Erfordernis in Art. 5 Abs. 3 SE-RL entsprechend die Ausschlussgründe ipso iure zu berücksichtigen hat. Auch die Umsetzung des Art. 6 Abs. 6 SE-RL ist richtlinienkonform. Gemäß Art. 6 Abs. 6 SE-RL müssen die Mitgliedstaaten gewährleisten, dass die nationalen Gerichte für die Zwecke von Schadensersatzklagen zu keinem Zeitpunkt die Offenlegung von Kronzeugenerklärungen und Vergleichsausführungen durch eine Partei oder einen Dritten anordnen können. Das bedeutet, dass die Kronzeugen-

149 Vgl. auch *Preuß*, in: LMRKM, Kartellrecht, § 33g GWB, Rn. 15, 106.

erklärungen und Vergleichsausführungen generell von der Offenlegung ausgenommen sein sollen.

Diesem Erfordernis trägt die Umsetzung durch die Ausschlussgründe gemäß § 33g Abs. 4 GWB in richtlinienkonformer Weise Rechnung. Denn das Gericht hat auch diese Ausschlussgründe zwingend, das heißt ipso iure, im Rahmen der Prüfung der Anspruchsvoraussetzungen als negative[150] Voraussetzungen zu prüfen, sodass sichergestellt ist, dass die Herausgabe von Kronzeugenerklärungen und Vergleichsausführungen generell ausgeschlossen ist und zu keinem Zeitpunkt verlangt werden kann.

Der temporäre Ausschlussgrund des § 33g Abs. 5 SE-RL setzt Art. 6 Abs. 5 SE-RL um.[151] Gemäß Art. 6 Abs. 5 SE-RL dürfen die Gerichte die Offenlegung der in Art. 6 Abs. 5 SE-RL bezeichneten Beweismittelkategorien erst dann anordnen, wenn eine Wettbewerbsbehörde ihr Verfahren durch Erlass einer Entscheidung oder in anderer Weise beendet hat. Diesem Umstand wird in richtlinienkonformer Weise dadurch Rechnung getragen, dass bis zum vollständigen Abschluss des wettbewerbsbehördlichen Verfahrens gegen alle Beteiligte der Ausschlussgrund des § 33g Abs. 5 GWB vorliegt und mithin ein Anspruch auf Offenlegung von Beweismitteln schon gar nicht besteht.

Obgleich § 33g Abs. 6 GWB lediglich als Herausgabeverweigerungsrecht konzipiert ist, ist diese Umsetzung in Gestalt eines Herausgabeverweigerungsrechts, welches der Anspruchsgegner erst erheben muss und vom Gericht nicht ipso iure zu berücksichtigen ist, richtlinienkonform. In Kombination mit § 89b Abs. 6, 7 GWB setzt § 33g Abs. 6 GWB die Vorgaben der Richtlinie in Art. 5 Abs. 4 SE-RL und Art. 5 Abs. 6 SE-RL um.[152] Gemäß Art. 5 Abs. 4 S. 2 SE-RL müssen die Mitgliedstaaten gewährleisten, dass die nationalen Gerichte bei der Anordnung der Offenlegung von Beweismitteln, die vertrauliche Informationen enthalten, über wirksame Maß-

---

150 Vgl. auch *Preuß*, in: LMRKM, Kartellrecht, § 33g GWB, Rn. 14.

151 *Preuß*, in: LMRKM, Kartellrecht, § 33g GWB, Rn. 105.

152 *Preuß*, in: Kersting / Podszun, Die 9. GWB-Novelle, Kapitel 10., Rn. 59.

nahmen zu deren Schutz verfügen. Und gemäß Art. 5 Abs. 6 SE-RL müssen die Mitgliedstaaten gewährleisten, dass die nationalen Gerichte den geltenden berufsständischen Privilegien der Angehörigen von Rechtsberufen nach Unionsrecht oder nationalem Recht uneingeschränkt Wirkung verleihen, wenn sie die Offenlegung von Beweismitteln anordnen.

Mithin stellt der europäische Gesetzgeber den Mitgliedstaaten in Betreff des Schutzes von vertraulichen Informationen und der berufsständischen Privilegien der Angehörigen von Rechtsberufen frei, wie sie diesen Schutz im Rahmen der Richtlinienumsetzung verwirklichen wollen. Ein Schutz durch einen zwingend vom Gericht zu berücksichtigenden Ausschlussgrund („ipse iure") ist nicht erforderlich. Vielmehr können die nationalen Gerichte einen ausreichenden Schutz verwirklichen, wenn sich der Anspruchsgegner wegen der offenzulegenden Beweismittel auf sein Herausgabeverweigerungsrecht beruft.

2. Weitere Ansprüche und Regelungen zu Verwertungsverboten

Nach den Ausschlusstatbeständen und Herausgabeverweigerungsrechten befinden sich in den abschließenden Absätzen des § 33g GWB Regelungen zum Aufwendungsersatz, § 33g Abs. 7 GWB und zum Schadensersatz, § 33g Abs. 8 GWB, sowie Regelungen zu Verwertungsverboten[153] in Straf- und Ordnungswidrigkeitenverfahren, § 33g Abs. 9 GWB. Der letzte Absatz des § 33g GWB stellt abschließend klar, dass die Absätze 1 bis 9 des § 33g GWB sowie die § 89b GWB bis § 89d GWB über die Herausgabe von Beweismitteln auch für die Erteilung von Auskünften entsprechend gelten, § 33g Abs. 10 GWB.

153 *Preuß,* in: Kersting / Podszun, Die 9. GWB-Novelle, Kapitel 10., Rn. 73 f.; *Preuß,* in: LMRKM, Kartellrecht, § 33g GWB, Rn. 155.

3. Bedeutung der Systematik für die Beweislastverteilung

Die Unterscheidung zwischen positiven Anspruchsvoraussetzungen und Ausschlussgründen hat Auswirkungen auf die Beweislast. Nach der allgemeinen Beweislastregel[154] muss jede Partei die für sie günstigen Tatsachen beweisen.

Der Anspruchssteller trifft die Beweislast für die rechtsbegründenden Tatsachen[155]. Das bedeutet, dass derjenige, der Beweismittel herausverlangt oder Auskunft verlangt, die positiven Anspruchsvoraussetzungen des § 33g Abs. 1, 2 und 10 GWB darlegen und beweisen muss. Der Anspruchsgegner hat die Darlegungs- und Beweislast[156] für das Vorliegen der Ausschlussgründe, § 33g Abs. 3, 4, 5 GWB. Darüber hinaus hat der Anspruchsgegner auch die Darlegungs- und Beweislast für die Herausgabeverweigerungsrechte, § 33g Abs. 6 GWB.

---

154 BGH, Urteil vom 14.01.1991 – II ZR 190/89 = NJW 1991, 1052, 1053; *Greger,* in: Zöller, ZPO, vor § 284 ZPO, Rn. 17a.

155 BGH, Urteil vom 14.01.1991 – II ZR 190/89 = NJW 1991, 1052, 1053.

156 *Bornkamm / Tolkmitt,* in: Langen / Bunte, Kartellrecht, Band 1, § 33g GWB, Rn. 64; *Preuß,* in: LMRKM, Kartellrecht, § 33g GWB, Rn. 84. Vgl. auch *Mäsch,* in: Berg / Mäsch, Deutsches und Europäisches Kartellrecht, § 33g GWB, Rn. 10.

D. Die einzelnen Ansprüche der Offenlegungsvorschrift § 33g GWB

Die materielle Offenlegungsvorschrift § 33g GWB normiert verschiedene Ansprüche.

Zunächst gewährt sie in § 33g Abs. 1 GWB dem (vermeintlichen) Geschädigten und in § 33g Abs. 2 GWB dem (vermeintlichen) Schädiger einen Beweismittelherausgabeanspruch. Diese beiden Beweismittelherausgabeansprüche werden durch einen Auskunftsanspruch sowohl für den (vermeintlichen) Geschädigten, § 33g Abs. 10 GWB i.V.m. § 33g Abs. 1 GWB, als auch für den (vermeintlichen) Schädiger, § 33g Abs. 10 GWB i.V.m. § 33g Abs. 2 GWB, ergänzt.

Darüber hinaus gewährt die Offenlegungsvorschrift § 33g GWB dem zur Offenlegung Verpflichteten in § 33g Abs. 7 GWB einen Aufwendungsersatzanspruch und dem Anspruchsteller der Offenlegung in § 33g Abs. 8 GWB einen Schadensersatzanspruch.

I. Der Beweismittelherausgabeanspruch gemäß § 33g Abs. 1 GWB

Damit der (vermeintliche) Kartellgeschädigte vom (vermeintlichen) Schädiger oder Dritten Beweismittel gemäß § 33g Abs. 1 GWB herausverlangen kann, müssen die Anspruchsvoraussetzungen vorliegen und dürfen keine absoluten, relativen und temporären Ausschlussgründe vorliegen. Ist der Beweismittelherausgabeanspruch, § 33g Abs. 1 GWB, entstanden kann ihm der zur Herausgabe Verpflichtete gegebenenfalls Herausgabeverweigerungsrechte entgegenhalten.

In diesem Kapitel werden zunächst die positiven Anspruchsvoraussetzungen des Beweismittelherausgabeanspruchs gemäß § 33g Abs. 1 GWB unter Gliederungspunkt D. I. 1. dargestellt. Sodann werden die Ausschlussgründe unter Gliederungspunkt D. I. 2. und die Herausgabeverweigerungsrechte des

Beweismittelherausgabeanspruchs unter Gliederungspunkt D. I. 3. gemäß § 33g Abs. 1 GWB beschrieben.

Da von der Systematik des § 33g GWB die Ausschlussgründe und Herausgabeverweigerungsrechte einheitlich auf die Beweismittelherausgabeansprüche gemäß § 33g Abs. 1 GWB und gemäß § 33g Abs. 2 GWB und auf die Auskunftsansprüche gemäß § 33g Abs. 10 GWB Anwendung finden, finden die Ausführungen in diesem Kapitel zu den Ausschlussgründen und Herausgabeverweigerungsrechten auch dann Beachtung, wenn ein Beweismittelherausgabeanspruch gemäß § 33g Abs. 2 GWB oder ein Auskunftsanspruch gemäß § 33g Abs. 10 GWB geprüft wird.

Den Ausführungen zu den Ausschlussgründen und Herausgabeverweigerungsrechten folgen unter Gliederungspunkt D. II. 4. Ausführungen zum Inhalt des Beweismittelherausgabeanspruchs gemäß § 33g Abs. 1 GWB. Diese Ausführungen zum Inhalt des Beweismittelherausgabeanspruchs gemäß § 33g Abs. 1 GWB finden auch auf den Beweismittelherausgabeanspruch gemäß § 33g Abs. 2 GWB entsprechend Anwendung.

1. Positive Anspruchsvoraussetzungen des Beweismittelherausgabeanspruchs gemäß § 33g Abs. 1 GWB

Im Folgenden sollen die einzelnen positiven Anspruchsvoraussetzungen des Beweismittelherausgabeanspruchs gemäß § 33g Abs. 1 GWB vorgestellt und ausgelegt werden. Eine präzise Auslegung kann einem „Ausforschungsanspruch“[157] entgegenwirken.

a) „Wer im Besitz von Beweismitteln ist“

Gemäß § 33g Abs. 1 GWB müssen sich die Beweismittel im Besitz des Anspruchsgegners befinden.

157 *Podszun / Kreifels / Schmieder*, WuW 2017, 114, 116.

aa) „Beweismittel"

Der in § 33g GWB verwendete Begriff „Beweismittel" ist aus der deutschen Zivilprozessordnung (ZPO) bekannt.

Fraglich ist, ob der in § 33g GWB verwendete Begriff „Beweismittel" unter dem Aspekt der Einheit der Rechtsordnung in Übereinstimmung mit dem Begriff „Beweismittel" im Sinne der deutschen Zivilprozessordnung (ZPO) auszulegen ist.

(1) Strengbeweisverfahren und Freibeweisverfahren nach der ZPO

Die statthaften Beweismittel im Strengbeweisverfahren der Zivilprozessordnung (ZPO) sind Augenschein, § 371 ZPO bis § 372a ZPO, Zeugen, § 373 ZPO bis § 401 ZPO, Sachverständigengutachten, § 402 ZPO bis § 414 ZPO, Urkunden, § 415 ZPO bis § 444 ZPO und Parteivernehmung, § 445 ZPO bis § 455 ZPO.[158] In der Regel sind im Zivilprozess nur diese Beweismittel des Strengbeweisverfahrens zugelassen.

Sofern weitere Beweismittel zugelassen sind, handelt es sich nicht um ein Strengbeweisverfahren, sondern um ein Freibeweisverfahren. Ein Freibeweisverfahren kann beispielsweise gemäß § 495a ZPO in Verfahren vor den Amtsgerichten stattfinden oder in Verfahren nach dem FamFG.

(2) Übertragbarkeit des Begriffs „Beweismittel" im Sinne der ZPO auf das GWB

Das GWB definiert den Begriff des Beweismittels nicht. Die Vorschriften des GWB schaffen für das Kartellschadensersatzrecht Sonderdeliktsrecht[159] und Sonderprozessrecht[160]. Es ist unter dem Aspekt der Einheit der Rechtsord-

158 *Greger,* in: Zöller, ZPO, vor § 355 ZPO, Rn. 1.

159 Vgl. *Alexander,* GRUR Int 2013, 636, 637.

160 *Haus / Serafimova,* BB 2014, 2883, 2886, 2889.

nung naheliegend, auf bereits bekannte Definitionen und Institute des Zivilrechts und Zivilprozessrecht zurückzugreifen.

Mit dem Herausgabeanspruch gemäß § 33g Abs. 1 GWB sollen die Beweismittel herausgegeben werden, die für die Beweisführung im Kartellschadensersatzprozess erforderlich sind. Die Beweisführung im Kartellschadensersatzprozess richtet sich nach den allgemeinen Grundsätzen des Beweisrechts. Hinsichtlich der Beweisführung im Kartellschadensersatzprozess sind nicht mehr oder weniger Beweismittel zugelassen als im allgemeinen Zivilprozess. Daher gebietet es Sinn und Zweck des Herausgabeanspruchs gemäß § 33g Abs. 1 GWB, dass der Begriff „Beweismittel" im Sinne von § 33g Abs. 1 GWB mit dem Begriff „Beweismittel" im Sinne der deutschen Zivilprozessordnung (ZPO) kongruent ausgelegt wird.

Die Notwendigkeit einer deckungsgleichen, das heißt übereinstimmenden Auslegung des Begriffs „Beweismittel" veranschaulichen folgende zwei Beispiele:

Wäre von dem Begriff „Beweismittel" im Sinne von § 33g Abs. 1 GWB mehr erfasst als von dem Begriff „Beweismittel" im Sinne der Zivilprozessordnung (ZPO), das heißt wäre der Begriff „Beweismittel" im Sinne von § 33g Abs. 1 GWB weiter, dann müsste aufgrund des Beweismittelherausgabeanspruchs gemäß § 33g Abs. 1 GWB sogar etwas herausgegeben werden, das für die Beweisführung im Kartellschadensersatzprozess, § 33a Abs. 1 GWB, die sich nach den allgemeinen Grundsätzen der Beweisführung richtet, nicht zulässig und damit nicht nützlich wäre.

Wäre von dem Begriff „Beweismittel" im Sinne von § 33g Abs. 1 GWB weniger erfasst als von dem Begriff „Beweismittel" im Sinne der Zivilprozessordnung (ZPO), das heißt wäre der Begriff „Beweismittel" im Sinne von § 33g Abs. 1 GWB enger, dann könnte aufgrund des Beweismittelherausgabeanspruchs gemäß § 33g Abs. 1 GWB nicht alles herausgegeben werden, was für die Beweisführung im Kartellschadensersatzprozess, § 33a Abs. 1 GWB, die sich nach den allgemeinen Grundsätzen der Beweisführung richtet, zulässig und nützlich wäre.

Mithin veranschaulichen diese beiden Beispiele ganz deutlich, dass der Sinn und Zweck des Beweismittelherausgabeanspruchs, § 33g Abs. 1 GWB, es gebietet, dass der Begriff „Beweismittel" im Sinne des § 33g Abs. 1 GWB kongruent mit dem Begriff „Beweismittel" im Sinne der Zivilprozessordnung (ZPO) ausgelegt werden muss. Andernfalls liefe der Beweismittelherausgabeanspruch gemäß § 33g Abs. 1 GWB leer und wäre in seiner Wirkung stark eingeschränkt. Damit ist der Begriff „Beweismittel" im Sinne des GWB als Synonym des Begriffs „Beweismittel" im Sinne der Zivilprozessordnung (ZPO) zu verstehen.

Etwas anderes würden nur dann gelten, wenn europarechtliche Vorgaben dieser Auslegung entgegenstehen.

(3) Vorgaben der Kartellschadensersatzrichtlinie

Die neunte GWB-Novelle setzt die Kartellschadensersatzrichtlinie um. Mithin müssen sämtliche Vorschriften dieser Novelle europarechtskonform sein. Ausgehend vom Wortlaut der Vorschriften der Novelle sind diese also richtlinienkonform, das heißt europarechtskonform, auszulegen. Um eine richtlinienkonforme Auslegung sicherstellen zu können, muss von der Kartellschadensersatzrichtlinie ausgegangen werden und ermittelt werden, was diese unter dem Begriff „Beweismittel" versteht.

In Kapitel I der Kartellschadensersatzrichtlinie wird der Begriff „Beweismittel" in Art. 2 Nr. 13 SE-RL legaldefiniert. „Beweismittel" sind gemäß Art. 2 Nr. 13 SE-RL alle vor dem befassten nationalen Gericht zulässigen Arten von Beweismitteln, insbesondere Urkunden und alle sonstigen Gegenstände, die Informationen enthalten, unabhängig von dem Medium, auf dem die Informationen gespeichert sind.

Die Legaldefinition in Art. 2 Nr. 13 SE-RL verweist auf nationales Recht: Alle vor dem befassten nationalen Gericht zulässigen Arten von Beweismitteln sind „Beweismittel" im Sinne des Art. 2 Nr. 13 SE-RL. Mit dieser Legaldefinition in Art. 2 Nr. 13 SE-RL gibt die Kartellschadensersatzrichtlinie dem nationalen Recht die Befugnis und die Macht zu bestimmen, was „Beweismittel" im Sinne der Kartellschadensersatzrichtlinie ist. Unter Berücksichtigung dessen, dass die Kartellschadensersatzrichtlinie zwar den Mitgliedstaaten Vorgaben hinsichtlich des Kartellschadensersatzrechts macht, aber sich eine Kartellschadensersatzklage im Übrigen nach nationalem Zivilrecht und nationalem Zivilprozessrecht beurteilt, ist es logisch richtig, dass die Legaldefinition in Art. 2 Nr. 13 SE-RL auf das jeweilige nationale Recht verweist und diesem die Ausfüllung der Definition „Beweismittel“ überlässt.

Mit der „Insbesondere-Regelung“ in Art. 2 Nr. 13 SE-RL möchte die Kartellschadensersatzrichtlinie darüber hinaus sicherstellen, dass auch „Urkunden und alle sonstigen Gegenstände, die Informationen enthalten, unabhängig von dem Medium, auf dem die Informationen gespeichert sind“, Art. 2 Nr. 13 SE-RL, von dem Begriff „Beweismittel“ in Sinne der Kartellschadensersatzrichtlinie erfasst sind und zwar auch dann, wenn sie eigentlich nicht ein vor dem befassten nationalen Gericht zulässiges Beweismittel nach nationalem Recht wären.

(4) Europarechtskonforme Auslegung des Begriffs „Beweismittel“

Bezogen auf deutsches Recht gilt folgendes: Vor einem befassten deutschen Gericht sind alle zulässigen Arten von Beweismitteln im Sinne von Art. 2 Nr. 13 SE-RL all diejenigen Beweismittel des Strengbeweisverfahrens der Zivilprozessordnung (ZPO).

„Beweismittel“ im Sinne von Art. 2 Nr. 13 SE-RL sind mithin alle Beweismittel des Strengbeweisverfahrens der Zivilprozessordnung (ZPO), also Sachverständigengutachten, §§ 402 ZPO ff., Parteivernehmung, §§ 447 ZPO f., Urkunden, §§ 415 ZPO ff., Zeugen, §§ 373 ZPO ff. und die amtliche Auskunft sowie Beiziehung von Urkunden, § 273 Abs. 2 Nr. 2 ZPO.

Bei der Definition der „Beweismittel“ im Sinne von Art. 2 Nr. 13 SE-RL ist auf das Strengbeweisverfahren abzustellen, da dieses der Regelfall[161] ist, § 284 S. 1 ZPO. Denn ein Freibeweisverfahren findet nur statt, wenn die Parteien das Gericht von den Vorschriften über das Beweisverfahren, §§ 355 ZPO ff., dem Strengbeweis, freistellen und eine Beweisaufnahme in

161 *Greger*, in: Zöller, ZPO, § 284 ZPO, Rn. 1.

der dem Gericht geeignet erscheinenden Art zulassen.[162] Gerade weil das Gericht beim Freibeweisverfahren den Beweis ohne Bindung an die Vorschriften der §§ 355 ZPO bis 484 ZPO und in der ihm geeignet erscheinenden Art erheben kann, ist das Freibeweisverfahren nicht geeignet den Begriff „Beweismittel" im Sinne von Art. 2 Nr. 13 SE-RL zu definieren. Denn aufgrund dieser Freiheit des Gerichts bei der Beweiserhebung wäre eine Kongruenz zwischen dem Begriff „Beweismittel" im Sinne des Freibeweisverfahrens und dem Begriff „Beweismittel" im Sinne des § 33g Abs. 1 GWB nicht möglich. Bei der Entscheidung über den Beweismittelherausgabeanspruch, § 33g Abs. 1 GWB, wäre nicht vorhersehbar wie das Gericht im Freibeweisverfahren Beweis über den Kartellschadensersatzanspruch, § 33a Abs. 1 GWB, erhebt.

Die Beweismittel des Strengbeweisverfahrens der Zivilprozessordnung erfassen auch alle sonstigen Gegenstände im Sinne von Art. 2 Nr. 13 SE-RL, „die Informationen enthalten, unabhängig von dem Medium, auf dem die Informationen gespeichert sind". Sonstige Gegenstände im Sinne von Art. 2 Nr. 13 SE-RL sind Augenscheinsobjekte im Sinne von § 371 ZPO. Denn Augenscheinsobjekt im Sinne von § 371 ZPO ist alles, was eine Person sinnlich wahrnehmen kann.[163] Die Wahrnehmung kann optisch, akustisch, sensorisch oder taktil erfolgen.[164] Daher sind auch Ton- und Bildaufzeichnungen Augenscheinsobjekte im Sinne von § 371 ZPO.[165]

Auch elektronische Dokumente können gemäß § 371 Abs. 1 S. 2 ZPO Objekte des Beweises durch Augenschein sein. Elektronische Dokumente im Sinne von § 371 Abs. 1 S. 2 ZPO sind beispielsweise Text-, Graphik-, Audio- oder Videodateien.[166] Insbesondere auf solche elektronischen Doku-

162 *Greger,* in: Zöller, ZPO, vor § 284 ZPO, Rn. 2a.

163 *Greger,* in: Zöller, ZPO, § 371 ZPO, Rn. 2; *Trautwein,* in: Prütting / Gehrlein, ZPO, § 371 ZPO, Rn. 3; *Zimmermann,* in: MüKo, ZPO, Band 2, § 371 ZPO, Rn. 6.

164 *Greger,* in: Zöller, ZPO, § 371 ZPO, Rn. 2.

165 *Greger,* in: Zöller, ZPO, § 371 ZPO, Rn. 1.

166 *Berger,* NJW 2005, 1016, 1017; *Greger,* in: Zöller, ZPO, § 371 ZPO, Rn. 1.

mente dürfte es die Kartellschadensersatzrichtlinie abgesehen haben, da sie in Art. 2 Nr. 13 SE-RL ausdrücklich klarstellt, dass es gleichgültig ist, auf welchem „Medium" die Informationen gespeichert sind. Die Kartellschadensersatzrichtlinie möchte mithin insbesondere auch digital gespeicherte Informationen von dem Begriff des Beweismittels erfassen.

(5) Ergebnis

Es ist festzuhalten, dass von dem Begriff „Beweismittel" im Sinne von § 33g GWB alle Beweismittel[167] des Strengbeweisverfahrens der Zivilprozessordnung erfasst sind. Mithin sind „Beweismittel" im Sinne von § 33g GWB Augenschein, § 371 ZPO bis § 372a ZPO, Zeugen, § 373 ZPO bis § 401 ZPO, Sachverständigengutachten, § 402 ZPO bis § 414 ZPO, Urkunden, § 415 ZPO bis § 444 ZPO und Parteivernehmung, § 445 ZPO bis § 455 ZPO.[168] Ausdrücklich zu bemerken ist, dass unter Zugrundelegung dieser Definition auch elektronische Dokumente gemäß § 371 Abs. 1 S. 2 ZPO als Augenscheinsobjekte „Beweismittel" im Sinne von § 33g GWB sind.[169]

bb) „im Besitz ist"

Der Anspruchsgegner des Offenlegungsanspruchs muss „im Besitz" des Beweismittels sein. Die Begründung zum Gesetzentwurf[170] erläutert diesen Begriff nicht. Fraglich ist, ob „Besitz" im Sinne von § 33g GWB gleichzusetzen ist mit „Besitz" im Sinne des BGB, §§ 854 BGB ff.

---

167 *Greger,* in: Zöller, ZPO, vor § 355 ZPO, Rn. 1.

168 *Makatsch / Kacholdt,* in: MüKo, WettbR, Band 2, § 33g GWB, Rn. 24.

169 *Makatsch / Kacholdt,* in: MüKo, WettbR, Band 2, § 33g GWB, Rn. 24; So auch *Bornkamm / Tolkmitt,* in: Langen / Bunte, Kartellrecht, Band 1, § 33g GWB, Rn. 21; *Preuß,* in: LMRKM, Kartellrecht, § 33g GWB, Rn. 30.

170 Regierungsbegründung, BT-Drs. 18/10207, S. 62.

(1) Vorgaben der Kartellschadensersatzrichtlinie

Zunächst ist zu beachten, dass der Begriff „Besitz“ im Sinne von § 33g GWB richtlinienkonform auszulegen ist. Art. 5 Abs. 1 SE-RL spricht von „Verfügungsgewalt“. Gemäß Art. 5 Abs. 1 S. 1 SE-RL können nationale Gerichte die Offenlegung von relevanten Beweismitteln durch den Beklagten oder einen Dritten, „die sich in deren Verfügungsgewalt befinden“, anordnen. Sofern nicht ein besonderes Verfügungsrecht besteht, kann in der Regel nur der Eigentümer über eine Sache verfügen.

Den Begriff „Verfügungsgewalt“ im Sinne von Verfügungsberechtigung über eine Sache zu verstehen, könnte die Offenlegung von Beweismitteln zu stark einschränken.[171] Denn die Kartellschadensersatzrichtlinie bezweckt mit den Offenlegungsvorschriften in Art. 5 SE-RL ff. die „Informationsasymmetrie“[172] und damit die Beweisnot der (vermeintlichen) Kartellgeschädigten zu beseitigen.[173]

Dass der Begriff „Verfügungsgewalt“ eher im Sinne einer Zugriffsmöglichkeit auf das Beweismittel verstanden werden muss,[174] ist dem Erwägungsgrund Nr. 14 SE-RL zu entnehmen. Denn die Richtlinie begründet das Erfordernis der Offenlegungsvorschriften damit, dass die für die Begründung eines Schadensersatzanspruchs erforderlichen Beweismittel sich häufig „im Besitz“ der generischen Partei oder Dritter befinden und dem Kläger nicht hinreichend bekannt und zugänglich sind.[175]

In Erwägungsgrund Nr. 14 SE-RL stellt die Richtlinie damit ausdrücklich auf den Besitz ab. Dass allein der Besitz und nicht die Verfügungsberechtigung

---

171 Vgl. *Bornkamm / Tolkmitt*, in: Langen / Bunte, Kartellrecht, Band 1, § 33g GWB, Rn. 17.

172 Siehe Erwägungsgrund 15 der Kartellschadensersatzrichtlinie.

173 Siehe Erwägungsgrund 14 f. der Kartellschadensersatzrichtlinie.

174 Vgl. *Bornkamm / Tolkmitt*, in: Langen / Bunte, Kartellrecht, Band 1, § 33g GWB, Rn. 17.

175 Siehe Erwägungsgrund 14 der Kartellschadensersatzrichtlinie.

für die Offenlegungsvorschriften relevant ist,[176] ergibt sich auch aus dem Sinn und Zweck dieser Vorschriften. Denn sie sollen allein die Beweisführung des (vermeintlichen) Kartellgeschädigten erleichtern. Für die Beweisführung an sich ist es unerheblich, wer das Verfügungsrecht über die Beweismittel hat.

Damit stellt sich die Frage, ob „Verfügungsgewalt" im Sinne von Art. 5 SE-RL Besitz meint oder aber über den zivilrechtlichen Begriff des „Besitzes" hinausgeht und vielmehr irgendeine tatsächliche Zugriffsmöglichkeit auf ein Beweismittel meint. „Besitz" im Sinne des BGB meint nach der Verkehrsanschauung die tatsächliche Gewaltausübung über eine Sache. Der „Besitz" im Sinne des BGB kann mithin nur über Sachen ausgeübt werden. Sachen im Sinne des BGB sind nur körperliche Gegenstände, § 90 BGB.

(2) Kongruenz mit der Auslegung des Begriffs „Beweismittel"

Bei der Auslegung von „Besitz" im Sinne von § 33g GWB muss die unter Gliederungspunkt D. I. 1. a) aa) dargestellte Auslegung von „Beweismittel" im Sinne von § 33g GWB berücksichtigt werden, um Widersprüche zu vermeiden. Insofern muss die Auslegung von „Besitz" im Sinne von § 33g GWB mit der Auslegung von „Beweismittel" im Sinne von § 33g GWB kongruent sein. Dabei ist insbesondere zu berücksichtigen, dass auch elektronische Dokumente gemäß § 371 Abs. 1 S. 2 ZPO als Augenscheinsobjekte Beweismittel im Sinne von § 33g GWB sind.[177]

176 So auch *Bornkamm / Tolkmitt,* in: Langen / Bunte, Kartellrecht, Band 1, § 33g GWB, Rn. 17.

177 So auch *Bornkamm / Tolkmitt,* in: Langen / Bunte, Kartellrecht, Band 1, § 33g GWB, Rn. 21.

(3) Keine Gleichsetzung mit „Besitz“ im Sinne von §§ 854 BGB ff.

Elektronische Dokumente sind keine Sachen im Sinne von § 90 BGB.[178] Denn ihnen fehlt die für den Sachbegriff kennzeichnende abgrenzbare Körperlichkeit.[179] Da gemäß § 854 Abs. 1 BGB nur an Sachen Besitz begründet werden kann, ist ein Besitz an elektronischen Dokumenten nicht möglich.[180] Demgegenüber kommt dem Datenträger, auf dem ein Computerprogramm gespeichert ist, Sachqualität zu,[181] wie beispielsweise Magnetband, Diskette, CD-ROM, DVD, Speicherkarte und Festplatte.[182] Auch ein USB-Stick hat Sachqualität.[183]

Beweismittel im Sinne von § 371 Abs. 1 S. 2 ZPO sind aber nicht nur die Datenträger selbst, sondern auch die elektronischen Dokumente für sich betrachtet. Daher greift es zu kurz den Begriff „Besitz“ im Sinne von § 33g Abs. 1 GWB mit „Besitz“ im Sinne von §§ 854 BGB ff. gleichzusetzen.

(4) „Besitz“ im Sinne von § 33g Abs. 1 GWB als tatsächliche Verfügungsgewalt

Daher meint „Besitz“ im Sinne von § 33g Abs. 1 GWB über den Begriff „Besitz“ im Sinne von §§ 854 BGB ff. hinaus auch die tatsächliche Verfügungs-

178 BGH, Urteil vom 13.10.2015 – IV ZR 271/14 = NJW 2016, 1094, 1095; *Berger,* NJW 2005, 1016, 1017; *Stresemann,* in: MüKo, BGB, Band 1, § 90 BGB, Rn. 25.

179 *Berger,* NJW 2005, 1016, 1017; *Stresemann,* in: MüKo, BGB, Band 1, § 90 BGB, Rn. 25.

180 BGH, Urteil vom 13.10.2015 – IV ZR 271/14 = NJW 2016, 1094, 1095; *Berger,* NJW 2005, 1016, 1017.

181 BGH, Urteil vom 15.11.2006 – XII ZR 120/04 = NJW 2007, 2394, 2394 f.; BGH, Urteil vom 13.10.2015 – IV ZR 271/14 = NJW 2016, 1094, 1095; *Stresemann,* in: MüKo, BGB, Band 1, § 90 BGB, Rn. 25.

182 *Stresemann,* in: MüKo, BGB, Band 1, § 90 BGB, Rn. 25.

183 BGH, Urteil vom 15.11.2006 – XII ZR 120/04 = NJW 2007, 2394, 2394 f.

gewalt über ein elektronisches Dokument im Sinne einer Einwirkungsmöglichkeit.[184] Sofern ein Beweismittel keine Sache im Sinne von § 90 BGB ist, sondern ein elektronisches Dokument ist, ist die Verfügungsgewalt über dieses elektronische Dokument für den „Besitz" im Sinne von § 33g Abs. 1 GWB ausreichend.

Diese Auslegung stimmt auch mit der in der Literatur[185] im Rahmen von § 371 Abs. 2 S. 1 ZPO vertretenen Definition des „Besitzes" von elektronischen Dokumenten, § 371 Abs. 1 S. 2 ZPO, überein.

α) Definition der Literatur

Nach der Literatur komme es für den „Besitz" an elektronischen Dokumenten im Sinne von § 371 Abs. 2 S. 1 ZPO darauf an, wer die Verfügungsgewalt über den Datenbestand habe.[186]

Die Literatur nimmt darüber hinaus an, dass maßgeblich allein die Herrschaft über einen Datenbestand im Sinne einer tatsächlichen Zugriffsmacht auf die Datei sei.[187] Für den „Besitz" der Datei im Sinne einer beweisrechtlichen Bestimmung sei erforderlich, aber auch genügend, dass die Möglichkeit zur Weitergabe des Datenbestandes bestehe.[188] Auch eine passwortgeschützte Datei sei daher im „Besitz" des Beweisführers, falls er die Datei überspielen oder vorlegen könne, selbst wenn ihm das Öffnen mangels Kenntnis des Passworts oder eines anderen Schlüssels verwehrt sei.[189] Es sei dann Sache

184 *Makatsch / Kacholdt,* in: MüKo, WettbR, Band 2, § 33g GWB, Rn. 40; *Preuß,* in: LMRKM, Kartellrecht, § 33g GWB, Rn. 29 f.

185 *Berger,* NJW 2005, 1016, 1017; *Greger,* in: Zöller, ZPO, vor § 371 ZPO, Rn. 3a; *Zimmermann,* in: MüKo, ZPO, Band 2, § 371 ZPO, Rn. 14.

186 *Berger,* NJW 2005, 1016, 1017; *Greger,* in: Zöller, ZPO, vor § 371 ZPO, Rn. 3a; *Zimmermann,* in: MüKo, ZPO, Band 2, § 371 ZPO, Rn. 14. Vgl. auch *Makatsch / Kacholdt,* in: MüKo, WettbR, Band 2, § 33g GWB, Rn. 40.

187 *Berger,* NJW 2005, 1016, 1018.

188 *Berger,* NJW 2005, 1016, 1018.

189 *Berger,* NJW 2005, 1016, 1018.

des Gerichts einen Sachverständigen beizuziehen, der die Datei wahrnehmbar mache.[190]

β) Stellungnahme zur Definition der Literatur

Es überzeugt, den „Besitz“ im Sinne von § 371 Abs. 2 S. 1 ZPO an elektronischen Dokumenten, § 371 Abs. 1 ZPO, so zu definieren. Denn die in der Literatur vertretene Auslegung von „Besitz“ im Sinne von § 371 Abs. 2 S. 1 ZPO berücksichtigt, dass § 371 ZPO eine beweisrechtliche Norm ist und diese allein die Beweisführung sicherstellen soll. Dementsprechend ist es in Hinblick auf die Beweisführung passend wie stringent für den „Besitz“ an elektronischen Dokumenten ausreichen zu lassen, dass der „Besitzer“ lediglich die Möglichkeit zur Weitergabe des Datenbestandes haben muss. Unerheblich ist hingegen für die Beweisführung und damit auch für „Besitz“ im Sinne von § 371 Abs. 2 S. 1 ZPO, ob der „Besitzer“ des elektronischen Dokuments über ein gegebenenfalls erforderliches Passwort verfügt oder berechtigt ist, Änderungen an dem elektronischen Dokument vorzunehmen. Vielmehr ist für den „Besitz“ im Sinne von § 371 Abs. 2 S. 1 ZPO nur relevant, ob der „Besitzer“ die elektronischen Dokumente „herbeischaffen“ kann.

γ) Auslegung vor dem Hintergrund des § 371 Abs. 2 S. 1 ZPO

„Besitz“ im Sinne von § 33g Abs. 1 GWB sollte auch entsprechend dem Begriff „Besitz“ im Sinne von § 371 Abs. 2 S. 1 ZPO ausgelegt werden. Denn Beweismittel im Sinne von § 33g Abs. 1 GWB sind alle Beweismittel des Strengbeweisverfahrens der Zivilprozessordnung. Es ist dann nur stringent, wenn „Besitz“ im Sinne von § 33g Abs. 1 GWB mit dem Begriff „Besitz“ im Sinne von § 371 Abs. 2 S. 1 ZPO gleichgestellt wird.

Diese Auslegung überzeugt auch vor dem Hintergrund, dass § 33g Abs. 1 GWB ein Anspruch ist, der nicht nur einen prozessualen Bezug hat, sondern gerade dem Zweck dient, die Beweisführung zu erleichtern. Der Zweck des § 33g GWB besteht allein in der Herbeischaffung der Beweismittel. Daher ist im Rahmen einer Offenlegung gemäß § 33g GWB allein rele-

---

190 *Berger*, NJW 2005, 1016, 1018.

vant, dass der „Besitzer" der elektronischen Dokumente diese herbeischaffen kann. Demgegenüber ist für die Offenlegung gemäß § 33g GWB unerheblich, ob der „Besitzer" der elektronischen Dokumente über ein Passwort verfügt oder berechtigt ist, Änderungen vorzunehmen. Insofern muss berücksichtigt werden, dass der Offenlegungsanspruch gemäß § 33g GWB ein Hilfsmittel der Beweisführung ist. Genau wie bei § 371 Abs. 2 S. 1 ZPO soll bei § 33g GWB allein die Herbeischaffung des Beweismittels sichergestellt werden, um eine Beweisführung mit diesem Beweismittel zu ermöglichen.

(5) Ergebnis

Als Ergebnis ist festzuhalten, dass „Besitz" im Sinne von § 33g Abs. 1 GWB „Besitz" im Sinne von §§ 854 BGB ff. gleichgestellt ist. Darüber hinaus meint „Besitz" im Sinne von § 33g Abs. 1 GWB hinsichtlich des Beweismittels des elektronischen Dokuments die tatsächliche Verfügungsgewalt.[191]

b) „wenn dieser die Beweismittel so genau bezeichnet, wie dies auf Grundlage der mit zumutbarem Aufwand zugänglichen Tatsachen möglich ist"

Die herauszugebenden Beweismittel muss der Anspruchsteller gemäß § 33g Abs. 1 GWB „so genau bezeichnen, wie dies auf der Grundlage der mit zumutbarem Aufwand zugänglichen Tatsachen möglich ist". Mit dieser Anspruchsvoraussetzung wollte der deutsche Gesetzgeber Art. 5 Abs. 2 SE-RL umsetzen.

Gemäß Art. 5 Abs. 2 SE-RL müssen die Mitgliedstaaten gewährleisten, dass die nationalen Gerichte die Offenlegung von bestimmten einzelnen Beweismitteln oder relevanten Kategorien von Beweismitteln anordnen können, die so genau und so präzise wie möglich abgegrenzt sind, wie dies auf

---

191 *Makatsch / Kacholdt,* in: MüKo, WettbR, Band 2, § 33g GWB, Rn. 40. Im Ergebnis ähnlich, aber mit anderer Begründung: *Preuß,* in: LMRKM, Kartellrecht, § 33g GWB, Rn. 28 f.

der Grundlage der mit zumutbarem Aufwand zugänglichen Tatsachen in der substantiierten Begründung möglich ist. Der deutsche Gesetzgeber hat sich bei der Umsetzung der Richtlinie nicht nur stark an dem Wortlaut des Art. 5 Abs. 2 SE-RL gehalten, sondern in § 33g Abs. 1, letzter Halbsatz GWB den letzten Satz des Erwägungsgrundes 16 SE-RL fast wörtlich übernommen.

aa) Problem der Verwendung des Begriffs „genaue Bezeichnung von Beweismitteln“ als Anspruchsvoraussetzung

Problematisch ist, dass der deutsche Gesetzgeber mit dem Tatbestandsmerkmal der genauen Bezeichnung des Beweismittels ein prozessuales Erfordernis zu einer materiellen Anspruchsvoraussetzung erhebt und dabei die materielle Ebene und die prozessuale Ebene miteinander vermischt.

Dabei verkennt der deutsche Gesetzgeber zudem, dass das Tatbestandsmerkmal der möglichst genauen Bezeichnung der herauszugebenden Beweismittel jedenfalls dann in Widerspruch zu überkommenen Grundsätzen der deutschen Zivilprozessordnung steht, wenn es unter Berücksichtigung der Anforderung von Art. 5 Abs. 2 SE-RL ausgelegt wird. Es würde dann in Widerspruch zu prozessualen sowie vollstreckungsrechtlichen Grundsätzen der deutschen Rechtsordnung stehen. Denn wenn der Anspruchsteller den Anspruchsgegner wegen eines Anspruchs gemäß § 33g Abs. 1 GWB auf Herausgabe von Beweismitteln verklagt und die herauszugebenen Beweismittel in seinem Klageantrag lediglich „so genau bezeichnet, wie dies auf der Grundlage der mit zumutbarem Aufwand zugänglichen Tatsachen möglich ist“, oder in seinem Klageantrag lediglich Kategorien von Beweismitteln angibt, ohne die einzelnen Beweismittel konkret zu benennen, genügt dieser Antrag nicht den Anforderungen gemäß § 253 Abs. 2 Nr. 2 ZPO und ist nicht vollstreckungsfähig.

bb) Anforderungen des § 253 Abs. 2 Nr. 2 ZPO an die Bestimmtheit eines Klageantrags

Gemäß § 253 Abs. 2 Nr. 2 ZPO muss die Klageschrift die bestimmte Angabe des Gegenstandes und des Grundes des erhobenen Anspruchs sowie einen bestimmten Antrag enthalten.

(1) Sinn und Zweck der Bestimmtheit des Klageantrags, § 253 Abs. 2 Nr. 2 ZPO

Die Beachtung der Anforderungen des § 253 Abs. 2 Nr. 2 ZPO ist für die Zulässigkeit einer Klage zwingend,[192] da hierdurch der Streitgegenstand[193] bestimmt und die Entscheidungsbefugnis[194] des Gerichts, § 308 ZPO, abgegrenzt wird.[195] Der Klageantrag bestimmt Art und Umfang des Rechtsschutzbegehrens, also den Streitgegenstand.[196] Zugleich legt der Klageantrag die Grenzen der Rechtshängigkeit und der Rechtskraft fest.[197] Da er das Gericht bindet, § 308 ZPO, und die Kostenfolge bestimmt, § 92 ZPO, muss er eindeutig sein, auch wenn er der Auslegung[198], § 133 BGB analog, zugänglich ist.[199]

---

192 OLG Köln, Beschluss vom 27.08.1992 – 7 W 35/92, BeckRS 1992, 699, Rn. 8.

193 BGH, Hinweisbeschluss vom 24.03.2011 – I ZR 108/09 = GRUR 2011, 521, 522.

194 BGH, Hinweisbeschluss vom 24.03.2011 – I ZR 108/09 = GRUR 2011, 521, 522.

195 *Greger,* in: Zöller, ZPO, vor § 253 ZPO, Rn. 24, § 253 ZPO, Rn. 13.

196 *Greger,* in: Zöller, ZPO, Einl., Rn. 68, § 253 ZPO, Rn. 13.

197 BGH, Hinweisbeschluss vom 24.03.2011 – I ZR 108/09 = GRUR 2011, 521, 522.

198 BGH, Urteil vom 01.07.1975 – VI ZR 251/74 = NJW 1975, 2013, 2014.

199 *Greger,* in: Zöller, ZPO, § 253 ZPO, Rn. 13.

(2) Hinreichende Bestimmtheit des Klageantrags

Mithin ist ein Klageantrag grundsätzlich dann hinreichend bestimmt, wenn er den erhobenen Anspruch konkret bezeichnet, den Rahmen der gerichtlichen Entscheidungsbefugnis, § 308 ZPO, erkennbar abgrenzt, den Inhalt und Umfang der materiellen Rechtskraft der begehrten Entscheidung, § 322 ZPO, erkennen lässt, das Risiko des Unterliegens des Klägers nicht durch vermeidbare Ungenauigkeit auf den Beklagten abwälzt und wenn er bei Klage auf Leistung die Zwangsvollstreckung aus dem beantragten Urteil ohne eine Fortsetzung des Streits im Vollstreckungsverfahren erwarten lässt.[200]

(3) Abhängigkeit der Konkretisierung von Besonderheiten des materiellen Rechts

Die Anforderungen an die Konkretisierung des Streitgegenstandes in einem Klageantrag hängen auch von den Besonderheiten des anzuwendenden materiellen Rechts und den Umständen des Einzelfalls ab.[201] Bei der Festlegung der Anforderungen an die Bestimmtheit des Klageantrags sind die Interessen des Beklagten, sich gegen die Klage erschöpfend verteidigen zu wollen sowie Rechtsklarheit und Rechtssicherheit hinsichtlich der Entscheidungswirkungen zu erlangen, mit dem Interesse des Klägers an einem wirksamen Rechtsschutz abzuwägen.[202]

---

200 BGH, Versäumnisurteil vom 28.11.2002 – I ZR 168/00 (KG) = NJW 2003, 668, 669; *Greger,* in: Zöller, ZPO, 32. Aufl., § 253 ZPO, Rn. 13.

201 BGH, Versäumnisurteil vom 28.11.2002 – I ZR 168/00 (KG) = NJW 2003, 668, 669.

202 BGH, Versäumnisurteil vom 28.11.2002 – I ZR 168/00 (KG) = NJW 2003, 668, 669.

(4) Besondere Anforderungen an die Bestimmtheit des Klageantrags bei einer Klage auf Herausgabe von Gegenständen

Bei einer Klage auf Herausgabe von Gegenständen muss der Herausgabeantrag die betroffenen Gegenstände so konkret wie möglich bezeichnen,[203] damit sie im Falle einer Zwangsvollstreckung identifizierbar sind.[204] Soll ein Auskunftsverpflichteter beispielsweise Belege vorlegen, müssen diese im Klageantrag bezeichnet werden.[205]

α) Anforderungen des BGH

Der BGH[206] hat entschieden, dass ein Klageantrag mit dem Inhalt, den Beklagten zu verurteilen, „diejenigen Belege beizufügen, aus denen die Richtigkeit des Zahlenmaterials entnommen werden kann"[207], den Anforderungen des § 253 Abs. 2 Nr. 2 ZPO an die Bestimmtheit des Klageantrags nicht genügt. Jedenfalls gelte dies dann, soweit das Gericht auch nicht im Wege der Auslegung dieses Klageantrags die Leistung bestimmen könne.[208]

In dem vom BGH[209] zu entscheidendem Fall hatte die Klägerin den Beklagten, einen selbstständigen Gewerbetreibenden, zunächst anwaltlich aufgefordert, über die Höhe seiner Einkünfte Auskunft zu geben. Daraufhin teilte der Beklagte der Klägerin nur den Gewinn aus seinem Gewerbetrieb mit und übersandte die Gewinn- und Verlustrechnung, jeweils aufgestellt von

---

203 BGH, Versäumnisurteil vom 28.11.2002 – I ZR 168/00 (KG) = NJW 2003, 668, 669.

204 *Greger,* in: Zöller, ZPO, Einl., Rn. 68, § 253 ZPO, Rn. 13c.

205 BGH, Urteil vom 26. 01.1983 – IV b ZR 355/81 = NJW 1983, 1056, 1056; *Greger,* in: Zöller, ZPO, Einl., Rn. 68, § 253 ZPO, Rn. 13c.

206 BGH, Urteil vom 26. 01.1983 – IV b ZR 355/81 = NJW 1983, 1056, 1056.

207 BGH, Urteil vom 26. 01.1983 – IV b ZR 355/81 = NJW 1983, 1056, 1056.

208 BGH, Urteil vom 26. 01.1983 – IV b ZR 355/81 = NJW 1983, 1056, 1056.

209 BGH, Urteil vom 26. 01.1983 – IV b ZR 355/81 = NJW 1983, 1056, 1056.

der den Beklagten betreuenden Steuerberatungsgesellschaft.[210] Im Wege der Stufenklage verlangte die Klägerin nähere Auskünfte zu den erzielten Erlösen und den ihnen gegenüberstehenden Aufwendungen sowie die Angabe sonstiger Einkünfte. Zudem begehrte die Klägerin die Vorlage „aller Belege zu den sich aus den Auskünften ergebenen Positionen"[211].[212]

Das Berufungsgericht, dessen Beurteilung der rechtlichen Prüfung durch den BGH[213] im Rahmen der Revision standgehalten hat, habe beanstandet, dass die Klägerin die von ihr verlangten Belege nicht im Sinne von § 253 Abs. 2 Nr. 2 ZPO hinreichend bestimmt habe.[214] Diese Beanstandung habe das Berufungsgericht dahingehend konkretisiert, dass die Klägerin es in unzulässiger Weise dem Gericht überlassen habe herauszufinden, „welche Art Beleg für eine bestimmte Einnahmen- oder Ausgabenposition in Betracht komme"[215].[216] Daher hat das Berufungsgericht der Klage nur soweit entsprochen, als es im Wege der Auslegung des Klageantrags die von der Klägerin begehrten Belege hat bestimmen können.[217] Die Belege über Telefonkosten, Versicherungsbeiträge, Rechtskosten und Beratungskosten seien für das Gericht im Wege der Auslegung bestimmbar, „weil diese in Form von Rechnungen erteilt zu werden pflegen"[218].[219] Demgegenüber seien für die anderen Posten, die Gegenstand der Verurteilung zur Auskunft sind, der Antrag

210 BGH, Urteil vom 26. 01.1983 – IV b ZR 355/81 = NJW 1983, 1056, 1056.
211 BGH, Urteil vom 26. 01.1983 – IV b ZR 355/81 = NJW 1983, 1056, 1056.
212 BGH, Urteil vom 26. 01.1983 – IV b ZR 355/81 = NJW 1983, 1056, 1056.
213 BGH, Urteil vom 26. 01.1983 – IV b ZR 355/81 = NJW 1983, 1056, 1056.
214 BGH, Urteil vom 26. 01.1983 – IV b ZR 355/81 = NJW 1983, 1056, 1056.
215 BGH, Urteil vom 26. 01.1983 – IV b ZR 355/81 = NJW 1983, 1056, 1056.
216 BGH, Urteil vom 26. 01.1983 – IV b ZR 355/81 = NJW 1983, 1056, 1056.
217 BGH, Urteil vom 26. 01.1983 – IV b ZR 355/81 = NJW 1983, 1056, 1056.
218 BGH, Urteil vom 26. 01.1983 – IV b ZR 355/81 = NJW 1983, 1056, 1056.
219 BGH, Urteil vom 26. 01.1983 – IV b ZR 355/81 = NJW 1983, 1056, 1056.

im Wege der Auslegung nicht bestimmbar, „weil jeweils mehrere Arten von Belegen in Betracht kämen"[220].[221]

Der BGH[222] hat hierzu entschieden, dass wenn im Einzelfall schwierige Abgrenzungsfragen zur Reichweite einer Mitwirkungs- oder Vorlegungspflicht auftreten könnten, „die Auseinandersetzung darüber nicht durch eine unbestimmte Antrags- und Urteilsformel in das Vollstreckungsverfahren verlagert werden"[223] dürfe. Denn das Vollstreckungsverfahren sei auf die Entscheidung solcher Streitfragen nicht zugeschnitten und biete dafür nicht die erforderlichen Rechtsgarantien.[224]

β) Anforderungen des OLG Köln

In Übereinstimmung mit dieser BGH-Entscheidung hat das OLG Köln[225] entschieden, dass aus einem Teilurteil auf Rechnungslegung durch eine geordnete Zusammenstellung der Einnahmen und Ausgaben und auf Vorlegung von Belegen, soweit diese vorhanden sind, nicht auf Vorlegung von Geschäftsunterlagen vollstreckt werden könne.

Denn das Teilurteil enthalte keinen zur Vollstreckung geeigneten Anspruch.[226] Für die Durchführung der Zwangsvollstreckung sei erforderlich, dass sich aus dem Titel im Einzelnen konkret ergebe, welche Urkunden der Schuldner herauszugeben beziehungsweise vorzulegen habe.[227] Dem Gerichtsvollzieher könne nicht überlassen bleiben, „aus einer Vielzahl von im Gewahrsam des Schuldners befindlichen Schriftstücke diejenigen herauszu-

---

220 BGH, Urteil vom 26. 01.1983 – IV b ZR 355/81 = NJW 1983, 1056, 1056.

221 BGH, Urteil vom 26. 01.1983 – IV b ZR 355/81 = NJW 1983, 1056, 1056.

222 BGH, Urteil vom 26. 01.1983 – IV b ZR 355/81 = NJW 1983, 1056, 1056.

223 BGH, Urteil vom 26. 01.1983 – IV b ZR 355/81 = NJW 1983, 1056, 1056.

224 BGH, Urteil vom 26. 01.1983 – IV b ZR 355/81 = NJW 1983, 1056, 1056.

225 OLG Köln, Beschluss vom 27.08.1992 – 7 W 35/92, BeckRS 1992, 699, Rn. 7 ff.

226 OLG Köln, Beschluss vom 27.08.1992 – 7 W 35/92, BeckRS 1992, 699, Rn. 7.

227 OLG Köln, Beschluss vom 27.08.1992 – 7 W 35/92, BeckRS 1992, 699, Rn. 8.

suchen, die unter einen im Vollstreckungstitel verwendeten unklaren Sammelbegriff fallen können“[228].[229] Die Beseitigung solcher Unklarheiten könne nicht im Verfahren der Zwangsvollstreckung nach § 888 ZPO erfolgen, da das Vollstreckungsverfahren grundsätzlich nicht auf die Entscheidung solcher Streitfragen zugeschnitten sei.[230] Vielmehr sei es eine materiellrechtliche Frage, ob der Schuldner zur Herausgabe oder Vorlage einer in seinem Gewahrsam befindlichen Urkunde verpflichtet sei oder nicht.[231]

Das OLG Köln[232] weist daraufhin, dass es in der Rechtsprechung anerkannt sei, dass Klageanträge mit dem Inhalt „den Beklagten zu verurteilen, seiner Rechnungslegung „diejenigen Belege beizufügen, aus denen die Richtigkeit des Zahlenmaterials entnommen werden kann“ oder „über die Höhe der Einkünfte Belege vorzulegen“ dem Bestimmtheitserfordernis nicht genügen und dementsprechend lautende Titel eine Zwangsvollstreckung nicht ermöglichen“[233].[234]

cc) Anforderungen der Kartellschadensersatzrichtlinie an die Bezeichnung der offenzulegenden Beweismittel

Gemäß Art. 5 Abs. 2 SE-RL müssen die Mitgliedstaaten gewährleisten, dass die nationalen Gerichte die Offenlegung von bestimmten einzelnen Beweismitteln oder relevanten Kategorien von Beweismitteln anordnen können, die so genau und so präzise wie möglich abgegrenzt sind, wie dies auf der Grundlage der mit zumutbarem Aufwand zugänglichen Tatsachen in der substantiierten Begründung möglich ist.

---

228 OLG Köln, Beschluss vom 27.08.1992 – 7 W 35/92, BeckRS 1992, 699, Rn. 8.

229 OLG Köln, Beschluss vom 27.08.1992 – 7 W 35/92, BeckRS 1992, 699, Rn. 8.

230 OLG Köln, Beschluss vom 27.08.1992 – 7 W 35/92, BeckRS 1992, 699, Rn. 8.

231 OLG Köln, Beschluss vom 27.08.1992 – 7 W 35/92, BeckRS 1992, 699, Rn. 8.

232 OLG Köln, Beschluss vom 27.08.1992 – 7 W 35/92, BeckRS 1992, 699, Rn. 8.

233 OLG Köln, Beschluss vom 27.08.1992 – 7 W 35/92, BeckRS 1992, 699, Rn. 8.

234 OLG Köln, Beschluss vom 27.08.1992 – 7 W 35/92, BeckRS 1992, 699, Rn. 8.

Erwägungsgrund 16 der Kartellschadensersatzrichtlinie nimmt auf Art. 5 Abs. 2 SE-RL Bezug. Sofern ein Antrag auf Offenlegung hinsichtlich einer Kategorie von Beweismitteln gestellt wird, soll diese Kategorie durch Bezugnahme auf gemeinsame Merkmale ihrer wesentlichen Elemente wie Art, Gegenstand oder Inhalt der Unterlagen, deren Offenlegung beantragt wird, Zeit, in der sie erstellt wurden, oder andere Kriterien bestimmt werden.[235] Darüber hinaus sollen diese Kategorien „so genau bezeichnet werden, wie es auf der Grundlage der mit zumutbaren Aufwand zugänglichen Tatsachen möglich ist".

Mithin legt der Unionsgesetzgeber in Erwägungsgrund 16 SE-RL dar, welche Anforderungen an die Bestimmtheit des Antrags auf Offenlegung zu stellen sind: Es ist nicht zwingend eine genaue Bezeichnung eines einzelnen Beweismittels erforderlich; vielmehr genügt auch die Beantragung der Offenlegung einer Kategorie von Beweismitteln, sofern diese Kategorie möglichst genau konkretisiert wird. Dieses Auslegungsergebnis findet seine Bestätigung in Erwägungsgrund 15 SE-RL. In diesem Erwägungsgrund stellt der Unionsgesetzgeber ausdrücklich klar, dass derjenige, der die Offenlegung von Beweismitteln begehrt, diese verlangen können muss, „ohne konkrete einzelne Beweismittel benennen zu müssen"[236].

Der Unionsgesetzgeber hatte mithin nicht die genaue Bezeichnung eines Gegenstands beabsichtigt, so wie es die deutsche Zivilprozessordnung (ZPO) für einen vollstreckungsfähigen und bestimmten Klageantrag im Sinne von § 253 Abs. 2 Nr. 2 ZPO erfordert. Gleichwohl hat sich der deutsche Gesetzgeber offensichtlich an Erwägungsgrund 16 SE-RL bei der Umsetzung der Richtlinie orientiert. Denn er hat den letzten Satz des Erwägungsgrundes 16 SE-RL in § 33g Abs. 1, letzter Halbsatz GWB fast wörtlich übernommen.

---

235 Siehe Erwägungsgrund 16 der Kartellschadensersatzrichtlinie.

236 Siehe Erwägungsgrund 15 der Kartellschadensersatzrichtlinie.

dd) Stellungnahme zu der Verwendung des Begriffs „genaue Bezeichnung von Beweismitteln" als Anspruchsvoraussetzung

Unter Berücksichtigung von Art. 5 Abs. 2 SE-RL wäre es jedenfalls dann nicht richtlinienkonform dem Anspruchsteller aufzubürden, seinen Antrag auf Herausgabe von Beweismitteln, § 33g Abs. 1 GWB, bestimmt im Sinne von § 253 Abs. 2 Nr. 2 ZPO zu stellen, wenn der deutsche Gesetzgeber für den Anspruchsteller neben § 33g Abs. 1 GWB keine weitere Möglichkeit bereitstellen würde, die Offenlegung von Beweismitteln im Kartellschadensersatzprozess zu erwirken, ohne die offenzulegenden Beweismittel bestimmt im Sinne von § 253 Abs. 2 Nr. 2 ZPO bezeichnen zu müssen.

Wie bereits dargelegt, ergibt eine Auslegung des Art. 5 Abs. 2 SE-RL und der Erwägungsgründe 15 und 16 SE-RL, dass derjenige, der die Offenlegung begehrt, nicht die konkreten einzelnen Beweismittel benennen muss. Vielmehr ist eine Bezeichnung von Beweismittelkategorien ausreichend. Erwägungsgrund 15 SE-RL stellt dabei ausdrücklich klar, dass der „Informationsasymmetrie"[237] in Kartellschadensersatzprozessen durch die Offenlegung von Beweismitteln begegnet werden soll, für die eine konkrete Benennung der einzelnen Beweismittel durch denjenigen, der die Offenlegung begehrt, nicht erforderlich ist.

Mithin wäre eine Umsetzung der Kartellschadensersatzrichtlinie ausschließlich durch eine Vorschrift, die die konkrete Benennung der offenzulegenden Beweismittel von demjenigen verlangt, der die Offenlegung begehrt, nicht richtlinienkonform. Sie würde die Offenlegung der Beweismittel erschweren und würde damit dem Ziel[238] der Richtlinie, die „Informationsasymmetrie"[239] zu beseitigen, zuwiderlaufen.

In Umsetzung von Art. 5 Abs. 2 SE-RL hat der deutsche Gesetzgeber scheinbar versucht, dem Anspruchsteller die Offenlegung von Beweismitteln

237 Siehe Erwägungsgrund 15 der Kartellschadensersatzrichtlinie.

238 Siehe Erwägungsgrund 15 der Kartellschadensersatzrichtlinie.

239 Siehe Erwägungsgrund 15 der Kartellschadensersatzrichtlinie.

gemäß den Anforderungen der Richtlinie zu erleichtern, indem für die Begründung des Herausgabeanspruchs gemäß § 33g Abs. 1 GWB die genaue Bezeichnung der offenzulegenden Beweismittel nicht notwendig ist. Dabei hat der deutsche Gesetzgeber jedoch verkannt, dass dem Anspruchsteller diese Erleichterung nicht hilft, wenn der Anspruchsteller den Beweismittelherausgabeanspruch gerichtlich geltend machen möchte und die Grundsätze des § 253 Abs. 2 Nr. 2 ZPO nicht aufgegeben werden sollen.

Denn für eine zulässige Klage muss der Anspruchsteller nach allgemeinen zivilprozessualen Grundsätzen gemäß § 253 Abs. 2 Nr. 2 ZPO einen bestimmten Antrag stellen, der bei Herausgabe von Gegenständen diese so genau wie möglich zu bezeichnen hat. Mithin ist eine genaue Bezeichnung der Beweismittel jedenfalls bei Klageerhebung unausweichlich, um den Anforderungen des § 253 Abs. 2 Nr. 2 ZPO zu genügen. Eine konkrete Bezeichnung der herauszugebenden Beweismittel ist unter Beachtung der Anforderungen des § 253 Abs. 2 Nr. 2 ZPO erforderlich, da andernfalls kein bestimmter und vollstreckungsfähiger Antrag vorliegen würde. Ist der Klageantrag nicht bestimmt, ist die Klage bereits unzulässig.[240]

Ein Klageantrag, der lediglich genau bezeichnet im Sinne von Art. 5 Abs. 2 SE-RL, wäre nicht bestimmt im Sinne des § 253 Abs. 2 Nr. 2 ZPO. Denn ein Herausgabeantrag ist gemäß § 253 Abs. 2 Nr. 2 ZPO nur dann bestimmt, wenn die betroffenen Gegenstände so genau wie möglich bezeichnet werden, dass sie im Falle einer Zwangsvollstreckung identifizierbar sind.[241] Für einen bestimmten Klageantrag ist es eben nicht ausreichend, wenn der Kläger die Beweismittel so genau bezeichnet, wie dies auf Grundlage der mit zumutbarem Aufwand zugänglichen Tatsachen möglich ist. Für einen bestimmten Klageantrag ist es auch nicht ausreichend, wenn der Kläger lediglich Beweismittelkategorien bezeichnet.

240 OLG Köln, Beschluss vom 27.08.1992 – 7 W 35/92, BeckRS 1992, 699, Rn. 8; *Greger,* in: Zöller, ZPO, 32. Aufl., vor § 253 ZPO, Rn. 24.

241 BGH, Versäumnisurteil vom 28.11.2002 – I ZR 168/00 (KG) = NJW 2003, 668, 669 f.; *Greger,* in: Zöller, ZPO, § 253 ZPO, Rn. 13c.

Unter Berücksichtigung der prozessualen Grundsätze zum Klageantrag und der dazu ergangenen Rechtsprechung macht das Tatbestandsmerkmal, das die so genaue Bezeichnung der Beweismittel erfordert, „wie dies auf der Grundlage der mit zumutbarem Aufwand zugänglichen Tatsachen möglich ist", keinen Sinn. Denn es steht bei richtlinienkonformer Auslegung im Widerspruch zu den prozessualen Grundsätzen zum Klageantrag, § 253 Abs. 2 Nr. 2 ZPO. Sofern das Tatbestandsmerkmal nicht richtlinienkonform ausgelegt werden würde, stellt es eine Wiederholung von § 253 Abs. 2 Nr. 2 ZPO dar, die als verfahrensrechtliche Regelung im Rahmen eines materiellrechtlichen Anspruchs fremd wirkt.

Mit dem Tatbestandsmerkmal „der möglichst genauen Bezeichnung der Beweismittel" vermischt der deutsche Gesetzgeber die materielle Ebene mit der prozessualen. Die wörtliche Übernahme der Anforderungen des Art. 5 Abs. 2 SE-RL ist verfehlt. Denn der Unionsgesetzgeber hatte mit den Offenlegungsvorschriften eine innerprozessuale Umsetzung in Blick.[242] Der deutsche Gesetzgeber hat sich hingegen dafür entschieden, die Offenlegungsvorschriften durch einen materiellrechtlichen Herausgabeanspruch umzusetzen. Dabei hat der deutsche Gesetzgeber nicht bedacht, dass Vorschriften, die auf eine rein prozessuale Umsetzung abzielen, nicht zwingend für eine materiellrechtliche Umsetzung passen müssen.

Der deutsche Gesetzgeber hätte die auf eine prozessuale Umsetzung[243] zielende Regelung der Richtlinie nicht unbedacht für eine materiellrechtliche Umsetzung übernehmen dürfen. Weiter zeigt sich, dass eine Umsetzung der Richtlinie durch eine materiellrechtliche Vorschrift auch gerade deswegen schwierig und zum Teil unpassend ist. Dies zeigt sich insbesondere bei der Bezeichnung der offenzulegenden Beweismittel. Die Anforderungen der Richtlinie hinsichtlich der Bezeichnung der Beweismittel lassen sich nur schwer mit deutschen zivilrechtlichen und insbesondere zivilprozessua-

---

242 OLG Düsseldorf, Beschluss vom 07.05.2018 – VI-W (Kart) 2/18 = BeckRS 2018, 8830, Rn. 26 f.

243 OLG Düsseldorf, Beschluss vom 07.05.2018 – VI-W (Kart) 2/18 = BeckRS 2018, 8830, Rn. 26 f.

len Grundsätzen vereinbaren, wenn sie durch eine materielle Vorschrift wie § 33g Abs. 1 GWB umgesetzt werden.

Der deutsche Gesetzgeber ist dem Dilemma erlegen, einerseits die Offenlegungsvorschriften durch einen Anspruch umsetzen zu wollen und andererseits die Offenlegungsvorschriften richtlinienkonform umsetzen zu müssen. An dem Tatbestandsmerkmal der möglichst genauen Bezeichnung der herauszugebenden Beweismittel zeigt sich, dass eine Umsetzung der Offenlegungsvorschriften der Richtlinie durch einen Herausgabeanspruch verfehlt ist, zumal die Kartellschadensersatzrichtlinie eine Umsetzung durch einen Anspruch nicht erfordert.

ee) Auslegung der Anspruchsvoraussetzung „genaue Bezeichnung von Beweismitteln"

Fraglich ist, wie der Begriff „genaue Bezeichnung von Beweismitteln" im Sinne von § 33g Abs. 1 GWB richtlinienkonform ausgelegt werden kann.

Nach der Kartellschadensersatzrichtlinie muss der (vermeintliche) Kartellgeschädigte die Möglichkeit haben, die Offenlegung von Beweismitteln zu erwirken, ohne die konkreten einzelnen Beweismittel benennen zu müssen. Daher wäre eine mit § 253 Abs. 2 Nr. 2 ZPO kongruente Auslegung des Begriffs „genaue Bezeichnung von Beweismitteln", § 33g Abs. 1 GWB, nur dann richtlinienkonform, wenn das deutsche Recht dem (vermeintlichen) Kartellgeschädigten auf eine andere Art und Weise die Möglichkeit verschaffen würde, die Offenlegung von Beweismitteln zu erwirken, ohne die konkreten einzelnen Beweismittel benennen zu müssen.

Das bedeutet, dass der Begriff „genaue Bezeichnung von Beweismitteln" im Sinne von § 253 Abs. 2 Nr. 2 ZPO ausgelegt werden könnte und mit einem bestimmten Klageantrag im Sinne von § 253 Abs. 2 Nr. 2 ZPO gleichgesetzt werden könnte, sofern eine andere deutsche Vorschrift dem (vermeintlichen) Kartellgeschädigten das Recht eröffnen würde, die Offenlegung von Beweismitteln zu erwirken, ohne die konkreten einzelnen Beweismittel benennen zu müssen. Besteht für den (vermeintlichen) Kartellgeschädigten neben § 33g Abs. 1 GWB jedoch keine Möglichkeit die Offenlegung von Beweismitteln zu erwirken, ohne die konkreten einzelnen Beweismittel benennen zu müssen, wäre eine mit § 253 Abs. 2 Nr. 2 ZPO kongruente Auslegung nicht richtlinienkonform.

(1) Meinungsstand in der Literatur

In der Literatur[244] wird überwiegend vertreten, dass der Anspruchsteller bei der prozessualen Geltendmachung des Herausgabeanspruchs sein Begehren so klar formulieren müsse, dass ein Herausgabetitel mit vollstreckungsfähigem Inhalt ergehen kann. Der Verpflichtete müsse klar erkennen können, was er zur Erfüllung des Anspruchs herausgeben muss.[245] Dieses Erfordernis ergebe sich aus dem vollstreckungsrechtlichen Bestimmtheitsgrundsatz[246] und diene darüber hinaus als Schranke[247] vor unzulässiger Ausforschung.

Abweichend davon wird in der Literatur[248] mit Verweis auf Art. 5 Abs. 2 SE-RL auch teilweise vertreten, dass nicht nur bestimmte einzelne Beweismittel, sondern auch relevante Kategorien von Beweismitteln Gegenstand der Offenlegung sein können. Deshalb müsse auch für die Anwendung von § 33g Abs. 1 GWB eine Bezeichnung nach Kategorien ausreichend sein.[249] Beispielhaft werden folgende Anträge aufgeführt, die diesen Anforderungen genügen sollen: die Herausgabe „aller schon vor Beginn der Ermittlungen erstellten Unterlagen, die dem Kronzeugenantrag vom [Datum] beigefügt wa-

---

244 *Bechtold / Bosch,* in: Bechtold / Bosch, GWB, § 33g GWB, Rn. 11; *Mäsch,* in: Berg / Mäsch, Deutsches und Europäisches Kartellrecht, § 33g GWB, Rn. 12; *Preuß,* in: Kersting / Podszun, Die 9. GWB-Novelle, Kapitel 10., Rn. 36; *Preuß,* in: LMRKM, Kartellrecht, § 33g GWB, Rn. 64.

245 *Preuß,* in: Kersting / Podszun, Die 9. GWB-Novelle, Kapitel 10., Rn. 36.

246 *Mäsch,* in: Berg / Mäsch, Deutsches und Europäisches Kartellrecht, § 33g GWB, Rn. 12; *Preuß,* in: Kersting / Podszun, Die 9. GWB-Novelle, Kapitel 10., Rn. 36.

247 *Preuß,* in: Kersting / Podszun, Die 9. GWB-Novelle, Kapitel 10., Rn. 36.

248 *Bach / Wolf,* NZKart 2017, 285, 289.

249 *Bach / Wolf,* NZKart 2017, 285, 289.

ren oder später auf die Frage der Kommission vorlegt wurden“[250], die Herausgabe „aller internen E-Mails, die sich auf Kontakte mit den Unternehmen x, y, oder z beziehen“[251] oder „alle Rechnungen über Lieferungen des Produktes x im Zeitraum y an das Unternehmen z“[252].

Weiter wird vermittelnd vertreten, dass zwar der zivilverfahrensrechtliche Bestimmtheitsgrundsatz und die Vollstreckungsgrundsätze zu beachten seien.[253] Gleichwohl dürften diese Anforderungen auch nicht überspannt werden, da die Vorgaben der Kartellschadensersatzrichtlinie beachtet werden müssten.[254] Es könne daher nicht verlangt werden, dass der Anspruchsberechtigte einzelne Beweismittel konkret benennt.[255] Dies ergebe sich aus Art. 5 Abs. 1 SE-RL i.V.m. Erwägungsgrund 15 SE-RL.[256]

(2) Auslegung

Fraglich ist, wie unter Anwendung der Interessenmatrix (siehe dazu Gliederungspunkt A. V.) das Tatbestandsmerkmal auszulegen ist, das eine so genaue Bezeichnung des Beweismittels ausreichen lässt, „wie dies auf der Grundlage der mit zumutbarem Aufwand zugänglichen Tatsachen möglich ist“.

---

250 *Bach / Wolf,* NZKart 2017, 285, 289.

251 *Bach / Wolf,* NZKart 2017, 285, 289.

252 *Bach / Wolf,* NZKart 2017, 285, 289.

253 *Bornkamm / Tolkmitt,* in: Langen / Bunte, Kartellrecht, Band 1, § 33g GWB, Rn. 24, 26.

254 *Bornkamm / Tolkmitt,* in: Langen / Bunte, Kartellrecht, Band 1, § 33g GWB, Rn. 25.

255 *Bornkamm / Tolkmitt,* in: Langen / Bunte, Kartellrecht, Band 1, § 33g GWB, Rn. 25.

256 *Bornkamm / Tolkmitt,* in: Langen / Bunte, Kartellrecht, Band 1, § 33g GWB, Rn. 25.

Zunächst ist zu berücksichtigen, dass dieses Tatbestandsmerkmal eine Schranke gegen unzulässige Ausforschung darstellt.[257] Wenn der Anspruchsteller des Herausgabeanspruchs, § 33g Abs. 1 GWB, gezwungen ist, die herauszugebenen Beweismittel möglichst genau zu bezeichnen, wirkt dies einer Ausforschung entgegen. Denn sind die herauszugebenden Beweismittel für den Anspruchsgegner zweifelsfrei bestimmt oder jedenfalls bestimmbar, können Versuche des Anspruchstellers, mit Hilfe des Beweismittelherausgabeanspruchs, § 33g Abs. 1 GWB, an ihm zuvor unbekannte Beweismittel als „Zufallsfunde"[258] zu gelangen (sogenannte „fishing expeditions"[259]), verhindert werden.[260] Mithin ist die Gefahr einer Ausforschung umso geringer je restriktiver das Tatbestandsmerkmal der genauen Bezeichnung des Beweismittels ausgelegt wird.[261] Dies spricht für eine Auslegung des Tatbestandmerkmals unter Beachtung der überkommenen Grundsätze der deutschen Zivilprozessordnung (ZPO).[262] Zugleich hat diese Auslegung den Vorteil, dass mit den überkommenen Grundsätzen der deutschen Zivilprozessordnung (ZPO) nicht gebrochen werden muss.

Diese Auslegung ist auch richtlinienkonform. Denn sofern die gemäß § 33g Abs. 1 GWB herauszugebenden Beweismittel nicht bestimmt im Sinne von § 253 Abs. 2 Nr. 2 ZPO bezeichnet werden können und mithin kein vollstreckungsfähiger und bestimmter Klageantrag auf Herausgabe der Beweismittel gestellt werden kann, ist es dem (vermeintlichen) Kartellgeschädigten trotzdem möglich, gegenüber dem Kartellanten als (vermeintlichen) Schädiger und gegenüber Dritten einen Auskunftsanspruch gemäß § 33g Abs. 10 GWB i.V.m. § 33g Abs. 1 GWB geltend zu machen.

---

257 *Preuß,* in: Kersting / Podszun, Die 9. GWB-Novelle, Kapitel 10., Rn. 37; *Preuß,* in: LMRKM, Kartellrecht, § 33g GWB, Rn. 66.

258 *Makatsch / Kacholdt,* in: MüKo, WettbR, Band 2, § 33g GWB, Rn. 31.

259 Zum Begriff „fishing expeditions": *Podszun / Kreifels / Schmieder,* WuW 2017, 114, 116.

260 *Makatsch / Kacholdt,* in: MüKo, WettbR, Band 2, § 33g GWB, Rn. 31.

261 *Preuß,* in: Kersting / Podszun, Die 9. GWB-Novelle, Kapitel 10., Rn. 37.

262 So im Ergebnis auch *Preuß,* in: LMRKM, Kartellrecht, § 33g GWB, Rn. 64.

Mit diesem Auskunftsanspruch gemäß § 33g Abs. 10 GWB i.V.m. § 33g Abs. 1 GWB könnte der (vermeintliche) Kartellgeschädigte zunächst Auskunft vom Anspruchsgegner verlangen, welche Beweismittel sich überhaupt in seinem Besitz befinden. Diese Auskunft kann der (vermeintliche) Kartellgeschädigte erwirken, ohne die konkreten einzelnen Beweismittel benennen zu müssen. Sofern die Auskunft vom Anspruchsgegner erteilt wurde und dieser angegeben hat, im Besitz von bestimmten Beweismitteln zu sein, kann der (vermeintliche) Kartellgeschädigte diese Beweismittel nun bestimmt im Sinne von § 253 Abs. 2 Nr. 2 ZPO bezeichnen und einen Beweismittelherausgabeanspruch gemäß § 33g Abs. 1 GWB geltend machen.

Prozessual könnte der (vermeintliche) Kartellgeschädigte seine Ansprüche mit der Stufenklage gemäß § 254 ZPO einklagen.[263]

Der vermittelnden Ansicht[264] ist im Ergebnis zuzustimmen, dass der (vermeintliche) Kartellgeschädigte die Möglichkeit haben muss, die Offenlegung von Beweismitteln zu erwirken, ohne diese konkret benennen zu müssen. Gleichwohl ist der vermittelnden Ansicht[265] insofern entgegenzutreten, als sie die Anspruchsvoraussetzung „genaue Bezeichnung von Beweismitteln" im Sinne von § 33g Abs. 1 GWB dahingehend auslegt, dass der Anspruchsteller des Beweismittelherausgabeanspruchs, § 33g Abs. 1 GWB, die einzelnen herauszugebenden Beweismittel nicht konkret benennen müsse.

Vielmehr ist mit der herrschenden Meinung[266] anzunehmen, dass der Anspruchsteller einen bestimmten Antrag im Sinne von § 253 Abs. 2 Nr. 2 ZPO

263 *Preuß,* in: LMRKM, Kartellrecht, § 33g GWB, Rn. 160. Vgl. auch *Preuß,* in: Kersting / Podszun, Die 9. GWB-Novelle, Kapitel 10., Rn. 123.

264 *Bornkamm / Tolkmitt,* in: Langen / Bunte, Kartellrecht, Band 1, § 33g GWB, Rn. 24 ff.

265 *Bornkamm / Tolkmitt,* in: Langen / Bunte, Kartellrecht, Band 1, § 33g GWB, Rn. 24 ff.

266 *Bechtold / Bosch,* in: Bechtold / Bosch, GWB, § 33g GWB, Rn. 11; *Mäsch,* in: Berg / Mäsch, Deutsches und Europäisches Kartellrecht, § 33g GWB, Rn. 12; *Preuß,* in: Kersting / Podszun, Die 9. GWB-Novelle, Kapitel 10., Rn. 36; *Preuß,* in: LMRKM, Kartellrecht, § 33g GWB, Rn. 64.

und damit vollstreckungsfähigen Klageantrag stellen muss. Eine damit kongruente Auslegung der Anspruchsvoraussetzung „genaue Bezeichnung von Beweismitteln" verhindert unter dem Postulat der Einheit der Rechtsordnung einen Bruch mit überkommen Grundsätzen der Zivilprozessordnung bezüglich der Bestimmtheit des Klageantrags, § 253 Abs. 2 Nr. 2 ZPO, und der Vollstreckungsvoraussetzungen.

Der Regierungsbegründung[267] lässt sich auch nicht entnehmen, dass der deutsche Gesetzgeber bei der Anwendung des § 33g GWB die Grundsätze der Zivilprozessordnung nicht gelten lassen will. Dementsprechend ist die Anspruchsvoraussetzung im Sinne der Einheit der Rechtsordnung auszulegen.

(3) Ergebnis

Die Anspruchsvoraussetzung „genaue Bezeichnung von Beweismitteln" im Sinne von § 33g Abs. 1 GWB ist mit dem Begriff „bestimmt" im Sinne von § 253 Abs. 2 Nr. 2 ZPO kongruent. Das bedeutet, dass an die Bezeichnung der herauszugebenden Beweismittel im Sinne von § 33g Abs. 1 GWB bei der außergerichtlichen sowie gerichtlichen Geltendmachung des Beweismittelherausgabeanspruchs gemäß § 33g Abs. 1 GWB die völlig identischen Anforderungen zu beachten sind, wie an die Bestimmtheit eines Klageantrags auf Herausgabe im Sinne von § 253 Abs. 2 Nr. 2 ZPO.

c) „für die Erhebung eines auf Schadensersatz gerichteten Anspruchs nach § 33a Absatz 1 erforderlich"

Weiter ist Tatbestandsvoraussetzung des § 33g Abs. 1 GWB, dass die im Besitz des Anspruchsgegners befindlichen Beweismittel „für die Erhebung eines auf Schadensersatz gerichteten Anspruchs nach § 33a Absatz 1 erforderlich sind". Fraglich ist, wie der Begriff „erforderlich" im Sinne des § 33g Abs. 1 GWB definiert werden kann.

---

267 Regierungsbegründung, BT-Drs. 18/10207, S. 62.

aa) Meinungsstand in Literatur und Rechtsprechung

In der Literatur und Rechtsprechung wurde der Begriff „Erforderlichkeit" bereits definiert und erläutert.[268]

(1) Eine Meinung in der Literatur („1. Meinung")

Zum Teil wird in der Literatur („1. Meinung")[269] vertreten, dass der Begriff „erforderlich" jeweils im Zusammenhang mit den Tatbestandsmerkmalen geprüft werden müsse, für die mit dem Gegenstand der Offenlegung Beweis angetreten werden solle. Dabei wird zwischen den Tatbestandsmerkmalen Kartellverstoß, Kartellbetroffenheit, Schadensschätzung und Schadensabwälzung unterschieden und hinsichtlich dieser Merkmale exemplarisch dargelegt, welche Beweismittel zum Beweis des jeweiligen Tatbestandsmerkmals erforderlich sind, ohne jedoch den Begriff zu definieren.[270]

(2) Andere Meinung in der Literatur („2. Meinung")

Eine andere Meinung („2. Meinung") in der Literatur[271] hat eine klar umrissene Definition für den Begriff der „Erforderlichkeit" gefunden. Danach setze die „Erforderlichkeit" des Beweismittels für die Erhebung des Schadenersatzanspruchs voraus, dass das Beweismittel überhaupt erst einmal geeignet

268 *Bach / Wolf*, NZKart 2017, 285, 286 ff.; *Bornkamm / Tolkmitt*, in: Langen / Bunte, Kartellrecht, Band 1, § 33g GWB, Rn. 64; *Mäsch*, in: Berg / Mäsch, Deutsches und Europäisches Kartellrecht, § 33g GWB, Rn. 9; *Preuß*, in: Kersting / Podszun, Die 9. GWB-Novelle, Kapitel 10., Rn. 28.

269 *Bach / Wolf*, NZKart 2017, 285, 286 ff.

270 *Bach / Wolf*, NZKart 2017, 285, 286 ff.

271 *Mäsch*, in: Berg / Mäsch, Deutsches und Europäisches Kartellrecht, § 33g GWB, Rn. 9; *Preuß*, in: Kersting / Podszun, Die 9. GWB-Novelle, Kapitel 10., Rn. 28.

sei, den Beweis zu erbringen.[272] „Erforderlich" sei das Beweismittel sodann für die Erhebung des Schadensersatzanspruchs, wenn der Anspruchssteller hinsichtlich dieses Merkmals beweisfällig bleiben würde, wenn er das Beweismittel nicht nutzen könnte.[273] Könne der Anspruchssteller den Beweis auf einem anderen Wege führen, wäre dieses Merkmal nicht erfüllt.[274]

Diese Definition wird in der Literatur teilweise mit dem Verweis auf ähnlich ausgestaltete spezialgesetzliche Regelungen über immaterialgüterrechtliche Vorlage- oder Besichtigungsansprüche wie § 19a Abs. 1 MarkenG, § 140c Abs. 1 PatG, § 24c Abs. 1 GebrMG, § 46a Abs. 1 DesignG begründet.[275] Denn dort sei anerkannt, dass eine Vorlage beziehungsweise Besichtigung nicht verlangt werden könne, wenn der Anspruchssteller das benötigte Beweismittel auf einem ihm zumutbaren, einfacheren Weg erlangen kann.[276]

(3) Rechtsprechung

Das Landgericht Hannover[277] hat die „Erforderlichkeit" von Informationen für die Verteidigung gegen einen Schadensersatzanspruch gemäß § 33a Abs. 1 GWB im Rahmen einer Entscheidung über Beweismittelherausgabeansprüche beziehungsweise Auskunftsansprüche eines Kartellanten gegen einen (vermeintlichen) Kartellgeschädigten gemäß § 33g Abs. 2 GWB

---

272 *Mäsch,* in: Berg / Mäsch, Deutsches und Europäisches Kartellrecht, § 33g GWB, Rn. 9; *Preuß,* in: Kersting / Podszun, Die 9. GWB-Novelle, Kapitel 10., Rn. 28.

273 *Preuß,* in: Kersting / Podszun, Die 9. GWB-Novelle, Kapitel 10., Rn. 28.

274 *Mäsch,* in: Berg / Mäsch, Deutsches und Europäisches Kartellrecht, § 33g GWB, Rn. 9; *Preuß,* in: Kersting / Podszun, Die 9. GWB-Novelle, Kapitel 10., Rn. 28.

275 *Preuß,* in: Kersting / Podszun, Die 9. GWB-Novelle, Kapitel 10., Rn. 28.

276 *Preuß,* in: Kersting / Podszun, Die 9. GWB-Novelle, Kapitel 10., Rn. 28.

277 LG Hannover, Urteil vom 18.12.2017 – 18 O 8/17, BeckRS 2017, 140329, Rn. 78.

beziehungsweise gemäß § 33g Abs. 10 GWB i.V.m. § 33g Abs. 2 GWB definiert.

Nach dem Landgericht Hannover[278] setzt „Erforderlichkeit" voraus, „dass die verlangten Informationen zum Nachweis einer Tatsache benötigt werden, auf die der Anspruchsteller, der einem Kartellschadensersatzanspruch ausgesetzt ist, sich zur Verteidigung gegen diesen Anspruch stützt. Zur Verteidigung erforderlich sind diese Informationen dann, wenn sie hierzu geeignet sind und der Anspruchssteller den Beweis nicht auf andere Weise führen kann"[279].

bb) Stellungnahme

Die vom Landgericht Hannover[280] vertretene Definition der „Erforderlichkeit" überzeugt.

(1) Stellungnahme zu den beiden Meinungen in der Literatur

Zunächst soll zu den von der Literatur vorgeschlagenen Definitionen kritisch Stellung genommen werden.

α) Kritik an der „1. Meinung" in der Literatur

An der unter Gliederungspunkt D. I. 1. c) aa) (1) dargestellten „1. Meinung" in der Literatur[281] ist zu kritisieren, dass für jedes Tatbestandsmerkmal einzeln bestimmt werden soll, welche Beweismittel für dessen Beweis erforderlich sind.

278 LG Hannover, Urteil vom 18.12.2017 – 18 O 8/17, BeckRS 2017, 140329, Rn. 78.

279 LG Hannover, Urteil vom 18.12.2017 – 18 O 8/17, BeckRS 2017, 140329, Rn. 78.

280 LG Hannover, Urteil vom 18.12.2017 – 18 O 8/17, BeckRS 2017, 140329, Rn. 78.

281 *Bach / Wolf*, NZKart 2017, 285, 286 ff.

Unter Berücksichtigung der Interessenmatrix (siehe dazu Gliederungspunkt A. V.) als Bewertungsmaßstab bedarf es vielmehr einer allgemeingültigen, von dem jeweils zu beweisenden Tatbestandsmerkmal unabhängigen Definition der Erforderlichkeit, unter die die jeweiligen Beweismittel zu subsumieren sind. Denn andernfalls wäre das Tatbestandsmerkmal der Erforderlichkeit zu unbestimmt und würde eine Ausforschung des Anspruchsgegners ermöglichen. Eine klar umrissene Definition des Begriffs der Erforderlichkeit kann einem „Ausforschungsanspruch"[282] entgegenwirken und kann mithin eine Schranke gegen eine unzulässige Ausforschung darstellen.

β) Kritik an der „2. Meinung" in der Literatur

Die unter Gliederungspunkt D. I. 1. c) aa) (2) dargestellte Definition der „2. Meinung" in der Literatur[283] stimmt fast ganz überwiegend mit der Definition des Landgerichts Hannover[284] überein.

Sie überzeugt lediglich insofern nicht, als sie ein Beweismittel nur dann als erforderlich erachtet, wenn der Anspruchsteller hinsichtlich dieses Merkmals beweisfällig bleiben würde, wenn er das Beweismittel nicht nutzen könnte. Denn diese Definition verlangt von dem Anspruchsteller, dass er zunächst versuchen muss andere Beweismittel zu nutzen, bevor er die Offenlegung gemäß § 33g Abs. 1 GWB verlangen kann. Der Anspruchsteller könnte die Offenlegung erst dann verlangen, wenn diese anderen Beweismittel sich für die Beweisführung als unbrauchbar erweisen oder für ihn unzugänglich sind.

Dies ist unter Berücksichtigung der allgemeinen Beweislastregel[285], nach der jede Partei die für sie günstigen Tatsachen zu beweisen hat, für

---

282 *Podszun / Kreifels / Schmieder,* WuW 2017, 114, 116.

283 *Mäsch,* in: Berg / Mäsch, Deutsches und Europäisches Kartellrecht, § 33g GWB, Rn. 9; *Preuß,* in: Kersting / Podszun, Die 9. GWB-Novelle, Kapitel 10., Rn. 28.

284 LG Hannover, Urteil vom 18.12.2017 – 18 O 8/17, BeckRS 2017, 140329, Rn. 78.

285 BGH, Urteil vom 14.01.1991 – II ZR 190/89 = NJW 1991, 1052, 1053; *Greger,* in: Zöller, ZPO, vor § 284 ZPO, Rn. 17a.

den Anspruchsteller problematisch. Denn der Anspruchsteller des § 33g Abs. 1 GWB muss die anspruchsbegründenden Tatsachen[286] und mithin die Erforderlichkeit sowie unter Zugrundelegung der in der Literatur[287] vorgeschlagenen Definition auch die Unbrauchbarkeit sowie Unzugänglichkeit von anderen Beweismitteln beweisen.

Dies hätte einen Zirkelschluss zur Folge: Der Anspruchsteller des Offenlegungsanspruchs gemäß § 33g Abs. 1 GWB müsste beweisen, dass er die anspruchsbegründenden Tatsachen nicht beweisen kann. Dieses Argument zeigt, dass es nicht sinnvoll ist, das Tatbestandsmerkmal der Erforderlichkeit dementsprechend eng auszulegen. Es ist nicht ersichtlich, wie dem Anspruchsteller diese Beweisführung gelingen sollte. Die in der Literatur[288] vorgeschlagene Definition erschwert dem Anspruchsteller die Beweisführung.

Es ist der Regierungsbegründung[289] nicht zu entnehmen, dass dem Anspruchsteller die Offenlegung gemäß § 33g Abs. 1 GWB derart erschwert werden soll. Eine restriktive Auslegung der Tatbestandsmerkmale des § 33g GWB wirkt zwar einer Ausforschung entgegen. Insbesondere die Auslegung der Tatbestandsmerkmale „erforderlich" im Sinne von § 33g Abs. 1 GWB und „unverhältnismäßig" im Sinne von § 33g Abs. 3 GWB können bei einer entsprechenden Auslegung Schranken für eine Ausforschung sein. Die in der Literatur[290] vorgeschlagene Definition ist allerdings zu restriktiv. Denn sie wirkt

---

286 *Bornkamm / Tolkmitt,* in: Langen / Bunte, Kartellrecht, Band 1, § 33g GWB, Rn. 64.

287 *Mäsch,* in: Berg / Mäsch, Deutsches und Europäisches Kartellrecht, § 33g GWB, Rn. 9; *Preuß,* in: Kersting / Podszun, Die 9. GWB-Novelle, Kapitel 10., Rn. 28.

288 *Mäsch,* in: Berg / Mäsch, Deutsches und Europäisches Kartellrecht, § 33g GWB, Rn. 9; *Preuß,* in: Kersting / Podszun, Die 9. GWB-Novelle, Kapitel 10., Rn. 28.

289 Regierungsbegründung, BT-Drs. 18/10207, S. 62 ff.

290 *Mäsch,* in: Berg / Mäsch, Deutsches und Europäisches Kartellrecht, § 33g GWB, Rn. 9; *Preuß,* in: Kersting / Podszun, Die 9. GWB-Novelle, Kapitel 10., Rn. 28.

nicht nur einer Ausforschung entgegen, sondern behindert eine Herausgabe von Beweismitteln gemäß § 33g Abs. 1 GWB.

(2) Anlehnung an die öffentlich-rechtliche Verhältnismäßigkeitsprüfung

Die Definition des Landgerichts Hannover[291] lehnt sich an den Terminus der „Erforderlichkeit" aus dem öffentlichen Recht an.

Im Rahmen der im öffentlichen Recht vorzunehmenden Verhältnismäßigkeitsprüfung ist der Begriff „erforderlich" Teil dieser Prüfung. Mittel müssen im Verwaltungsrecht sowie im Verfassungsrecht zur Erreichung eines Zwecks geeignet, erforderlich sowie verhältnismäßig im engeren Sinne, das heißt angemessen, sein.[292] Im öffentlichen Recht ist ein Mittel dann erforderlich, wenn es geeignet ist und es zur Zweckerreichung kein milderes, gleichermaßen geeignetes Mittel gibt.[293]

α) Nähe des § 33g GWB zum Prozessrecht

Es überzeugt, diese Definition aus dem öffentlichen Recht auf den Begriff „erforderlich" nach § 33g Abs. 1 GWB sinngemäß zu übertragen. Dies ergibt sich nicht nur aus der Einheit der Rechtsordnung, sondern insbesondere aus dem Umstand, dass der Herausgabegegenstand des § 33g Abs. 1 GWB, das Beweismittel, eine unmittelbare Nähe zum Zivilprozessrecht aufweist und Prozessrecht öffentliches Recht ist. § 33g GWB ist zwar ein materiellrechtlicher Anspruch. Die besondere Nähe des § 33g GWB zum Prozessrecht und mithin zum öffentlichen Recht resultiert jedoch aus dem Umstand, dass § 33g GWB als prozessualer Hilfsanspruch die erfolgreiche prozessuale Durchsetzung eines Kartellschadensersatzanspruchs sicherstellen soll, indem Beweismittel offengelegt werden sollen.

---

291 LG Hannover, Urteil vom 18.12.2017 – 18 O 8/17, BeckRS 2017, 140329, Rn. 78.

292 *Jarass,* in: Jarass / Pieroth, GG, Rn. 45 f.

293 Vgl. *Jarass,* in: Jarass / Pieroth, GG, Rn. 46.

β) Systematik des § 33g GWB

Dass die im öffentlichen Recht im Rahmen der Verhältnismäßigkeitsprüfung verwendete Definition auch auf § 33g GWB sinngemäß Anwendung finden soll, ergibt sich auch aus der Systematik des § 33g GWB. Denn gemäß § 33g Abs. 1 GWB muss die Herausgabe der Beweismittel erforderlich sein und gemäß § 33g Abs. 3 GWB darf die Herausgabe der Beweismittel nicht unverhältnismäßig sein.

Mithin unterscheidet § 33g GWB genau wie die Verhältnismäßigkeitsprüfung im öffentlichen Recht zwischen Erforderlichkeit und Verhältnismäßigkeit im engeren Sinne, das heißt Angemessenheit. Auch die Prüfungsreihenfolge des § 33g GWB gleicht der Verhältnismäßigkeitsprüfung im öffentlichen Recht. Zunächst wird die Erforderlichkeit geprüft; erst danach die Verhältnismäßigkeit im engeren Sinne. Sofern ein Beweismittel schon nicht erforderlich im Sinne des § 33g Abs. 1 GWB ist, ist die Prüfung der Verhältnismäßigkeit im engeren Sinne gemäß § 33g Abs. 3 GWB entbehrlich.

Diese Prüfungsreihenfolge ergibt sich nicht nur aus der Systematik des § 33g GWB, das heißt aus der Reihenfolge seiner Absätze, sondern auch aus dem Umstand, dass die Verhältnismäßigkeitsprüfung im engeren Sinne gemäß § 33g Abs. 3 S. 1 GWB als Ausschlusstatbestand normiert ist, § 33g Abs. 1 GWB die positiven Anspruchsvoraussetzungen formuliert und diese mithin zuerst geprüft werden.

(3) Keine Vorgaben in der Begründung zum deutschen Gesetzentwurf

Die Begründung zum Gesetzentwurf[294] nimmt nicht dazu Stellung, wie der Begriff „erforderlich" auszulegen ist, und lässt mithin offen, welche Beweismittel für die Erhebung eines auf Schadensersatz gerichteten Anspruchs nach § 33a Abs. 1 GWB „erforderlich" sind.

---

294 Regierungsbegründung, BT-Drs. 18/10207, S. 62.

(4) Vorgaben der Kartellschadensersatzrichtlinie

Auch Art. 5 SE-RL verwendet den Begriff „erforderlich" nicht. Stattdessen bestimmt der Richtliniengeber, dass es nationalen Gerichte möglich sein muss, die Offenlegung von „relevanten" Beweismitteln anzuordnen. Den Begriff „erforderlich" verwendet die Richtlinie in Zusammenhang mit der Offenlegung von Beweismitteln aber in den Erwägungsgründen.[295]

α) Vorgaben in Erwägungsgrund 14 SE-RL

Erwägungsgrund 14 der Richtlinie erläutert, dass die für die Begründung eines Schadensersatzanspruchs „erforderlichen" Beweismittel sich häufig ausschließlich im Besitz der gegnerischen Partei oder Dritter befinden und dem Kläger nicht hinreichend bekannt und zugänglich sind. Auch in Erwägungsgrund 22 SE-RL nimmt der Unionsgesetzgeber dazu Stellung, hinsichtlich welcher Schriftstücke die Offenlegung „erforderlich" ist. Der Unionsgesetzgeber stellt klar, dass es für einen wirksamen Schutz des Rechts auf Schadensersatz nicht „erforderlich" ist, jedes zu einem Verfahren nach Art. 101 AEUV oder Art. 102 AEUV gehörende Schriftstück dem Kläger nur aufgrund einer von ihm geplanten Schadensersatzklage zu übermitteln, weil es sehr unwahrscheinlich ist, dass die Schadensersatzklage auf sämtliche in dieser Akte enthaltenen Beweismittel dieses Verfahrens gestützt werden müsste.[296]

Wie § 33g GWB unterscheidet die Kartellschadensersatzrichtlinie zwischen der „Erforderlichkeit" der Offenlegung von Beweismitteln einerseits und der Verhältnismäßigkeit der Offenlegung von Beweismitteln andererseits. Gemäß § 33g Abs. 1 GWB muss die Offenlegung von Beweismitteln für die Erhebung eines auf Schadensersatz gerichteten Anspruchs nach § 33a Abs. 1 GWB „erforderlich" sein. Gleichwohl ist die Herausgabe gemäß § 33g Abs. 3 GWB ausgeschlossen, soweit sie unter Berücksichtigung der berechtigten Interessen der Beteiligten „unverhältnismäßig" ist. Die Kartell-

295 Siehe Erwägungsgrund 14, 16, 22, 27, 45, 47 der Kartellschadensersatzrichtlinie.

296 Siehe Erwägungsgrund 22 der Kartellschadensersatzrichtlinie.

schadensersatzrichtlinie verwendet die Begriffe „Erforderlichkeit“ und „Verhältnismäßigkeit“ in Erwägungsgrund 16 SE-RL und stellt klar, dass die nationalen Gerichte bei der Offenlegung von Beweismitteln die „Erforderlichkeit und Verhältnismäßigkeit der Maßnahmen“[297] zu beachten haben.

β) Vorgaben in Erwägungsgrund 45 SE-RL

In Erwägungsgrund 45 SE-RL nennt die Richtlinie ein Beispiel für Daten, die für die Substantiierung eines Kartellschadensersatzanspruchs „erforderlich“ sind. Die Richtlinie verweist auf den Nachweis des Schadensumfangs.[298] Insbesondere die Quantifizierung eines Schadens im Rahmen von wettbewerbsrechtlichen Fällen sei in Bezug auf die Sachverhaltsfeststellung und -bewertung sehr aufwändig und erfordere unter Umständen die Anwendung komplexer ökonomischer Modelle.[299] Für diese Quantifizierung des Schadens seien Daten „erforderlich“, an die der Kläger nur schwer gelangen könne.[300]

γ) Vorgaben in Erwägungsgrund 27 SE-RL

Erwägungsgrund 27 SE-RL greift den in Art. 5 Abs. 1 SE-RL verwendeten Begriff des „relevanten“ Beweismittels auf und definiert, dass relevante Beweismittel diejenigen Beweismittel sind, die für die Erhebung von Kartellschadensersatzklagen „erforderlich“ sind. Mithin ist nicht nur nach dem GWB, sondern auch nach der Kartellschadensersatzrichtlinie Voraussetzung der Offenlegung von Beweismitteln, dass die Beweismittel für die Erhebung eines Kartellschadensanspruchs „erforderlich“ sind.

---

297 Siehe Erwägungsgrund 16 der Kartellschadensersatzrichtlinie.

298 Siehe Erwägungsgrund 45 der Kartellschadensersatzrichtlinie.

299 Siehe Erwägungsgrund 45 der Kartellschadensersatzrichtlinie.

300 Siehe Erwägungsgrund 45 der Kartellschadensersatzrichtlinie.

(5) Verhältnismäßigkeit als Schranke gegen „uferlose" Herausgabe

Die in § 33g GWB normierte Verhältnismäßigkeitsprüfung ist eine Schranke, um die „uferlose" Herausgabe von Beweismitteln zu verhindern. Der deutsche Gesetzgeber macht mit der Verwendung der Tatbestandsmerkmale „erforderlich", § 33g Abs. 1 GWB, und „unverhältnismäßig", § 33g Abs. 3 GWB, deutlich, dass nicht jedes Beweismittel herausgegeben werden muss, das für die Beweisführung im Kartellschadensersatzprozess auf irgendeine Art und Weise nützlich ist.

Durch die Verwendung des Tatbestandsmerkmals „erforderlich" einerseits und des Tatbestandsmerkmals „unverhältnismäßig" andererseits stellt der deutsche Gesetzgeber klar, dass eine Interessenabwägung ausschließlich im Rahmen der Verhältnismäßigkeitsprüfung gemäß § 33g Abs. 3 GWB stattfindet. Demgegenüber fragt das Tatbestandsmerkmal der „Erforderlichkeit" nicht nach dem Ausgleich von Interessen, sondern allein danach, ob das Beweismittel für die Beweisführung objektiv[301] geeignet[302] ist. Beweismittel, die schon objektiv[303] eine Beweisführung gar nicht ermöglichen, müssen nicht herausgegeben werden.[304]

Da der Begriff Erforderlichkeit unter Berücksichtigung des alltäglichen Sprachgebrauchs und insbesondere der Verwendung im öffentlichen Recht aber über eine bloße Geeignetheit des Beweismittels hinausgeht, ist ein Beweismittel dann nicht erforderlich, wenn es zwar objektiv eine Beweisführung ermöglicht, also geeignet ist, aber gleichwohl die Beweisführung durch andere Beweismittel objektiv gelingen kann, an die der Beweisführer auf einfacherem Weg gelangen kann.[305]

301 Vgl. auch *Preuß*, in: LMRKM, Kartellrecht, § 33g GWB, Rn. 58.

302 *Preuß*, in: LMRKM, Kartellrecht, § 33g GWB, Rn. 61.

303 Vgl. auch *Preuß*, in: LMRKM, Kartellrecht, § 33g GWB, Rn. 58.

304 *Preuß*, in: LMRKM, Kartellrecht, § 33g GWB, Rn. 61.

305 So im Ergebnis auch *Preuß*, in: LMRKM, Kartellrecht, § 33g GWB, Rn. 58, 62.

(6) Richtlinienkonformität des Auslegungsergebnisses

Dieses Auslegungsergebnis ist insbesondere auch unter Berücksichtigung der Erwägungsgründe der Kartellschadensersatzrichtlinie richtlinienkonform. Denn aus Erwägungsgrund 45 SE-RL geht hervor, dass der Unionsgesetzgeber dem (vermeintlichen) Kartellgeschädigten durch die Offenlegungsvorschriften Zugriff auf die Beweismittel ermöglichen möchte, die er für die Beweisführung benötigt und deren Zugang ihm zugleich Schwierigkeiten bereitet. Mithin grenzt der Unionsgesetzgeber die Offenlegung auf bestimmte Beweismittel ein.

Darüber hinaus unterschiedet auch der Unionsgesetzgeber in Erwägungsgrund 16 SE-RL zwischen „Erforderlichkeit" einerseits und „Verhältnismäßigkeit" andererseits. Mithin gebietet auch eine richtlinienkonforme Auslegung, dass die offenzulegenden Beweismittel sich für die Beweisführung eignen müssen und die Beweisführung nicht auf einem einfacheren Weg möglich ist.

(7) Ausforschung entgegenwirken

Um einer Ausforschung entgegenzuwirken ist es ausreichend, dass der Anspruchsgegner nur dann Beweismittel offenlegen muss, wenn dem Anspruchssteller kein anderes, gleichermaßen geeignetes Beweismittel einfacher zugänglich ist. Unter Berücksichtigung der Interessenmatrix (siehe dazu Gliederungspunkt A. V.) als Bewertungsmaßstab schafft diese Auslegung einen Ausgleich zwischen den widerstreitenden Interessen: zum einem dem Interesse der Anspruchsteller an der Offenlegung und zum anderem dem Interesse der Anspruchsgegner, eine Ausforschung zu verhindern und möglichst wenig Beweismittel offenzulegen.

Dem Interesse des Anspruchsstellers wird insofern angemessen Rechnung getragen, als ihm nur dann die Offenlegung von Beweismitteln verwehrt wird, wenn er sich auf einem einfacheren Weg den Zugang zu Beweismitteln verschaffen kann.[306] Das bedeutet, die Beweisführung des Anspruchsstellers wird dadurch sichergestellt, dass für ihn entweder schon Beweismittel zugänglich sind oder er andernfalls die Offenlegung gemäß § 33g Abs. 1 GWB vom Anspruchsgegner verlangen kann.

Die Interessen des Anspruchsgegners werden dadurch berücksichtigt, dass er nur dann zur Offenlegung verpflichtet ist, wenn dem Anspruchsteller eine Beweisführung auf andere Weise nicht möglich ist.[307] Dadurch wird sichergestellt, dass die Offenlegung auf ein Mindestmaß beschränkt wird und sie lediglich bei „Beweisnot" des Anspruchsstellers verlangt werden kann.

α) Einfacher zugängliches Beweismittel

Fraglich ist, wann dem Anspruchsteller ein Beweismittel einfacher zugänglich ist. Dies ist jedenfalls dann nicht der Fall, wenn der Anspruchsteller gegen einen Dritten einen Anspruch gemäß § 33g Abs. 1 GWB geltend machen müsste. Denn dies ist schon nach dem allgemeinen Sprachgebrauch kein einfacherer Weg, sondern ein gleicher Weg. Demgegenüber wäre ein einfacherer Weg jedenfalls dann gegeben, wenn der Anspruchsteller selbst im Besitz von Beweismitteln ist, mit denen er den Schadensersatzanspruch gemäß § 33a Abs. 1 GWB beweisen könnte.[308]

Dies ist auch dann der Fall, wenn dem Anspruchsteller diese Beweismittel auf andere Art und Weise zugänglich sind. Beispielsweise wenn die Beweismittel der Öffentlichkeit allgemein zugänglich sind oder ein Dritter dem Anspruchsteller Beweismittel zur Verfügung stellt, obgleich der Anspruchsteller gegen den Dritten einen Anspruch gemäß § 33g Abs. 1 GWB nicht geltend gemacht hat und beziehungsweise oder ein Anspruch gemäß § 33g Abs. 1 GWB nicht einmal gegeben wäre.

---

306 Vgl. auch *Preuß,* in: LMRKM, Kartellrecht, § 33g GWB, Rn. 86.

307 Vgl. auch *Preuß,* in: LMRKM, Kartellrecht, § 33g GWB, Rn. 86.

308 Vgl. auch *Preuß,* in: LMRKM, Kartellrecht, § 33g GWB, Rn. 86.

β) Schadensschätzung als einfacher zugängliches Beweismittel

Fraglich ist, ob die Schätzung des Schadensumfangs gemäß §§ 33a Abs. 3 GWB, 287 ZPO ein milderes Mittel darstellt.

In der Literatur[309] wird vertreten, dass die Schadensschätzung grundsätzlich ein einfacheres zur Beweisführung geeignetes Beweismittel sei. Allerdings sei zu berücksichtigen, dass die Schätzung nach § 287 ZPO tragfähige Anknüpfungstatsachen voraussetze, die der Anspruchsteller darzulegen und erforderlichenfalls zu beweisen habe.[310] Daher käme ein Anspruch gemäß § 33g Abs. 1 GWB auch dann in Betracht, wenn die Herausgabe des Beweismittels im Hinblick auf den Beweis von Schätzungstatsachen erforderlich sei.[311]

Unter Berücksichtigung der Interessenmatrix (siehe dazu Gliederungspunkt A. V.) als Bewertungsmaßstab ist diese Ansicht überzeugend. Die Kartellschadensersatzrichtlinie möchte ausweislich ihrer Erwägungsgründe die „Informationsasymmetrie"[312] zwischen Kartellanten und (vermeintlichen) Kartellgeschädigten beseitigen und damit die wirksame Geltendmachung von Schadensersatzansprüchen gewährleisten.[313] Um diese Ziele zu erreichen, hält die Richtlinie verschiedene Maßnahmen vor: Die Mitgliedstaaten müssen gemäß Art. 5 SE-RL ff. die Offenlegung von Beweismitteln gewährleisten. Weiter besteht die widerlegliche Vermutung, dass Zuwiderhandlungen in Form von Kartellen einen Schaden verursachen, Art. 17 Abs. 2 SE-RL. Darüber hinaus müssen die Mitgliedstaaten gewährleisten, dass die nationalen Gerichte gemäß den nationalen Verfahren befugt sind, die Höhe des Schadens zu schätzen, wenn erwiesen ist, dass ein Kläger einen Schaden er-

---

309 *Inderst / Thomas,* in: Inderst / Thomas, Schadensersatz bei Kartellverstößen, S. 499; *Makatsch / Kacholdt,* in: MüKo, WettbR, Band 2, § 33g GWB, Rn. 25; *Preuß,* in: Kersting / Podszun, Die 9. GWB-Novelle, Kapitel 10., Rn. 28.

310 *Inderst / Thomas,* in: Inderst / Thomas, Schadensersatz bei Kartellverstößen, S. 499; *Preuß,* in: Kersting / Podszun, Die 9. GWB-Novelle, Kapitel 10., Rn. 28.

311 *Preuß,* in: Kersting / Podszun, Die 9. GWB-Novelle, Kapitel 10., Rn. 28.

312 Siehe Erwägungsgrund 15 der Kartellschadensersatzrichtlinie.

313 Siehe Erwägungsgrund 14, 15, 45, 46, 47 der Kartellschadensersatzrichtlinie.

litten hat, es jedoch praktisch unmöglich oder übermäßig schwierig ist, die Höhe des erlittenen Schadens aufgrund der vorhandenen Beweismittel genau zu beziffern, Art. 17 Abs. 1 S. 2 SE-RL.

Diese verschiedenen Maßnahmen stellen Beweiserleichterungen dar und sollen die Beweisführung im Kartellschadensersatzprozess sicherstellen. Sie stehen nebeneinander und ergänzen sich. Dies verdeutlicht insbesondere Erwägungsgrund 46 SE-RL. Danach müsse neben der vorhandenen „Informationsasymmetrie“[314] die Tatsache berücksichtigt werden, dass für die Ermittlung des Schadensumfangs die Prüfung erforderlich sei, wie sich der betroffene Markt entwickelt hätte, wenn die Zuwiderhandlung nicht begangen worden wäre. Da diese Prüfung einen Vergleich mit einer hypothetischen Situation beinhalte und nicht mit letzter Genauigkeit vorgenommen werden könnte, müssten die nationalen Gerichte den Schaden schätzen können.

Diese Erläuterung veranschaulicht, dass die Schadensschätzung insbesondere dort als Beweiserleichterung Anwendung finden soll, wo eine Beweisführung des Schadens durch Beweismittel an ihre Grenzen stößt. Die Schadensschätzung trägt dem Umstand Rechnung, dass es für den Anspruchsteller schwierig ist, eine hypothetische Situation zu beweisen, da es möglicherweise überhaupt keine Beweismittel gibt, mit denen er diese hypothetische Situation beweisen könnte. In diesem Fall würde dem Anspruchsteller die Offenlegung von Beweismitteln nicht helfen.

Gleichwohl ist auch eine Schadensschätzung ohne Beweismittel nicht möglich. Nach der Kartellschadensersatzrichtlinie müssen die Mitgliedstaaten gewährleisten, dass die nationalen Gerichte gemäß den nationalen Verfahren befugt sind, die Höhe des Schadens zu schätzen, Art. 17 Abs. 1 S. 2 E-RL. Das Verfahren der Schadensschätzung unterliegt mithin der mitgliedstaatlichen Gestaltungsfreiheit. Der deutsche Gesetzgeber hat sich dafür entschieden auf das bereits bekannte Verfahren der Schadensschätzung nach der Zivilprozessordnung zurückzugreifen und verweist in § 33a Abs. 3 GWB auf § 287 ZPO. Mithin finden die bereits zu § 287 ZPO entwickelten Grundsätze

314 Siehe Erwägungsgrund 15 der Kartellschadensersatzrichtlinie.

auch im GWB beim Kartellschadensersatzanspruch, § 33a GWB, als Sonderdeliktsrecht[315] Anwendung.

Voraussetzung einer Schätzung gemäß § 287 ZPO sind tragfähige Anknüpfungstatsachen.[316] Diese Tatsachen muss der Geschädigte als Anspruchsteller des Schadensersatzanspruchs darlegen und beweisen.[317] § 287 ZPO lässt grundsätzlich eine völlig abstrakte Berechnung des Schadens, auch in der Form der Schätzung eines „Mindestschadens", nicht zu.[318] Fehlen dem Richter greifbare Anhaltspunkte als Grundlage seiner Entscheidung gänzlich und würde damit das richterliche Ermessen „völlig in der Luft hängen"[319], ist eine richterliche Schätzung abzulehnen.[320]

---

315 Vgl. *Alexander*, GRUR Int 2013, 636, 637.

316 BGH, Urteil vom 17.01.1995 – VI ZR 62/94 = NJW 1995, 1023, 1023; BGH, Urteil vom 08.05.2012 – VI ZR 37/11 = NJW 2012, 2267, 2268; BGH, Urteil vom 19.07.2016 – VI ZR 491/15 = NJW 2016, 3363, 3365; *Greger*, in: Zöller, ZPO, § 287 ZPO, Rn. 4; *Laumen*, in: Prütting / Gehrlein, ZPO, § 287 ZPO, Rn. 20; *Preuß*, in: Kersting / Podszun, Die 9. GWB-Novelle, Kapitel 10., Rn. 28; *Prütting*, in: MüKo, ZPO, Band 1, § 287 ZPO, Rn. 28.

317 BGH, Urteil vom 24.04.2012 – XI ZR 360/11 = NJW 2012, 2266, 2266; BGH, Urteil vom 08.05.2012 – VI ZR 37/11 = NJW 2012, 2267, 2268; BGH, Urteil vom 29.05.2013 – VIII ZR 174/12 = NJW 2013, 2584, 2586; BGH, Urteil vom 16.07.2015 – IX ZR 197/14 = NJW 2015, 3447, 3450; *Foerste*, in: Musielak / Voit, ZPO, § 287 ZPO, Rn. 7; *Laumen*, in: Prütting / Gehrlein, ZPO, § 287 ZPO, Rn. 20; *Preuß*, in: Kersting / Podszun, Die 9. GWB-Novelle, Kapitel 10., Rn. 28.

318 BGH, Urteil vom 08.05.2012 – VI ZR 37/11 = NJW 2012, 2267, 2268.

319 BGH, Urteil vom 16.12.1963 – III ZR 47/63 = NJW 1964, 589, 589; BGH, Urteil vom 26.11.1986 – VIII ZR 260/85 = NJW 1987, 909, 910.

320 BGH, Urteil vom 16.12.1963 – III ZR 47/63 = NJW 1964, 589, 589; BGH, Urteil vom 07.07.1970 – VI ZR 233/69 = NJW 1970, 1970, 1971; BGH, Urteil vom 26.11.1986 – VIII ZR 260/85 = NJW 1987, 909, 910; BGH, Urteil vom 17.01.1995 – VI ZR 62/94 = NJW 1995, 1023, 1023; BGH, Urteil vom 08.05.2012 – VI ZR 37/11 = NJW 2012, 2267, 2268; *Greger*, in: Zöller, ZPO, § 287 ZPO, Rn. 4; *Prütting*, in: MüKo, ZPO, Band 1, § 287 ZPO, Rn. 28.

Allerdings stellt der BGH[321] an die Darlegung der Mindestvoraussetzungen für eine Schätzung eines wettbewerblichen Schadens wegen der Beweisschwierigkeiten im Wettbewerbsrecht keine hohen Anforderungen.[322] Sofern ein Schaden des Verletzten ohne Zweifel vorliegt und nicht jegliche Anhaltspunkte zur annähernden Bestimmung eines Schadens oder eines wahrscheinlichen Mindestschadens fehlen, muss das Gericht den Schaden oder gegebenenfalls den Mindestschaden schätzen.[323]

Beim Beweis der Anknüpfungstatsachen kann die Offenlegung von Beweismitteln dem Anspruchsteller bei der Beweisführung helfen. Denn die Kartellschadensersatzrichtlinie geht davon aus, dass gerade bei der Quantifizierung eines Schadens im Rahmen einer wettbewerbsrechtlichen Streitigkeit eine „Informationsasymmetrie"[324] besteht und es dem (vermeintlichen) Kartellgeschädigten deswegen schwierig ist, an die für die Substantiierung des Kartellschadensersatzanspruchs erforderlichen Daten zu gelangen.[325]

Dies zeigt, dass die Offenlegung von Beweismitteln einerseits und die Schadensschätzung andererseits sich gegenseitig ergänzen. Die Kartellschadensersatzrichtlinie stellt ein variables Auffangsystem bereit, um die Beweisführung im Kartellschadensersatzprozess zu erleichtern. Jede Maßnahme soll den Zielen der Kartellschadensersatzrichtline dort zum Erfolg verhelfen, wo die jeweils andere Maßnahme an ihre Grenzen stößt und versagt. Da die Schadensschätzung ausweislich der Erwägungsgründe[326] der Richtlinie gerade der Beweiserleichterung dienen soll, ist diese ein milderes Mittel im Sinne

---

321 BGH, Urteil vom 17.06.1992 – I ZR 107/90 = NJW 1992, 2753.

322 BGH, Urteil vom 17.06.1992 – I ZR 107/90 = NJW 1992, 2753, 2756 f.

323 BGH, Urteil vom 17.06.1992 – I ZR 107/90 = NJW 1992, 2753, 2756 f.

324 Siehe Erwägungsgrund 15 der Kartellschadensersatzrichtlinie.

325 Siehe Erwägungsgrund 45 f. der Kartellschadensersatzrichtlinie.

326 Siehe Erwägungsgrund 45 f. der Kartellschadensersatzrichtlinie.

der Erforderlichkeit gemäß § 33g Abs. 1 GWB. Insofern überzeugt die in Literatur[327] vertretene Ansicht.

Bei der Prüfung der Erforderlichkeit im Sinne von § 33g Abs. 1 GWB darf aber nicht außer Acht gelassen werden, dass zum Beweis der für eine Schätzung gemäß § 287 ZPO benötigten Anknüpfungstatsachen die Offenlegung von Beweismitteln gemäß § 33g Abs. 1 GWB erforderlich sein kann.[328] Unter Berücksichtigung dessen, dass bei follow-on-Klagen wegen der Bindungswirkung von Entscheidungen einer Wettbewerbsbehörde, § 33b GWB, insbesondere der Beweis des Schadens problematisch ist,[329] wird der Offenlegungsanspruch gemäß § 33g Abs. 1 GWB praktisch vor allem dann relevant werden, um die Anknüpfungstatsachen für eine Schadensschätzung gemäß § 287 ZPO beweisen zu können.

(8) Ergebnis

Als Ergebnis der Auslegung des Tatbestandsmerkmals der „Erforderlichkeit“ kann mithin festgehalten werden: „Erforderlich“ ist ein Beweismittel für die Erhebung eines auf Schadensersatz gerichteten Anspruchs nach § 33a Abs. 1 GWB, wenn das Beweismittel für die Beweisführung geeignet ist und für den Anspruchssteller kein anderes, gleichermaßen geeignetes Beweismittel einfacher zugänglich ist.[330] Welche Beweismittel einfacher zu-

---

327 *Inderst / Thomas,* in: Inderst / Thomas, Schadensersatz bei Kartellverstößen, S. 499; *Makatsch / Kacholdt,* in: MüKo, WettbR, Band 2, § 33g GWB, Rn. 25; *Preuß,* in: Kersting / Podszun, Die 9. GWB-Novelle, Kapitel 10., Rn. 28.

328 So auch *Preuß,* in: Kersting / Podszun, Die 9. GWB-Novelle, Kapitel 10., Rn. 28.

329 *Mäsch,* in: Berg / Mäsch, Deutsches und Europäisches Kartellrecht, § 33g GWB, Rn. 1; *Podszun / Kreifels,* GWR 2017, 67, 68.

330 Vgl. LG Hannover, Urteil vom 18.12.2017 – 18 O 8/17, BeckRS 2017, 140329, Rn. 78.

gänglich sind, bleibt einer Einzelfallprüfung überlassen.[331] Gleichwohl ist zu berücksichtigen, dass eine restriktive Auslegung des Tatbestandsmerkmals der Erforderlichkeit bereits eine erste Schranke gegen eine Ausforschung sein kann und mithin dem in der Literatur[332] befürchteten „Ausforschungsanspruch"[333] entgegenwirken wird.

d) „der glaubhaft macht, einen solchen Schadensersatzanspruch zu haben"

Der Anspruchsteller des Beweismittelherausgabeanspruchs gemäß § 33g Abs. 1 GWB muss „glaubhaft machen", einen Schadensersatzersatzanspruch gemäß § 33a Abs. 1 GWB zu haben. Da nur dann ein Beweismittelherausgabeanspruch gemäß § 33g Abs. 1 GWB entsteht, wenn der Anspruchsteller glaubhaft macht, einen Schadensersatzanspruch gemäß § 33a Abs. 1 GWB zu haben, ist diese „Glaubhaftmachung" Anspruchsvoraussetzung des § 33g Abs. 1 GWB.[334]

aa) Problem der Verwendung des Begriffs „Glaubhaftmachung" als Anspruchsvoraussetzung

Die „Glaubhaftmachung" wirkt als materiellrechtliche Voraussetzung eines zivilrechtlichen Anspruchs zunächst befremdlich.[335] Denn der Begriff

---

331 Vgl. LG Hannover, Urteil vom 18.12.2017 – 18 O 8/17, BeckRS 2017, 140329, Rn. 78.

332 *Podszun / Kreifels,* GWR 2017, 67, 69; *Podszun / Kreifels / Schmieder,* WuW 2017, 114, 116; *Rosenfeld / Brand,* WuW 2017, 247, 252.

333 *Podszun / Kreifels / Schmieder,* WuW 2017, 114, 116.

334 Vgl. Regierungsbegründung, BT-Drs. 18/10207, S. 62.

335 *Hellmann / Steinbrück,* NZKart 2017, 164, 169; *Inderst / Thomas,* in: Inderst / Thomas, Schadensersatz bei Kartellverstößen, S. 499; *Klumpe / Thiede,* BB 2016, 3011, 3014; *Klumpe / Thiede,* NZKart 2016, 471, 471.

„Glaubhaftmachung" ist in § 294 ZPO legaldefiniert und mithin ein Begriff aus dem deutschen Zivilprozessrecht.[336]

Indem der deutsche Gesetzgeber die „Glaubhaftmachung" eines Schadensersatzanspruchs gemäß § 33a Abs. 1 GWB zur Anspruchsvoraussetzung erhebt, vermischt[337] der deutsche Gesetzgeber materiellrechtliche und prozessuale Ebene.[338] Dies ist dem deutschen Recht fremd. Grund für diesen Bruch mit überkommenen Grundsätzen des deutschen Rechts dürften die Vorgaben der Kartellschadensersatzrichtlinie sein.

Mit der Anspruchsvoraussetzung „Glaubhaftmachung" eines Schadensersatzanspruchs gemäß § 33a Abs. 1 GWB wollte der deutsche Gesetzgeber offensichtlich die Anforderung der Richtlinie umsetzen, dass der Kläger gemäß Art. 5 Abs. 1 SE-RL für die Offenlegung von Beweismitteln eine substantiierte Begründung vorlegen muss, „die mit zumutbarem Aufwand zugängliche Tatsachen und Beweismittel enthält, die die Plausibilität seines Schadensersatzanspruchs ausreichend stützen".

Fraglich ist, wie die Anspruchsvoraussetzung „Glaubhaftmachung" eines Schadensersatzanspruchs gemäß § 33a Abs. 1 GWB auszulegen ist. Die Regierungsgründungsbegründung[339] nimmt zur Auslegung des Begriffs „Glaubhaftmachung" nicht Stellung. Sie stellt lediglich klar, dass Berechtigter eines Beweismittelherausgabeanspruchs gemäß § 33g Abs. 1 GWB jeder ist, der einen Anspruch auf Schadensersatz wegen einer Verletzung des Kartellrechts „glaubhaft machen" kann.[340] Aus dieser Klarstellung ergibt sich lediglich, dass nach der Regierungsbegründung die „Glaubhaftmachung" eines Anspruchs auf Schadensersatz wegen einer Verletzung des Kartellrechts Anspruchsvoraussetzung des § 33g Abs. 1 GWB ist.

336 Vgl. auch *Preuß*, in: LMRKM, Kartellrecht, § 33g GWB, Rn. 46.

337 *Podszun / Kreifels*, GWR 2017, 67, 71.

338 Vgl. auch Stellungnahme, Podszun, Ausschuss-Drs. 18(9)1092, S. 23.

339 Regierungsbegründung, BT-Drs. 18/10207, S. 62.

340 Regierungsbegründung, BT-Drs. 18/10207, S. 62.

bb) Hypothese: Gleichsetzung von „Glaubhaftmachung" im Sinne von § 33g Abs. 1 GWB mit der Legaldefinition des § 294 ZPO

Der Umstand, dass die Regierungsbegründung zur Auslegung des Begriffs „Glaubhaftmachung" schweigt, dieser Begriff aber zugleich ein feststehender Terminus des deutschen Zivilprozessrechts ist und sogar in § 294 ZPO legaldefiniert ist, könnte unter Berücksichtigung der Einheit der Rechtsordnung dafür sprechen, dass der in § 33g Abs. 1 GWB verwendete Begriff „Glaubhaftmachung" im Sinne der Legaldefinition des § 294 ZPO auszulegen ist und mithin dem Begriff „Glaubhaftmachung" im Sinne der deutschen Zivilprozessordnung gleichzusetzen ist. Dieses Auslegungsergebnis für den Begriff „Glaubhaftmachung" im Sinne von § 33g Abs. 1 GWB hat auch Anklang in der Literatur[341] gefunden.

Unter Zugrundelegung dieser Erwägungen könnte der Anspruchsteller des § 33g Abs. 1 GWB zur „Glaubhaftmachung" eines Schadensersatzanspruchs gemäß § 33a Abs. 1 GWB sich aller Beweismittel bedienen und auch zur Versicherung an Eides statt zugelassen werden, vgl. § 294 Abs. 1 ZPO. Allerdings wäre eine Beweisaufnahme, die nicht sofort erfolgen kann, unstatthaft, vgl. § 294 Abs. 2 ZPO.

(1) „Glaubhaftmachung" im Sinne von § 294 ZPO

„Glaubhaftmachung" im Sinne von § 294 ZPO ist eine besondere Art der Beweisführung.[342] Denn sie unterscheidet sich von den in der Zivilprozessordnung für das Beweisverfahren und die Beweiserbringung grundsätzlich

---

341 *Mäsch,* in: Berg / Mäsch, Deutsches und Europäisches Kartellrecht, § 33g GWB, Rn. 7; *Preuß,* in: Kersting / Podszun, Die 9. GWB-Novelle, Kapitel 10., Rn. 33 f.

342 *Thole,* in: Stein / Jonas, ZPO, Band 4, § 294 ZPO, Rn. 1; *Prütting,* in: MüKo, ZPO, Band 1, § 294 ZPO, Rn. 1.

geltenden Regeln in mehreren Anforderungen.[343] Die Beweisaufnahme muss sofort möglich sein.[344]

Darüber hinaus stellen insbesondere folgende Anforderungen einen bedeutenden Unterschied zu den für das Beweisverfahren und die Beweiserbringung allgemein geltenden Regeln der Zivilprozessordnung dar: Zum einem, dass „nicht nur Beweismittel des Strengbeweises, sondern auch alle sonstigen Beweismittel,[345] einschließlich der eidesstaatlichen Versicherung[346] der Partei, zulässig sind“[347]; zum anderen, dass „die richterliche Überzeugung von der überwiegenden Wahrscheinlichkeit[348] der Behauptung“[349], also ein geringer Grad[350] der Überzeugung als beim Vollbeweis, genügt.

---

343 *Thole,* in: Stein / Jonas, ZPO, Band 4, § 294 ZPO, Rn. 1.

344 *Thole,* in: Stein / Jonas, ZPO, Band 4, § 294 ZPO, Rn. 1.

345 BGH, Beschluss vom 11.09.2003 – IX ZB 37/03 = NJW 2003, 3558, 3558.

346 BGH, Beschluss vom 11.09.2003 – IX ZB 37/03 = NJW 2003, 3558, 3558.

347 *Thole,* in: Stein / Jonas, ZPO, Band 4, § 294 ZPO, Rn. 1. So auch

348 BGH, Beschluss vom 11.09.2003 – IX ZB 37/03 = NJW 2003, 3558, 3558. So auch *Laumen,* in: Prütting / Gehrlein, ZPO, § 294 ZPO, Rn. 2; *Prütting,* in: MüKo, ZPO, Band 1, § 294 ZPO, Rn. 2, 24; *Reichold,* in: Thomas / Putzo, ZPO, § 294 ZPO, Rn. 2. Anders *Greger,* in: Zöller, ZPO, § 294 ZPO, Rn. 6. Greger fordert ein den konkreten Umständen angepasstes Maß an Glaubhaftigkeit. Die Sicherheit der Feststellung müsse von den Folgen der zu treffenden Entscheidung abhängig gemacht werden.

349 *Thole,* in: Stein / Jonas, ZPO, Band 4, § 294 ZPO, Rn. 1. So auch *Laumen,* in: Prütting / Gehrlein, ZPO, § 294 ZPO, Rn. 2; *Prütting,* in: MüKo, ZPO, Band 1, § 294 ZPO, Rn. 2, 24; *Reichold,* in: Thomas / Putzo, ZPO, § 294 ZPO, Rn. 2.

350 BGH, Beschluss vom 11.09.2003 – IX ZB 37/03 = NJW 2003, 3558, 3558. So auch *Laumen,* in: Prütting / Gehrlein, ZPO, § 294 ZPO, Rn. 2; *Thole,* in: Stein / Jonas, ZPO, Band 4, § 294 ZPO, Rn. 21; *Nober,* in: Baumbach / Lauterbach / Hartmann / Anders / Gehle, ZPO, § 294 ZPO, Rn. 1; *Prütting,* in: MüKo, ZPO, Band 1, § 294 ZPO, Rn. 2; *Reichold,* in: Thomas / Putzo, ZPO, § 294 ZPO, Rn. 1.

Mithin genügt zur Glaubhaftmachung ein geringerer Überzeugungswert als zur Erbringung des vollen Beweises.[351] „Die Behauptung ist bereits dann glaubhaft gemacht, wenn bei umfassender Würdigung der vorgelegten Beweismittel und der Begleitumstände mehr für als gegen das Vorliegen der Tatsache spricht."[352] Die volle Überzeugung des Gerichts von der Wahrheit oder der Unwahrheit einer Tatsachenbehauptung ist nicht erforderlich.[353]

Festzuhalten ist, dass die Glaubhaftmachung eine besondere Art der Beweisführung ist[354] und das Beweismaß regelt. Sie bestimmt die Anforderungen an den zu erbringenden Beweis.

(2) Gegenstand des Beweises

Gegenstand des Beweises und damit auch der „Glaubhaftmachung" als eine besondere Art der Beweisführung[355] „sind in erster Linie Tatsachenbehauptungen"[356]. Für Rechtssätze und Erfahrungssätze kommt hingegen nur manchmal ein Beweisverfahren in Betracht.[357]

---

351 *Thole,* in: Stein / Jonas, ZPO, Band 4, § 294 ZPO, Rn. 21; *Nober,* in: Baumbach / Lauterbach / Hartmann / Anders / Gehle, ZPO, § 294 ZPO, Rn. 1; *Prütting,* in: MüKo, ZPO, Band 1, § 294 ZPO, Rn. 2; *Reichold,* in: Thomas / Putzo, ZPO, § 294 ZPO, Rn. 2.

352 *Thole,* in: Stein / Jonas, ZPO, Band 4, § 294 ZPO, Rn. 21. So auch *Prütting,* in: MüKo, ZPO, Band 1, § 294 ZPO, Rn. 24.

353 *Thole,* in: Stein / Jonas, ZPO, Band 4, § 294 ZPO, Rn. 21.

354 BGH, Beschluss vom 11.09.2003 – IX ZB 37/03 = NJW 2003, 3558, 3558; *Thole,* in: Stein / Jonas, ZPO, Band 4, § 294 ZPO, Rn. 1; *Prütting,* in: MüKo, ZPO, Band 1, § 294 ZPO, Rn. 1.

355 *Thole,* in: Stein / Jonas, ZPO, Band 4, § 294 ZPO, Rn. 1; *Prütting,* in: MüKo, ZPO, Band 1, § 294 ZPO, Rn. 1.

356 *Prütting,* in: MüKo, ZPO, Band 1, § 294 ZPO, Rn. 40.

357 *Prütting,* in: MüKo, ZPO, Band 1, § 294 ZPO, Rn. 40.

Von Tatsachen im vorbezeichneten Sinn müssen juristische Tatsachen abgegrenzt werden.[358] „Sie sind nicht tatsächlicher Natur, sondern ergeben sind erst durch die Subsumtion konkreter Tatsachen unter Rechtssätze, d. h. auf Grund einer allein dem Richter obliegenden rechtlichen Beurteilung."[359]

Der Anspruchsteller des Beweismittelherausgabeanspruchs gemäß § 33g Abs. 1 GWB muss „glaubhaft machen", dass er einen Schadensersatzanspruch gemäß § 33a Abs. 1 GWB hat. Fraglich ist, ob dies die „Glaubhaftmachung" einer juristischen Tatsache darstellt. Ein Schadensersatzanspruch gemäß § 33a Abs. 1 GWB ist nicht tatsächlicher Natur. Das Bestehen eines Kartellschadensersatzanspruchs gemäß § 33a Abs. 1 GWB ergibt sich vielmehr erst durch die Subsumtion von Tatsachen tatsächlicher Natur unter die Norm § 33a Abs. 1 GWB. Mithin ergibt sich ein Kartellschadensersatzanspruch gemäß § 33a Abs. 1 GWB erst durch eine rechtliche Beurteilung. Somit stellt die gemäß § 33g Abs. 1 GWB „glaubhaft zu machende" Tatsache eine juristische Tatsache dar.

α) Juristische Tatsachen als Gegenstand des Beweises

Juristische Tatsachen sind grundsätzlich keines Beweises zugänglich.[360] Sie werden jedoch dann Tatsachen tatsächlicher Natur, § 138 Abs. 1 ZPO, gleichgestellt, wenn ein einfacher Rechtsbegriff vorliegt, der jedem Teilnehmer des Rechtsverkehrs geläufig ist.[361] Einfache Rechtsbegriffe können zugestan-

---

358 *Laumen,* in: Prütting / Gehrlein, ZPO, § 284 ZPO, Rn. 8. Im Ergebnis ähnlich *Prütting,* in: MüKo, ZPO, Band 1, § 284 ZPO, Rn. 41, § 288 ZPO Rn. 17.

359 *Prütting,* in: MüKo, ZPO, Band 1, § 294 ZPO, Rn. 41.

360 *Laumen,* in: Prütting / Gehrlein, ZPO, § 284 ZPO, Rn. 8.

361 BGH, Urteil vom 04.11.1991 – II ZR 26/91 = NJW 1992, 906, 906; BGH, Urteil vom 02.06.1995 – V ZR 304/93 = DtZ 1995, 328, 328; BGH, Urteil vom 13.03.1998 – V ZR 190/97 = NJW 1998, 2058, 2060; *Laumen,* in: Prütting / Gehrlein, ZPO, § 284 ZPO, Rn. 8.

den[362] werden sowie Gegenstand einer Beweiserhebung sein.[363] Werden sie nicht bestritten, kann das Gericht sie ohne Beweiserhebung seiner Entscheidung zugrunde legen;[364] werden sie bestritten, muss der Rechtsbegriff aufgelöst werden und auf einzelne konkrete Tatsachen zurückgeführt werden[365]. Einen einfachen und allgemeinen Rechtsbegriff stellen beispielsweise die Begriffe Kauf, Schenkung, Miete oder Darlehen dar.[366]

Die Rechtsprechung[367] hat beispielsweise den Begriff Schenkung im Rahmen einer nichtehelichen Lebensgemeinschaft nicht als einfachen Rechtsbegriff beurteilt. Ungeachtet dessen, ob der Begriff Schenkung in der Regel ein einfacher Rechtsbegriff sei, sei er jedenfalls im Rahmen eines Sachverhalts zur nichtehelichen Lebensgemeinschaft nicht als einfacher Rechtsbegriff zu werten.[368] Denn es sei äußerst umstritten, ob und unter welchen Voraussetzungen Zuwendungen, die im Rahmen von nichtehelichen Lebensgemeinschaften zur Schaffung bleibender Vermögenswerte erbracht werden, unter den Rechtsbegriff der Schenkung im Sinne der §§ 516 BGB ff. fallen.[369]

Mithin gehen Literatur[370] und Rechtsprechung[371] und übereinstimmend davon aus, dass nur einfache Rechtsbegriffe als juristische Tatsachen wie Tatsachen tatsächlicher Natur behandelt werden können. Dies überzeugt, weil

---

362 BGH, Urteil vom 04.11.1991 – II ZR 26/91 = NJW 1992, 906, 906.

363 *Laumen*, in: Prütting / Gehrlein, ZPO, § 284 ZPO, Rn. 8; *Prütting*, in: MüKo, ZPO, Band 1, § 284 ZPO, Rn. 41, § 288 ZPO Rn. 17.

364 *Laumen*, in: Prütting / Gehrlein, ZPO, § 284 ZPO, Rn. 8.

365 *Laumen*, in: Prütting / Gehrlein, ZPO, § 284 ZPO, Rn. 8.; *Prütting*, in: MüKo, ZPO, Band 1, § 284 ZPO, Rn. 41.

366 *Laumen*, in: Prütting / Gehrlein, ZPO, § 284 ZPO, Rn. 8.

367 BGH, Urteil vom 04.11.1991 – II ZR 26/91 = NJW 1992, 906.

368 BGH, Urteil vom 04.11.1991 – II ZR 26/91 = NJW 1992, 906, 906.

369 BGH, Urteil vom 04.11.1991 – II ZR 26/91 = NJW 1992, 906, 906.

370 *Laumen*, in: Prütting / Gehrlein, ZPO, § 284 ZPO, Rn. 8.

371 BGH, Urteil vom 04.11.1991 – II ZR 26/91 = NJW 1992, 906; BGH, Urteil vom 02.06.1995 – V ZR 304/93 = DtZ 1995, 328; BGH, Urteil vom 13.03.1998 – V ZR 190/97 = NJW 1998, 2058, 2060.

ein Rechtsbegriff, der komplex ist und das Ergebnis einer umfangreichen Subsumtion sowie rechtlichen Würdigung ist, im Zweifel nicht übereinstimmend von den Parteien verwendet wird. Die Parteien könnten bei Verwendung eines komplexen, das heißt nicht einfachen Rechtsbegriffs ganz unterschiedliche Lebenssachverhalte meinen.

Ferner ist ein komplexer, das heißt nicht einfacher Rechtsbegriff immer das Ergebnis einer rechtlichen Würdigung und Wertung. Ein komplexer Rechtsbegriff unterscheidet sich insofern von einem einfachen Rechtsbegriff, als ein komplexer Rechtsbegriff das Ergebnis einer Rechtsfrage ist. Die Beantwortung dieser Frage muss dem Gericht vorbehalten sein. Dies zeigt sich anschaulich an dem vom BGH[372] entschiedenen Fall zur Schenkung im Rahmen einer nichtehelichen Lebensgemeinschaft. In diesem Fall bedurfte es gerade einer rechtlichen Würdigung durch das Gericht, ob und unter welchen Voraussetzungen eine Zuwendung, die im Rahmen einer nichtehelichen Lebensgemeinschaft zur Schaffung bleibender Vermögenswerte erbracht wird, unter den Rechtsbegriff der Schenkung im Sinne der §§ 516 BGB ff. fällt.

Somit kann festgehalten werden, dass jedenfalls solche juristischen Tatsachen des Beweises nicht zugänglich sind, die einer umfangreichen rechtlichen Würdigung bedürfen. Dabei kann das Bedürfnis einer rechtlichen Würdigung von Sachverhalt zu Sachverhalt variieren. Dies zeigt sich wiederum anschaulich an dem vom BGH[373] entschiedenen Fall zur Schenkung im Rahmen einer nichtehelichen Lebensgemeinschaft.

Eine Schenkung kann ein einfacher und allgemein geläufiger Rechtsbegriff sein.[374] Denn auch einem juristischen Laien ist bekannt, dass bei einer Schenkung eine Zuwendung unentgeltlich erfolgt. Insbesondere bei einer Handschenkung, also einer Schenkung, die sofort vollzogen wird,[375] kann der Begriff der Schenkung ein einfacher und allgemein geläufiger Rechtsbegrifft

372 BGH, Urteil vom 04.11.1991 – II ZR 26/91 = NJW 1992, 906.

373 BGH, Urteil vom 04.11.1991 – II ZR 26/91 = NJW 1992, 906.

374 *Laumen,* in: Prütting / Gehrlein, ZPO, § 284 ZPO, Rn. 8.

375 *Weidenkaff,* in: Palandt, BGB, § 516 BGB, Rn. 1.

sein. Gleichwohl kann die rechtliche Beurteilung einer Schenkung aber auch schwierig sein, wie im Fall der Zuwendung im Rahmen von nichtehelichen Lebensgemeinschaften.

β) Der Kartellschadensersatzanspruch als Gegenstand des Beweises

Fraglich ist, ob die juristische Tatsache des Bestehens eines Kartellschadensersatzanspruchs, § 33a Abs. 1 GWB, ein einfacher Rechtsbegriff ist, der somit einem Beweis zugänglich ist, oder aber ob diese juristische Tatsache ein komplexer Rechtsbegriff ist, der einer umfassenden rechtlichen Würdigung bedarf und sich somit einer Beweisführung entzieht.

Die „Glaubhaftmachung" des Kartellschadensersatzanspruchs, § 33a Abs. 1 GWB, ist die Anspruchsvoraussetzung eines Herausgabeanspruchs, der auf die Herausgabe von Beweismitteln gerichtet ist, die zum Beweis des „glaubhaft zu machenden" Anspruchs erforderlich sind. Gerade der Umstand, dass zum Beweis des Kartellschadensersatzanspruchs, § 33a Abs. 1 GWB, noch die Herausgabe von Beweismitteln erforderlich ist, zeigt, dass der Kartellschadensersatzanspruch, § 33a Abs. 1 GWB, im Fall des § 33g Abs. 1 GWB kein einfacher Rechtsbegriff ist.

Der Anspruchsteller des § 33g Abs. 1 GWB begehrt gerade die Herausgabe von Beweismitteln, da er diese zum Beweis des „glaubhaft zu machenden" Kartellschadensersatzanspruchs nach § 33a Abs. 1 GWB benötigt. Wäre dieser Kartellschadensersatzanspruch, § 33a Abs. 1 GWB, ein nicht komplexer Rechtsbegriff, wäre auch die Herausgabe von Beweismitteln nicht erforderlich. Denn dann wäre der Kartellschadensersatzanspruch, § 33a Abs. 1 GWB, entweder zwischen den Parteien unstreitig oder der (vermeintliche) Kartellgeschädigte könnte seinen Kartellschadensersatzanspruch, § 33a Abs. 1 GWB, mit Beweismitteln beweisen, auf die er selbst Zugriff hätte, und er wäre nicht darauf angewiesen, dass ihm der (vermeintliche) Schädiger oder ein Dritter die zum Beweis erforderlichen Beweismittel erst herausgeben muss.

Bei der Beurteilung, ob der gemäß § 33g Abs. 1 GWB „glaubhaft zu machende" Kartellschadensersatzanspruch, § 33a Abs. 1 GWB, ein einfacher Rechtsbegriff ist oder nicht, ist insbesondere zu berücksichtigen, dass in der

Literatur[376] vor allem Verträge als einfache Rechtsbegriffe beurteilt werden. Dies überzeugt, da Verträge wie Kauf, Schenkung, Miete oder Darlehen jedem Teilnehmer des Rechtsverkehrs geläufig sind. Eine Gleichstellung dieser Rechtsbegriffe mit Tatsachen tatsächlicher Natur ist insbesondere auch dann berechtigt sowie angemessen ist, wenn der Vertragsschluss unstreitig ist oder jeder Teilnehmer des Rechtsverkehrs im Rahmen einer Parallelwertung in der Laiensphäre zutreffend zu dem Ergebnis kommen muss, dass ein Kauf-, Schenkungs-, Miet- oder Darlehensvertrag wirksam abgeschlossen wurde; wie zum Beispiel ein Kaufvertrag über Lebensmittel zwischen einem Verbraucher und einem Lebensmittelhändler.

Hiervon unterscheidet sich ein Anspruch insofern, als er das Ergebnis einer umfassenden Subsumtion und rechtlichen Würdigung ist; und zwar insbesondere dann, wenn der Anspruch zwischen den Parteien streitig ist. Streiten die Parteien über einen Anspruch, stellt dieser keinen einfachen Rechtsbegriff dar und kann nicht wie Tatsachen tatsächlicher Natur behandelt werden. Es bedarf vielmehr vor der Verwendung des Rechtsbegriffs „Anspruch" als juristischer Tatsache einer umfassenden rechtlichen Würdigung.

Der Kartellschadensersatzanspruch, § 33a Abs. 1 GWB, bedarf einer solchen umfassenden rechtlichen Würdigung. Denn der Sachverhalt, der dem Herausgabeanspruch gemäß § 33g Abs. 1 GWB zugrunde liegt, ist in der Regel der, dass der Kartellschadensersatzanspruch, § 33a Abs. 1 GWB, zwischen den Parteien streitig ist und der (vermeintliche) Kartellgeschädigte gerade deswegen die Herausgabe von Beweismitteln begehrt.

Dies gilt umso mehr, als § 33g Abs. 1 GWB nicht zwischen einer follow-on-Klage und einer stand-alone-Klage unterscheidet und in beiden Situationen Anwendung findet.[377] Die bei einer stand-alone-Klage vorzunehmende Beweiserhebung und rechtliche Würdigung ist wesentlich umfangreicher als bei einer follow-on-Klage. Denn nur bei einer follow-on-Klage ist das Gericht, das über den Kartellschadensersatzanspruch, § 33a Abs. 1 GWB, ent-

376 *Laumen,* in: Prütting / Gehrlein, ZPO, § 284 ZPO, Rn. 8.

377 *Preuß,* in: LMRKM, Kartellrecht, § 33g GWB, Rn. 42.

scheidet, an die Entscheidung der Wettbewerbsbehörde gemäß § 33b GWB gebunden.

Gleichwohl bedarf auch der Kartellschadensersatzanspruch, § 33a Abs. 1 GWB, im Rahmen einer follow-on-Klage in der Regel einer umfassenden rechtlichen Würdigung. Denn bei einer follow-on-Klage ist insbesondere der durch den Verstoß nach § 33 Abs. 1 GWB verursachte Schaden zwischen den Parteien streitig. Die Parteien werden über die Schadenshöhe streiten.[378]

Zwar wird gemäß § 33a Abs. 2 S. 1 GWB widerleglich vermutet, dass ein Kartell einen Schaden verursacht, und darüber hinaus kann das Gericht den Schaden gemäß §§ 33a Abs. 3 GWB, 287 ZPO schätzen. Jedoch muss die ersatzberechtigte Partei für eine Schadensschätzung nach § 287 ZPO die Anknüpfungstatsachen darlegen.[379] Über diese Anknüpfungstatsachen ist überdies Beweis zu erheben, wenn die ersatzverpflichtete Partei die Anknüpfungstatsachen bestreitet.[380]

Es bleibt festzuhalten, dass ein Kartellschadensersatzanspruch, § 33a Abs. 1 GWB, kein einfacher Rechtsbegriff ist. Er kann damit unter Zugrundelegung der in Literatur[381] und Rechtsprechung[382] geltenden Grundsätze nicht Gegenstand eines Beweises sein und mithin auch nicht „glaubhaft gemacht" werden.

---

378 *Mäsch,* in: Berg / Mäsch, Deutsches und Europäisches Kartellrecht, § 33g GWB, Rn. 1. Vgl. auch *Preuß,* in: LMRKM, Kartellrecht, § 33g GWB, Rn. 2.

379 BGH, Urteil vom 21.01.2016 – I ZR 90/14 = WRP 2016, 1142, 1145; *Laumen,* in: Prütting / Gehrlein, ZPO, § 287 ZPO, Rn. 15.

380 BGH, Urteil vom 21.01.2016 – I ZR 90/14 = WRP 2016, 1142, 1145; *Laumen,* in: Prütting / Gehrlein, ZPO, § 287 ZPO, Rn. 15.

381 *Laumen,* in: Prütting / Gehrlein, ZPO, § 284 ZPO, Rn. 8.

382 BGH, Urteil vom 04.11.1991 – II ZR 26/91 = NJW 1992, 906; BGH, Urteil vom 02.06.1995 – V ZR 304/93 = DtZ 1995, 328; BGH, Urteil vom 13.03.1998 – V ZR 190/97 = NJW 1998, 2058.

Dieses Ergebnis steht auch nicht in Widerspruch dazu, dass die deutsche Rechtsordnung in einem anderen Rechtsgebiet, dem Insolvenzrecht, die „Glaubhaftmachung" einer Forderung für möglich erachtet.

Der Gläubiger muss im Insolvenzverfahren eine Forderung gemäß § 14 Abs. 1 InsO „glaubhaft machen". Die „Glaubhaftmachung" einer Forderung ist dem deutschen Recht also nicht fremd. Der Antrag eines Gläubigers ist erst gemäß § 14 Abs. 1 InsO zulässig, wenn der Gläubiger ein rechtliches Interesse an der Eröffnung des Insolvenzverfahrens hat und seine Forderung und den Eröffnungsrund „glaubhaft macht". Für die „Glaubhaftmachung" einer Forderung gemäß § 14 Abs. 1 InsO ist erforderlich, dass das Bestehen der Forderung schlüssig dargelegt wird.[383] Das bedeutet, dass das Sachvorbringen zum Grund der Forderung schlüssig dargelegt werden muss.[384] Mithin ist „eine geordnete und vollständige Sachverhaltsdarstellung erforderlich, aus der sich alle haftungs- und anspruchsbegründenden Umstände ergeben"[385].

„Der Eröffnungsantrag eines Gläubigers ist zulässig, wenn er unter Berücksichtigung der von dem Schuldner erhobenen Einwendungen [...] mit überwiegender Wahrscheinlichkeit Inhaber einer durchsetzbaren Forderung gegen den Schuldner ist."[386] Damit entscheidet das Insolvenzgericht nicht über den Bestand der Forderung.[387]

Die „Glaubhaftmachung" einer Forderung im Insolvenzverfahren gemäß § 14 Abs. 1 InsO betrifft jedoch eine andere Situation als die „Glaubhaftmachung" eines Kartellschadensersatzanspruchs, § 33a Abs. 1 GWB, im Rahmen eines Herausgabeanspruchs gemäß § 33g Abs. 1 GWB. § 14 Abs. 1 InsO bestimmt die Zulässigkeitsvoraussetzung für einen Antrag des Gläubigers auf

---

383 *Bußhardt,* in: Braun, InsO, § 14 InsO, Rn. 19; *Kadenbach,* in: Ahrens / Gehrlein / Ringstmeier, InsO, § 14 InsO, Rn. 4; *Schmahl / Vuia,* in: MüKo, InsO, Band 1, § 14 InsO, Rn. 71.

384 *Kadenbach,* in: Ahrens / Gehrlein / Ringstmeier, InsO, § 14 InsO, Rn. 4.

385 *Schmahl / Vuia,* in: MüKo, InsO, Band 1, § 14 InsO, Rn. 71.

386 *Schmahl / Vuia,* in: MüKo, InsO, Band 1, § 14 InsO, Rn. 70.

387 *Schmahl / Vuia,* in: MüKo, InsO, Band 1, § 14 InsO, Rn. 70. Vgl. auch *Bußhardt,* in: Braun, InsO, 7. Aufl., § 14 InsO, Rn. 23.

Eröffnung des Insolvenzverfahrens[388] und stellt damit eine verfahrensrechtliche Vorschrift des Insolvenzverfahrens dar. Die „Glaubhaftmachung" der Forderung durch den Gläubiger gemäß § 14 Abs. 1 InsO ist also nicht Anspruchsvoraussetzung eines weiteren Anspruchs, über den das Gericht noch zu entscheiden hat. Im Rahmen der Prüfung des § 14 Abs. 1 InsO entscheidet das Gericht nicht über das Bestehen eines Anspruchs.

Vielmehr dient die „Glaubhaftmachung" der Forderung dazu, den Schuldner „vor unberechtigten Eingriffen in die Verfügungsbefugnis über das eigene Vermögen und seine wirtschaftlichen Interessen zu schützen"[389]. Ein Missbrauch des Antrags als Druckmittel soll verhindert werden.[390] Die mit der Eröffnung des Insolvenzverfahrens für den Schuldner verbundenen Nachteile sind nur berechtigt, „wenn sich schon aus dem Antrag eine gewisse Wahrscheinlichkeit für das Vorliegen der Eröffnungsvoraussetzungen und die Antragsberechtigung des Antragstellers ergibt"[391]. Mithin soll nur dann das Insolvenzverfahren eröffnet werden, wenn der Gläubiger ein berechtigtes Interesse hat. Dazu muss er unter anderem seine Forderung „glaubhaft machen". Allein diesem Umstand dient die „Glaubhaftmachung" der Forderung.

Die „Glaubhaftmachung" eines Kartellschadensersatzanspruchs, § 33a Abs. 1 GWB, erfolgt hingegen in einer anderen Situation. Die „Glaubhaftmachung" eines Kartellschadensersatzanspruchs, § 33a Abs. 1 GWB, ist Anspruchsvoraussetzung des Herausgabeanspruchs § 33g Abs. 1 GWB. Damit ist die „Glaubhaftmachung" des Kartellschadensersatzanspruchs gemäß § 33g Abs. 1 GWB eine materielle Voraussetzung und nicht wie die „Glaubhaftmachung" einer Forderung gemäß § 14 Abs. 1 InsO eine verfahrens-

388 *Bußhardt,* in: Braun, InsO, § 14 InsO, Rn. 1; *Kadenbach,* in: Ahrens / Gehrlein / Ringstmeier, InsO, § 14 InsO, Rn. 3; *Schmahl / Vuia,* in: MüKo, InsO, Band 1, § 14 InsO, Rn. 1.

389 *Kadenbach,* in: Ahrens / Gehrlein / Ringstmeier, InsO, § 14 InsO, Rn. 1. Vgl. auch *Bußhardt,* in: Braun, InsO, § 14 InsO, Rn. 4.

390 *Schmahl / Vuia,* in: MüKo, InsO, Band 1, § 14 InsO, Rn. 1.

391 *Bußhardt,* in: Braun, InsO, § 14 InsO, Rn. 4.

rechtliche Voraussetzung im Rahmen der Prüfung der Zulässigkeit[392] eines Antrags.

Gleichwohl hat die „Glaubhaftmachung" des § 33g Abs. 1 GWB auch eine Gemeinsamkeit mit der des § 14 Abs. 1 InsO und zwar hinsichtlich des Zwecks. Denn auch die „Glaubhaftmachung" eines Kartellschadensersatzanspruchs, § 33a Abs. 1 GWB, dient dazu, den Anspruchsgegner des Herausgabeanspruchs, § 33g Abs. 1 GWB, dann vor einer Herausgabe von Beweismitteln zu bewahren, wenn der Anspruchsteller kein berechtigtes Interesse an den Beweismitteln hat. Nur derjenige soll die Herausgabe von Beweismitteln verlangen können, der mit einer gewissen Wahrscheinlichkeit auch Inhaber eines Kartellschadensersatzanspruchs, § 33a Abs. 1 GWB, ist. Dies dient dem Schutz des Anspruchsgegners des Herausgabeanspruchs gemäß § 33g Abs. 1 GWB.

Die Gemeinsamkeit der „Glaubhaftmachung" im Sinne von § 33g Abs. 1 GWB mit der „Glaubhaftmachung" im Sinne von § 14 Abs. 1 InsO besteht darin, den jeweiligen Gegner des Begehrens vor einer Rechtsdurchsetzung zu bewahren, für die kein rechtliches Interesse besteht. Der entscheidende Unterschied ist jedoch, dass die „Glaubhaftmachung" gemäß § 33g Abs. 1 GWB den Schuldner vor einem Anspruch bewahren soll und die „Glaubhaftmachung" gemäß § 14 Abs. 1 InsO vor der Eröffnung eines Verfahrens.

Mithin bleibt festzuhalten, dass die „Glaubhaftmachung" gemäß § 33g Abs. 1 GWB einerseits und die „Glaubhaftmachung" gemäß § 14 Abs. 1 InsO andererseits zwar beide auf die „Glaubhaftmachung" eines Anspruchs gerichtet sind, aber dennoch wesentliche Unterschiede aufweisen, die darin begründet sind, dass § 33g GWB eine materiellrechtliche Vorschrift ist und § 14 Abs. 1 InsO eine verfahrensrechtliche Vorschrift ist.

§ 14 Abs. 1 InsO bestätigt damit den allgemeinen Grundsatz, dass die „Glaubhaftmachung" für Fälle vorgesehen ist, „in denen das Verfahren (zu-

---

392 *Schmahl / Vuia,* in: MüKo, InsO, Band 1, § 14 InsO, Rn. 5.

nächst) einseitig ausgestaltet ist, in denen es um die Entscheidung über rein prozessuale Fragen geht, oder in denen besonderer Zeitdruck besteht"[393].

Auch wenn die deutsche Rechtsordnung die „Glaubhaftmachung" eines Anspruchs – wie es § 14 Abs. 1 InsO zeigt – kennt, so ist die „Glaubhaftmachung" eines Anspruchs als Anspruchsvoraussetzung eines weiteren Anspruchs – so wie in § 33g Abs. 1 GWB normiert – der deutschen Rechtsordnung fremd.

(3) Stellungnahme

Die Entscheidung des deutschen Gesetzgebers, die „Glaubhaftmachung des Kartellschadensersatzanspruchs" zur Anspruchsvoraussetzung des Beweismittelherausgabeanspruchs gemäß § 33g Abs. 1 GWB zu bestimmen, ist wenig praktikabel und unverständlich.

Der Begriff „Glaubhaftmachung" ist bereits im deutschen Zivilprozessrecht ein feststehender Terminus. Gleichwohl kann dieser feststehende Terminus des deutschen Zivilprozessrechts nicht auf den Begriff „Glaubhaftmachung" im Sinne von § 33g Abs. 1 GWB nicht angewendet werden, da dies den Vorgaben der Kartellschadensersatzrichtlinie nicht genügen würde.

Daher ist es zwingend erforderlich die Anspruchsvoraussetzung „Glaubhaftmachung des Kartellschadensersatzanspruchs" im Sinne des § 33g Abs. 1 GWB abweichend vom feststehenden Terminus „Glaubhaftmachung" im Sinne des deutschen Zivilprozessrechts zu definieren.

Den Anforderungen der Kartellschadensersatzrichtlinie zu genügen und den feststehenden Terminus neu zu definieren, führt zu Brüchen mit Grundsätzen des deutschen Zivilrechts und Zivilprozessrechts.

α) Beweisrechtlicher Zirkel

Wenn „Glaubhaftmachung" im Sinne von § 33g Abs. 1 GWB so ausgelegt werden würde, wie „Glaubhaftmachung" im Sinne des überkommenen Terminus der deutschen Zivilprozessordnung, § 294 ZPO, dann wäre die An-

---

393 *Thole,* in: Stein / Jonas, ZPO, Band 4, § 294 ZPO, Rn. 2.

spruchsvoraussetzung wenig zielführend. Denn sie würde dem (vermeintlichen) Kartellgeschädigten einen beweisrechtlichen Zirkel aufbürden, der so bei § 14 Abs. 1 InsO nicht besteht.

Der beweisrechtliche Zirkel besteht darin, dass der (vermeintliche) Kartellgeschädigte erst dann einen Herausgabeanspruch, § 33g Abs. 1 GWB, hat und also erst dann die Herausgabe von Beweismitteln verlangen kann, die er zum Beweis seines Kartellschadensersatzanspruchs, § 33a Abs. 1 GWB, benötigt, wenn er genau diesen Kartellschadensersatzanspruch, § 33a Abs. 1 GWB, „glaubhaft gemacht" hat. Wenn der (vermeintliche) Kartellgeschädigte aber so „arm" an Beweismitteln hinsichtlich seines Kartellschadensersatzanspruchs, § 33a Abs. 1 GWB, ist, dass er auf die Herausgabe von Beweismitteln durch (vermeintliche) Schädiger oder durch Dritte zum Beweis eben dieses Kartellschadensersatzanspruchs, § 33a Abs. 1 GWB, angewiesen ist, so wird ihm auch die „Glaubhaftmachung" dieses Kartellschadensersatzanspruchs, § 33a Abs. 1 GWB, nicht gelingen.

Denn für „Glaubhaftmachung" einer Behauptung ist erforderlich, dass „bei umfassender Würdigung der vorgelegten Beweismittel und der Begleitumstände mehr für als gegen das Vorliegen der Tatsache spricht"[394]. Auch wenn die „Glaubhaftmachung" das Beweismaß reduziert und in Abweichung vom Regelbeweismaß des Vollbeweises, § 286 ZPO, ein geringerer Grad an richterlicher Überzeugung ausreicht,[395] wird einem (vermeintlichen) Kartellgeschädigten, der „arm" an Beweismitteln ist, die „Glaubhaftmachung" des Kartellschadensersatzanspruchs, § 33a Abs. 1 GWB, unter Berücksichtigung der Beweisschwierigkeiten in wettbewerbsrechtlichen Streitigkeiten nicht gelingen.

394 *Thole,* in: Stein / Jonas, ZPO, Band 4, § 294 ZPO, Rn. 21. So auch *Prütting,* in: MüKo, ZPO, Band 1, § 294 ZPO, Rn. 24.

395 *Laumen,* in: Prütting / Gehrlein, ZPO, § 294 ZPO, Rn. 2.

β) Erschwerung der Offenlegung durch Beweislast

Art. 5 SE-RL sieht nicht die Offenlegung von Beweismitteln durch eine materiellrechtliche Vorschrift, einen Anspruch, vor.[396] Vielmehr macht der Unionsgesetzgeber in Art. 5 SE-RL deutlich, dass er die Umsetzung der Offenlegungsvorschriften durch eine verfahrensrechtliche Vorschrift intendiert.[397] Gegenüber einer verfahrensrechtlichen Vorschrift erschwert ein Anspruch die Offenlegung von Beweismitteln. Denn den Anspruchssteller trifft die Beweislast für die rechtsbegründenden Tatsachen.[398]

Zwar schafft § 33g Abs. 1 GWB insofern eine Beweiserleichterung, als dass hinsichtlich des Bestehens des Kartellschadensersatzanspruchs, § 33a Abs. 1 GWB, das Beweismaß gesenkt wird, indem der Anspruchsteller einen Kartellschadensersatzanspruch, § 33a Abs. 1 GWB, lediglich „glaubhaft machen“ muss. Es ist jedoch zu beachten, dass Art. 5 Abs. 1 S. 1 SE-RL lediglich verlangt, dass der Kläger einer Kartellschadensersatzklage eine substantiierte Begründung vorlegen muss, die mit zumutbaren Aufwand zugängliche Tatsachen und Beweismittel enthält, die die Plausibilität des Kartellschadensersatzanspruchs ausreichend stützen.

Insofern erschwert § 33g Abs. 1 GWB dem (vermeintlichen) Kartellgeschädigten den Vortrag zum (vermeintlich) bestehenden Kartellschadensersatzanspruchs gegenüber der Vorgabe der Richtlinie in Art. 5 Abs. 1 S. 1 SE-RL. Art. 5 Abs. 1 SE-RL verlangt lediglich, dass der (vermeintlich) Kartellgeschädigte den (vermeintlich) bestehenden Kartellschadensersatzanspruch substantiieren muss.

γ) Der Begriff „Substantiierung“

„Substantiierung ist der genaue Vortrag aller Tatsachen, die für die Klagebegründung oder für das Bestreiten des Klageanspruchs (Einwendung) er-

---

396 OLG Düsseldorf, Beschluss vom 07.05.2018 – VI-W (Kart) 2/18 = BeckRS 2018, 8830, Rn. 26 f.

397 OLG Düsseldorf, Beschluss vom 07.05.2018 – VI-W (Kart) 2/18 = BeckRS 2018, 8830, Rn. 26 f.

398 BGH, Urteil vom 14.01.1991 – II ZR 190/89 = NJW 1991, 1052, 1053.

forderlich sind."[399] Nur wenn der Gegner substantiiert vorträgt, also die von ihm behaupteten Tatsachen ausreichen, um das geltend gemachte Recht zu begründen, hat sich die jeweils andere Partei über diese vom Gegner behaupteten Tatsachen gemäß § 138 Abs. 2 ZPO zu erklären.[400] Für ein substantiiertes Vorbringen als Voraussetzung für eine Erklärung, § 138 Abs. 2 ZPO, der jeweils anderen Partei reicht es dabei aus, wenn sich der Anspruchsteller auf die wesentlichen Tatsachen beschränkt, die das entsprechende Recht begründen.[401]

Ein einfaches Bestreiten des Anspruchsgegners ist nicht genügend, sofern der Anspruchsteller genauere Angaben zu bestimmten Tatsachen dargelegt, also substantiiert Tatsachen behauptet.[402] Liegt eine substantiierte Tatsachenbehauptung durch den Anspruchssteller vor, ist ein ebenso substantiiertes Bestreiten der gegnerischen Partei erforderlich.[403] Je detaillierter der Vortrag des Anspruchsstellers ist, desto höher sind die Anforderungen an die gegnerische Partei bezüglich der Erklärungslast gemäß § 138 Abs. 2 ZPO.[404] Eine fehlende Substantiierung der Klage liegt dann vor, wenn der Kläger bei Bestreiten des Beklagten „die Einzelheiten, aus denen sich die zur Schlüssigkeit erforderl[ichen] Tatsachen ergeben, nicht [vorträgt]"[405].[406]

---

399 *Groh,* in: Creifelds, Rechtswörterbuch, Substantiierung.

400 *Fritsche,* in: MüKo, ZPO, Band 1, § 138 ZPO, Rn. 18; *Prütting,* in: Prütting / Gehrlein, ZPO, § 138 ZPO, Rn. 9.

401 *Prütting,* in: Prütting / Gehrlein, ZPO, § 138 ZPO, Rn. 9.

402 *Prütting,* in: Prütting / Gehrlein, ZPO, § 138 ZPO, Rn. 10.

403 *Prütting,* in: Prütting / Gehrlein, ZPO, § 138 ZPO, Rn. 10. Vgl. auch *Fritsche,* in: MüKo, ZPO, Band 1, § 138 ZPO, Rn. 18.

404 *Fritsche,* in: MüKo, ZPO, Band 1, § 138 ZPO, Rn. 18; *Greger,* in: Zöller, ZPO, § 138 ZPO, Rn. 8.

405 *Greger,* in: Zöller, ZPO, vor § 253 ZPO, Rn. 24.

406 *Greger,* in: Zöller, ZPO, vor § 253 ZPO, Rn. 24.

Substantiierung ist eine Form der Darlegungslast.[407] Insbesondere für die Voraussetzungen und den Umfang der „Erklärungslast“[408] gemäß § 138 Abs. 2 ZPO ist der Vortrag des jeweiligen Prozessgegners relevant. Substantiierung ist hingegen nicht eine besondere Art der Beweisführung. Vielmehr steht erst nach Erwiderung des Beklagten auf das klägerische Vorbringen fest, welche Behauptungen überhaupt beweisbedürftig sind.[409] Damit betrifft die Substantiierung von Tatsachen eine „Stufe“, die der Beweiserhebung „vorgelagert“ ist.

δ) Unterschied zwischen „Substantiierung“ und „Glaubhaftmachung“

Demgegenüber ist „Glaubhaftmachung“ eine besondere Art der Beweisführung[410]. Mithin sind die Begriffe „Glaubhaftmachung“ und „Substantiierung“ nicht nur keine Synonyme, sondern meinen etwas grundsätzlich Verschiedenes. „Substantiierung“ betrifft die Darlegungslast und „Glaubhaftmachung“ die Art der Beweisführung. Die Begriffe werden in unterschiedlichen Prozessstadien relevant.

ε) Vorgaben der Kartellschadensersatzrichtlinie

Wenn der Unionsgesetzgeber von dem (vermeintlichen) Kartellgeschädigten gemäß Art. 5 Abs. 1 S. 1 SE-RL lediglich verlangt, dass dieser seinen vermeintlichen Kartellschadensersatzanspruch „substantiieren“ soll, dann verlangt der Unionsgesetzgeber von dem (vermeintlichen) Kartellgeschädigten eben nicht, dass dieser seinen vermeintlichen Kartellschadensersatzanspruch „glaubhaft machen“ muss. Denn für die „Glaubhaftmachung“[411] des Kartellschadensersatzanspruchs wäre erforderlich, dass bei umfassender Würdigung

---

407 *Groh,* in: Creifelds, Rechtswörterbuch, Substantiierung.

408 Zum Begriff siehe: *Prütting,* in: Prütting / Gehrlein, ZPO, § 138 ZPO, Rn. 8 ff.

409 *Fritsche,* in: MüKo, ZPO, Band 1, § 138 ZPO, Rn. 18.

410 *Thole,* in: Stein / Jonas, ZPO, Band 4, § 294 ZPO, Rn. 1; *Prütting,* in: MüKo, ZPO, Band 1, § 294 ZPO, Rn. 1.

411 Zum Begriff Glaubhaftmachung: *Thole,* in: Stein / Jonas, ZPO, Band 4, § 294 ZPO, Rn. 21; *Prütting,* in: MüKo, ZPO, Band 1, § 294 ZPO, Rn. 24.

der vorgelegten Beweismittel und der Begleitumstände mehr für als gegen das Vorliegen des Kartellschadensersatzanspruchs spricht.

Der Unionsgesetzgeber verlangt von dem (vermeintlichen) Kartellgeschädigten aber gerade nicht, den vermeintlichen Kartellschadensersatzanspruch dem Gericht im Rahmen des Offenlegungsantrags so darzulegen, dass das Gericht den Kartellschadensersatzanspruch eher für begründet als für unbegründet erachtet. Vielmehr hält der Unionsgesetzgeber den (vermeintlichen) Kartellgeschädigten lediglich dazu an, der substantiierten Begründung des Kartellschadensersatzanspruchs mit zumutbarem Aufwand zugängliche Beweismittel beizufügen, die die Plausibilität des Kartellschadensersatzanspruchs ausreichend stützen.[412]

Diese Anforderungen können jedoch nicht mit „Glaubhaftmachung“ im Sinne von § 294 ZPO gleichgesetzt werden. Denn der Unionsgesetzgeber will zwar, dass der (vermeintliche) Kartellgeschädigte Beweismittel vorlegt, die für ihn mit zumutbarem Aufwand zugänglich sind. Jedoch müssen diese Beweismittel lediglich die „Plausibilität“ (siehe Wortlaut der deutschen Sprachfassung des Art. 5 Abs. 1 S. 1 SE-RL) des Kartellschadensersatzanspruches „ausreichend stützen“ (siehe Wortlaut der deutschen Sprachfassung des Art. 5 Abs. 1 S. 1 SE-RL).

Anders als bei „Glaubhaftmachung“ ist für eine ausreichende „Plausibilität“ nicht erforderlich, dass mehr für als gegen das Vorliegen der Tatsache spricht. Dies ergibt eine richtlinienkonforme Auslegung des Begriffs „Plausibilität“. Denn unter Berücksichtigung des allgemeinen Wortverständnisses von „Plausibilität“ legt Art. 5 Abs. 1 S. 1 SE-RL dem (vermeintlichen) Kartellgeschädigten lediglich auf, den Kartellschadensersatzanspruch verständlich zu machen. Das Gericht soll die Begründung des Klägers zu dem von ihm behaupteten Kartellschadensersatzanspruch nur nachvollziehen können, ein Kartellschadensersatzanspruch soll nicht vollständig „in der Luft hängen“ und „ins Blaue hinein“ behauptet werden.

Art. 5 Abs. 1 S. 1 SE-RL erleichtert dem (vermeintlichen) Kartellgeschädigten die Darlegung seines vermeintlichen Kartellschadensersatzanspruchs

---

412 Vgl. *Hellmann / Steinbrück*, NZKart 2017, 164, 169.

auch insofern, als der (vermeintliche) Kartellgeschädigte nur die „mit zumutbaren Aufwand zugänglichen Tatsachen und Beweismittel“ (siehe Wortlaut der deutschen Sprachfassung des Art. 5 Abs. 1 S. 1 SE-RL) vorbringen muss, um die „Plausibilität“ seines vermeintlichen Kartellschadensersatzanspruchs ausreichend zu stützen. Beweismittel, die nicht mit zumutbarem Aufwand zugänglich sind, muss der (vermeintliche) Kartellgeschädigte im Rahmen der substantiierten Begründung gemäß Art. 5 Abs. 1 S. 1 SE-RL nicht vorlegen. Die fehlende Zugänglichkeit von Beweismitteln zur Begründung des Offenlegungsantrags soll die Offenlegung von Beweismitteln nicht hindern; sie steht der Offenlegung nicht entgegen.

Demgegenüber berücksichtigt das Gericht die Zugänglichkeit von Beweismitteln nicht, sofern eine Tatsache gemäß § 294 ZPO „glaubhaft gemacht“ werden muss. Eine Tatsache kann nicht gemäß § 294 ZPO „glaubhaft gemacht“ werden, wenn Beweismittel für den Beweisführer nicht zugänglich sind oder aber allein bei umfassender Würdigung der zugänglichen Beweismittel mehr gegen als für das Vorliegen der Tatsache spricht. Mithin ist es zum Nachteil des Beweisführers, wenn bei der „Glaubhaftmachung“ einer Tatsache gemäß § 294 ZPO ein Beweismittel schwer oder gar nicht zugänglich ist. Der Beweisführer trägt das Risiko der Zugänglichkeit von Beweismitteln bei der „Glaubhaftmachung“ einer Tatsache gemäß § 294 ZPO.

Es ist festzuhalten, dass die Kartellschadensersatzrichtlinie in Art. 5 Abs. 1 S. 1 SE-RL geringere Anforderungen an den Vortrag des (vermeintlichen) Kartellgeschädigten zu seinem vermeintlich bestehenden Kartellschadensersatzanspruch stellt als eine „Glaubhaftmachung“ gemäß § 294 ZPO an den Vortrag des (vermeintlichen) Kartellgeschädigten zu seinem vermeintlich bestehenden Kartellschadensersatzanspruch stellen würde. Gemäß Art. 5 Abs. 1 S. 1 SE-RL muss der (vermeintliche) Kartellgeschädigte lediglich eine substantiierte Begründung vorlegen, die mit zumutbarem Aufwand zugänglich Tatsachen und Beweismittel enthält, die die Plausibilität seines Schadensersatzanspruchs ausreichend stützen. Demgegenüber würde § 33g Abs. 1 GWB dem (vermeintlichen) Kartellgeschädigten die Offenlegung von Beweismitteln erschweren, wenn der Kartellschadensersatzanspruch, § 33a Abs. 1 GWB, im Sinne der Legaldefinition des § 294 ZPO „glaubhaft gemacht" werden müsste.

ζ) Keine Gleichsetzung mit „Glaubhaftmachung" im Sinne von § 294 ZPO

Der Begriff „Glaubhaftmachung" im Sinne von § 33g Abs. 1 GWB kann daher nicht mit dem überkommenen Terminus des deutschen Zivilprozessrechts gleichgesetzt werden und entspricht mithin nicht der Legaldefinition des § 294 ZPO. Denn eine Gleichsetzung von „Glaubhaftmachung" im Sinne von § 33g Abs. 1 GWB mit „Glaubhaftmachung" im Sinne von § 294 ZPO würde keine richtlinienkonforme und damit eine europarechtswidrige Auslegung darstellen.

η) Verwendung des Begriffs Glaubhaftmachung in § 33g GWB verfehlt

Die Verwendung des Begriffs „Glaubhaftmachung" in § 33g GWB ist verfehlt, weil eine richtlinienkonforme Auslegung gebietet, dass der Begriff „Glaubhaftmachung" im Sinne von § 33g GWB anders ausgelegt werden muss als der überkommene Terminus „Glaubhaftmachung" im Sinne von § 294 ZPO. Dies hat zur Folge, dass ein Begriff auf zwei verschiedene Weisen ausgelegt werden muss.

Ursache der misslungenen Umsetzung dürfte gewesen sein, dass der deutsche Gesetzgeber sich zum Ziel genommen hat, die Offenlegungsvorschriften der Kartellschadensersatzrichtlinie durch einen Herausgabe- und Auskunftsanspruch umsetzen zu wollen und die Kartellschadensersatzrichtlinie im Rahmen der Offenlegung von Beweismitteln hinsichtlich des Vortrags zum vermeintlichen Kartellschadensersatzanspruch nicht den vollen Beweis verlangt. Somit war durch die Vorgabe der Kartellschadensersatzrichtlinie bereits angelegt, dass bei einer Umsetzung der Offenlegungsvorschriften der Richtlinie durch einen Anspruch hinsichtlich der einzelnen Voraussetzungen dieses Anspruchs unterschiedliche Anforderungen an das Beweismaß bestehen.

Die „Glaubhaftmachung" im Sinne der deutschen Zivilprozessordnung (ZPO) bestimmt die Anforderungen an den zu erbringenden Beweis (Beweismaß),[413] die Anforderungen an das Beweisergebnis[414]. Mit „Glaubhaftmachung" im Sinne der deutschen Zivilprozessordnung (ZPO) wird der Überzeugungswert geregelt[415]: Sofern eine Tatsache „glaubhaft gemacht" werden muss, genügt nach der deutschen Zivilprozessordnung (ZPO) ein geringer Überzeugungswert als zur Erbringung des vollen Beweises (Vollbeweis, § 286).[416] Wenn „Glaubhaftmachung" im Sinne der deutschen Zivilprozessordnung (ZPO) aber die Anforderungen an das Beweisergebnis regelt,[417] dann passt der Begriff beziehungsweise die Voraussetzung „Glaubhaftmachung" im Sinne der deutschen Zivilprozessordnung (ZPO) nicht zu einem materiellrechtlichen Anspruch wie § 33g Abs. 1 GWB.[418]

Denn materiellrechtliche Vorschriften regeln nicht das Beweismaß. Die Regelung des Beweismaßes stellt vielmehr eine prozessuale Vorschrift dar. Sofern nicht wie in §§ 87 GWB ff. besondere prozessuale Vorschriften, also Sonderprozessrecht, vorliegt, bestimmt die Zivilprozessordnung (ZPO) die prozessualen Vorschriften. Die Kombinationen von materiellrechtlichen und prozessualen Anforderungen in einer Vorschrift – oder gar in einem Absatz wie in § 33g Abs. 1 GWB – ist dem deutschen Recht jedenfalls fremd. Vielmehr zeichnet sich die deutsche Rechtsordnung dadurch aus, dass materiellrechtliche und verfahrensrechtliche Vorschriften strikt voneinander getrennt sind und in unterschiedlichen Vorschriften eine Regelung erfahren.

Eine Vermischung[419] von materiellrechtlicher und prozessualer Ebene hat zur Folge, dass sich die Regelung des Beweismaßes bezüglich des Anspruchs gemäß § 33g Abs. 1 GWB auf zwei verschiedene Vorschriften stützt: Bezüg-

---

413 *Thole*, in: Stein / Jonas, ZPO, Band 4, § 294 ZPO, Rn. 21 ff.

414 Vgl. *Thole*, in: Stein / Jonas, ZPO, Band 4, § 294 ZPO, Rn. 21 ff.

415 Vgl. *Thole*, in: Stein / Jonas, ZPO, Band 4, § 294 ZPO, Rn. 21.

416 *Thole*, in: Stein / Jonas, ZPO, Band 4, § 294 ZPO, Rn. 21.

417 *Thole*, in: Stein / Jonas, ZPO, Band 4, § 294 ZPO, Rn. 21 ff.

418 Vgl. *Klumpe / Thiede*, NZKart 2016, 471; *Hellmann / Steinbrück*, NZKart 2017, 164, 169.

419 Vgl. *Podszun / Kreifels*, GWR 2017, 67, 71.

lich des Vortrags zum Schadensersatzersatzanspruch nach § 33a Abs. 1 GWB übernimmt die materiellrechtliche Vorschrift § 33g Abs. 1 GWB selbst die Regelung des Beweismaßes; bezüglich der übrigen Tatbestandsvoraussetzungen des § 33g Abs. 1 GWB regelt die verfahrensrechtliche Vorschrift § 286 ZPO, dass der Vollbeweis[420] erforderlich ist.

cc) Auslegung der Anspruchsvoraussetzung „Glaubhaftmachung"

Da der Begriff „Glaubhaftmachung" im Sinne von § 33g Abs. 1 GWB nicht mit dem überkommenen Terminus des deutschen Zivilprozessrechts gleichgesetzt werden kann und nicht der Legaldefinition des § 294 ZPO entspricht, ist fraglich, wie der Begriff „Glaubhaftmachung" im Sinne von § 33g Abs. 1 GWB unter Anwendung der Interessenmatrix (siehe dazu Gliederungspunkt A. V.) auszulegen ist.

(1) Meinungsstand in der Literatur

In der Literatur[421] wird zum Teil vertreten, dass der Anspruchsteller des § 33g Abs. 1 GWB einen Schadensersatzanspruch, § 33a Abs. 1 GWB, „glaubhaft macht", indem er diesen Schadensersatzanspruch mithilfe der ihm zugänglichen Tatsachen derart substantiiert darlegt, dass dieser hinreichend wahrscheinlich erscheint. „Glaubhaft machen" im Sinne von § 33g Abs. 1 GWB könne jedoch nicht vollständig mit „Glaubhaftmachung" im Sinne von § 294 ZPO gleichgesetzt werden.[422] Denn es sei nicht verständlich, weswegen im Rahmen von § 33g GWB nur präsente Beweismittel zuge-

---

420 *Thole,* in: Stein / Jonas, ZPO, Band 4, § 286 ZPO, Rn. 4.

421 *Bechtold / Bosch,* in: Bechtold / Bosch, GWB, § 33g GWB, Rn. 6. Vgl. auch *Bornkamm / Tolkmitt,* in: Langen / Bunte, Kartellrecht, Band 1, § 33g GWB, Rn. 9; *Preuß,* in: LMRKM, Kartellrecht, § 33g GWB, Rn. 49.

422 *Bechtold / Bosch,* in: Bechtold / Bosch, GWB, § 33g GWB, Rn. 7; *Bornkamm / Tolkmitt,* in: Langen / Bunte, Kartellrecht, Band 1, § 33g GWB, Rn. 13.

lassen sein sollen und nicht alle Beweismittel des zivilprozessualen Erkenntnisverfahrens zugelassen werden.[423]

Demgegenüber wird auch vertreten, dass „Glaubhaftmachung" im Sinne von § 33g GWB mit „Glaubhaftmachung" im Sinne von § 294 ZPO gleichzusetzen sei.[424] Der Anspruchsteller habe die für das Bestehen eines Kartellschadensersatzanspruchs, § 33a GWB, relevanten Tatsachen derart begründet vorzutragen und Beweis anzubieten, dass der Richter das Bestehen für überwiegend wahrscheinlich halte.[425] Teilweise wird sogar vertreten, dass der Anspruchsteller dabei auch Beweis in Form einer eidesstattlichen Versicherung, § 294 ZPO, anbieten könne.[426] Es wird aber auch vertreten, dass der Anspruchsteller auf die in § 371 ZPO bis § 455 ZPO genannten Beweismittel beschränkt sei, aber dafür keine präsenten Beweismittel anbieten müsste.[427]

(2) Auslegung

Die Anspruchsvoraussetzung „Glaubhaftmachung eines Kartellschadensersatzanspruchs, § 33a Abs. 1 GWB," muss unter Anwendung der Interes-

---

423 *Bechtold / Bosch,* in: Bechtold / Bosch, GWB, § 33g GWB, Rn. 7; *Bornkamm / Tolkmitt,* in: Langen / Bunte, Kartellrecht, Band 1, § 33g GWB, Rn. 13; *Inderst / Thomas,* in: Inderst / Thomas, Schadensersatz bei Kartellverstößen, S. 499.

424 *Mäsch,* in: Berg / Mäsch, Deutsches und Europäisches Kartellrecht, § 33g GWB, Rn. 7; *Makatsch / Kacholdt,* in: MüKo, WettbR, Band 2, § 33g GWB, Rn. 15; *Mallmann / Lübbig,* in: Fuchs / Weitbrecht, Handbuch Private Kartellrechtsdurchsetzung, § 13, Rn. 55; *Preuß,* in: Kersting / Podszun, Die 9. GWB-Novelle, Kapitel 10., Rn. 33 f.

425 *Mäsch,* in: Berg / Mäsch, Deutsches und Europäisches Kartellrecht, § 33g GWB, Rn. 7; *Makatsch / Kacholdt,* in: MüKo, WettbR, Band 2, § 33g GWB, Rn. 16; *Preuß,* in: Kersting / Podszun, Die 9. GWB-Novelle, Kapitel 10., Rn. 33 f.

426 *Mäsch,* in: Berg / Mäsch, Deutsches und Europäisches Kartellrecht, § 33g GWB, Rn. 7.

427 *Makatsch / Kacholdt,* in: MüKo, WettbR, Band 2, § 33g GWB, Rn. 20 f.

senmatrix (siehe dazu Gliederungspunkt A. V.) richtlinienkonform ausgelegt werden.

Wie bereits dargelegt wurde, verbietet eine richtlinienkonforme Auslegung, „Glaubhaftmachung" im Sinne von § 33g GWB mit „Glaubhaftmachung" im Sinne von § 294 ZPO gleichzusetzen. Denn dies würde dem Anspruchsteller die Offenlegung von Beweismitteln erschweren im Vergleich zu den Anforderungen des Art. 5 SE-RL an eine Offenlegungsvorschrift.

Art. 5 Abs. 1 SE-SL verlangt lediglich, dass der Kläger eine substantiierte Begründung vorlegen muss, die mit zumutbarem Aufwand zugängliche Tatsachen und Beweismittel enthält, die die Plausibilität seines Schadensersatzanspruchs ausreichend stützen. Daher ist die Anspruchsvoraussetzung „Glaubhaftmachung eines Kartellschadensersatzanspruchs, § 33a Abs. 1 GWB," dahingehend auszulegen, dass der Kläger seinen vermeintlichen Kartellschadensersatzanspruch, § 33a Abs. 1 GWB, lediglich substantiieren muss. Nur sofern der Kläger mit zumutbaren Aufwand Zugang zu Tatsachen und Beweismitteln hat, hat er neben der Substantiierung seines vermeintlichen Kartellschadensersatzanspruchs, § 33a Abs. 1 GWB, diese Tatsachen vorzutragen beziehungsweise die Beweismittel zu benennen.

Hinsichtlich des Zugangs zu Tatsachen und zu Beweismitteln dürfen dem Kläger keine zu hohen Hürden in den Weg gestellt werden. Es muss berücksichtigt werden, dass der Offenlegungsanspruch gemäß § 33g Abs. 1 GWB gerade dazu dient, die Beweismittel zu beschaffen, die dem Kläger fehlen, um seinen vermeintlichen Kartellschadensersatzanspruch, § 33a Abs. 1 GWB, zu beweisen.[428] Insofern ist auch zu berücksichtigen, dass die Kartellschadensersatzrichtlinie mit den Offenlegungsvorschriften in Art. 5 SE-RL ff. die „Informationsasymmetrie"[429] und damit die Beweisnot der (vermeintlichen) Kartellgeschädigten beseitigen will.[430]

---

428 Vgl. auch *Preuß*, in: LMRKM, Kartellrecht, § 33g GWB, Rn. 52.

429 Siehe Erwägungsgrund 15 der Kartellschadensersatzrichtlinie.

430 Siehe Erwägungsgrund 14 f. der Kartellschadensersatzrichtlinie.

Daher sind für den Kläger nur solche Tatsachen und Beweismittel „mit zumutbarem Aufwand" zugänglich, die allgemein zugänglich sind, die sich in seinem eigenen Besitz befinden oder auf die er auf andere Art und Weise selbst Zugriff hat.

Hinsichtlich der zu benennenden Beweismittel ist der Kläger auch nicht auf präsente Beweismittel beschränkt. Vielmehr sind alle Beweismittel des zivilprozessualen Erkenntnisverfahrens zulässig. Insofern ist der Literatur[431] zuzustimmen, dass es nicht verständlich ist, den Kläger auf präsente Beweismittel zu verweisen. Denn eine besondere Eilbedürftigkeit besteht bei § 33g GWB nicht.[432] Jedenfalls dann nicht, wenn der Herausgabeanspruch gemäß § 33g Abs. 1 GWB im Hauptsacheverfahren geltend gemacht wird.[433] Wird der Anspruch gemäß § 33g GWB im Wege der einstweiligen Verfügung, § 89 Abs. 5 GWB, geltend gemacht, beurteilt sich dies selbstverständlich anders.[434]

e) Rechtshängigkeit einer Kartellschadensersatzklage, § 33a Abs. 1 GWB, nicht notwendig

Der (vermeintliche) Kartellgeschädigte kann bereits vor der Anhängigkeit einer Kartellschadensersatzklage, § 33a Abs. 1 GWB, einen Anspruch auf Herausgabe von Beweismitteln, § 33g Abs. 1 GWB, geltend machen kann.

---

431 *Bechtold / Bosch,* in: Bechtold / Bosch, GWB, § 33g GWB, Rn. 7; *Bornkamm / Tolkmitt,* in: Langen / Bunte, Kartellrecht, Band 1, § 33g GWB, Rn. 13; *Inderst / Thomas,* in: Inderst / Thomas, Schadensersatz bei Kartellverstößen, S. 499.

432 *Bornkamm / Tolkmitt,* in: Langen / Bunte, Kartellrecht, Band 1, § 33g GWB, Rn. 13.

433 *Bornkamm / Tolkmitt,* in: Langen / Bunte, Kartellrecht, Band 1, § 33g GWB, Rn. 13.

434 *Bornkamm / Tolkmitt,* in: Langen / Bunte, Kartellrecht, Band 1, § 33g GWB, Rn. 13.

Die Anhängigkeit oder Rechtshängigkeit[435] einer Kartellschadensersatzklage, § 33a Abs. 1 GWB, ist also keine Anspruchsvoraussetzung des Beweismittelherausgabeanspruchs gemäß § 33g Abs. 1 GWB. Damit kann der Herausgabeanspruch gemäß § 33g Abs. 1 GWB bereits außergerichtlich sowie unabhängig von der Erhebung einer Kartellschadensersatzklage, § 33a Abs. 1 GWB, geltend gemacht und vollstreckt werden.[436] Mit dieser Umsetzung geht der deutsche Gesetzgeber in Übereinstimmung mit Art. 5 Abs. 8 SE-RL und damit in zulässiger Weise über die Richtlinienvorgaben hinaus.[437]

Dass der Anspruch auf Herausgabe von Beweismitteln, § 33g Abs. 1 GWB, selbstständig ist und bereits im Vorfeld[438] eines Kartellschadensersatzprozesses oder von Vergleichsverhandlungen[439] geltend gemacht werden kann, findet seine Bestätigung auch in den Gesetzgebungsmaterialien.[440] Ausweislich der Begründung zum Gesetzentwurf wollte der deutsche Gesetzgeber dadurch insbesondere außergerichtliche Einigungen über den Schadensersatz erleichtern.[441]

2. Ausschlussgründe des Offenlegungsanspruchs

§ 33g GWB enthält mehrere Ausschlussgründe, die sowohl den Beweismittelherausgabeansprüchen gemäß § 33g Abs. 1, 2 GWB als auch den Auskunftsansprüchen gemäß § 33g Abs. 10 GWB entgegengehalten werden können.[442]

---

435 *Preuß,* in: LMRKM, Kartellrecht, § 33g GWB, Rn. 41.

436 *Preuß,* in: LMRKM, Kartellrecht, § 33g GWB, Rn. 41.

437 *Makatsch / Kacholdt,* in: MüKo, WettbR, Band 2, § 33g GWB, Rn. 10.

438 *Althammer,* in: Festschrift für Prütting, S. 208; *Makatsch / Kacholdt,* in: MüKo, WettbR, Band 2, § 33g GWB, Rn. 10; *Preuß,* in: LMRKM, Kartellrecht, § 33g GWB, Rn. 23.

439 *Preuß,* in: LMRKM, Kartellrecht, § 33g GWB, Rn. 23.

440 Regierungsbegründung, BT-Drs. 18/10207, S. 62.

441 Regierungsbegründung, BT-Drs. 18/10207, S. 62. So auch *Althammer,* in: Festschrift für Prütting, S. 208.

442 Vgl. *Preuß,* in: Kersting / Podszun, Die 9. GWB-Novelle, Kapitel 10., Rn. 43.

Die Ausschlussgründe sind negative Tatbestandsmerkmale.[443] Dies hat zur Folge, dass der Anspruchsgegner für das Vorliegen der Ausschlussgründe beweisbelastet ist.[444]

Zwar schränken die Ausschlussgründe die Offenlegung von Beweismitteln ein. Jedoch wird diese Wirkung dadurch begrenzt, dass der Anspruchsgegner die Darlegungs- und Beweislast[445] für das Vorliegen der Ausschlussgründe hat. Insofern hat der Gesetzgeber den Anspruchsteller des Offenlegungsanspruchs mit der Beweislastverteilung begünstigt und ihm die Offenlegung von Beweismitteln erleichtert.

§ 33g GWB weist drei verschiedene Arten von Ausschlussgründen auf: absolute Ausschlussgründe, relative Ausschlussgründe und temporäre Ausschlussgründe. In Bezug auf bestimmte Gegenstände der Offenlegung, nämlich Kornzeugenerklärungen und Vergleichsausführungen, liegt gemäß § 33g Abs. 4 GWB ein absoluter Ausschlussgrund vor, das heißt dieser Ausschlussgrund ist keiner Abwägung zugänglich. Sofern Kronzeugenerklärungen oder Vergleichsausführungen im Sinne von § 33g Abs. 4 GWB vorliegen, ist ihre Offenlegung generell ausgeschlossen.

Einen relativen Ausschlussgrund stellt § 33g Abs. 3 GWB dar, da er das Ergebnis einer Abwägungsentscheidung ist. Das Gericht muss gemäß § 33g Abs. 3 GWB eine Verhältnismäßigkeitsprüfung vornehmen, wobei vor allem die in § 33g Abs. 3 S. 2 GWB normierten, aber nicht abschließend aufgezählten Verhältnismäßigkeitserwägungen anzustellen sind. Kommt das Gericht im Rahmen der Prüfung zur Unverhältnismäßigkeit der Offenlegung von Beweismitteln, so hat diese zu unterbleiben.

---

443 Vgl. *Preuß,* in: LMRKM, Kartellrecht, § 33g GWB, Rn. 14.

444 *Bornkamm / Tolkmitt,* in: Langen / Bunte, Kartellrecht, Band 1, § 33g GWB, Rn. 64. Vgl. auch *Mäsch,* in: Berg / Mäsch, Deutsches und Europäisches Kartellrecht, § 33g GWB, Rn. 10.

445 *Bornkamm / Tolkmitt,* in: Langen / Bunte, Kartellrecht, Band 1, § 33g GWB, Rn. 64; *Preuß,* in: LMRKM, Kartellrecht, § 33g GWB, Rn. 84. Vgl. auch *Mäsch,* in: Berg / Mäsch, Deutsches und Europäisches Kartellrecht, § 33g GWB, Rn. 10.

Darüber hinaus besteht ein temporärer, das heißt zeitlich begrenzter Ausschlussgrund gemäß § 33g Abs. 5 GWB, sofern die Beweismittel einen bestimmten Inhalt haben. Bis zum vollständigen Abschluss des wettbewerbsbehördlichen Verfahrens gegen alle Beteiligte ist die Herausgabe der in § 33g Abs. 5 GWB bezeichneten Beweismittel ausgeschlossen.

a) Unverhältnismäßigkeit als relativer Ausschlussgrund, § 33g Abs. 3 GWB

Die Herausgabe von Beweismitteln ist gemäß § 33g Abs. 3 GWB ausgeschlossen, sofern sie unter Berücksichtigung der berechtigten Interessen der Beteiligten unverhältnismäßig ist. Die in die Verhältnismäßigkeitsprüfung vor allem anzustellenden Erwägungen werden in § 33g Abs. 3 S. 2 GWB aufgeführt. Der Wortlaut („insbesondere“) verdeutlicht, dass diese Aufzählung der Verhältnismäßigkeitserwägungen nicht abschließend ist.

aa) Vorgaben des Art. 5 Abs. 3 SE-RL

Mit § 33g Abs. 3 GWB setzt der deutsche Gesetzgeber Art. 5 Abs. 3 SE-RL[446] um und zugleich auch Art. 5 Abs. 5 SE-RL. Hinsichtlich der Verhältnismäßigkeitserwägungen geht der deutsche Gesetzgeber sogar über diejenigen hinaus, die der Unionsgesetzgeber in Art. 5 Abs. 3 SE-RL nicht abschließend aufgeführt hat.[447]

Die gerichtliche Anordnung der Offenlegung von Beweismitteln unterliegt gemäß Art. 5 Abs. 3 SE-RL einer Verhältnismäßigkeitsprüfung. Im Rahmen dieser Verhältnismäßigkeitsprüfung haben die nationalen Gerich-

---

446 *Bornkamm / Tolkmitt,* in: Langen / Bunte, Kartellrecht, Band 1, § 33g GWB, Rn. 32. Vgl. auch *Preuß,* in: Kersting / Podszun, Die 9. GWB-Novelle, Kapitel 10., Rn. 54.

447 *Bornkamm / Tolkmitt,* in: Langen / Bunte, Kartellrecht, Band 1, § 33g GWB, Rn. 32; *Makatsch / Kacholdt,* in: MüKo, WettbR, Band 2, § 33g GWB, Rn. 64, 66.

te die Interessen der Parteien und der betroffenen Dritten zu berücksichtigen. Dabei werden die wesentlichen Aspekte beziehungsweise Ermessenserwägungen, die im Rahmen dieser Prüfung zu berücksichtigen sind, in Art. 5 Abs. 3 S. 3 SE-RL aufgeführt. Art. 5 Abs. 3 S. 3 c) SE-RL stellt eine wichtige Ermessensregelung dar. Gemäß Art. 5 Abs. 3 S. 3 c) SE-RL ist bei der Verhältnismäßigkeitsprüfung zu berücksichtigen, ob die offenzulegenden Beweismittel vertrauliche Informationen – insbesondere Dritte betreffende Informationen – enthalten und welche Vorkehrungen zum Schutz dieser vertraulichen Informationen bestehen.

Da vertrauliche Informationen lediglich im Rahmen der Verhältnismäßigkeitsprüfung zu berücksichtigen sind, steht ihre Vertraulichkeit einer Offenlegung nicht entgegen. Dies stellt die Kartellschadensersatzrichtlinie auch nochmals in Art. 5 Abs. 4 SE-RL ausdrücklich klar. Demnach haben die Mitgliedstaaten zu gewährleisten, dass die nationalen Gerichte befugt sind, die Offenlegung von Beweismitteln, die vertrauliche Informationen enthalten, anzuordnen, wenn sie diese als sachdienlich für die Schadensersatzklage erachten, Art. 5 Abs. 4 S. 1 SE-RL. Gleichwohl haben die Mitgliedstaaten gemäß Art. 5 Abs. 4 S. 2 SE-RL zu gewährleisten, dass die nationalen Gerichte bei der Anordnung der Offenlegung von vertraulichen Informationen über wirksame Maßnahmen zu deren Schutz verfügen.

In Erwägungsgrund 18 SE-RL nimmt der Unionsgesetzgeber ausdrücklich auf die Offenlegung von Beweismitteln, die Geschäftsgeheimnisse oder sonstige vertrauliche Informationen enthalten, Bezug und legt beispielhaft dar, welche Maßnahmen nationalen Gerichten zum Schutz dieser Beweismittel zur Verfügung stehen sollten. Nach dem Willen des Unionsgesetzgebers kommen beispielsweise die Unkenntlichmachung sensibler Passagen von Dokumenten, die Verhandlung unter Ausschluss der Öffentlichkeit, die Beschränkung des zur Kenntnisnahme der Beweismittel berechtigten Personenkreises und die Anweisung an Sachverständige, eine Zusammenfassung der Informationen in aggregierter oder sonstiger nichtvertraulicher Form vorzulegen, als Maßnahmen zum Schutz von Geschäftsgeheimnissen oder sonstigen vertraulichen Informationen in Betracht.

bb) Ziel im Rahmen der Verhältnismäßigkeitsprüfung

Die Verhältnismäßigkeitsprüfung ermöglicht dem Gericht die widerstreitenden Interessen der Beteiligten gegeneinander abzuwägen, § 33g Abs. 3 S. 1 GWB. Ziel der Verhältnismäßigkeitsprüfung ist, einer Ausforschung entgegenzuwirken.

Da die in § 33g Abs. 3 S. 2 GWB aufgeführten Verhältnismäßigkeitserwägungen nicht abschließend[448] sind, ist das dem Gericht eingeräumte Ermessen weit. Daher ist es dem Gericht grundsätzlich möglich, das Ermessen sowohl dahingehend ausüben, dass es einer Ausforschung entgegenwirkt, als auch dahingehend ausüben, dass es eine Ausforschung befeuert. Wie weitreichend § 33g GWB die Offenlegung von Beweismitteln ermöglicht, hängt mithin auch entscheidend davon ab, wie die Gerichte das ihnen eingeräumte Ermessen ausüben werden.

cc) Vermeidung der Durchsetzung des Kartellschadensersatzanspruchs, § 33g Abs. 3 S. 3 GWB

In § 33g Abs. 3 S. 3 GWB stellt der deutsche Gesetzgeber klar, dass das Interesse von (vermeintlichen) Schädigern nicht schutzwürdig ist, die Durchsetzung des Kartellschadensersatzanspruchs, § 33a Abs. 1 GWB, zu verhindern oder zu erschweren.[449] Mit § 33g Abs. 3 S. 3 GWB wird Art. 5 Abs. 5 SE-RL umgesetzt.[450]

---

448 *Bornkamm / Tolkmitt,* in: Langen / Bunte, Kartellrecht, Band 1, § 33g GWB, Rn. 32; *Makatsch / Kacholdt,* in: MüKo, WettbR, Band 2, § 33g GWB, Rn. 66.

449 Regierungsbegründung, BT-Drs. 18/10207, S. 63.

450 Regierungsbegründung, BT-Drs. 18/10207, S. 63; *Inderst / Thomas,* in: Inderst / Thomas, Schadensersatz bei Kartellverstößen, S. 503; *Preuß,* in: LMRKM, Kartellrecht, § 33g GWB, Rn. 98.

(1) Problem: Mangelnde Vereinbarkeit mit § 33g Abs. 2 GWB

In der Literatur[451] wird vertreten, dass die Regelung des § 33g Abs. 3 S. 3 GWB zwar in Hinblick auf den Beweismittelherausgabeanspruch gemäß § 33g Abs. 1 GWB noch verständlich sei, jedoch in Hinblick auf den Beweismittelherausgabeanspruch gemäß § 33g Abs. 2 GWB „befremdlich"[452] wirke.[453]

Wegen des Rechtsstaatsprinzips sei eine gesetzliche Regelung in Deutschland „bedenklich"[454], die das Interesse des Beklagten an der Abwehr eines möglicherweise unberechtigten Kartellschadensersatzanspruchs, § 33a Abs. 1 GWB, als rechtlich unbeachtlich und nicht berücksichtigungsfähig einstuft und dem Beklagten deswegen den Zugriff auf Informationen verwehrt.[455]

Darüber hinaus sei die Regelung des § 33g Abs. 3 S. 3 GWB in Hinblick auf den Beweismittelherausgabeanspruch gemäß § 33g Abs. 2 GWB „perplex"[456].[457] Denn das einzige Interesse, dass der Anspruchsteller des Beweismittelherausgabeanspruchs gemäß § 33g Abs. 2 GWB habe, wäre, die Durchsetzung des gegen ihn gerichteten Kartellschadensersatzanspruchs,

451 *Inderst/Thomas,* in: Inderst/Thomas, Schadensersatz bei Kartellverstößen, S. 503.

452 *Inderst/Thomas,* in: Inderst/Thomas, Schadensersatz bei Kartellverstößen, S. 503.

453 *Inderst/Thomas,* in: Inderst/Thomas, Schadensersatz bei Kartellverstößen, S. 503.

454 *Inderst/Thomas,* in: Inderst/Thomas, Schadensersatz bei Kartellverstößen, S. 503.

455 *Inderst/Thomas,* in: Inderst/Thomas, Schadensersatz bei Kartellverstößen, S. 503.

456 *Inderst/Thomas,* in: Inderst/Thomas, Schadensersatz bei Kartellverstößen, S. 503.

457 *Inderst/Thomas,* in: Inderst/Thomas, Schadensersatz bei Kartellverstößen, S. 503.

§ 33a Abs. 1 GWB, zu verhindern.[458] Wäre dieses Interesse des Anspruchstellers des Beweismittelherausgabeanspruchs gemäß § 33g Abs. 2 GWB unbeachtlich, dann hätte dieser Anspruchsteller im Rahmen der Verhältnismäßigkeitsprüfung kein berücksichtigungsfähiges Interesse vorzuweisen, sodass jeder Beweismittelherausgabeanspruch gemäß § 33g Abs. 2 GWB unverhältnismäßig wäre.[459] Dies hätte jedoch zur Folge, dass das „Gesetz keinen Sinn“[460] ergebe.[461]

(2) Lösungsvorschlag aus der Literatur

In der Literatur[462] wird vorgeschlagen, § 33g Abs. 3 S. 3 GWB dahingehend auszulegen, dass das Interesse, sich gegen einen möglicherweise unbegründeten Kartellschadensersatzanspruch, § 33a Abs. 1 GWB, verteidigen zu wollen, im Rahmen des Beweismittelherausgabeanspruchs gemäß § 33g Abs. 2 GWB zu berücksichtigen sei. Dieses Interesse sei im Rahmen des Beweismittelherausgabeanspruchs gemäß § 33g Abs. 2 GWB nur dann unbeachtlich, sofern das Gericht vom Bestehen des Kartellschadensersatzanspruchs, § 33a Abs. 1 GWB, überzeugt sei.[463]

458 *Inderst / Thomas,* in: Inderst / Thomas, Schadensersatz bei Kartellverstößen, S. 503.

459 *Inderst / Thomas,* in: Inderst / Thomas, Schadensersatz bei Kartellverstößen, S. 503.

460 *Inderst / Thomas,* in: Inderst / Thomas, Schadensersatz bei Kartellverstößen, S. 503.

461 *Inderst / Thomas,* in: Inderst / Thomas, Schadensersatz bei Kartellverstößen, S. 503.

462 *Inderst / Thomas,* in: Inderst / Thomas, Schadensersatz bei Kartellverstößen, S. 503.

463 *Inderst / Thomas,* in: Inderst / Thomas, Schadensersatz bei Kartellverstößen, S. 503.

(3) Stellungnahme

Eine richtlinienkonforme Auslegung ergibt, dass übereinstimmend mit der Literatur[464] § 33g Abs. 3 S. 3 GWB dahingehend auszulegen ist, dass im Rahmen des Beweismittelherausgabeanspruchs gemäß § 33g Abs. 2 GWB das Interesse, sich gegen einen möglicherweise unbegründeten Kartellschadensersatzanspruch, § 33a Abs. 1 GWB, verteidigen zu wollen, zu berücksichtigen ist. Denn der Unionsgesetzgeber will dem Beklagten im Kartellschadensersatzprozess die Offenlegung von Beweismitteln ermöglichen, um die „Waffengleichheit"[465] zwischen dem Kläger und dem Beklagten zu wahren.[466] Dieser Intention der Kartellschadensersatzrichtlinie würde es zuwider laufen, wenn das Interesse des Beklagten, die Durchsetzung des Kartellschadensersatzanspruchs, § 33a Abs. 1 GWB, zu vermeiden, nicht berücksichtigungsfähig wäre.

Abweichend von der in der Literatur[467] vertretenen Auffassung kann im Rahmen von § 33g Abs. 2 GWB das Interesse des Beklagten, die Durchsetzung des Kartellschadensersatzanspruchs, § 33a Abs. 1 GWB, zu vermeiden, nicht deswegen unbeachtlich sein, weil dieses Interesse in einigen Fällen missbräuchlich wäre. Denn wenn im Rahmen von § 33g Abs. 2 GWB das Interesse des Beklagten, die Durchsetzung des Kartellschadensersatzanspruchs, § 33a Abs. 1 GWB, zu vermeiden, missbräuchlich wäre, dann würde man gar nicht zur Prüfung der Unverhältnismäßigkeit, § 33g Abs. 3 GWB, als Ausschlussgrund gelangen. Es würde vielmehr bereits die positive Anspruchsvoraussetzung der Erforderlichkeit im Sinne von § 33g Abs. 2 GWB fehlen. Ist die Herausgabe eines Beweismittels zur Verteidigung gegen einen Kartellschadensersatzanspruch, § 33a Abs. 1 GWB, erforderlich im Sinne

464 *Inderst / Thomas,* in: Inderst / Thomas, Schadensersatz bei Kartellverstößen, S. 503.

465 Siehe Erwägungsgrund 15 der Kartellschadensersatzrichtlinie.

466 Siehe Erwägungsgrund 15 der Kartellschadensersatzrichtlinie.

467 *Inderst / Thomas,* in: Inderst / Thomas, Schadensersatz bei Kartellverstößen, S. 503.

von § 33g Abs. 2 GWB, kann diese Beweismittelherausgabe jedoch nicht rechtsmissbräuchlich sein.

Dieses Auslegungsergebnis ist auch richtlinienkonform, da es den Willen des Unionsgesetzgebers angemessen berücksichtigt, die „Waffengleichheit“[468] zwischen Kläger und Beklagten zu wahren. Eine Waffengleichheit setzt voraus, dass im Rahmen der Offenlegung von Beweismitteln auf Veranlassung des Beklagten sein Interesse, sich gegen den Kartellschadensersatzanspruch, § 33a Abs. 1 GWB, zu verteidigen und die Durchsetzung des Kartellschadensersatzanspruchs, § 33a Abs. 1 GWB, zu vermeiden, vollumfänglich und ausnahmslos berücksichtigt wird. Dieses Interesse des Beklagten kann unter dem Gebot der „Waffengleichheit“[469] nicht rechtsmissbräuchlich sein.

Zusammenfassend ist festzuhalten, dass § 33g Abs. 3 S. 3 GWB im Rahmen von § 33g Abs. 1 GWB sowie im Rahmen von § 33g Abs. 10 GWB i.V.m. § 33g Abs. 1 GWB generell Anwendung findet und im Rahmen von § 33g Abs. 2 GWB sowie im Rahmen von § 33g Abs. 10 GWB i.V.m. § 33g Abs. 2 GWB generell keine Anwendung findet.

dd) Verhältnismäßigkeitsprüfung im engeren Sinne

Die Verhältnismäßigkeitsprüfung im Sinne von § 33g Abs. 3 GWB stellt lediglich eine Verhältnismäßigkeitsprüfung im engeren Sinne dar. Das heißt, die berechtigten Interessen der Beteiligten sind gemäß § 33g Abs. 3 S. 1 GWB gegeneinander abzuwägen. Die Herausgabe der Beweismittel muss unter Berücksichtigung der berechtigen Interessen der Beteiligten angemessen sein.

Im Rahmen der Verhältnismäßigkeitsprüfung gemäß § 33g Abs. 3 GWB ist demgegenüber nicht zu prüfen, ob die herauszugebenden Beweismittel auch für die Beweisführung im Kartellschadensersatzprozess geeignet und erforderlich sind. Die Geeignetheit und Erforderlichkeit des Beweismittels für die Beweisführung werden bereits im Rahmen von § 33g Abs. 1 GWB als

468 Siehe Erwägungsgrund 15 der Kartellschadensersatzrichtlinie.

469 Siehe Erwägungsgrund 15 der Kartellschadensersatzrichtlinie.

anspruchsbegründende Voraussetzungen unter dem Begriff „erforderlich“ (siehe dazu Gliederungspunkt D. I. 1. c)) geprüft.

Dies hat zur entscheidenden Folge, dass der (vermeintliche) Kartellgeschädigte als Anspruchsteller des Beweismittelherausgabeanspruchs, § 33g Abs. 1 GWB, die Darlegungs- und Beweislast für die Geeignetheit und Erforderlichkeit des Beweismittels trägt. Demgegenüber hat der Anspruchsgegner des Beweismittelherausgabeanspruchs, § 33g Abs. 1 GWB, nur die Darlegungs- und Beweislast[470] für die Verhältnismäßigkeitsprüfung im engeren Sinne, § 33g Abs. 3 GWB, da diese als Ausschlussgrund negative[471] Anspruchsvoraussetzung des Beweismittelherausgabeanspruchs, § 33g Abs. 1 GWB, ist.

ee) Verhältnismäßigkeitserwägungen

Die in § 33g Abs. 3 S. 2 GWB aufgeführten Verhältnismäßigkeitserwägungen sind nicht abschließend.[472] Dies ergibt sich aus der „insbesondere“-Formulierung in § 33g Abs. 3 S. 2 GWB.[473]

(1) Grad der Glaubhaftmachung, § 33g Abs. 3 S. 2 Nr. 1 GWB

Gemäß § 33g Abs. 3 S. 2 Nr. 1 GWB ist im Rahmen der Verhältnismäßigkeitsprüfung insbesondere zu berücksichtigen, in welchem Umfang der Antrag auf zugängliche Informationen und Beweismittel gestützt wird. Mit § 33g Abs. 3 S. 2 Nr. 1 GWB setzt der deutsche Gesetzgeber Art. 5 Abs. 3 S. 3 a) SE-RL um.

470 Vgl. auch *Preuß,* in: LMRKM, Kartellrecht, § 33g GWB, Rn. 84.

471 Vgl. auch *Preuß,* in: LMRKM, Kartellrecht, § 33g GWB, Rn. 14.

472 *Bornkamm / Tolkmitt,* in: Langen / Bunte, Kartellrecht, Band 1, § 33g GWB, Rn. 32; *Makatsch / Kacholdt,* in: MüKo, WettbR, Band 2, § 33g GWB, Rn. 66.

473 *Makatsch / Kacholdt,* in: MüKo, WettbR, Band 2, § 33g GWB, Rn. 66.

§ 33g Abs. 3 S. 2 Nr. 1 GWB nimmt Bezug auf die Anspruchsvoraussetzung „Glaubhaftmachung eines Kartellschadensersatzanspruchs im Sinne von § 33g Abs. 1 GWB".[474] Im Rahmen der Verhältnismäßigkeit soll bei der Abwägung berücksichtigt werden, in welchem Grad der Kartellschadensersatzanspruch gemäß § 33g Abs. 1 GWB „glaubhaft gemacht" worden ist.[475]

Das bedeutet, dass der Umfang und der Detailgrad der begehrten Auskunft beziehungsweise der begehrten Herausgabe von Beweismitteln im Verhältnis zum Detailgrad der „Glaubhaftmachung" des Kartellschadensersatzanspruchs, § 33a Abs. 1 GWB, steht.[476] Die Auskunft oder die Herausgabe von Beweismitteln muss also „in einem angemessenen Verhältnis zum Vortrag"[477] des Anspruchsstellers stehen.

Nach dem ausdrücklichen Willen des deutschen Gesetzgebers[478] soll die begehrte Auskunft umso umfangreicher und detailreicher sein, je umfangreicher und detailreicher die „Glaubhaftmachung des Kartellschadensersatzanspruchs" ist.[479] Demgegenüber ist nach dem Willen des deutschen Gesetzgebers der Umfang und der Detailgrad der Auskunft beziehungsweise der herauszugebenden Beweismittel entsprechend gering, sofern der Kartellschadensersatzanspruch und „vor allem die zugrundeliegende Rechtsverletzung nur in groben Zügen glaubhaft gemacht werden"[480].[481] In diesem Fall

474 Regierungsbegründung, BT-Drs. 18/10207, S. 63; *Bornkamm / Tolkmitt,* in: Langen / Bunte, Kartellrecht, Band 1, § 33g GWB, Rn. 36.

475 *Bornkamm / Tolkmitt,* in: Langen / Bunte, Kartellrecht, Band 1, § 33g GWB, Rn. 36.

476 Regierungsbegründung, BT-Drs. 18/10207, S. 63; *Bornkamm / Tolkmitt,* in: Langen / Bunte, Kartellrecht, Band 1, § 33g GWB, Rn. 36.

477 Regierungsbegründung, BT-Drs. 18/10207, S. 63.

478 Regierungsbegründung, BT-Drs. 18/10207, S. 63.

479 *Bornkamm / Tolkmitt,* in: Langen / Bunte, Kartellrecht, Band 1, § 33g GWB, Rn. 36.

480 Regierungsbegründung, BT-Drs. 18/10207, S. 63.

481 Regierungsbegründung, BT-Drs. 18/10207, S. 63.

beschränke sich der Anspruch auf eine „Grundauskunft“[482]. Nach der Regierungsbegründung[483] soll dies einer Ausforschung des Verpflichteten entgegenwirken.

Die in der Regierungsbegründung[484] dargelegte Erläuterung zu § 33g Abs. 3 Nr. 1 GWB steht nicht in Widerspruch zum Willen des Unionsgesetzgebers und ist mithin richtlinienkonform. Im Zusammenhang mit der Offenlegung von Beweismitteln, die in den Akten einer Wettbewerbsbehörde enthalten sind, betont der Unionsgesetzgeber vielmehr, dass Ausforschungsmaßnahmen verhindert werden müssen.[485] Auch dem Wortlaut des Art. 5 Abs. 3 S. 3 a) SE-RL lässt sich nichts entnehmen, dass im Widerspruch zu der Regierungsbegründung[486] zu § 33g Abs. 3 Nr. 1 GWB stehen würde.

Der Regierungsbegründung[487] zu § 33g Abs. 3 S. 2 Nr. 1 GWB ist insofern zuzustimmen, als sie einer Ausforschung entgegenwirkt. Gleichwohl ist zu bemerken, dass die vom Gesetzgeber intendierte Auslegung von § 33g Abs. 3 S. 2 Nr. 1 GWB die Offenlegung von Beweismitteln stark einschränkt und das Ziel[488] der Kartellschadensersatzrichtlinie, die „Informationsasymmetrie“[489] zu beseitigen, zumindest gefährdet.[490] Denn es ist nicht nachvollziehbar, warum ein (vermeintlicher) Kartellgeschädigter, der bereits über eine Vielzahl von Informationen und Beweismitteln verfügt, schutzwürdiger sein soll als ein (vermeintlicher) Kartellgeschädigter, der über wenige

---

482 Regierungsbegründung, BT-Drs. 18/10207, S. 63.

483 Regierungsbegründung, BT-Drs. 18/10207, S. 63.

484 Regierungsbegründung, BT-Drs. 18/10207, S. 63.

485 Siehe Erwägungsgrund 23 der Kartellschadensersatzrichtlinie.

486 Regierungsbegründung, BT-Drs. 18/10207, S. 63.

487 Regierungsbegründung, BT-Drs. 18/10207, S. 63.

488 Siehe Erwägungsgrund 15 der Kartellschadensersatzrichtlinie.

489 Siehe Erwägungsgrund 15 der Kartellschadensersatzrichtlinie.

490 Vgl. *Bornkamm / Tolkmitt,* in: Langen / Bunte, Kartellrecht, Band 1, § 33g GWB, Rn. 38.

Informationen und Beweismittel verfügt.[491] Eigentlich sollte unter Berücksichtigung des Ziels[492] der Kartellschadensersatzrichtlinie gerade den (vermeintlichen) Geschädigten mit der Offenlegung von Beweismitteln geholfen werden, die über wenige Informationen und Beweismittel verfügen.

(2) Umfang der Beweismittel und Kosten der Herausgabe, § 33g Abs. 3 S. 2 Nr. 2 GWB

Bei der Abwägung gemäß § 33g Abs. 3 GWB ist darüber hinaus insbesondere der Umfang der Beweismittel und die Kosten der Herausgabe zu berücksichtigen, § 33g Abs. 3 S. 2 Nr. 2 GWB. Der Umfang der Beweismittel und die Kosten der Herausgabe sind vor allem dann bei der Abwägung zu berücksichtigen, wenn die Beweismittel von einem Dritten herausverlangt werden, § 33g Abs. 3 S. 2 Nr. 2 GWB.[493] § 33g Abs. 3 S. 2 Nr. 2 GWB setzt Art. 5 Abs. 3 S. 3 b) SE-RL GWB um.[494]

Ausweislich der Regierungsbegründung[495] soll bei der Verhältnismäßigkeitsprüfung, § 33g Abs. 3 GWB, der zeitliche, personelle und finanzielle Aufwand des Verpflichteten berücksichtigt werden und zwar auch dann, wenn ihm wegen seiner durch die Auskunft oder Herausgabe entstehenden Aufwendungen ein Aufwendungsersatzanspruch gemäß § 33g Abs. 7 GWB zusteht.[496] Denn die Vorbereitung der Auskunft oder der Herausgabe von Beweismitteln könne in erheblicher Weise in den betrieblichen oder geschäft-

491 *Bornkamm / Tolkmitt*, in: Langen / Bunte, Kartellrecht, Band 1, § 33g GWB, Rn. 38.

492 Siehe Erwägungsgrund 15 der Kartellschadensersatzrichtlinie.

493 Vgl. auch *Preuß*, in: LMRKM, Kartellrecht, § 33g GWB, Rn. 83.

494 *Makatsch / Kacholdt*, in: MüKo, WettbR, Band 2, § 33g GWB, Rn. 71; *Preuß*, in: LMRKM, Kartellrecht, § 33g GWB, Rn. 83, 127.

495 Regierungsbegründung, BT-Drs. 18/10207, S. 63.

496 Regierungsbegründung, BT-Drs. 18/10207, S. 63.

lichen Ablauf eingreifen.[497] Daher könne die Vorbereitung der Auskunft oder der Herausgabe von Beweismitteln nicht in jedem Fall vollständig durch eine Kostenerstattung ausgeglichen werden.[498]

§ 33g Abs. 3 S. 2 Nr. 2 GWB stellt eine richtlinienkonforme Umsetzung von Art. 5 Abs. 3 S. 3 b) SE-RL dar. Es überzeugt im Rahmen der Verhältnismäßigkeit das Informationsinteresse des Anspruchstellers mit dem Aufwand des Anspruchsgegners abzuwägen. Dabei hat der deutsche Gesetzgeber zutreffend erkannt, dass eine Auskunft oder eine Herausgabe von Beweismitteln nicht nur Kosten für den Anspruchsgegner verursacht, sondern auch personelle und zeitliche Ressourcen binden kann.[499] Es ist für den Anspruchsgegner wichtig, dass diese Aspekte im Rahmen der Verhältnismäßigkeit berücksichtigt werden können. Dies gilt insbesondere dann, wenn der Anspruchsgegner nicht der Kartellant und Schädiger ist, sondern ein unbeteiligter Dritter.[500]

(3) Ausschluss der Ausforschung von Tatsachen, § 33g Abs. 3 S. 2 Nr. 3 GWB

Im Rahmen der Abwägung muss insbesondere auch der Ausschluss der Ausforschung von Tatsachen, die für den Kartellschadensersatzanspruch, § 33a Abs. 1 GWB, oder für die Verteidigung gegen diesen Anspruch nicht erheblich sind, berücksichtigt werden. Ausweislich der Regierungsbegründung[501] muss bei der Abwägung berücksichtigt werden, dass der Anspruchsverpflichtete durch die Auskunftserteilung oder die Herausgabe von Beweismitteln nicht ausgeforscht werden soll.

---

497 Regierungsbegründung, BT-Drs. 18/10207, S. 63.

498 Regierungsbegründung, BT-Drs. 18/10207, S. 63.

499 Vgl. *Bornkamm / Tolkmitt,* in: Langen / Bunte, Kartellrecht, Band 1, § 33g GWB, Rn. 40; *Makatsch / Kacholdt,* in: MüKo, WettbR, Band 2, § 33g GWB, Rn. 72.

500 *Bornkamm / Tolkmitt,* in: Langen / Bunte, Kartellrecht, Band 1, § 33g GWB, Rn. 40.

501 Regierungsbegründung, BT-Drs. 18/10207, S. 63.

§ 33g Abs. 3 S. 2 Nr. 3 GWB stellt klar, dass die Offenlegungspflicht streng zweckbezogen ist.[502] Das bedeutet, dass die Herausgabe sämtlicher Beweismittel unverhältnismäßig ist, die nicht für die Geltendmachung des Kartellschadensersatzanspruchs, § 33a Abs. 1 GWB, oder für die Verteidigung gegen diesen Anspruch erheblich sind.[503] Ob ein Beweismittel für die Geltendmachung des Kartellschadensersatzanspruchs, § 33a Abs. 1 GWB, oder für die Verteidigung gegen diesen Anspruch erheblich ist beziehungsweise erheblich seien wird, wird sich im Rahmen der Prüfung des Offenlegungsanspruchs gemäß § 33g GWB nicht mit Gewissheit beurteilen lassen.[504] Daher ist für diese Beurteilung ein ex-ante Maßstab relevant.[505]

Gleichwohl wird dem Verhältnismäßigkeitserwägungsgrund § 33g Abs. 3 S. 2 Nr. 3 GWB kaum eigenständige Bedeutung zukommen, da es bei Vorliegen der Voraussetzung des § 33g Abs. 3 S. 2 Nr. 3 GWB schon zugleich an der positiven Voraussetzung der „Erforderlichkeit“ der Herausgabe der Beweismittel im Sinne von § 33g Abs. 1 GWB fehlen wird.[506]

(4) Bindungswirkung von Entscheidungen nach §§ 33b GWB, 33g Abs. 3 S. 2 Nr. 4 GWB

Darüber hinaus ist im Rahmen der Verhältnismäßigkeitsprüfung insbesondere die Bindungswirkung von Entscheidungen nach § 33b GWB zu berück-

502 *Bornkamm / Tolkmitt,* in: Langen / Bunte, Kartellrecht, Band 1, § 33g GWB, Rn. 34.

503 Vgl. *Bornkamm / Tolkmitt,* in: Langen / Bunte, Kartellrecht, Band 1, § 33g GWB, Rn. 34.

504 *Bornkamm / Tolkmitt,* in: Langen / Bunte, Kartellrecht, Band 1, § 33g GWB, Rn. 34; *Makatsch / Kacholdt,* in: MüKo, WettbR, Band 2, § 33g GWB, Rn. 74.

505 Vgl. *Makatsch / Kacholdt,* in: MüKo, WettbR, Band 2, § 33g GWB, Rn. 74.

506 *Mäsch,* in: Berg / Mäsch, Deutsches und Europäisches Kartellrecht, § 33g GWB, Rn. 29. Vgl. auch *Inderst / Thomas,* in: Inderst / Thomas, Schadensersatz bei Kartellverstößen, S. 502; *Makatsch / Kacholdt,* in: MüKo, WettbR, Band 2, § 33g GWB, Rn. 73.

sichtigen, § 33g Abs. 3 S. 2 Nr. 4 GWB. Sofern eine bestandskräftige Entscheidung gemäß § 33b GWB vorliegt, sind Beweismittel, die zum Nachweis des Verstoßes dienen sollen, in der Regel nicht mehr erforderlich.[507]

Der Verhältnismäßigkeitserwägungsgrund gemäß § 33g Abs. 3 S. 2 Nr. 4 GWB berücksichtigt mithin die Besonderheiten von follow-on-Klagen. Durch die Bindungswirkung von Entscheidungen gemäß § 33b GWB soll dem (vermeintlichen) Kartellgeschädigten die Geltendmachung des vermuteten Kartellschadensersatzanspruchs, § 33a GWB, erleichtert werden. Es ist dann nur konsequent, dass die Beweismittel, die zum Nachweis des Verstoßes dienen sollen, nicht herausverlangt werden können. Aufgrund der Bindungswirkung von Entscheidungen gemäß § 33b GWB sind diese Beweismittel für die Geltendmachung des vermuteten Kartellschadensersatzanspruchs, § 33a GWB, schon nicht erforderlich im Sinne von § 33g Abs. 1 GWB.[508]

Insofern dürfte dem Verhältnismäßigkeitserwägungsgrund gemäß § 33g Abs. 3 S. 2 Nr. 4 GWB genau wie dem Verhältnismäßigkeitserwägungsgrund gemäß § 33g Abs. 3 S. 2 Nr. 3 GWB kaum eigenständige Bedeutung zukommen. Denn es wird in der Regel schon an der „Erforderlichkeit" gemäß § 33g Abs. 1 GWB fehlen.

Es wurde bereits dargelegt, dass bei follow-on-Klagen wegen der Bindungswirkung von Entscheidungen einer Wettbewerbsbehörde, § 33b GWB, insbesondere der Beweis des Schadens problematisch ist.[509] Insofern ist zu beachten, dass der (vermeintliche) Kartellgeschädigte bei follow-on-Klagen insbesondere Beweismittel benötigt, um die Anknüpfungstatsa-

---

507 Regierungsbegründung, BT-Drs. 18/10207, S. 63; *Bornkamm / Tolkmitt,* in: Langen / Bunte, Kartellrecht, Band 1, § 33g GWB, Rn. 35; *Makatsch / Kacholdt,* in: MüKo, WettbR, Band 2, § 33g GWB, Rn. 75.

508 *Inderst / Thomas,* in: Inderst / Thomas, Schadensersatz bei Kartellverstößen, S. 502; *Makatsch / Kacholdt,* in: MüKo, WettbR, Band 2, § 33g GWB, Rn. 75.

509 *Mäsch,* in: Berg / Mäsch, Deutsches und Europäisches Kartellrecht, § 33g GWB, Rn. 1; *Podszun / Kreifels,* GWR 2017, 67, 68.

chen für eine Schadensschätzung gemäß § 287 ZPO zu beweisen.[510] Hinsichtlich dieser Beweismittel ist die Herausgabe von Beweismittel auch unter Berücksichtigung des Verhältnismäßigkeitserwägungsgrundes gemäß § 33g Abs. 3 S. 2 Nr. 4 GWB nicht unverhältnismäßig im Sinne von § 33g Abs. 3 GWB.

Insbesondere hinsichtlich der Tatsachen, die für die Erhebung des Kartellschadensersatzanspruchs, § 33a GWB, erforderlich sind, aber in der den Verstoß feststellenden und bestandskräftigen Entscheidung, § 33b GWB, nicht enthalten sind, ist die Herausgabe von Beweismitteln wegen des Verhältnismäßigkeitserwägungsgrundes gemäß § 33g Abs. 3 S. 2 Nr. 4 GWB nicht unverhältnismäßig im Sinne von § 33g Abs. 3 GWB.

(5) Wirksamkeit der öffentlichen Durchsetzung des Kartellrechts, § 33g Abs. 3 S. 2 Nr. 5 GWB

Gemäß § 33g Abs. 3 S. 2 Nr. 5 GWB muss insbesondere die Wirksamkeit der öffentlichen Durchsetzung des Kartellrechts (public enforcement) bei der Abwägung berücksichtigt werden. Auch diese Ermessenserwägung ist insofern redundant, als die Ausschlussgründe gemäß § 33g Abs. 4 GWB und gemäß § 33g Abs. 5 GWB bereits die Wirksamkeit der öffentlichen Durchsetzung des Kartellrechts (public enforcement) sicherstellen sollen.[511]

Ein eigenständiger Anwendungsbereich für die Ermessenserwägung gemäß § 33g Abs. 3 S. 2 Nr. 5 GWB verbleibt jedenfalls für die Beweismittel

---

510 *Bornkamm / Tolkmitt,* in: Langen / Bunte, Kartellrecht, Band 1, § 33g GWB, Rn. 35.

511 *Bornkamm / Tolkmitt,* in: Langen / Bunte, Kartellrecht, Band 1, § 33g GWB, Rn. 35; *Mäsch,* in: Berg / Mäsch, Deutsches und Europäisches Kartellrecht, § 33g GWB, Rn. 30; *Preuß,* in: LMRKM, Kartellrecht, § 33g GWB, Rn. 89. Vgl. auch *Inderst / Thomas,* in: Inderst / Thomas, Schadensersatz bei Kartellverstößen, S. 502.

gemäß § 33g Abs. 4 S. 2 GWB.[512] Dennoch sollte auch im Rahmen dieses eingeschränkten Anwendungsbereichs gemäß § 33g Abs. 4 S. 2 GWB die Ermessenserwägung gemäß § 33g Abs. 3 S. 2 Nr. 5 GWB äußerst zurückhaltend ausgelegt werden.[513]

Ein prinzipieller Vorrang der öffentlichen Durchsetzung des Kartellrechts (public enforcement) gegenüber der privaten Durchsetzung des Kartellrechts (private enforcement) lässt sich der Kartellschadensersatzrichtlinie nicht entnehmen.[514] Vielmehr hat die Kartellschadensersatzrichtlinie die widerstreitenden Interessen von privater Durchsetzung (private enforcement) einerseits und öffentlicher Durchsetzung (public enforcement) andererseits erkannt und dadurch versucht zu lösen, dass die Gerichte Kronzeugenerklärungen und Vergleichsausführungen gemäß Art. 6 Abs. 6 SE-RL generell nicht offenlegen dürfen und die Gerichte weitere bestimmte Beweismittel bis zum vollständigen Abschluss des wettbewerbsbehördlichen Verfahrens gemäß Art. 6 Abs. 5 SE-RL nicht offenlegen dürfen.

Eine darüber hinaus gehende Bevorzugung der öffentlichen Durchsetzung (public enforcement) gegenüber der privaten Durchsetzung (private enforcement) lässt sich der Kartellschadensersatzrichtlinie nicht entnehmen.[515] Insofern hat die Kartellschadensersatzrichtlinie den Interessenkonflikt abschließend geregelt. Eine über die Bestimmungen der Kartellschadensersatzrichtlinie hinausgehende Einschränkung der privaten Durchsetzung (private

512 *Bornkamm / Tolkmitt,* in: Langen / Bunte, Kartellrecht, Band 1, § 33g GWB, Rn. 46; *Mäsch,* in: Berg / Mäsch, Deutsches und Europäisches Kartellrecht, § 33g GWB, Rn. 30. Vgl. auch Stellungnahme, Bundeskartellamt, Ausschuss-Drs. 18(9)1093, S. 25.

513 *Bornkamm / Tolkmitt,* in: Langen / Bunte, Kartellrecht, Band 1, § 33g GWB, Rn. 46 f. Vgl. auch *Preuß,* in: LMRKM, Kartellrecht, § 33g GWB, Rn. 88.

514 *Bornkamm / Tolkmitt,* in: Langen / Bunte, Kartellrecht, Band 1, § 33g GWB, Rn. 46. Vgl. auch *Makatsch / Kacholdt,* in: MüKo, WettbR, Band 2, § 33g GWB, Rn. 82.

515 *Bornkamm / Tolkmitt,* in: Langen / Bunte, Kartellrecht, Band 1, § 33g GWB, Rn. 46. Vgl. auch Erwägungsgrund 6 der Kartellschadensersatzrichtlinie.

enforcement) würde die private Durchsetzung in unzulässiger Weise einschränken und wäre unter Berücksichtigung des Ziels[516] der Richtlinie, die private Durchsetzung (private enforcement) zu fördern, nicht richtlinienkonform.

Unter Berücksichtigung des effet utile ist der Verhältnismäßigkeitserwägungsgrund gemäß § 33g Abs. 3 S. 2 Nr. 5 GWB äußerst zurückhaltend auszulegen.[517]

(6) Schutz von vertraulichen Informationen, § 33g Abs. 3 S. 2 Nr. 6 GWB

Gemäß § 33g Abs. 3 S. 2 Nr. 6 GWB muss im Rahmen der Verhältnismäßigkeitsprüfung insbesondere der Schutz von Betriebs- und Geschäftsgeheimnissen und sonstigen vertraulichen Informationen berücksichtigt werden und welche Vorkehrungen zu deren Schutz bestehen.

Von der Offenlegung von Geschäftsgeheimnissen in einem Gerichtsverfahren werden das Gebot des effektiven und zumutbaren Rechtsschutzes, Art. 19 Abs. 4 GG, der Schutz von Geschäftsgeheimnissen, Art. 12, 19 Abs. 3 GG,[518] sowie das Recht auf rechtliches Gehör, Art. 103 Abs. 1 GG, betroffen.[519] Diese gleichrangigen, aber kollidierenden Verfassungsrechte der Parteien eines Zivilprozesses müssen im Sinne des Grundsatzes der prakti-

---

516 Siehe Erwägungsgrund 7 f., 54 der Kartellschadensersatzrichtlinie.

517 *Bornkamm / Tolkmitt,* in: Langen / Bunte, Kartellrecht, Band 1, § 33g GWB, Rn. 46 f.

518 BVerfG, Beschluss vom 14.03.2006 – 1 BvR 2087/03 u.a. = NVwZ 2006, 1041, 1042; BVerfG, Beschluss vom 06.03.2014 – 1 BvR 3541/13 ua = NJW 2014, 1581, 1581 f.

519 BVerfG, Beschluss vom 14.03.2006 – 1 BvR 2087/03 u.a. = NVwZ 2006, 1041, 1042 f.; *Blome / Fritzsche,* NZKart 2019, 247, 248.

schen Konkordanz[520] zum größtmöglichen Ausgleich gebracht werden.[521] Sofern eine gerichtliche Entscheidung gegen diesen Grundsatz der praktischen Konkordanz[522] verstoßen sollte, wäre sie verfassungswidrig.[523]

Der Verhältnismäßigkeitserwägungsgrund gemäß § 33g Abs. 3 S. 2 Nr. 6 GWB stellt eine Umsetzung von Art. 5 Abs. 3 S. 3 c) SE-RL dar.[524] Die Kartellschadensersatzrichtlinie stellt mit Art. 5 Abs. 3 S. 3 c) SE-RL klar, dass die Offenlegung von Beweismitteln, die vertrauliche Informationen enthalten, nicht ausgeschlossen ist,[525] sondern die Vertraulichkeit von Informationen als Erwägungsgrund in der Verhältnismäßigkeitsprüfung, Art. 5 Abs. 3 S. 3 c) SE-RL, berücksichtigt wird.

Im Rahmen dieser Verhältnismäßigkeitsprüfung ist auch zu würdigen, welche Vorkehrungen zum Schutz der vertraulichen Informationen bestehen, Art. 5 Abs. 3 S. 3 c) SE-RL. Das bedeutet, ob und in welchem Maß die Offenlegung einer vertraulichen Information verhältnismäßig ist, ist davon abhängig, ob und welche wirksamen Maßnahmen zum Schutz dieser vertraulichen Informationen bestehen.

---

520 BVerfG, Beschluss vom 17.12.1975 – 1 BvR 63/68 = NJW 1976, 947, 949 f.; BVerfG, Beschluss vom 16.10.1979 – 1 BvR 647/70, 7/74 = NJW 1980, 575, 577; BVerfG, Beschluss vom 16.05.1995 – 1 BvR 1087/91 = NJW 1995, 2477, 2479.

521 Vgl. BGH, Urteil vom 19.11.2008 – VIII ZR 138/07 = NJW 2009, 502, 507; *Blome / Fritzsche*, NZKart 2019, 247, 248.

522 BVerfG, Beschluss vom 17.12.1975 – 1 BvR 63/68 = NJW 1976, 947, 949 f.; BVerfG, Beschluss vom 16.10.1979 – 1 BvR 647/70, 7/74 = NJW 1980, 575, 577; BVerfG, Beschluss vom 16.05.1995 – 1 BvR 1087/91 = NJW 1995, 2477, 2479.

523 *Blome / Fritzsche*, NZKart 2019, 247, 248. Vgl. auch BVerfG, Beschluss vom 17.12.1975 – 1 BvR 63/68 = NJW 1976, 947, 949 f.; BVerfG, Beschluss vom 16.10.1979 – 1 BvR 647/70, 7/74 = NJW 1980, 575, 577; BVerfG, Beschluss vom 16.05.1995 – 1 BvR 1087/91 = NJW 1995, 2477, 2479.

524 Vgl. auch *Preuß*, in: LMRKM, Kartellrecht, § 33g GWB, Rn. 83.

525 *Bornkamm / Tolkmitt*, in: Langen / Bunte, Kartellrecht, Band 1, § 33g GWB, Rn. 41.

In Erwägungsgrund 18 SE-RL zählt der Unionsgesetzgeber beispielhaft Mittel zum Schutz vertraulicher Informationen auf wie die Unkenntlichmachung sensibler Passagen von Dokumenten, die Verhandlung unter Ausschluss der Öffentlichkeit, die Beschränkung des zur Kenntnisnahme der Beweismittel berechtigten Personenkreises und die Anweisung an Sachverständige, eine Zusammenfassung der Informationen in aggregierter oder sonstiger nichtvertraulicher Form vorzulegen.[526] Hinsichtlich der Vorkehrungen zum Schutz der vertraulichen Informationen hat der deutsche Gesetzgeber die Kartellschadensersatzrichtlinie richtlinienkonform umgesetzt, indem die Vertraulichkeit von Informationen durch die korrespondierende Verfahrensvorschrift § 89b Abs. 7 GWB geschützt wird. Gemäß § 89b Abs. 7 GWB kann das Gericht die erforderlichen Maßnahmen treffen, um den im Einzelfall gebotenen Schutz von Betriebs- und Geschäftsgeheimnissen und anderen vertraulichen Informationen zu gewährleisten.

Dass die Offenlegung von vertraulichen Informationen generell möglich sein muss,[527] aber zugleich Vorkehrungen zum Schutz dieser vertraulichen Informationen bestehen müssen,[528] hat die Europäische Kommission in einem Entwurf einer Mitteilung[529] im Jahr 2019 bestätigt. In dem Entwurf der Mit-

526 *Bornkamm / Tolkmitt,* in: Langen / Bunte, Kartellrecht, Band 1, § 33g GWB, Rn. 41.

527 Entwurf einer Mitteilung der Kommission: Mitteilung über den Schutz vertraulicher Informationen im Rahmen der privaten Durchsetzung des EU-Wettbewerbsrechts durch nationale Gerichte, S. 6, Rn. 20, abrufbar unter: https://ec.europa.eu / competition / consultations/2019_private_enforcement / de.pdf

528 Entwurf einer Mitteilung der Kommission: Mitteilung über den Schutz vertraulicher Informationen im Rahmen der privaten Durchsetzung des EU-Wettbewerbsrechts durch nationale Gerichte, S. 6, Rn. 21, abrufbar unter: https://ec.europa.eu / competition / consultations/2019_private_enforcement / de.pdf

529 Entwurf einer Mitteilung der Kommission: Mitteilung über den Schutz vertraulicher Informationen im Rahmen der privaten Durchsetzung des EU-Wettbewerbsrechts durch nationale Gerichte, abrufbar unter: https://ec.europa.eu / competition / consultations/2019_private_enforcement / de.pdf

teilung stellt die Europäische Kommission verschiedene Maßnahmen[530] zum Schutz vertraulicher Informationen vor. Die Mitteilung der Europäischen Kommission wird für die mitgliedstaatlichen Gerichte nicht verbindlich sein und soll nur als „Anregung und Orientierungshilfe"[531] dienen.[532] Die Europäische Kommission hat um Stellungnahme zu dem Entwurf der Mitteilung gebeten.[533] Erst nachdem die Europäische Kommission die Stellungnahmen geprüft hat, wird sie eine endgültige Fassung der Mitteilung erstellen.[534]

Wegen der Definition von „Betriebs- und Geschäftsgeheimnissen" im Sinne des § 33g Abs. 3 S. 2 Nr. 6 GWB kann unter dem Aspekt der Einheit der Rechtsordnung auf das Gesetz zum Schutz von Geschäftsgeheimnissen (GeschGehG) zurückgegriffen werden.[535] Denn entgegen einer Stimme in

530 Entwurf einer Mitteilung der Kommission: Mitteilung über den Schutz vertraulicher Informationen im Rahmen der privaten Durchsetzung des EU-Wettbewerbsrechts durch nationale Gerichte, S. 9 ff., abrufbar unter: https://ec.europa.eu/competition/consultations/2019_private_enforcement/de.pdf

531 Entwurf einer Mitteilung der Kommission: Mitteilung über den Schutz vertraulicher Informationen im Rahmen der privaten Durchsetzung des EU-Wettbewerbsrechts durch nationale Gerichte, S. 2, Rn. 6, abrufbar unter: https://ec.europa.eu/competition/consultations/2019_private_enforcement/de.pdf

532 Entwurf einer Mitteilung der Kommission: Mitteilung über den Schutz vertraulicher Informationen im Rahmen der privaten Durchsetzung des EU-Wettbewerbsrechts durch nationale Gerichte, S. 2, Rn. 6, S. 9, Rn. 30, abrufbar unter: https://ec.europa.eu/competition/consultations/2019_private_enforcement/de.pdf; *Dietrich/Nowak*, NZKart 2020, 15, 15.

533 Europäische Kommission, Offizielle Webseite der EU, Kartellrecht: EU-Kommission holt Meinungen zum Schutz vertraulicher Informationen an nationalen Gerichten ein, abrufbar unter: https://ec.europa.eu/germany/news/20190729-kartellrecht_de; *Dietrich/Nowak*, NZKart 2020, 15, 15.

534 Europäische Kommission, Offizielle Website der EU, Kartellrecht: EU-Kommission holt Meinungen zum Schutz vertraulicher Informationen an nationalen Gerichten ein, abrufbar unter: https://ec.europa.eu/germany/news/20190729-kartellrecht_de

535 Vgl. *Makatsch/Kacholdt*, in: MüKo, WettbR, Band 2, § 33g GWB, Rn. 84.

der Literatur[536] findet das Gesetz zum Schutz von Geschäftsgeheimnissen (GeschGehG) auch im Kartellschadensersatzprozess Anwendung. Gemäß § 1 GeschGehG zum Anwendungsbereich des Gesetzes zum Schutz von Geschäftsgeheimnissen (GeschGehG) ist dieses Gesetz anwendbar zum Schutz von Geschäftsgeheimnissen vor unerlaubter Erlangung, Nutzung und Offenlegung, § 1 Abs. 1 GeschGehG. Nur sofern öffentlich-rechtliche Vorschriften zur Geheimhaltung, Erlangung, Nutzung oder Offenlegung von Geschäftsgeheimnissen bestehen, gehen diese dem Gesetz zum Schutz von Geschäftsgeheimnissen (GeschGehG) vor, § 1 Abs. 2 GeschGehG.

Das Gesetz zum Schutz von Geschäftsgeheimnissen (GeschGehG) ist gemäß § 1 Abs. 1 GeschGehG ausdrücklich anwendbar, sofern Geschäftsgeheimnisse offengelegt werden sollen. Mithin findet das Gesetz zum Schutz von Geschäftsgeheimnissen (GeschGehG) gerade auch auf § 33g GWB Anwendung, der nicht nur „beiläufig" die Offenlegung ermöglicht, sondern der eine ausdrückliche sowie offenkundige Offenlegungsvorschrift darstellt. Es bestehen auch keine öffentlich-rechtlichen Vorschriften zur Offenlegung von Geschäftsgeheimnissen, die der Anwendung des Gesetzes zum Schutz von Geschäftsgeheimnissen (GeschGehG) im Rahmen von § 33g GWB entgegenstehen würden.

Da das Gesetz zum Schutz von Geschäftsgeheimnissen (GeschGehG) auch im Kartellschadensersatzprozess Anwendung findet, bestimmt sich die Definition von „Betriebs- und Geschäftsgeheimnissen" im Sinne von § 33g Abs. 3 S. 2 Nr. 6 GWB nach der Legaldefinition des § 2 Nr. 1 GeschGehG.[537]

Gemäß § 2 Nr. 1 GeschGehG ist „Geschäftsgeheimnis" eine Information, die weder insgesamt noch in der genauen Anordnung und Zusammensetzung ihrer Bestandteile den Personen in den Kreisen, die üblicherweise mit

---

536 *Blome / Fritzsche*, NZKart 2019, 247, 249.

537 Vgl. auch *Preuß*, in: LMRKM, Kartellrecht, § 33g GWB, Rn. 92: Auch Preuß greift auf die Legaldefinition des § 2 Nr. 1 GeschGehG zurück. Allerdings spricht sich Preuß gegen eine gänzlich unreflektierte Anlehnung der Definition an § 2 Nr. 1 GeschGehG aus.

dieser Art von Informationen umgehen, allgemein bekannt oder ohne Weiteres zugänglich ist und daher von wirtschaftlichem Wert ist und die Gegenstand von den Umständen nach angemessenen Geheimhaltungsmaßnahmen durch ihren rechtmäßigen Inhaber ist und bei der ein berechtigtes Interesse an der Geheimhaltung besteht.

Diese Definition ist kongruent mit der Definition „Geschäftsgeheimnis" gemäß Art. 2 Nr. 1 der Richtlinie (EU) 2016/943[538] des Europäischen Parlaments und des Rates vom 8. Juni 2016 über den Schutz vertraulichen Know-hows und vertraulicher Geschäftsinformationen (Geschäftsgeheimnisse) vor rechtswidrigem Erwerb sowie rechtswidriger Nutzung und Offenlegung (im Folgenden: „Richtlinie über Geschäftsgeheimnisse" oder „GeschGeh-RL"). Auch der Entwurf der Mitteilung der Europäischen Kommission im Jahr 2019 verweist hinsichtlich der Definition des Begriffs „Geschäftsgeheimnis" im Rahmen der privaten Rechtsdurchsetzung auf die Definition des Begriffs „Geschäftsgeheimnis" in Art. 2 Nr. 1 GeschGeh-RL.[539] Die Europäische Kommission begründet diesen Verweis auf die Definition in Art. 2 Nr. 1 GeschGeh-RL damit, dass für die private Rechtsdurchsetzung mit der Definition in Art. 2 Nr. 1 GeschGeh-RL bereits eine in der EU geltende Definition des Begriffs „Geschäftsgeheimnis" vorliege.[540] Dieses Argument für eine kongruente Auslegung des Begriffs „Geschäftsgeheimnis" überzeugt.

538 Richtlinie (EU) 2016/943 des Europäischen Parlaments und des Rates vom 8. Juni 2016 über den Schutz vertraulichen Know-hows und vertraulicher Geschäftsinformationen (Geschäftsgeheimnisse) vor rechtswidrigem Erwerb sowie rechtswidriger Nutzung und Offenlegung (ABl. L 157/1 vom 15.6.2016).

539 Entwurf einer Mitteilung der Kommission: Mitteilung über den Schutz vertraulicher Informationen im Rahmen der privaten Durchsetzung des EU-Wettbewerbsrechts durch nationale Gerichte, S. 6, Rn. 22, abrufbar unter: https://ec.europa.eu/competition/consultations/2019_private_enforcement/de.pdf

540 Entwurf einer Mitteilung der Kommission: Mitteilung über den Schutz vertraulicher Informationen im Rahmen der privaten Durchsetzung des EU-Wettbewerbsrechts durch nationale Gerichte, S. 6, Rn. 22, abrufbar unter: https://ec.europa.eu/competition/consultations/2019_private_enforcement/de.pdf

Für den Begriff „sonstige vertrauliche Informationen" im Sinne von § 33g Abs. 3 S. 2 Nr. 6 GWB kann auf das Gesetz zum Schutz von Geschäftsgeheimnissen (GeschGehG) nicht zurückgegriffen werden, da dieser Begriff dort nicht definiert wird.[541] Da es aber bei dem Begriff „sonstige vertrauliche Information" im Sinne von § 33g Abs. 3 S. 2 Nr. 6 GWB einen kartellrechtlichen Bezug gibt, kann für die Definition dieses Begriffs auf die Praxis zurückgegriffen werden, die für die Einsichtnahme in die Kommissionsakte im Europarecht entwickelt wurde.[542] Unter Berücksichtigung dieser Praxis im Europarecht sind sonstige vertrauliche Informationen „Angaben, die zwar keine Geschäftsgeheimnisse sind, durch deren Offenlegung Unternehmen oder Personen aber erheblich geschädigt werden können"[543].[544]

Die Europäische Kommission stellt in dem Entwurf der Mitteilung klar, dass im Einzelfall entschieden werden müsse, ob eine Information vertraulich sei.[545] Die mitgliedstaatlichen Gerichte sollten „bei der Definition des Begriffs „vertrauliche Information" die nationalen Rechtsvorschriften bzw. die einschlägige nationale Rechtsprechung berücksichtigen"[546]. Insofern enthalte der Entwurf der Mitteilung der Europäischen Kommission keine Definition des Begriffs „vertrauliche Informationen", die durch die mitgliedstaatlichen

541 *Makatsch / Kacholdt,* in: MüKo, WettbR, Band 2, § 33g GWB, Rn. 85.

542 *Makatsch / Kacholdt,* in: MüKo, WettbR, Band 2, § 33g GWB, Rn. 85.

543 *Makatsch / Kacholdt,* in: MüKo, WettbR, Band 2, § 33g GWB, Rn. 85. So auch *Dieckmann,* in: Wiedemann, Handbuch des Kartellrechts, § 44, Rn. 26.

544 *Dieckmann,* in: Wiedemann, Handbuch des Kartellrechts, § 44, Rn. 26; *Makatsch / Kacholdt,* in: MüKo, WettbR, Band 2, § 33g GWB, Rn. 85.

545 Entwurf einer Mitteilung der Kommission: Mitteilung über den Schutz vertraulicher Informationen im Rahmen der privaten Durchsetzung des EU-Wettbewerbsrechts durch nationale Gerichte, S. 7, Rn. 24, abrufbar unter: https://ec.europa.eu/competition/consultations/2019_private_enforcement/de.pdf

546 Entwurf einer Mitteilung der Kommission: Mitteilung über den Schutz vertraulicher Informationen im Rahmen der privaten Durchsetzung des EU-Wettbewerbsrechts durch nationale Gerichte, S. 7, Rn. 25, abrufbar unter: https://ec.europa.eu/competition/consultations/2019_private_enforcement/de.pdf

Gerichte bei der zivilrechtlichen Durchsetzung des EU-Wettbewerbsrechts anwendbar wäre.[547] Der Entwurf der Mitteilung verweist hinsichtlich der Definition lediglich als „Anregung“[548] auf die Rechtsprechung der Unionsgerichte.[549]

Nach der Rechtsprechung der Unionsgerichte würden „vertrauliche Informationen“ vorliegen, sofern folgende Voraussetzungen kumulativ vorliegen würden:

(i) „Sie sind nur einer begrenzten Anzahl von Personen bekannt; [...][550]

(ii) durch ihre Offenlegung muss dem Auskunftgeber oder Dritten ein ernsthafter Nachteil entstehen können; dies ist in der Regel dann der Fall, wenn die Informationen einen geschäftlichen, finanziellen oder strategischen Wert haben. Der vertrauliche Charakter von Informationen kann demzufolge von den Personen abhängen, gegenüber denen sie offengelegt werden sollen (z. B. einem Wettbewerber, einem Kunden oder einem Zulieferer). [...][551] Bei der Abschätzung eines möglichen Scha-

---

547 Entwurf einer Mitteilung der Kommission: Mitteilung über den Schutz vertraulicher Informationen im Rahmen der privaten Durchsetzung des EU-Wettbewerbsrechts durch nationale Gerichte, S. 7, Rn. 25, abrufbar unter: https://ec.europa.eu/competition/consultations/2019_private_enforcement/de.pdf

548 Entwurf einer Mitteilung der Kommission: Mitteilung über den Schutz vertraulicher Informationen im Rahmen der privaten Durchsetzung des EU-Wettbewerbsrechts durch nationale Gerichte, S. 7, Rn. 25, abrufbar unter: https://ec.europa.eu/competition/consultations/2019_private_enforcement/de.pdf

549 Entwurf einer Mitteilung der Kommission: Mitteilung über den Schutz vertraulicher Informationen im Rahmen der privaten Durchsetzung des EU-Wettbewerbsrechts durch nationale Gerichte, S. 7, Rn. 25, abrufbar unter: https://ec.europa.eu/competition/consultations/2019_private_enforcement/de.pdf

550 In dem Entwurf der Mitteilung führt die Europäische Kommission Rechtsprechung als Beleg an.

551 In dem Entwurf der Mitteilung führt die Europäische Kommission Rechtsprechung als Beleg an.

dens ist es zudem wichtig, die Aktualität der Informationen zu berücksichtigen. Sensible Informationen, die andauernde oder zukünftige Geschäftsbeziehungen, interne Geschäftspläne oder sonstige zukunftsorientierte Geschäftsinformationen betreffen, könnten häufig (zumindest teilweise) als vertrauliche Informationen erachtet werden. Solche Informationen können ihren vertraulichen Charakter allerdings verlieren, wenn sie zeitbedingt nicht mehr von geschäftlicher Bedeutung sind; [...][552]

(iii) die Interessen, die durch die Offenlegung der Information verletzt werden können, sind objektiv schützenswert. Das Interesse einer Partei, sich selbst oder ihr Ansehen gegen eine mögliche Verurteilung durch ein nationales Gericht zur Leistung von Schadensersatz wegen ihrer Beteiligung an einer Zuwiderhandlung gegen das Wettbewerbsrecht zu schützen, stellt in diesem Zusammenhang kein schützenswertes Interesse dar. [...][553]“[554]

Diese Definition des Begriffs „vertrauliche Information“ im Entwurf der Mitteilung stimmt mit der bereits erläuterten Definition[555] überein, die für die Einsichtnahme in die Kommissionsakte im Europarecht entwickelt wurde.

552 In dem Entwurf der Mitteilung führt die Europäische Kommission Rechtsprechung als Beleg an.

553 In dem Entwurf der Mitteilung führt die Europäische Kommission Rechtsprechung als Beleg an.

554 Entwurf einer Mitteilung der Kommission: Mitteilung über den Schutz vertraulicher Informationen im Rahmen der privaten Durchsetzung des EU-Wettbewerbsrechts durch nationale Gerichte, S. 7 f., Rn. 25, abrufbar unter: https://ec.europa.eu/competition/consultations/2019_private_enforcement/de.pdf

555 *Dieckmann,* in: Wiedemann, Handbuch des Kartellrechts, § 44, Rn. 26; *Makatsch/Kacholdt,* in: MüKo, WettbR, Band 2, § 33g GWB, Rn. 85.

Da die Definition im Entwurf der Mitteilung hinsichtlich des Detaillierungsgrades über die Definition[556], die für die Einsichtnahme in die Kommissionsakte im Europarecht entwickelt wurde, hinausgeht, stellt die Definition im Entwurf der Mitteilung eine Konkretisierung und Ergänzung dar. Daher kann die Definition im Entwurf der Kommission den mitgliedstaatlichen Gerichten im Einzelfall als Leitfaden dienen.

ff) Darlegungs- und Beweislast hinsichtlich der Verhältnismäßigkeit

Der Anspruchsgegner ist für das Vorliegen der Unverhältnismäßigkeit der Herausgabe der Beweismittel darlegungs- und beweisbelastet.[557]

Sofern der Anspruchsgegner des Beweismittelherausgabeanspruchs, § 33g Abs. 1 GWB, die Unverhältnismäßigkeit nicht darlegen und beweisen kann, ist die Herausgabe der Beweismittel verhältnismäßig. Das bedeutet, dass die Verhältnismäßigkeit zugunsten des Anspruchstellers des Beweismittelherausgabeanspruchs, § 33g Abs. 1 GWB, vermutet wird und diese Vermutung der Verhältnismäßigkeit von dem Anspruchsgegner des Beweismittelherausgabeanspruchs, § 33g Abs. 1 GWB, widerlegt werden kann, vgl. § 33g Abs. 3 S. 1 GWB.

Aufgrund dieser Beweislastverteilung zugunsten des Anspruchstellers des Beweismittelherausgabeanspruchs, § 33g Abs. 1 GWB, wird § 33g Abs. 3 GWB nur begrenzt der Ausforschung entgegenwirken.

---

556 *Dieckmann,* in: Wiedemann, Handbuch des Kartellrechts, § 44, Rn. 26; *Makatsch / Kacholdt,* in: MüKo, WettbR, Band 2, § 33g GWB, Rn. 85.

557 *Bornkamm / Tolkmitt,* in: Langen / Bunte, Kartellrecht, Band 1, § 33g GWB, Rn. 32; *Makatsch / Kacholdt,* in: MüKo, WettbR, Band 2, § 33g GWB, Rn. 65; *Preuß,* in: LMRKM, Kartellrecht, § 33g GWB, Rn. 84.

b) Absolute und temporäre Ausschlussgründe

Die Herausgabe von Beweismitteln ist ausgeschlossen, sofern ein absoluter Ausschlussgrund gemäß § 33g Abs. 4 GWB oder ein temporär Ausschlussgrund gemäß § 33g Abs. 5 GWB vorliegt.

aa) Vorgaben des Art. 6 SE-RL

Die absoluten und temporären Ausschlussgründe, § 33g Abs. 4, 5 GWB, stellen eine Umsetzung der Vorgaben des Art. 6 SE-RL dar.

Gemäß Art. 6 Abs. 1 SE-RL müssen die Mitgliedstaaten gewährleisten, dass bei einer von den nationalen Gerichten für die Zwecke von Schadensersatzklagen angeordneten Offenlegung von Beweismitteln, die in den Akten einer Wettbewerbsbehörde enthalten sind, neben den Bestimmungen des Art. 5 SE-RL zusätzlich die Bestimmungen des Art. 6 SE-RL beachtet werden. Art. 6 SE-RL enthält also spezielle Vorgaben für die Offenlegung von Beweismitteln, die in den Akten einer Wettbewerbsbehörde enthalten sind. Art. 6 SE-RL soll insbesondere den Schutz von Kornzeugenerklärungen und Vergleichsausführungen sicherstellen. Die Begriffe „Kronzeugenerklärung" und „Vergleichsausführung" werden in Art. 2 SE-RL, der eine Vielzahl von weiteren Begriffen der Kartellschadensersatzrichtlinie bestimmt, legaldefiniert.

Mit Art. 6 Abs. 6 SE-RL hat der Unionsgesetzgeber Kronzeugenerklärungen und Vergleichsausführungen als Beweismittel generell von der Offenlegung ausgenommen, um die Durchsetzung des Wettbewerbsrecht durch die Kartellbehörden (public enforcement) zu stärken. Sofern nur Teile der offenzulegenden Beweismittel Kronzeugenerklärungen und Vergleichsausführungen enthalten, sind die anderen und mithin übrigen Teile unter Berücksichtigung der weiteren Bestimmungen des Art. 6 SE-RL offenzulegen, Art. 6 Abs. 8 SE-RL.

Auch die in Art. 6 Abs. 5 a), b), c) SE-RL bestimmten Kategorien von Beweismitteln, die in Akten einer Wettbewerbsbehörde enthalten sind und keine Kronzeugenerklärungen und beziehungsweise oder Vergleichsausführungen enthalten, erfahren bezüglich der Offenlegung eine Einschränkung. Die nationalen Gerichte dürfen die in Art. 6 Abs. 5 SE-RL genannten Kategorien von Beweismitteln erst anordnen, wenn eine Wettbewerbsbehörde ihr Verfahren durch Erlass einer Entscheidung oder in anderer Weise beendet hat, Art. 6 Abs. 5 SE-RL.

Mithin sieht die Kartellschadensersatzrichtlinie für bestimmte Kategorien ein temporäres Offenlegungsverbot vor. Dieses temporäre Offenlegungsverbot orientiert sich am Verfahren der Wettbewerbsbehörde und soll zum Schutz der öffentlichen Kartellrechtsdurchsetzung (public enforcement) den ordnungsgemäßen sowie ungehinderten Ablauf des wettbewerbsbehördlichen Verfahrens sicherstellen. Zu den Beweismittelkategorien, die von diesem temporären Offenlegungsverbot betroffen sind, gehören Informationen, die von einer natürlichen oder juristischen Person eigens für das wettbewerbsbehördliche Verfahren erstellt wurden, Art. 6 Abs. 5 a) SE-RL, Informationen, die die Wettbewerbsbehörde im Laufe ihres Verfahrens erstellt und den Parteien übermittelt hat, Art. 6 Abs. 5 b) SE-RL, und Vergleichsausführungen, die zurückgezogen wurden, Art. 6 Abs. 5 c) SE-RL.

Damit sieht die Kartellschadensersatzrichtlinie zwei unterschiedliche Beschränkungen für die Offenlegung von Beweismitteln vor, die in den Akten einer Wettbewerbsbehörde enthalten sind. Zum einem besteht ein generelles Offenlegungsverbot für Kronzeugenerklärungen und Vergleichsausführungen, Art. 6 Abs. 6 SE-RL. Dieses generelle Offenlegungsverbot ist von dem Gang des wettbewerbsbehördlichen Verfahrens unabhängig und besteht andauernd über die Beendigung des wettbewerbsbehördlichen Verfahrens hinaus. Zum anderen besteht ein temporäres Offenlegungsverbot für die in Art. 6 Abs. 5 SE-RL bezeichneten Beweismittelkategorien. Dieses temporäre Offenlegungsverbot gilt nur für die Dauer des wettbewerbsbehördlichen Verfahrens.

Allerdings sind die Beweiskategorien, die dem temporären Offenlegungsverbot gemäß Art. 6 Abs. 5 SE-RL unterliegen, nach Abschluss des wettbehördlichen Verfahrens bei der Beurteilung der Verhältnismäßigkeit besonders zu berücksichtigen.

Bei der Verhältnismäßigkeitsprüfung haben die nationalen Gerichte hinsichtlich der in Art. 6 Abs. 5 SE-RL bezeichneten Beweismittelkategorien zusätzlich die Notwendigkeit zu berücksichtigen, die Wirksamkeit der öffentlichen Durchsetzung des Wettbewerbsrechts (public enforcement) zu wahren, Art. 6 Abs. 4 c) SE-RL. Mithin können die Beweismittelkategorien, die einem temporären Offenlegungsverbot unterliegen, zwar nach Abschluss des wettbewerbsbehördlichen Verfahrens generell offengelegt werden. Jedoch sind im Rahmen der Verhältnismäßigkeitsprüfung besondere Erwägungen zu berücksichtigen, die eine Offenlegung erschweren.

bb) Bisherige Rechtslage

Der Unionsgesetzgeber hat sich mit Art. 6 Abs. 6 SE-RL dafür entschieden, dass Kronzeugenerklärungen und Vergleichsausführungen generell, das heißt ohne jegliche Einzelfallabwägung, von der Offenlegung vollständig ausgeschlossen sind. In der Literatur[558] werden Bedenken dahingehend geäußert, dass dieser generelle Ausschluss der Kronzeugenerklärungen und Vergleichsausführungen von der Offenlegung nicht mit dem Primärrecht der Union vereinbar sei. Diese Bedenken werden damit begründet, dass nach der Rechtsprechung des EuGH bei Akteneinsichtsgesuchen eine Einzelfallentscheidung unter Abwägung der widerstreitenden Interessen vorzunehmen

558 *Bornkamm / Tolkmitt*, in: Langen / Bunte, Kartellrecht, Band 1, § 33g GWB, Rn. 54.

sei.[559] Hinsichtlich der Rechtsprechung des EuGH verweist die Literatur[560] explizit auf das „Pfleiderer-Urteil“[561] und das „Donau Chemie-Urteil“[562].

Tatsächlich sind mit dem „Pfleiderer-Urteil“[563], dem „Donau Chemie-Urteil“[564] und dem „EnBW-Urteil“[565] vor Erlass der Kartellschadensersatzrichtlinie wichtige Entscheidungen des EuGH zur Offenlegung von Dokumenten ergangen, die in den Akten eines wettbewerbsbehördlichen Verfahrens der Europäischen Kommission enthalten sind. Diese Entscheidungen des EuGH werden im Folgenden dargestellt.

(1) „Pfleiderer-Urteil“[566]

Der EuGH hat im „Pfleiderer-Urteil“[567] entschieden, eine Auslegung ergebe, dass die kartellrechtlichen Vorschriften der Union sowie insbesondere auch

---

559 *Bornkamm / Tolkmitt,* in: Langen / Bunte, Kartellrecht, Band 1, § 33g GWB, Rn. 54.

560 *Bornkamm / Tolkmitt,* in: Langen / Bunte, Kartellrecht, Band 1, § 33g GWB, Rn. 25.

561 EuGH, 14.06.2011, Rs. C-360/09, ECLI:EU:C:2011:389, Pfleiderer AG / Bundeskartellamt.

562 EuGH, 06.06.2013, Rs. C-536/11, ECLI:EU:C:2013:366, Bundeswettbewerbsbehörde / Donau Chemie AG u. a.

563 EuGH, 14.06.2011, Rs. C-360/09, ECLI:EU:C:2011:389, Pfleiderer AG / Bundeskartellamt.

564 EuGH, 06.06.2013, Rs. C-536/11, ECLI:EU:C:2013:366, Bundeswettbewerbsbehörde / Donau Chemie AG u. a.

565 EuGH, 27.02.2014, Rs. C-365/12 P, ECLI:EU:C:2014:112, Europäische Kommission / EnBW Energie Baden-Württemberg AG.

566 EuGH, 14.06.2011, Rs. C-360/09, ECLI:EU:C:2011:389, Pfleiderer AG / Bundeskartellamt.

567 EuGH, 14.06.2011, Rs. C-360/09, ECLI:EU:C:2011:389, Pfleiderer AG / Bundeskartellamt.

die VO Nr. 1/2003[568] es nicht verbieten würden, dass eine Person, die durch einen Verstoß gegen das Wettbewerbsrecht der Union geschädigt wurde und die deswegen Schadensersatz verlangt, Zugang zu den den Urheber dieses Verstoßes betreffenden Dokumenten eines Kronzeugenverfahrens erhält.[569]

Da eine verbindliche unionsrechtliche Regelung nicht vorliege, obliege es den Mitgliedstaaten, „die nationalen Vorschriften über den Zugang von Kartellgeschädigten zu Dokumenten, die Kronzeugenverfahren betreffen, zu erlassen und anzuwenden“[570].[571] Unter welchen Voraussetzungen dieser Zugang zu den Dokumenten zu gewähren sei, müssten die Gerichte der Mitgliedstaaten, „auf der Grundlage des jeweiligen nationalen Rechts unter Abwägung der unionsrechtlich geschützten Interessen [...] bestimmen“[572].[573]

Sofern ein Antrag auf Zugang zu Dokumenten eines Kronzeugenprogramms von einer Person gestellt werde, die Schadensersatz von einem Kronzeugen verlangt, sei bei der Prüfung des Antrags zu berücksichtigten, „dass die anwendbaren nationalen Rechtsvorschriften nicht weniger günstig als die für ähnliche innerstaatliche Rechtsbehelfe geltenden und nicht so ausgestaltet sind, dass sie die Erlangung eines Schadensersatzes praktisch unmöglich

568 Verordnung (EG) Nr. 1/2003 des Rates vom 16. Dezember 2002 zur Durchführung der in den Artikeln 81 und 82 des Vertrags niedergelegten Wettbewerbsregeln (ABl. L 1/1 vom 4.1.2003).

569 EuGH, 14.06.2011, Rs. C-360/09, ECLI:EU:C:2011:389, Rz. 32 – Pfleiderer AG / Bundeskartellamt.

570 EuGH, 14.06.2011, Rs. C-360/09, ECLI:EU:C:2011:389, Rz. 23 – Pfleiderer AG / Bundeskartellamt.

571 EuGH, 14.06.2011, Rs. C-360/09, ECLI:EU:C:2011:389, Rz. 23 – Pfleiderer AG / Bundeskartellamt.

572 EuGH, 14.06.2011, Rs. C-360/09, ECLI:EU:C:2011:389, Rz. 32 – Pfleiderer AG / Bundeskartellamt.

573 EuGH, 14.06.2011, Rs. C-360/09, ECLI:EU:C:2011:389, Rz. 32 – Pfleiderer AG / Bundeskartellamt.

machen oder übermäßig erschweren“[574].[575] Darüber hinaus sei bei der Prüfung des Antrags zu berücksichtigen, dass zwischen dem Interesse an der Offenlegung der Informationen einerseits und dem Interesse an dem Schutz dieser von dem Kronzeugen freiwillig übermittelten Informationen andererseits abzuwägen sei.[576]

Die nationalen Gerichte könnten diese Abwägung „im Rahmen des nationalen Rechts nur im Einzelfall und unter Berücksichtigung aller maßgeblichen Gesichtspunkte der Rechtssache vornehmen“[577].[578]

(2) „Donau Chemie-Urteil“[579]

Der EuGH hat im „Donau Chemie-Urteil“[580] entschieden, dass das Unionsrecht und insbesondere der unionsrechtliche Effektivitätsgrundsatz, einer nationalen Bestimmung entgegenstehe, die die Einsichtnahme durch unbeteiligte Dritte als potenzielle Schadensersatzkläger in Dokumente, die in den Akten eines die Anwendung von Art. 101 AEUV betreffenden nationalen Verfahrens enthalten sind und die teilweise auch im Rahmen eines Kronzeugenprogramms übermittelt wurden, allein davon abhängig mache, dass

574 EuGH, 14.06.2011, Rs. C-360/09, ECLI:EU:C:2011:389, Rz. 30 – Pfleiderer AG / Bundeskartellamt.

575 EuGH, 14.06.2011, Rs. C-360/09, ECLI:EU:C:2011:389, Rz. 30 – Pfleiderer AG / Bundeskartellamt.

576 EuGH, 14.06.2011, Rs. C-360/09, ECLI:EU:C:2011:389, Rz. 30 – Pfleiderer AG / Bundeskartellamt.

577 EuGH, 14.06.2011, Rs. C-360/09, ECLI:EU:C:2011:389, Rz. 31 – Pfleiderer AG / Bundeskartellamt.

578 EuGH, 14.06.2011, Rs. C-360/09, ECLI:EU:C:2011:389, Rz. 31 – Pfleiderer AG / Bundeskartellamt.

579 EuGH, 06.06.2013, Rs. C-536/11, ECLI:EU:C:2013:366, Bundeswettbewerbsbehörde / Donau Chemie AG u. a.

580 EuGH, 06.06.2013, Rs. C-536/11, ECLI:EU:C:2013:366, Bundeswettbewerbsbehörde / Donau Chemie AG u. a.

sämtliche Parteien der Einsichtnahme zustimmen, ohne dass dem nationalen Gericht eine Interessenabwägung möglich wäre.[581]

Das Urteil „Donau Chemie“[582] schließt sich an das „Pfleiderer-Urteil“[583] an.[584] Die Notwendigkeit der im „Pfleiderer-Urteil“[585] aufgezeigten Abwägung begründet das „Donau Chemie-Urteil“[586] damit, dass vor allem im Wettbewerbsrecht starre gesetzliche Regelungen, die entweder den Zugang zu Dokumenten vollständig verweigern oder aber den Zugang zu Dokumenten allgemein gewähren, die Anwendung von Art. 101 AEUV und der durch Art. 101 AEUV dem Einzelnen verliehenen Rechte beeinträchtigen können.[587]

Denn einerseits könne eine generelle Verweigerung des Zugangs zu jeglichen Dokumenten des wettbewerbsrechtlichen Verfahrens den (vermeintlichen) Geschädigten die Wiedergutmachung vereiteln oder zumindest behindern.[588] Dies sei insbesondere dann der Fall, wenn den (vermeintlichen) Geschädigten nur durch eine Einsichtnahme in die Akten der nationalen Wettbewerbsbehörde ermöglicht wird, die notwendigen Beweise zur Be-

---

581 EuGH, 06.06.2013, Rs. C-536/11, ECLI:EU:C:2013:366, Rz. 49 – Bundeswettbewerbsbehörde / Donau Chemie AG u. a.

582 EuGH, 06.06.2013, Rs. C-536/11, ECLI:EU:C:2013:366, Bundeswettbewerbsbehörde / Donau Chemie AG u. a.

583 EuGH, 14.06.2011, Rs. C-360/09, ECLI:EU:C:2011:389, Pfleiderer AG / Bundeskartellamt.

584 Vgl. EuGH, 06.06.2013, Rs. C-536/11, ECLI:EU:C:2013:366, Rz. 30 – Bundeswettbewerbsbehörde / Donau Chemie AG u. a.

585 EuGH, 14.06.2011, Rs. C-360/09, ECLI:EU:C:2011:389, Pfleiderer AG / Bundeskartellamt.

586 EuGH, 06.06.2013, Rs. C-536/11, ECLI:EU:C:2013:366, Bundeswettbewerbsbehörde / Donau Chemie AG u. a.

587 EuGH, 06.06.2013, Rs. C-536/11, ECLI:EU:C:2013:366, Rz. 30 f. – Bundeswettbewerbsbehörde / Donau Chemie AG u. a.

588 EuGH, 06.06.2013, Rs. C-536/11, ECLI:EU:C:2013:366, Rz. 32 – Bundeswettbewerbsbehörde / Donau Chemie AG u. a.

gründung ihres Kartellschadensersatzanspruchs zu erlangen.[589] Sofern die (vermeintlichen) Geschädigten nicht auf andere Art und Weise Beweise für die Begründung ihres Kartellschadensersatzanspruchs erlangen könnten, würde mit der Verweigerung der Einsicht in die Akten der nationalen Wettbewerbsbehörde zugleich ihr unmittelbar aus Unionsrecht hergeleitetes Recht auf Schadensersatz leerlaufen.[590]

Andererseits sei ein genereller Zugang zu sämtlichen zu einem wettbewerbsrechtlichen Verfahren gehörenden Schriftstücken auch nicht erforderlich, um das Recht auf Kartellschadensersatz wirksam zu schützen.[591] Denn es sei wenig wahrscheinlich, dass die intendierte Kartellschadensersatzklage auf die Gesamtheit der wettbewerbsbehördlichen Akte gestützt werden müsse. Eine solche Regelung, die den generellen Zugang gewähre, könne die Verletzung anderer Unionsrechte bedingen, wie etwa dem Recht auf Wahrung des Berufs- oder Geschäftsgeheimnisses oder dem Recht auf Schutz personenbezogener Daten.[592] Darüber hinaus könne ein genereller Zugang auch für die im öffentlichen Interesse stehende Ahndung wettbewerbsrechtlicher Zuwiderhandlungen schädlich sein.[593] Denn ein genereller Zugang könne diejenigen, die an einem Verstoß gegen Art. 101, 102 AEUV beteiligt waren, von einer Kooperation mit den Wettbewerbsbehörden abhalten.[594]

---

589 EuGH, 06.06.2013, Rs. C-536/11, ECLI:EU:C:2013:366, Rz. 32 – Bundeswettbewerbsbehörde / Donau Chemie AG u. a.

590 EuGH, 06.06.2013, Rs. C-536/11, ECLI:EU:C:2013:366, Rz. 32 – Bundeswettbewerbsbehörde / Donau Chemie AG u. a.

591 EuGH, 06.06.2013, Rs. C-536/11, ECLI:EU:C:2013:366, Rz. 33 – Bundeswettbewerbsbehörde / Donau Chemie AG u. a.

592 EuGH, 06.06.2013, Rs. C-536/11, ECLI:EU:C:2013:366, Rz. 33 – Bundeswettbewerbsbehörde / Donau Chemie AG u. a.

593 EuGH, 06.06.2013, Rs. C-536/11, ECLI:EU:C:2013:366, Rz. 33 – Bundeswettbewerbsbehörde / Donau Chemie AG u. a.

594 EuGH, 06.06.2013, Rs. C-536/11, ECLI:EU:C:2013:366, Rz. 33 – Bundeswettbewerbsbehörde / Donau Chemie AG u. a.

Aus diesen Gründen müssten die nationalen Gerichte, wie der EuGH im „Pfleiderer-Urteil“[595] bereits klargestellt habe, das Interesse an der Offenlegung der Informationen mit dem Interesse an der Geheimhaltung der Informationen im Rahmen des nationalen Rechts im Einzelfall und unter Berücksichtigung aller maßgeblichen Aspekte abwägen.[596]

Dabei sei zu berücksichtigen, dass diese Abwägung zwar im Rahmen des nationalen Rechts vorgenommen werden müsse.[597] Jedoch dürfe das nationale Recht nicht so beschaffen sein, dass es dem nationalen Gericht die Möglichkeit einer Abwägung im Einzelfall generell nehme.[598]

Wegen der Bedeutung von Kartellschadensersatzklagen für die Wirksamkeit des Wettbewerbs in der Union sei der pauschale Verweis auf eine Gefahr der Beeinträchtigung des Kronzeugenprogramms nicht ausreichend, um den Zugang zu den Kronzeugenanträgen zu verhindern.[599] Vielmehr müsse die Verweigerung der Einsichtnahme hinsichtlich jeden einzelnen Dokuments auf einen zwingenden Grund gestützt werden, weil die Verweigerung der Einsichtnahme die Erhebung von Schadensersatzklagen verhindern könnte und sich die Unternehmen auf diese Art und Weise neben einem möglicherweise gewährten vollständigen oder teilweisen Geldbußenerlass auch noch ihrer Verpflichtung zur Zahlung von Schadensersatz an die Geschädigten wegen des Verstoßes gegen Art. 101 AEUV entziehen könnten.[600] Der Zugang

---

595 EuGH, 14.06.2011, Rs. C-360/09, ECLI:EU:C:2011:389, Pfleiderer AG / Bundeskartellamt.

596 EuGH, 06.06.2013, Rs. C-536/11, ECLI:EU:C:2013:366, Rz. 34 – Bundeswettbewerbsbehörde / Donau Chemie AG u. a.

597 EuGH, 06.06.2013, Rs. C-536/11, ECLI:EU:C:2013:366, Rz. 35 – Bundeswettbewerbsbehörde / Donau Chemie AG u. a.

598 EuGH, 06.06.2013, Rs. C-536/11, ECLI:EU:C:2013:366, Rz. 35 – Bundeswettbewerbsbehörde / Donau Chemie AG u. a.

599 EuGH, 06.06.2013, Rs. C-536/11, ECLI:EU:C:2013:366, Rz. 46 – Bundeswettbewerbsbehörde / Donau Chemie AG u. a.

600 EuGH, 06.06.2013, Rs. C-536/11, ECLI:EU:C:2013:366, Rz. 47 – Bundeswettbewerbsbehörde / Donau Chemie AG u. a.

zu einem bestimmten Schriftstück könne nur verweigert werden, wenn die konkrete Gefahr bestehe, dass der Zugang zu diesem Schriftstück „das öffentliche Interesse an der Wirksamkeit des nationalen Kronzeugenprogramms beeinträchtigen könnte“[601].[602]

(3) „EnBW-Urteil“[603]

Der EuGH hat im „EnBW-Urteil“[604] über einen auf die Transparenzverordnung[605] (im Folgenden: „VO Nr. 1049/2001“) gestützten Antrag auf Zugang zu Akten der Europäischen Kommission entschieden.[606]

Nach dem EuGH solle die VO Nr. 1049/2001 „der Öffentlichkeit das Recht auf größtmöglichen Zugang zu den Dokumenten der Organe gewähren“[607].[608] Jedoch unterliege dieses Zugangsrecht ausweislich der Ausnahmeregelung in Art. 4 VO Nr. 1049/2001 wegen öffentlicher und privater Inter-

---

601 EuGH, 06.06.2013, Rs. C-536/11, ECLI:EU:C:2013:366, Rz. 48 – Bundeswettbewerbsbehörde / Donau Chemie AG u. a.

602 EuGH, 06.06.2013, Rs. C-536/11, ECLI:EU:C:2013:366, Rz. 48 – Bundeswettbewerbsbehörde / Donau Chemie AG u. a.

603 EuGH, 27.02.2014, Rs. C-365/12 P, ECLI:EU:C:2014:112, Europäische Kommission / EnBW Energie Baden-Württemberg AG.

604 EuGH, 27.02.2014, Rs. C-365/12 P, ECLI:EU:C:2014:112, Europäische Kommission / EnBW Energie Baden-Württemberg AG.

605 Verordnung (EG) Nr. 1049/2001 des Europäischen Parlaments und des Rates vom 30. Mai 2001 über den Zugang der Öffentlichkeit zu Dokumenten des Europäischen Parlaments, des Rates und der Kommission (ABl. L 145/43 vom 31.5.2001).

606 EuGH, 27.02.2014, Rs. C-365/12 P, ECLI:EU:C:2014:112, Europäische Kommission / EnBW Energie Baden-Württemberg AG.

607 EuGH, 27.02.2014, Rs. C-365/12 P, ECLI:EU:C:2014:112, Rz. 61 – Europäische Kommission / EnBW Energie Baden-Württemberg AG.

608 EuGH, 27.02.2014, Rs. C-365/12 P, ECLI:EU:C:2014:112, Rz. 61 – Europäische Kommission / EnBW Energie Baden-Württemberg AG.

essen einer Schranke.[609] Die Ausnahmeregelung in Art. 4 VO Nr. 1049/2001 beruhe auf einer Abwägung der widerstreitenden Interessen im Einzelfall.[610]

Es genüge nach gefestigter Rechtsprechung für eine Zugangsverweigerung grundsätzlich nicht, dass das begehrte Dokument im Zusammenhang mit den in Art. 4 Abs. 2, 3 VO Nr. 1049/2001 aufgeführten Tätigkeiten stehe.[611] Vielmehr müsse das Organ, zu dessen Dokument Zugang begehrt wird, „auch erläutern, inwiefern der Zugang zu diesem Dokument das Interesse, das durch eine Ausnahme nach diesem Artikel geschützt wird, konkret und tatsächlich beeinträchtigen könnte“[612].[613]

Jedoch stehe es dem betreffenden Organ frei, für bestimmte Dokumentenkategorien allgemein geltende Vermutungen als Begründung anzuführen.[614] Denn für Anträge auf Zugang zu Dokumenten gleicher Art könnten „vergleichbare allgemeine Erwägungen gelten“[615].[616]

---

609 EuGH, 27.02.2014, Rs. C-365/12 P, ECLI:EU:C:2014:112, Rz. 61 – Europäische Kommission / EnBW Energie Baden-Württemberg AG.

610 EuGH, 27.02.2014, Rs. C-365/12 P, ECLI:EU:C:2014:112, Rz. 63 – Europäische Kommission / EnBW Energie Baden-Württemberg AG.

611 EuGH, 27.02.2014, Rs. C-365/12 P, ECLI:EU:C:2014:112, Rz. 64 – Europäische Kommission / EnBW Energie Baden-Württemberg AG.

612 EuGH, 27.02.2014, Rs. C-365/12 P, ECLI:EU:C:2014:112, Rz. 64 – Europäische Kommission / EnBW Energie Baden-Württemberg AG.

613 EuGH, 27.02.2014, Rs. C-365/12 P, ECLI:EU:C:2014:112, Rz. 64 – Europäische Kommission / EnBW Energie Baden-Württemberg AG.

614 EuGH, 27.02.2014, Rs. C-365/12 P, ECLI:EU:C:2014:112, Rz. 65 – Europäische Kommission / EnBW Energie Baden-Württemberg AG.

615 EuGH, 27.02.2014, Rs. C-365/12 P, ECLI:EU:C:2014:112, Rz. 65 – Europäische Kommission / EnBW Energie Baden-Württemberg AG.

616 EuGH, 27.02.2014, Rs. C-365/12 P, ECLI:EU:C:2014:112, Rz. 65 – Europäische Kommission / EnBW Energie Baden-Württemberg AG.

Diese Vermutung bestehe auch für Verfahren nach Art. 81 EGV (jetzt: Art. 101 AEUV).[617] Bei der Anwendung des Art. 4 Abs. 2 erster und dritter Gedankenstrich VO Nr. 1049/2001 sei die Europäische Kommission „ohne konkrete und individuelle Prüfung jedes einzelnen Dokuments der Akte eines Verfahrens nach Art. 81 EGV [(jetzt: Art. 101 AEUV)] zu der Annahme berechtigt, dass die Verbreitung dieser Dokumente grundsätzlich den Schutz der geschäftlichen Interessen der an einem solchen Verfahren beteiligten Unternehmen und den Schutz des Zwecks der Untersuchungstätigkeiten im Zusammenhang mit diesem Verfahren beeinträchtigt“[618].[619]

Jedoch kann diese Vermutung für ein bestimmtes Dokument widerlegt werden oder ein überwiegendes öffentliches Interesse gemäß Art. 4 Abs. 2 VO Nr. 1049/2001 nachgewiesen werden.[620] Mithin müsse jeder, der Schadensersatz wegen eines Verstoßes gegen Art. 81 EGV (jetzt: Art. 101 AEUV) begehrt, nachweisen, dass für ihn der Zugang zu einem bestimmten Dokument der Akte der Europäischen Kommission notwendig sei.[621] Erst dann kann die Europäische Kommission die Interessen, die für und gegen den Zugang zu dem jeweiligen Dokument sprechen, im Einzelfall unter Berücksichtigung aller maßgeblichen Aspekte des Falls abwägen.[622]

617 EuGH, 27.02.2014, Rs. C-365/12 P, ECLI:EU:C:2014:112, Rz. 92 – Europäische Kommission / EnBW Energie Baden-Württemberg AG.

618 EuGH, 27.02.2014, Rs. C-365/12 P, ECLI:EU:C:2014:112, Rz. 93 – Europäische Kommission / EnBW Energie Baden-Württemberg AG.

619 EuGH, 27.02.2014, Rs. C-365/12 P, ECLI:EU:C:2014:112, Rz. 93 – Europäische Kommission / EnBW Energie Baden-Württemberg AG.

620 EuGH, 27.02.2014, Rs. C-365/12 P, ECLI:EU:C:2014:112, Rz. 100 – Europäische Kommission / EnBW Energie Baden-Württemberg AG.

621 EuGH, 27.02.2014, Rs. C-365/12 P, ECLI:EU:C:2014:112, Rz. 107 – Europäische Kommission / EnBW Energie Baden-Württemberg AG.

622 EuGH, 27.02.2014, Rs. C-365/12 P, ECLI:EU:C:2014:112, Rz. 107 – Europäische Kommission / EnBW Energie Baden-Württemberg AG.

(4) Stellungnahme

Diese Rechtsprechung des EuGH[623], die vor Erlass der Kartellschadensersatzrichtlinie ergangenen ist, unterscheidet sich grundlegend von der Regelung der Kartellschadensersatzrichtlinie in Art. 6 Abs. 6 SE-RL.

Denn der EuGH schließt sowohl in dem „Pfleiderer-Urteil"[624], als auch dem „Donau Chemie-Urteil"[625] und dem „EnBW-Urteil"[626] nicht generell Dokumente aus der wettbewerbsbehördlichen Akte von der Offenlegung aus. Auch Kronzeugenerklärungen und Vergleichsausführungen werden nach dem „Pfleiderer-Urteil"[627], dem „Donau Chemie-Urteil"[628] und dem „EnBW-Urteil"[629] nicht generell von der Offenlegung ausgenommen. Vielmehr ist

623 EuGH, 14.06.2011, Rs. C-360/09, ECLI:EU:C:2011:389, Pfleiderer AG / Bundeskartellamt; EuGH, 06.06.2013, Rs. C-536/11, ECLI:EU:C:2013:366, Bundeswettbewerbsbehörde / Donau Chemie AG u. a.; EuGH, 27.02.2014, Rs. C-365/12 P, ECLI:EU:C:2014:112, Europäische Kommission / EnBW Energie Baden-Württemberg AG.

624 EuGH, 14.06.2011, Rs. C-360/09, ECLI:EU:C:2011:389, Pfleiderer AG / Bundeskartellamt.

625 EuGH, 06.06.2013, Rs. C-536/11, ECLI:EU:C:2013:366, Bundeswettbewerbsbehörde / Donau Chemie AG u. a.

626 EuGH, 27.02.2014, Rs. C-365/12 P, ECLI:EU:C:2014:112, Europäische Kommission / EnBW Energie Baden-Württemberg AG.

627 EuGH, 14.06.2011, Rs. C-360/09, ECLI:EU:C:2011:389, Pfleiderer AG / Bundeskartellamt.

628 EuGH, 06.06.2013, Rs. C-536/11, ECLI:EU:C:2013:366, Bundeswettbewerbsbehörde / Donau Chemie AG u. a.

629 EuGH, 27.02.2014, Rs. C-365/12 P, ECLI:EU:C:2014:112, Europäische Kommission / EnBW Energie Baden-Württemberg AG.

den drei Urteilen[630] gemein, dass eine Einzelfallabwägung erforderlich ist. Die Besonderheit des „EnBW-Urteils“[631] ist in diesem Zusammenhang, dass bei einem auf die VO Nr. 1049/2001 gestützten Antrag auf Zugang zu Akten der Europäischen Kommission die Schutzbedürftigkeit der in der Akte enthaltenen Dokumente zunächst widerlegbar vermutet wird. Im Übrigen weist auch die Literatur[632] ausdrücklich darauf hin, dass Art. 6 Abs. 6 SE-RL von dem „Donau Chemie-Urteil“ abweicht.[633]

Der deutsche Gesetzgeber hatte die Entscheidung des Unionsgesetzgebers in Art. 6 Abs. 6 SE-RL jedoch hinzunehmen[634] und war verpflichtet[635] die Kartellschadensersatzrichtlinie umzusetzen. Daher stellte sich für den deutschen Gesetzgeber die Frage der Primärrechtswidrigkeit von Art. 6 Abs. 6 SE-RL nicht. Es ließe sich jedoch gut vertreten, dass die Entscheidung des Unionsgesetzgebers in Art. 6 Abs. 6 SE-RL nicht primärrechtswidrig ist, sondern sich der Unionsgesetzgeber bewusst von der Rechtsprechung des EuGH zur Offenlegung von Beweismitteln im „Pfleiderer-Urteil“[636], „Donau Chemie-

630 EuGH, 14.06.2011, Rs. C-360/09, ECLI:EU:C:2011:389, Pfleiderer AG / Bundeskartellamt; EuGH, 06.06.2013, Rs. C-536/11, ECLI:EU:C:2013:366, Bundeswettbewerbsbehörde / Donau Chemie AG u. a.; EuGH, 27.02.2014, Rs. C-365/12 P, ECLI:EU:C:2014:112, Europäische Kommission / EnBW Energie Baden-Württemberg AG.

631 EuGH, 27.02.2014, Rs. C-365/12 P, ECLI:EU:C:2014:112, Europäische Kommission / EnBW Energie Baden-Württemberg AG.

632 *Ollerdißen,* in: Wiedemann, Handbuch des Kartellrechts, § 61, Rn. 97.

633 *Ollerdißen,* in: Wiedemann, Handbuch des Kartellrechts, § 61, Rn. 97.

634 *Bornkamm / Tolkmitt,* in: Langen / Bunte, Kartellrecht, Band 1, § 33g GWB, Rn. 54.

635 *Makatsch / Kacholdt,* in: MüKo, WettbR, Band 2, § 33g GWB, Rn. 118; Stellungnahme, Podszun, Ausschuss-Drs. 18(9)1092, S. 21.

636 EuGH, 14.06.2011, Rs. C-360/09, ECLI:EU:C:2011:389, Pfleiderer AG / Bundeskartellamt.

Urteil"[637] und „EnBW-Urteil"[638] getrennt hat, um im Rahmen seines gesetzgeberischen Beurteilungsspielraums eine andere Entscheidung als der EuGH zu treffen.

cc) Absoluter Ausschlussgrund: Kronzeugenerklärungen und Vergleichsausführungen, § 33g Abs. 4 GWB

§ 33g Abs. 4 GWB stellt einen absoluten Ausschlussgrund dar.[639] Die Herausgabe von Kronzeugenerklärungen und Vergleichsausführungen ist absolut ausgeschlossen.[640] Das bedeutet, dass dieser Ausschlussgrund im Gegensatz zum relativen Ausschlussgrund gemäß § 33g Abs. 3 GWB keiner Abwägung zugänglich ist und im Gegensatz zum temporären Ausschlussgrund gemäß § 33g Abs. 5 GWB auch zeitlich nicht begrenzt ist.

§ 33g Abs. 4 GWB setzt Art. 6 Abs. 6 SE-RL[641] um und räumt dem Kronzeugenprogramm absoluten Vorrang gegenüber der privaten Durchsetzung des Kartellrechts (private enforcement) ein.[642] Die Begriffe Kronzeugenerklärung und Vergleichsausführungen werden in § 33g Abs. 4 GWB legal-

637 EuGH, 06.06.2013, Rs. C-536/11, ECLI:EU:C:2013:366, Bundeswettbewerbsbehörde / Donau Chemie AG u. a.

638 EuGH, 27.02.2014, Rs. C-365/12 P, ECLI:EU:C:2014:112, Europäische Kommission / EnBW Energie Baden-Württemberg AG.

639 *Bornkamm / Tolkmitt,* in: Langen / Bunte, Kartellrecht, Band 1, § 33g GWB, Rn. 48.

640 *Bornkamm / Tolkmitt,* in: Langen / Bunte, Kartellrecht, Band 1, § 33g GWB, Rn. 48; *Mäsch,* in: Berg / Mäsch, Deutsches und Europäisches Kartellrecht, § 33g GWB, Rn. 23.

641 *Preuß,* in: Kersting / Podszun, Die 9. GWB-Novelle, Kapitel 10., Rn. 45; *Preuß,* in: LMRKM, Kartellrecht, § 33g GWB, Rn. 99.

642 *Bornkamm / Tolkmitt,* in: Langen / Bunte, Kartellrecht, Band 1, § 33g GWB, Rn. 48.

definiert und entsprechen den Bestimmungen gemäß Art. 2 Nr. 16[643] und Nr. 18 SE-RL[644].[645]

Gemäß § 33g Abs. 4 GWB ist nicht nur die Erklärung selbst von der Herausgabe ausgeschlossen, sondern „alle Dokumente und Aufzeichnungen, die diese Erklärungen ganz oder teilweise enthalten“[646].[647] Unter Berücksichtigung des Erwägungsgrunds 26 SE-RL ergibt eine richtlinienkonforme Auslegung, dass Aufzeichnungen im Sinne von § 33g Abs. 4 GWB wörtliche Zitate aus Kronzeugenerklärung oder Vergleichsausführungen sind, die in anderen Unterlagen enthalten sind.[648] § 33g Abs. 4 S. 1 GWB nennt als Beispiel für Aufzeichnungen im Sinne von § 33g Abs. 4 GWB Protokolle über den Inhalt einer Vernehmung im wettbewerbsbehördlichen Verfahren.[649]

Grundsätzlich verfolgt die Kartellschadensersatzrichtlinie zwar das Ziel die private Durchsetzung des Kartellrechts (private enforcement) zu verbessern.[650] Eine Stärkung der privaten Durchsetzung des Kartellrechts (private enforcement) birgt jedoch die Gefahr des Rückgangs von Kronzeugenanträ-

---

643 *Makatsch / Kacholdt*, in: MüKo, WettbR, Band 2, § 33g GWB, Rn. 106; *Preuß*, in: LMRKM, Kartellrecht, § 33g GWB, Rn. 99.

644 *Makatsch / Kacholdt*, in: MüKo, WettbR, Band 2, § 33g GWB, Rn. 109; *Preuß*, in: LMRKM, Kartellrecht, § 33g GWB, Rn. 99.

645 Regierungsbegründung, BT-Drs. 18/10207, S. 63; *Bornkamm / Tolkmitt*, in: Langen / Bunte, Kartellrecht, Band 1, § 33g GWB, Rn. 49 f.; *Mäsch*, in: Berg / Mäsch, Deutsches und Europäisches Kartellrecht, § 33g GWB, Rn. 23.

646 *Bornkamm / Tolkmitt*, in: Langen / Bunte, Kartellrecht, Band 1, § 33g GWB, Rn. 51.

647 *Bornkamm / Tolkmitt*, in: Langen / Bunte, Kartellrecht, Band 1, § 33g GWB, Rn. 51; *Preuß*, in: LMRKM, Kartellrecht, § 33g GWB, Rn. 100.

648 *Bornkamm / Tolkmitt*, in: Langen / Bunte, Kartellrecht, Band 1, § 33g GWB, Rn. 51; *Preuß*, in: LMRKM, Kartellrecht, § 33g GWB, Rn. 100.

649 *Bornkamm / Tolkmitt*, in: Langen / Bunte, Kartellrecht, Band 1, § 33g GWB, Rn. 51.

650 Siehe Erwägungsgrund 7 f., 54 der Kartellschadensersatzrichtlinie. Vgl. auch *Mäsch*, in: Berg / Mäsch, Deutsches und Europäisches Kartellrecht, § 33g GWB, Rn. 24.

gen, die für die öffentliche Kartellrechtsdurchsetzung (public enforcement) von großer Bedeutung sind.[651] Um die Attraktivität von Kronzeugenerklärungen zu wahren und die Effektivität der öffentlichen Durchsetzung des Kartellrechts (public enforcement) sicherzustellen, hat der Unionsgesetzgeber gemäß Art. 6 Abs. 6 SE-RL Kronzeugenerklärungen und Vergleichsausführungen von der Offenlegung generell ausgenommen.[652]

Das Bundeskartellamt ist der Ansicht, dass die Vorgaben der Kartellschadensersatzrichtlinie zum Schutz von Kronzeugenerklärungen und Vergleichsausführungen richtlinienkonform umgesetzt werden.[653] Es sei weiterhin gewährleistet, dass die Kommunikation zwischen Kronzeugen und Kartellbehörden vertraulich ist.[654] Die Vertraulichkeit sei für das Funktionieren des Kronzeugenprogramms wesentlich und notwendig.[655]

---

651 Siehe Erwägungsgrund 23, 26 der Kartellschadensersatzrichtlinie; *Mäsch*, in: Berg / Mäsch, Deutsches und Europäisches Kartellrecht, § 33g GWB, Rn. 24.

652 Siehe Erwägungsgrund 23, 26 der Kartellschadensersatzrichtlinie; *Mäsch*, in: Berg / Mäsch, Deutsches und Europäisches Kartellrecht, § 33g GWB, Rn. 24; *Preuß*, in: LMRKM, Kartellrecht, § 33g GWB, Rn. 103.

653 Stellungnahme, Bundeskartellamt, Ausschuss-Drs. 18(9)1093, S. 26.

654 Stellungnahme, Bundeskartellamt, Ausschuss-Drs. 18(9)1093, S. 26.

655 Stellungnahme, Bundeskartellamt, Ausschuss-Drs. 18(9)1093, S. 26.

dd) Temporärer Ausschlussgrund: Kartellverfahrensrechtliche Dokumente, § 33g Abs. 5 GWB

Mit § 33g Abs. 5 GWB wird Art. 6 Abs. 5 SE-RL umgesetzt.[656] § 33g Abs. 5 GWB stellt einen temporären Ausschlussgrund dar.[657] Die in § 33g Abs. 5 GWB bezeichneten Beweismittel und Informationen sind bis zum vollständigen Abschluss des wettbewerbsbehördlichen Verfahrens von der Offenlegung ausgeschlossen.[658] Die Regelung des § 33g Abs. 5 GWB dient dem Schutz des wettbewerbsbehördlichen Verfahrens, das heißt dem Schutz der laufenden Ermittlungen der Wettbewerbsbehörde.[659]

Ausweislich der Regierungsbegründung[660] ist in Deutschland das behördliche Bußgeldverfahren in dem Zeitpunkt abgeschlossen, in dem gegen sämtliche Betroffene und Nebenbetroffene eines Bußgeldverfahrens das Verfahren eingestellt worden ist, ein Bußgeldbescheid oder eine sonstige abschließende Entscheidung ergangen ist.[661]

---

656 *Bornkamm / Tolkmitt,* in: Langen / Bunte, Kartellrecht, Band 1, § 33g GWB, Rn. 55; *Inderst / Thomas,* in: Inderst / Thomas, Schadensersatz bei Kartellverstößen, S. 505; *Preuß,* in: Kersting / Podszun, Die 9. GWB-Novelle, Kapitel 10., Rn. 53.

657 *Mäsch,* in: Berg / Mäsch, Deutsches und Europäisches Kartellrecht, § 33g GWB, Rn. 21; *Preuß,* in: Kersting / Podszun, Die 9. GWB-Novelle, Kapitel 10., Rn. 53.

658 *Bornkamm / Tolkmitt,* in: Langen / Bunte, Kartellrecht, Band 1, § 33g GWB, Rn. 55; *Mäsch,* in: Berg / Mäsch, Deutsches und Europäisches Kartellrecht, § 33g GWB, Rn. 21.

659 Siehe Erwägungsgrund 25 der Kartellschadensersatzrichtlinie; Regierungsbegründung, BT-Drs. 18/10207, S. 64; *Bornkamm / Tolkmitt,* in: Langen / Bunte, Kartellrecht, Band 1, § 33g GWB, Rn. 55; *Preuß,* in: Kersting / Podszun, Die 9. GWB-Novelle, Kapitel 10., Rn. 53.

660 Regierungsbegründung, BT-Drs. 18/10207, S. 64.

661 Regierungsbegründung, BT-Drs. 18/10207, S. 64.

c) Vergleichbare Regelungen im Informationsfreiheitsgesetz (IFG)

Die Ausschlussgründe des § 33g GWB haben einen ähnlichen Regelungszweck wie diejenigen Belange, die einem Anspruch auf Zugang zu amtlichen Informationen nach dem Informationsfreiheitsgesetz (IFG) entgegenstehen können. Daher ist es der deutschen Rechtsordnung nicht neu, dass diese Belange geschützt werden, indem sie einem Informationsbegehren entgegenstehen können.

Der Regelungszweck von § 33g Abs. 4 GWB und § 33g Abs. 5 GWB ist vergleichbar mit dem Regelungszweck der §§ 3, 4 IFG. Denn sowohl § 33g Abs. 4, 5 GWB als auch §§ 3, 4 IFG dienen dem Schutz von öffentlichen Belangen sowie dem Schutz des behördlichen Entscheidungsprozesses. Der Regelungszeck von § 33g Abs. 3 GWB ist vergleichbar mit dem Regelungszweck der §§ 5, 6 IFG. Denn sowohl § 33g Abs. 3 GWB als auch §§ 5, 6 IFG dienen dem Schutz von Betriebs- und Geschäftsgeheimnissen und von sonstigen vertraulichen Informationen.

3. Herausgabeverweigerungsrechte des Offenlegungsanspruchs

Sofern die positiven Anspruchsvoraussetzungen des Offenlegungsanspruchs vorliegen und kein Ausschlussgrund vorliegt, kann der Anspruchsgegner die Herausgabe des Beweismittels bei Vorliegen eines Herausgabeverweigerungsrechts gemäß § 33g Abs. 6 GWB verweigern. Das bedeutet, dass das Berufen auf ein Herausgabeverweigerungsrecht erst dann Bedeutung erlangt beziehungsweise sich erst dann auswirkt, wenn kein Ausschlussgrund vorliegt.[662]

Um die Herausgabe von Beweismitteln verweigern zu können, müssen die Voraussetzungen gemäß § 33g Abs. 6 GWB vorliegen.[663] Die Ver-

662 *Preuß*, in: Kersting / Podszun, Die 9. GWB-Novelle, Kapitel 10., Rn. 60.

663 *Bornkamm / Tolkmitt*, in: Langen / Bunte, Kartellrecht, Band 1, § 33g GWB, Rn. 57; *Mäsch*, in: Berg / Mäsch, Deutsches und Europäisches Kartellrecht, § 33g GWB, Rn. 31.

weigerungsrechte gemäß § 33g Abs. 6 GWB verweisen auf bestimmte Zeugnisverweigerungsrechte nach der Zivilprozessordnung (ZPO).[664] Gemäß § 33g Abs. 6 GWB kann der zur Offenlegung Verpflichtete die Offenlegung verweigern, wenn er aus persönlichen Gründen gemäß § 383 Abs. 1 Nr. 4 bis 6 ZPO oder aus sachlichen Gründen gemäß § 384 Nr. 3 ZPO in einem Kartellschadensersatzprozess, § 33a Abs. 1 GWB, zur Zeugnisverweigerung berechtigt wäre.[665]

4. Inhalt des Beweismittelherausgabeanspruchs

Fraglich ist, was Inhalt des Anspruchs gemäß § 33g Abs. 1 GWB ist. Nach dem Wortlaut des § 33g Abs. 1 GWB ist dieser auf die Herausgabe von Beweismitteln gerichtet („Wer im Besitz von Beweismitteln ist, [...] ist verpflichtet, sie demjenigen herauszugeben [...]"). Mithin müsste der Anspruchsgegner dem Anspruchsteller unmittelbaren Besitz an den Beweismitteln, also an den Originalen, verschaffen.[666]

Die Herausgabe von Urkunden zum Zweck der Beweisführung stellt kein Novum in der deutschen Rechtsordnung dar.[667] So ist beispielsweise auch § 402 BGB auf die Herausgabe von Urkunden gerichtet.[668] Dies meint, dass

---

664 *Mäsch,* in: Berg / Mäsch, Deutsches und Europäisches Kartellrecht, § 33g GWB, Rn. 31; *Preuß,* in: Kersting / Podszun, Die 9. GWB-Novelle, Kapitel 10., Rn. 58.

665 Bornkamm / Tolkmitt, in: Langen / Bunte, Kartellrecht, Band 1, § 33g GWB, Rn. 57; Preuß, in: Kersting / Podszun, Die 9. GWB-Novelle, Kapitel 10., Rn. 61.

666 *Bornkamm / Tolkmitt,* in: Langen / Bunte, Kartellrecht, Band 1, § 33g GWB, Rn. 22. Vgl. auch *Klumpe / Thiede,* NZKart 2016, 471, 472.

667 *Klumpe / Thiede,* NZKart 2016, 471, 471 f.

668 *Grüneberg,* in: Palandt, BGB, § 402 BGB, Rn. 3; *Klumpe / Thiede,* NZKart 2016, 471, 471 f.

der Anspruchsgegner dem Anspruchsteller gemäß § 402 BGB den Besitz an den Urkunden verschaffen muss.[669]

Gleichwohl ist eine Auslegung des § 33g Abs. 1 GWB zu weit, nach der der Anspruchsgegner dazu verpflichtet ist, dem Anspruchsteller den Besitz an den Urkunden, also den Originalen, zu verschaffen.[670] Denn nach dem ausdrücklichen Willen des Gesetzgebers[671] soll zur Erfüllung des Herausgabeanspruchs gemäß § 33g Abs. 1 GWB in der Regel genügen, wenn anstatt der Herausgabe von Urkunden oder Gegenständen Abschriften oder elektronische Kopien übergeben werden.[672]

Sofern tatsächlich die Vorlage der Urkunde, also die Vorlage der Urkunde im Original, erforderlich sein sollte, kann die Vorlage von Amts wegen, § 142 ZPO, angeordnet werden.[673]

Die zuvor dargestellte Auslegung des Inhalts des Offenlegungsanspruchs gemäß § 33g Abs. 1 GWB findet zwar kaum einen Anhaltspunkt im Wortlaut des § 33g Abs. 1 GWB, der ausdrücklich auf Herausgabe der Beweismittel gerichtet ist. Gleichwohl überzeugt diese Auslegung insofern, als sie

---

669 *Grüneberg,* in: Palandt, BGB, § 402 BGB, Rn. 3; *Klumpe / Thiede,* NZKart 2016, 471, 471 f.

670 *Bornkamm / Tolkmitt,* in: Langen / Bunte, Kartellrecht, Band 1, § 33g GWB, Rn. 22; *Inderst / Thomas,* in: Inderst / Thomas, Schadensersatz bei Kartellverstößen, S. 500; *Makatsch / Kacholdt,* in: MüKo, WettbR, Band 2, § 33g GWB, Rn. 41; *Preuß,* in: Kersting / Podszun, Die 9. GWB-Novelle, Kapitel 10., Rn. 39; *Preuß,* in: LMRKM, Kartellrecht, § 33g GWB, Rn. 32.

671 Regierungsbegründung, BT-Drs. 18/10207, S. 62.

672 *Bornkamm / Tolkmitt,* in: Langen / Bunte, Kartellrecht, Band 1, § 33g GWB, Rn. 22; *Inderst / Thomas,* in: Inderst / Thomas, Schadensersatz bei Kartellverstößen, S. 500; *Preuß,* in: Kersting / Podszun, Die 9. GWB-Novelle, Kapitel 10., Rn. 39.

673 *Bornkamm / Tolkmitt,* in: Langen / Bunte, Kartellrecht, Band 1, § 33g GWB, Rn. 22; *Makatsch / Kacholdt,* in: MüKo, WettbR, Band 2, § 33g GWB, Rn. 41; *Preuß,* in: Kersting / Podszun, Die 9. GWB-Novelle, Kapitel 10., Rn. 39. Vgl. auch Regierungsbegründung, BT-Drs. 18/10207, S. 62.

dem Informationsinteresse des Anspruchsstellers vollkommen genügt[674] und eine Überreichung von Kopien im Gegensatz zur Herausgabe von Urkunden auch praktikabler ist.

Auch bei der Auslegung des Anspruchsinhalts zeigt sich deutlich, dass die Umsetzung von Art. 5 SE-RL durch einen Beweismittelherausgabeanspruch zu Widersprüchen und Brüchen mit überkommenen Grundsätzen des deutschen Zivilrechts führt. Insofern erstaunt schon, dass der Gesetzgeber[675] selbst darlegt, dass § 33g Abs. 1 GWB hinsichtlich des Anspruchsinhalts entgegen seinem ausdrücklichen Wortlaut ausgelegt werden solle. Diese vom Gesetzgeber intendierte Auslegung widerstrebt dem eigentlichen Sinn und Zweck eines Herausgabeanspruchs im Sinne der deutschen Rechtsordnung, sodass diese Auslegung des Anspruchsinhalts verdeutlicht, dass die Umsetzung der Offenlegungsvorschriften der Kartellschadensersatzrichtlinie durch einen Beweismittelherausgabeanspruch nicht angezeigt war.

II. Der Beweismittelherausgabeanspruch gemäß § 33g Abs. 2 GWB

Der (vermeintliche) Schädiger hat sowohl gegen den (vermeintlichen) Geschädigten als auch gegen Dritte einen Beweismittelherausgabeanspruch gemäß § 33g Abs. 2 GWB.

1. Vorgaben der Kartellschadensersatzrichtlinie

Mit dem Offenlegungsanspruch gemäß § 33g Abs. 2 GWB setzt der deutsche Gesetzgeber Art. 5 Abs. 1 S. 2, Abs. 2 SE-RL und Art. 13 S. 2 SE-RL um. Ausweislich des Erwägungsgrundes 15 SE-RL will der Unionsgesetzgeber dem Beklagten im Kartellschadensersatzprozess die Offenlegung von Beweismit-

---

674 *Inderst/Thomas*, in: Inderst/Thomas, Schadensersatz bei Kartellverstößen, S. 500.

675 Regierungsbegründung, BT-Drs. 18/10207, S. 62.

teln ermöglichen, um die „Waffengleichheit“[676] zwischen dem Kläger und dem Beklagten zu wahren.

Mit der Offenlegung von Beweismitteln möchte der Unionsgesetzgeber dem Beklagten eine Verteidigung gegen den Kartellschadensersatzanspruch erleichtern. Nach dem Willen des Unionsgesetzgebers soll dem Beklagten eine Verteidigung gegen einen Kartellschadensersatzanspruch unter anderem auch mit der Einwendung möglich sein, dass der Kläger den sich aus der Zuwiderhandlung gegen das Wettbewerbsrecht ergebenden Preisaufschlag ganz oder teilweise weitergegebenen habe, Art. 13 SE-RL. Allerdings hat sich der Unionsgesetzgeber dafür entschieden, dass der Beklagte für die Weitergabe des Preisaufschlags die Beweislast, Art. 13 S. 2 SE-RL, trägt.

Um diese Beweislastverteilung zu kompensieren und damit die „Waffengleichheit“[677] zu wahren, hat der Unionsgesetzgeber in Art. 13 S. 2 SE-RL ausdrücklich klargestellt, dass nicht nur der Kläger, sondern auch der Beklagte die Offenlegung von Beweismitteln verlangen kann.

2. Vergleich von § 33g Abs. 2 GWB mit § 33g Abs. 1 GWB

Auch für den Beweismittelherausgabeanspruch gemäß § 33g Abs. 2 GWB müssen – wie für den Beweismittelherausgabeanspruch gemäß § 33g Abs. 1 GWB – nicht nur die positiven Anspruchsvoraussetzungen vorliegen. Es dürfen zudem weder absolute noch relative Ausschlussgründe vorliegen. Sofern der Beweismittelherausgabeanspruch, § 33g Abs. 2 GWB, entstanden sein sollte, kann ihm der zur Herausgabe Verpflichtete gegebenenfalls Herausgabeverweigerungsrechte entgegenhalten.

---

676 Siehe Erwägungsgrund 15 der Kartellschadensersatzrichtlinie.

677 Siehe Erwägungsgrund 15 der Kartellschadensersatzrichtlinie.

a) überwiegend ähnliche Anspruchsvoraussetzungen

Die meisten Anspruchsvoraussetzungen des § 33g Abs. 2 GWB gleichen denjenigen des § 33g Abs. 1 GWB. Insofern kann auf die Ausführungen unter Gliederungspunkt D. I. zu den positiven und negativen Voraussetzungen des Beweismittelherausgabeanspruchs gemäß § 33g Abs. 1 GWB verwiesen werden.

Dass der Beweismittelherausgabeanspruch gemäß § 33g Abs. 2 GWB dem Beweismittelherausgabeanspruch gemäß § 33g Abs. 1 GWB hinsichtlich der Anspruchsvoraussetzungen stark ähnelt, hat zur Folge, dass der Beweismittelherausgabeanspruch gemäß § 33g Abs. 2 GWB zum Teil auch diejenigen Probleme aufweist, die der Beweismittelherausgabeanspruch gemäß § 33g Abs. 1 GWB aufweist.

Gleichwohl ergeben sich bei der Anwendung des Beweismittelherausgabeanspruchs gemäß § 33g Abs. 2 GWB weniger Schwierigkeiten als bei der Anwendung des Beweismittelherausgabeanspruchs gemäß § 33g Abs. 1 GWB, insbesondere weil der Beweismittelherausgabeanspruch gemäß § 33g Abs. 2 GWB auf eine „Glaubhaftmachung" des Kartellschadensersatzanspruchs, § 33a Abs. 1 GWB, verzichtet.

b) Gemeinsamkeit von § 33g Abs. 2 GWB und § 33g Abs. 1 GWB

§ 33g Abs. 2 GWB stellt wie § 33g Abs. 1 GWB den Rechtsanwender bei der Bezeichnung der herauszugebenden Beweismittel vor Probleme. Genau wie § 33g Abs. 1 GWB fordert auch § 33g Abs. 2 GWB, dass der Anspruchsteller „die Beweismittel so genau bezeichnet, wie dies auf Grundlage der mit zumutbarem Aufwand zugänglichen Tatsachen möglich ist". Hinsichtlich der Auslegung dieser Anspruchsvoraussetzung ist auf die Ausführungen zu § 33g Abs. 1 GWB unter Gliederungspunkt D. I. 1. b) zu verweisen.

c) Unterschied zwischen § 33g Abs. 2 GWB und § 33g Abs. 1 GWB

Der deutsche Gesetzgeber hat im Gegensatz zu § 33g Abs. 1 GWB bei dem Beweismittelherausgabeanspruch gemäß § 33g Abs. 1 GWB auf die „Glaubhaftmachung" eines Kartellschadenersatzanspruchs, § 33a GWB, als Anspruchsvoraussetzung verzichtet.[678] Daher weist § 33g Abs. 2 GWB im Gegensatz zu § 33g Abs. 1 GWB keinen Bruch mit überkommenen Grundsätzen der deutschen Rechtsordnung auf. Mithin stellt § 33g Abs. 2 GWB im Gegensatz zu § 33g Abs. 1 GWB eine stringente materiellrechtliche Vorschrift dar.

3. „für die Verteidigung gegen einen auf Schadensersatz gerichteten Anspruch nach § 33a Absatz 1 erforderlich"

Der Beweismittelherausgabeanspruch gemäß § 33g Abs. 2 GWB setzt voraus, dass die Beweismittel „für die Verteidigung gegen einen Schadensersatzanspruch gemäß § 33a Abs. 1 GWB erforderlich" sind.

a) „Verteidigung"

„Verteidigung" gegen einen Schadensersatzanspruch gemäß § 33a Abs. 1 GWB meint jeden Vortrag zu Gründen für die nicht wirksame Entstehung, das Erlöschen oder die mangelnde Durchsetzbarkeit eines Schadensersatzanspruch gemäß § 33a Abs. 1 GWB. Zudem meint „Verteidigung" jeden Vortrag zu prozessualen Einreden.[679]

b) „erforderlich"

„Erforderlich" im Sinne von § 33g Abs. 2 GWB ist entsprechend der unter Gliederungspunkt D. I. 1. c) dargestellten Definition des Begriffs „erforder-

---

678 *Inderst / Thomas*, in: Inderst / Thomas, Schadensersatz bei Kartellverstößen, S. 500; *Preuß*, in: LMRKM, Kartellrecht, § 33g GWB, Rn. 71.

679 *Makatsch / Kacholdt*, in: MüKo, WettbR, Band 2, § 33g GWB, Rn. 52.

lich" im Sinne von § 33g Abs. 1 GWB auszulegen.[680] Dies gebietet nicht nur die Einheit der Rechtsordnung, sondern auch die von der Kartellschadensersatzrichtlinie intendierte „Waffengleichheit"[681] zwischen (vermeintlichen) Kartellgeschädigten und (vermeintlichen) Schädigern.[682]

Demnach ist unter Zugrundelegung der unter Gliederungspunkt D. I. 1. c) dargestellten Definition ein Beweismittel für die Verteidigung gegen einen auf Schadensersatz gerichteten Anspruchs nach § 33a Abs. 1 GWB „erforderlich" im Sinne von § 33g Abs. 2 GWB, wenn das Beweismittel für die Beweisführung geeignet ist und für den Anspruchssteller kein anderes, gleichermaßen geeignetes Beweismittel einfacher zugänglich ist.[683] Dabei bleibt es einer Einzelfallprüfung überlassen, welche Beweismittel einfacher zugänglich sind.[684]

4. „Rechtshängigkeit einer anderen Klage"

Für die Offenlegung von Beweismitteln gemäß § 33g Abs. 2 GWB ist Anspruchsvoraussetzung, dass bereits eine Klage auf Herausgabe von Beweismitteln, eine Klage auf Zahlung von Kartellschadensersatz oder eine Klage auf Feststellung eines Kartellschadensersatzanspruchs rechtshängig[685] ist. Demgegenüber setzt der Beweismittelherausgabeanspruch gemäß § 33g Abs. 1 GWB die Rechtshängigkeit einer anderen Klage nicht voraus.[686]

Dass der Beweismittelherausgabeanspruch gemäß § 33g Abs. 2 GWB die Rechtshängigkeit einer anderen Klage voraussetzt, stellt einen sehr be-

680 So auch *Preuß*, in: LMRKM, Kartellrecht, § 33g GWB, Rn. 76.

681 Siehe Erwägungsgrund 15 der Kartellschadensersatzrichtlinie.

682 Siehe Erwägungsgrund 15 der Kartellschadensersatzrichtlinie.

683 LG Hannover, Urteil vom 18.12.2017 – 18 O 8/17, BeckRS 2017, 140329, Rn. 78.

684 LG Hannover, Urteil vom 18.12.2017 – 18 O 8/17, BeckRS 2017, 140329, Rn. 78.

685 *Preuß*, in: LMRKM, Kartellrecht, § 33g GWB, Rn. 70 f.

686 *Preuß*, in: LMRKM, Kartellrecht, § 33g GWB, Rn. 70 f.

deutenden Unterschied zum Beweismittelherausgabeanspruch gemäß § 33g Abs. 1 GWB dar. Denn diese Voraussetzung erschwert dem Anspruchsteller des Beweismittelherausgabeanspruchs gemäß § 33g Abs. 2 GWB das Herausverlangen von Beweismitteln.

a) Rechtshängigkeit als Anspruchsvoraussetzung

Der Beweismittelherausgabeanspruch gemäß § 33g Abs. 2 S. 1 GWB setzt voraus, dass gegen den Anspruchsteller ein Rechtsstreit über einen Beweismittelherausgabeanspruch gemäß § 33g Abs. 1 GWB oder über einen Kartellschadensersatzanspruch gemäß § 33a Abs. 1 GWB rechtshängig ist.[687]

Zwar besteht darüber hinaus auch dann ein Beweismittelherausgabeanspruch gemäß § 33g Abs. 2 S. 1 GWB, wenn der (vermeintliche) Schädiger eine negative Feststellungsklage hinsichtlich eines gegen ihn gerichteten Kartellschadensersatzanspruchs, § 33a Abs. 1 GWB erhebt, § 33g Abs. 2 S. 2 GWB i.V.m. § 33g Abs. 2 S. 1 GWB.[688] Der Beweismittelherausgabeanspruch gemäß § 33g Abs. 2 S. 2 GWB i.V.m. § 33g Abs. 2 S. 1 GWB setzt überdies jedoch voraus, dass der (vermeintliche) Schädiger den der Feststellungsklage zugrundeliegenden Verstoß im Sinne von § 33a Abs. 1 GWB nicht bestreitet, § 33g Abs. 2 S. 2 GWB.[689]

b) Verletzung des „Grundsatz[es] der Waffengleichheit"[690]

§ 33g Abs. 2 GWB verletzt den „Grundsatz der Waffengleichheit"[691] insbesondere in Hinblick auf vorgerichtliche Vergleichsverhandlungen.[692]

---

687 *Preuß*, in: LMRKM, Kartellrecht, § 33g GWB, Rn. 73.

688 *Preuß*, in: LMRKM, Kartellrecht, § 33g GWB, Rn. 75.

689 *Preuß*, in: LMRKM, Kartellrecht, § 33g GWB, Rn. 75.

690 Siehe Erwägungsgrund 15 der Kartellschadensersatzrichtlinie.

691 Siehe Erwägungsgrund 15 der Kartellschadensersatzrichtlinie.

692 Vgl. auch *Althammer*, in: Festschrift für Prütting, S. 209.

Der (vermeintliche) Kartellgeschädigte kann bereits vor Rechtshängigkeit einer Beweismittelherausgabeklage des (vermeintlichen) Schädigers, § 33g Abs. 2 GWB, und vor Rechtshängigkeit einer Kartellschadensersatzklage, § 33a GWB, und ganz unabhängig von dieser den Beweismittelherausgabeanspruch gemäß § 33g Abs. 1 GWB geltend machen. Dies stärkt seine Verhandlungsposition im Rahmen von möglichen Vergleichsverhandlungen, die bereits vor Erhebung einer Kartellschadensersatzklage, § 33a GWB, geführt werden können.

Demgegenüber kann der (vermeintliche) Schädiger erst dann einen Beweismittelherausgabeanspruch gemäß § 33g Abs. 2 S. 1 GWB geltend machen, wenn gegen ihn ein Beweismittelherausgabeanspruch gemäß § 33g Abs. 1 GWB oder ein Kartellschadensersatzanspruch gemäß § 33a Abs. 1 GWB rechtshängig ist, oder wenn er gemäß § 33g Abs. 2 S. 2 GWB i.V.m. § 33g Abs. 2 S. 1 GWB eine negative Feststellungsklage hinsichtlich eines Kartellschadenersatzanspruchs, § 33a GWB, erhebt.

Mithin hat ein (vermeintlicher) Schädiger, gegen den weder eine Klage auf Herausgabe von Beweismitteln gemäß § 33g Abs. 1 GWB noch eine Klage auf Zahlung von Kartellschadensersatz gemäß § 33a Abs. 1 GWB rechtshängig ist, keine andere Möglichkeit die Herausgabe von Beweismitteln zu erlangen, als negative Feststellungsklage zu erheben und zugleich den der Feststellungsklage zugrundeliegenden Verstoß im Sinne von § 33a Abs. 1 GWB unstreitig zu stellen, § 33g Abs. 2 S. 2 GWB. Insbesondere das Unstreitigstellen des der Feststellungsklage zugrundeliegenden Verstoßes im Sinne von § 33a Abs. 1 GWB dürfte den (vermeintlichen) Schädiger davon abhalten, einen Beweismittelherausgabeanspruch gemäß § 33g Abs. 2 GWB geltend zu machen. Denn das Unstreitigstellen des der Feststellungsklage zugrundeliegenden Verstoßes im Sinne von § 33a Abs. 1 GWB schränkt die Verteidigung des (vermeintlichen) Schädigers gegen den Kartellschadensersatzanspruch gemäß § 33a Abs. 1 GWB stark ein.

c) Intention des Unionsgesetzgebers

Ausweislich des Erwägungsgrundes 15 SE-RL war es gerade die Intention des Unionsgesetzgebers die „Waffengleichheit“[693] zwischen dem (vermeintlichen) Geschädigten und dem (vermeintlichen) Schädiger zu wahren.

Der Unionsgesetzgeber weist in Erwägungsgrund 15 SE-RL ausdrücklich darauf hin, dass zwecks Wahrung des „Grundsatz[es] der Waffengleichheit“[694] auch dem (vermeintlichen) Schädiger die „Mittel“[695] der Offenlegung von Beweismitteln zur Verfügung stehen „sollten“[696]. Er nimmt dabei ausdrücklich Bezug auf die Offenlegung von Beweismitteln auf Veranlassung des (vermeintlichen) Geschädigten. Damit stellt der Unionsgesetzgeber klar, dass dem (vermeintlichen) Schädiger sämtliche „Mittel“ der Offenlegung von Beweismitteln zur Verfügung stehen sollen, die auch dem (vermeintlichen) Geschädigten zur Verfügung stehen.

Entgegen der deutschen Umsetzung durch § 33g GWB hatte der Unionsgesetzgeber nicht die Absicht, den (vermeintlichen) Geschädigten bei der Offenlegung von Beweismitteln besser zu stellen als den (vermeintlichen) Schädiger.[697] Gleichwohl ist eine Besserstellung des (vermeintlichen) Geschädigten richtlinienkonform und damit nicht europarechtswidrig, da der Unionsgesetzgeber durch die Verwendung des Wortes „sollten“[698] klarstellt, dass die Gleichstellung von (vermeintlichem) Geschädigten und (vermeintlichem) Schädiger nicht zwingend ist, sondern lediglich zu empfehlen ist.

Überdies wird teilweise in der Literatur[699] vertreten, dass in Hinblick auf die Intention der Kartellschadensersatzrichtlinie, die zulasten von Geschä-

---

693 Siehe Erwägungsgrund 15 der Kartellschadensersatzrichtlinie.

694 Siehe Erwägungsgrund 15 der Kartellschadensersatzrichtlinie.

695 Siehe Erwägungsgrund 15 der Kartellschadensersatzrichtlinie.

696 Siehe Erwägungsgrund 15 der Kartellschadensersatzrichtlinie.

697 Vgl. auch *Preuß,* in: LMRKM, Kartellrecht, § 33g GWB, Rn. 72.

698 Siehe Erwägungsgrund 15 der Kartellschadensersatzrichtlinie.

699 *Makatsch / Kacholdt,* in: MüKo, WettbR, Band 2, § 33g GWB, Rn. 50.

digten bestehende Informationsasymmetrie zu beseitigen, jegliche Kritik an der Anspruchsvoraussetzung „Rechtshängigkeit einer anderen Klage" zurückzuweisen sei.[700]

III. Der Aufwendungsersatzanspruch gemäß § 33g Abs. 7 GWB

Macht derjenige, der gemäß § 33g Abs. 1 GWB (ggfs. i.V.m. § 33g Abs. 10 GWB) oder gemäß § 33g Abs. 2 GWB (ggfs. i.V.m. § 33g Abs. 10 GWB) zu der Offenlegung von Beweismitteln verpflichtet ist, zur Offenlegung dieser Beweismittel Aufwendungen, die er den Umständen nach für erforderlich halten darf, so kann er von demjenigen, dem die Beweismittel offenzulegen sind, den Ersatz dieser Aufwendungen verlangen, § 33g Abs. 7 GWB.

1. Keine Vorgaben der Kartellschadensersatzrichtlinie

Die Kartellschadensersatzrichtlinie sieht einen solchen Aufwendungsersatzanspruch indes nicht vor.[701] Vielmehr trifft die Kartellschadensersatzrichtlinie hinsichtlich des Ersatzes der Aufwendungen, die für die Herausgabe der Beweismittel erforderlich sind, keine Regelung.[702]

Der deutsche Gesetzgeber hat das Schweigen der Kartellschadensersatzrichtlinie zu den Aufwendungen der Offenlegung dahingehend beurteilt, dass Art. 5 SE-RL zur Frage der Kosten keine Regelung enthalte und diese Lücke durch nationales Recht geschlossen werden könne.[703] Die Notwendigkeit einer Regelung zum Aufwendungsersatz im Kartellschadensersatzrecht begründet der deutsche Gesetzgeber damit, dass dies insbesondere dem

700 *Makatsch / Kacholdt,* in: MüKo, WettbR, Band 2, § 33g GWB, Rn. 50.

701 *Preuß,* in: LMRKM, Kartellrecht, § 33g GWB, Rn. 126.

702 *Makatsch / Kacholdt,* in: MüKo, WettbR, Band 2, § 33g GWB, Rn. 147.

703 Regierungsbegründung, BT-Drs. 18/10207, S. 65.

Schutz in Anspruch genommener Dritter diene.[704] Der Ersatzanspruch gemäß § 33g Abs. 7 GWB soll ausweislich der Begründung des Gesetzentwurfes jedoch nicht vor der Erfüllung des Anspruchs auf Auskunft oder Herausgabe von Beweismitteln bestehen.[705]

2. Diskussion in der Literatur zum Aufwendungsersatzanspruch

In der Literatur[706] wird diskutiert, ob der Aufwendungsersatzanspruch gemäß § 33g Abs. 7 GWB europarechtswidrig ist.

Zum Teil wird in Übereinstimmung mit der Regierungsbegründung[707] vertreten, dass der Aufwendungsersatzanspruch nicht europarechtswidrig sei, weil die Kartellschadensersatzrichtlinie einen Aufwendungsersatzanspruch jedenfalls nicht ausdrücklich ausschließe.[708] Der Aufwendungsersatzanspruch sei auch berechtigt, weil sich der „Informationsanspruch"[709] auch gegen Dritte richten könne, die kein Verschulden hinsichtlich der behaupteten Kartellzuwiderhandlung treffe.[710]

Zum Teil wird in der Literatur[711] aber auch vertreten, dass nach dem Willen des Unionsgesetzgebers derjenige, der die Offenlegung begehrt, nicht die Aufwendungen der Offenlegung tragen solle. Denn die Kosten der Offenle-

---

704 Regierungsbegründung, BT-Drs. 18/10207, S. 65.

705 Regierungsbegründung, BT-Drs. 18/10207, S. 65.

706 *Inderst / Thomas,* in: Inderst / Thomas, Schadensersatz bei Kartellverstößen, S. 506; *Petrasincu,* WuW 2016, 330, 333. Vgl. auch *Podszun / Kreifels,* GWR 2017, 67, 71.

707 Regierungsbegründung, BT-Drs. 18/10207, S. 65.

708 *Inderst / Thomas,* in: Inderst / Thomas, Schadensersatz bei Kartellverstößen, S. 506.

709 *Inderst / Thomas,* in: Inderst / Thomas, Schadensersatz bei Kartellverstößen, S. 506.

710 *Inderst / Thomas,* in: Inderst / Thomas, Schadensersatz bei Kartellverstößen, S. 506.

711 *Petrasincu,* WuW 2016, 330, 333; *Petrasincu,* WRP 2017, 921, 926.

gung müssten gemäß Art. 5 Abs. 3 S. 3 b) SE-RL im Rahmen der Verhältnismäßigkeit berücksichtigt werden.[712] Weiter wird in der Literatur[713] vertreten, dass der Aufwendungsersatzanspruch die Offenlegung erschwere.

Demgegenüber wird aber auch vertreten, dass der Aufwendungsersatzanspruch eine sinnvolle Ergänzung sei, da andernfalls gerade am Kartell unbeteiligte Unternehmen in eine missliche Situation geraten würden, sofern sie zur Herausgabe von Beweismitteln verpflichtet wären.[714] Der Aufwendungsersatzanspruch würde verhindern, dass sich zur Herausgabe von Beweismitteln verpflichtete Unternehmen zu „kostenlosen Dienstleistern"[715] der Kläger von Kartellschadensersatzklagen machen würden.[716]

Jedenfalls wird in der Literatur[717] darauf hingewiesen, dass im Zusammenhang mit der Herausgabe von Beweismitteln immense Kosten entstehen können. Diese Kosten seien für die Anspruchsteller der Herausgabeansprüche gemäß § 33g Abs. 1 und Abs. 2 GWB nicht kalkulierbar und würden zudem häufig von den Anspruchsgegnern gesteuert.[718] Erhebliche Kosten würden insbesondere durch die IT-forensische Datenaufbereitung und deren Durch-

---

712 *Petrasincu,* WuW 2016, 330, 333. Vgl. auch *Petrasincu,* WRP 2017, 921, 926.

713 *Petrasincu,* WuW 2016, 330, 333.

714 *Podszun / Kreifels,* GWR 2017, 67, 71.

715 *Podszun / Kreifels,* GWR 2017, 67, 69.

716 *Podszun / Kreifels,* GWR 2017, 67, 69.

717 *Fiedler / Niermann,* NZKart 2017, 497, 497 ff.; *Lübbig / Mallmann,* NZKart 2016, 518, 520. Vgl. auch *Bornkamm / Tolkmitt,* in: Langen / Bunte, Kartellrecht, Band 1, § 33g GWB, Rn. 60; *Petrasincu,* WuW 2016, 330, 333; *Preuß,* in: LMRKM, Kartellrecht, § 33g GWB, Rn. 125.

718 *Petrasincu,* WuW 2016, 330, 333.

sicht entstehen.[719] Diese Kosten würden aufgrund ihrer bedeutenden Höhe Gegenstand erheblicher Streitigkeiten werden.[720]

Aufgrund des nicht kalkulierbaren Kostenrisikos könne der Aufwendungsersatzanspruch, § 33g Abs. 7 GWB, (vermeintliche) Kartellgeschädigte und (vermeintliche) Kartellschädiger davon abhalten, einen Offenlegungsanspruch gemäß § 33g Abs. 1 GWB (ggfs. i.V.m. § 33g Abs. 10 GWB) oder gemäß § 33g Abs. 2 GWB (ggfs. i.V.m. § 33g Abs. 10 GWB) geltend zu machen.[721] Es bestehe daher die Gefahr, dass die Offenlegungsansprüche gemäß § 33g Abs. 1 GWB (ggfs. i.V.m. § 33g Abs. 10 GWB) und gemäß § 33g Abs. 2 GWB (ggfs. i.V.m. § 33g Abs. 10 GWB) wegen des Aufwendungsersatzanspruchs gemäß § 33g Abs. 7 GWB keine praktische Bedeutung erlangen würden.[722]

3. Stellungnahme zum Aufwendungsersatzanspruch

Der Aufwendungsersatzanspruch gemäß § 33g Abs. 7 GWB ist richtlinienkonform, da die Kartellschadensersatzrichtlinie hinsichtlich der Kosten der Offenlegung keine abschließende Regelung getroffen hat.

a) Keine abschließende Kostenregelung in der Richtlinie

Die Kartellschadensersatzrichtlinie bestimmt zwar, dass die Kosten der Offenlegung im Rahmen der Verhältnismäßigkeit zu berücksichtigen sind, Art. 5 Abs. 3 S. 3 b) SE-RL.[723] Diese Verhältnismäßigkeitserwägung,

---

719 *Fiedler/Niermann,* NZKart 2017, 497, 497; *Lübbig/Mallmann,* NZKart 2016, 518, 520. Vgl. auch *Bornkamm/Tolkmitt,* in: Langen/Bunte, Kartellrecht, Band 1, § 33g GWB, Rn. 60. Vgl. auch *Preuß,* in: LMRKM, Kartellrecht, § 33g GWB, Rn. 125.

720 *Lübbig/Mallmann,* NZKart 2016, 518, 520.

721 *Petrasincu,* WuW 2016, 330, 333.

722 *Petrasincu,* WuW 2016, 330, 333.

723 Vgl. auch *Preuß,* in: LMRKM, Kartellrecht, § 33g GWB, Rn. 126.

Art. 5 Abs. 3 S. 3 b) SE-RL, ist unter Berücksichtigung der Intention der Kartellschadensersatzrichtlinie, die Offenlegung im Kartellschadensersatzprozess zu erleichtern und zu fördern, aber nicht dahingehend auszulegen, dass die Offenlegung bei übermäßig hohen Kosten zu unterbleiben hat. Vielmehr ist diese Verhältnismäßigkeitserwägung, Art. 5 Abs. 3 S. 3 b) SE-RL, dahingehend auszulegen, dass bei mehreren vergleichbar wirksamen Offenlegungsmaßnahmen, diejenige Maßnahme zu wählen ist, die preiswerter ist.

Falls eine Offenlegungsmaßnahme wirksamer seien sollte als eine andere, aber diese wirksamere Maßnahme wesentlich teuerer sein sollte, muss das mitgliedstaatliche Gericht im Rahmen der Verhältnismäßigkeit abwägen, ob die wirksamere und zugleich teurere Maßnahme noch verhältnismäßig ist, oder ob nicht auf die etwas weniger wirksame, aber dafür preiswertere Maßnahme zurückgegriffen werden kann. Mithin sind in der Regel die Kosten als Verhältnismäßigkeitserwägung, Art. 5 Abs. 3 S. 3 b) SE-RL, nicht bei dem „ob“ der Offenlegung zu berücksichtigen, sondern bei dem „wie“ der Offenlegung.

Zusammenfassend kann hinsichtlich der Auslegung der Verhältnismäßigkeitserwägung gemäß Art. 5 Abs. 3 S. 3 b) SE-RL festgehalten werden, dass die Höhe der Kosten einer Offenlegung von Beweismitteln nicht entgegensteht, sondern die Höhe der Kosten erst dann im Rahmen der Verhältnismäßigkeitsprüfung relevant wird, wenn die mitgliedstaatlichen Gerichte über verschiedene Maßnahmen der Offenlegung zu entscheiden haben, die alle vergleichbar wirksam sind, aber unterschiedlich teuer sind.

Die Auslegung, die Höhe der Kosten nicht beim „ob“ der Offenlegung zu berücksichtigen, sondern erst im Rahmen des „wie“ der Offenlegung zu berücksichtigen, wird auch dem Ziel der Kartellschadensersatzrichtlinie am besten gerecht, die Offenlegung von Beweismitteln zu erleichtern: Denn durch diese Auslegung wird auf jeden Fall eine Offenlegung ermöglicht. Sind demjenigen, der die Offenlegung begehrt, die Kosten der Offenlegung zu hoch, kann er von seinem Offenlegungsbegehren wieder Abstand nehmen.

Über Art. 5 Abs. 3 S. 3 b) SE-RL hinausgehend hat die Kartellschadensersatzrichtlinie keine Regelung zu den Kosten getroffen, sodass das Regelungskonzept der Kartellschadensersatzrichtlinie zu den Kosten der Offenlegung unvollständig bleibt. Insbesondere trifft die Kartellschadensersatzrichtlinie keine Regelung bezüglich Kostentragung der Offenlegung. Dieses unvollständige Regelungskonzept der Richtlinie zu den Kosten ermöglicht es den Mitgliedstaaten, hinsichtlich der Lücke des Regelungskonzepts und somit hinsichtlich der Kostentragung der Offenlegung eigenständige mitgliedstaatliche Regelungen zu treffen. Mithin füllt der deutsche Gesetzgeber mit dem Aufwendungsersatzanspruch gemäß § 33g Abs. 7 GWB eine Lücke der Kartellschadensersatzrichtlinie.

b) Richtlinienkonforme Kostenregelung durch § 33g Abs. 7 GWB

Unter Berücksichtigung der Interessenmatrix (siehe dazu Gliederungspunkt A. V.) ist es gerecht und angemessen, dass derjenige, der die Offenlegung veranlasst und dem die Offenlegung nützlich ist, auch gemäß § 33g Abs. 7 GWB die Kosten der Offenlegung tragen muss.

Wenn der (vermeintliche) Kartellgeschädigte die Hilfe des (vermeintlichen) Kartellschädigers oder eines Dritten bei der Beschaffung von Beweismitteln in Anspruch nimmt und der (vermeintliche) Kartellschädiger oder der Dritte sogar für die Offenlegung der Beweismittel noch Aufwendungen machen, dann muss der (vermeintliche) Kartellgeschädigte dem (vermeintlichen) Kartellschädiger und dem Dritten auch die Aufwendungen ersetzen. Denn der (vermeintliche) Kartellschädiger und der Dritte sind allein im Interesse und auf Veranlassung des (vermeintlichen) Kartellgeschädigten tätig geworden. Dies gilt erst recht vor dem Hintergrund, dass sich der Offenlegungsanspruch, § 33g Abs. 1 GWB (ggfs. i.V.m. § 33g Abs. 10 GWB), nicht nur gegen den (vermeintlichen) Kartellschädiger richtet, sondern auch gegen unbeteiligte Dritte. Diese Erwägungen gelten entsprechend, wenn der (vermeintliche) Kartellgeschädigte für die Verteidigung gegen einen Kartellschadensersatzanspruch, § 33a Abs. 1 GWB, die Offenlegung von Beweismitteln vom (vermeintlichen) Kartellgeschädigten oder einem Dritten gemäß § 33g Abs. 2 GWB (ggfs. i.V.m. § 33g Abs. 10 GWB) verlangt.

Es besteht auch nicht die Gefahr einer Ungerechtigkeit dadurch, dass der tatsächlich Kartellgeschädigte und der tatsächlich zu Unrecht in Anspruch genommene vermeintliche Kartellschädiger die Kosten der Offenlegung tragen müssen, obgleich der tatsächlich Kartellgeschädigte zu Recht seinen Kartellschadensersatzanspruch, § 33a Abs. 1 GWB, einklagt beziehungsweise der vermeintliche Kartellgeschädigte sich zu Recht gegen den tatsächlich nicht bestehenden Kartellschadensersatzanspruch, § 33a Abs. 1 GWB, verteidigt. Denn in der Literatur[724] wird zutreffend darauf hingewiesen, dass der Kartellgeschädigte auch einen Anspruch gegen den Kartellanten auf Ersatz von Rechtsverfolgungskosten[725] (das heißt Kosten zur Geltendmachung und Durchsetzung des Kartellschadensersatzanspruchs) hat, sofern der Kartellgeschädigte mit seiner Kartellschadensersatzklage Erfolg hat und er mithin einen Kartellschadensersatzanspruch, § 33a Abs. 1 GWB, gegen den Kartellanten hat. Sofern der (vermeintliche) Kartellgeschädigte mit seiner Kartellschadensersatzklage keinen Erfolg hat, kann der vermeintliche Schädiger die Kosten der Offenlegung gemäß § 33g Abs. 2 GWB (ggfs. i.V.m. § 33g Abs. 10 GWB) als Rechtsverfolgungskosten gegenüber dem (vermeintlichen) Kartellschädiger geltend machen. Mithin trägt immer diejenige Partei die Kosten der Offenlegung, die im Kartellschadensersatzprozess unterliegt.

Dies führt zu dem gerechten und richtlinienkonformen Ergebnis, dass der verurteilte Kartellschädiger die Kosten der Offenlegung tragen muss und der zu Unrecht in Anspruch genommene vermeintliche Kartellschädiger die Kosten der Offenlegung nicht tragen muss. Wird der vermeintliche Kartellschädiger im Rahmen einer Klage zu Unrecht auf Kartellschadensersatz, § 33a Abs. 1 GWB, in Anspruch genommen, muss der Kläger die Kosten der Offenlegung, § 33g Abs. 2 GWB (ggfs. i.V.m. § 33g Abs. 10 GWB), zahlen.

---

724 *Klumpe / Thiede*, BB 2016, 3011, 3015 f.; *Petrasincu*, WuW 2016, 330, 333. Vgl. auch *Preuß*, in: LMRKM, Kartellrecht, § 33g GWB, Rn. 128 f.

725 *Grüneberg*, in: Palandt, BGB, § 249 BGB, Rn. 56 ff.

c) Keine Gefahr einer Kostenexplosion

Entgegen einer Meinung in der Literatur[726] besteht auch nicht wegen des Aufwendungsersatzanspruchs, § 33g Abs. 7 GWB, ein nicht kalkulierbares Kostenrisiko, dass (vermeintliche) Kartellgeschädigte und vermeintliche Kartellschädiger davon abhalten könnte, einen Offenlegungsanspruch gemäß § 33g Abs. 1 GWB (ggfs. i.V.m. § 33g Abs. 10 GWB) oder gemäß § 33g Abs. 2 GWB (ggfs. i.V.m. § 33g Abs. 10 GWB) geltend zu machen. Denn das Kostenrisiko ist nicht unkalkulierbar hoch: Die Kosten der Offenlegung werden gemäß Art. 5 Abs. 3 S. 3 b) SE-RL im Rahmen der Verhältnismäßigkeit berücksichtigt.

Darüber hinaus können Kosten insbesondere durch Maßnahmen zum Schutz von Betriebs- und Geschäftsgeheimnissen und anderen vertraulichen Informationen entstehen. Die Kosten dieser Schutzmaßnahmen kann der zur Offenlegung Verpflichtete jedoch nicht beliebig in die Höhe treiben. Vielmehr trifft das Gericht gemäß § 89b Abs. 7 GWB die erforderlichen Maßnahmen, um den im Einzelfall gebotenen Schutz von Betriebs- und Geschäftsgeheimnissen und anderen vertraulichen Informationen zu gewährleisten.

IV. Der Schadensersatzanspruch gemäß § 33g Abs. 8 GWB

§ 33g GWB sieht in Absatz acht einen Schadensersatzanspruch vor. Gemäß § 33g Abs. 8 GWB ist der Verpflichtete der Beweismittelherausgabeansprüche, § 33g Abs. 1, 2 GWB, und der Auskunftsansprüche, § 33g Abs. 10 GWB, dem Anspruchsteller dieser Ansprüche zum Schadensersatz verpflichtet, sofern der Verpflichtete die Auskunft vorsätzlich oder grob fahrlässig falsch, unvollständig oder gar nicht erteilt oder Beweismittel vorsätzlich oder grob fahrlässig fehlerhaft, unvollständig oder gar nicht herausgibt.

---

726 *Petrasincu*, WuW 2016, 330, 333.

1. Vorgaben des Art. 8 SE-RL

Damit die Wirksamkeit der Offenlegungsvorschriften sichergestellt wird, müssen die Mitgliedstaaten gewährleisten, dass die nationalen Gerichte in den in Art. 8 Abs. 1 SE-RL einzeln bestimmten Fällen Sanktionen gegen Parteien, Dritte und ihre rechtlichen Vertreter verhängen können.

Die Mitgliedstaaten müssen gemäß Art. 8 Abs. 1 SE-RL gewährleisten, dass die nationalen Gerichte wirksam Sanktionen gegen die Parteien, Dritte und ihre rechtlichen Vertreter verhängen können, wenn diese die Offenlegungsanordnung eines nationalen Gerichts nicht befolgen oder ihre Befolgung verweigern, relevante Beweismittel vernichten, die Erfüllung der mit einer Anordnung eines nationalen Gerichts zum Schutz vertraulicher Informationen auferlegten Verpflichtungen unterlassen oder verweigern oder gegen die in Kapitel II SE-RL vorgesehenen Beschränkungen der Beweisverwertung verstoßen. Die Sanktionen sollen gemäß Art. 8 Abs. 2 S. 1 SE-RL wirksam, verhältnismäßig und abschreckend sein.

Der Unionsgesetzgeber schreibt den Mitgliedstaaten nicht vor, welche Sanktionen die nationalen Gerichte bei einem Verstoß im Sinne von Art. 8 Abs. 1 SE-RL verhängen sollen. Vielmehr stellt der Unionsgesetzgeber den Mitgliedstaaten die Bestimmung der Sanktionen frei. Die Kartellschadensersatzrichtlinie führt in Art. 8 Abs. 2 S. 2 SE-RL beispielhaft Sanktionen auf, die in Betracht kommen können. Als Sanktion nennt die Richtlinie die Möglichkeit für die Partei nachteilige Schlussfolgerungen zu ziehen, wie beispielsweise den betreffenden Beweis als erbracht anzusehen. Weiter benennt die Richtlinie als Sanktionen, Klagen oder Klageerwiderungen ganz oder teilweise zurückzuweisen und die Partei zur Tragung der Kosten zu verpflichten, Art. 8 Abs. 2 S. 2 SE-RL.

In der beispielhaften Aufzählung in Art. 8 Abs. 2 S. 1 SE-RL ist die Möglichkeit eines dem § 33g Abs. 8 GWB vergleichbaren Schadensersatzanspruchs nicht aufgeführt.

In Erwägungsgrund 33 der Richtlinie gibt der europäische Gesetzgeber an, bei Prozessparteien könne das Risiko, dass im Verfahren über Schadensersatzklagen für sie nachteilige Schlussfolgerungen gezogen werden, eine besonders wirksame Sanktion sein und könne zudem helfen, Verzögerungen im Prozess zu verhindern; und zwar solche Verzögerungen, die durch die Vernichtung relevanter Beweismittel oder durch die Nichtbefolgung gerichtlicher Offenlegungsanordnung entstehen könnten.[727]

2. Vollstreckung als wirksame Sanktion

In der Literatur[728] wird in Frage gestellt, ob es zur Umsetzung von Art. 8 SE-RL überhaupt des Schadensersatzanspruchs gemäß § 33g Abs. 8 GWB bedurft hätte oder ob nicht schon bisherige Regelungen im deutschen Recht ausreichend gewesen wären, um Parteien, Dritte und ihre rechtlichen Vertreter im Sinne von Art. 8 SE-RL zu sanktionieren.

Es wird in der Literatur[729] vertreten, dass der Schadensersatzanspruch gemäß § 33g Abs. 8 GWB wegen §§ 883 ZPO ff. (ggfs. i.V.m. den Regelungen zur Beweisvereitelung) überflüssig sei. Zudem sei eine Ordnungsstrafe nach dem Vorbild der österreichischen Richtlinienumsetzung abschreckender und wirksamer als ein Schadensersatzanspruch gemäß § 33g Abs. 8 GWB.[730] Der Schadensersatzanspruch gemäß § 33g Abs. 8 GWB sei jedenfalls „keine wirksame und abschreckende Sanktion im Sinne von Art. 8 Abs. 2 RL“[731]. Teilweise wird in der Literatur[732] sogar vertreten, dass für den deutschen Gesetzgeber wegen der Nutzlosigkeit des Schadensersatzanspruchs, § 33g Abs. 8 GWB,

---

727 Siehe Erwägungsgrund 33 der Kartellschadensersatzrichtlinie.

728 *Klumpe / Thiede,* BB 2016, 3011, 3016.

729 *Klumpe / Thiede,* BB 2016, 3011, 3016. Auch *Podszun / Kreifels,* GWR 2017, 67, 71 bezweifeln den Sinn des Schadensersatzanspruchs gemäß § 33g Abs. 8 GWB.

730 *Klumpe / Thiede,* NZKart 2017, 332, 337.

731 *Klumpe / Thiede,* BB 2016, 3011, 3016.

732 *Galle / Popot-Müller,* NZKart 2019, 317, 318, 320.

Handlungsbedarf bestehe und der deutsche Gesetzgeber wegen der Umsetzungspflicht von Art. 8 SE-RL nachbessern müsse.[733]

In der Literatur[734] wird zutreffend darauf hingewiesen, dass die Beweismittelherausgabeansprüche gemäß § 33g Abs. 1 GWB und gemäß § 33g Abs. 2 GWB vollstreckt werden können. Dies stellt eine wirksame, verhältnismäßige und abschreckende Sanktion im Sinne von Art. 8 Abs. 2 S. 1 SE-RL dar. Somit liegt bereits eine wirksame, verhältnismäßige und abschreckende Sanktion im Sinne von Art. 8 Abs. 2 S. 1 SE-RL vor, sodass es nicht erforderlich gewesen wäre, dass der deutsche Gesetzgeber darüber hinaus noch eine weitere Sanktion in Umsetzung von Art. 8 SE-RL schafft. Gleichwohl hat der deutsche Gesetzgeber in § 33g Abs. 8 GWB den Schadensersatzanspruch normiert.

Sofern man nicht auf die jeweilige Haftungsnorm, sondern ausschließlich auf §§ 249 BGB ff. abstellt, dienen Schadensersatzansprüche dem Ausgleich für erlittene Nachteile (Ausgleichsfunktion),[735] also der Kompensation. Diese Ersatzpflicht soll den zum Schadensersatz Verpflichteten nicht bestrafen und hat überdies regelmäßig auch keinen präventiven Charakter.[736]

Die Haftungsnorm § 33g Abs. 8 GWB hat der deutsche Gesetzgeber jedoch als Sanktion im Sinne von Art. 8 SE-RL konzipiert.[737] Ausweislich der Regierungsbegründung[738] soll § 33g Abs. 8 GWB als Haftungsnorm auch präventive Wirkung haben und die Offenlegung sicherstellen. Denn der Schadensersatzanspruch gemäß § 33g Abs. 8 GWB soll ausweislich der Regierungsbegründung „gewährleisten, dass der Verpflichtete eine richtige und

---

733 *Galle / Popot-Müller,* NZKart 2019, 317, 318, 320.

734 *Klumpe / Thiede,* BB 2016, 3011, 3016; *Preuß,* in: LMRKM, Kartellrecht, § 33g GWB, Rn. 143, 150 ff.

735 *Oetker,* in: MüKo, BGB, Band 2, § 249 BGB, Rn. 8.

736 *Oetker,* in: MüKo, BGB, Band 2, § 249 BGB, Rn. 8 f.

737 *Preuß,* in: LMRKM, Kartellrecht, § 33g GWB, Rn. 17.

738 Regierungsbegründung, BT-Drs. 18/10207, S. 65.

vollständige Auskunft erteilt bzw. Beweismittel vollständig und richtig, das heißt ohne inhaltliche Verfälschungen, herausgibt“[739].

3. Zirkelschluss beim Schadensersatzanspruch, § 33g Abs. 8 GWB

In der Literatur[740] wird vertreten, dass der Schadensersatzanspruch gemäß § 33g Abs. 8 GWB „keine wirksame und abschreckende Sanktion im Sinne von Art. 8 Abs. 2 RL“[741] sei, da ein Zirkelschluss[742] drohe.

Der Schaden im Sinne von § 33g Abs. 8 GWB, der durch die unvollständig, falsch oder nicht erteilte Auskunft entstanden sei oder durch die unvollständig, fehlerhaft oder nicht erfolgte Herausgabe von Beweismitteln entstanden sei, müsse gerade durch die Beweismittel bewiesen werden, die unvollständig, fehlerhaft oder nicht herausgegeben wurden und deren unvollständig, fehlerhaft oder nicht erfolgte Herausgabe Grund für den Schadensersatzanspruch gemäß § 33g Abs. 8 GWB sei.[743] Dieser Zirkelschluss würde zu einer Vervielfältigung der Rechtsstreitigkeiten führen oder aber die Bedeutungslosigkeit von § 33g Abs. 8 GWB begründen.[744] Jedenfalls sei der Schaden einer falschen oder unvollständigen Beweismittelherausgabe gemäß § 33g Abs. 1, 2 GWB beziehungsweise einer falschen oder unvollständigen

---

739 Regierungsbegründung, BT-Drs. 18/10207, S. 65.

740 *Klumpe / Thiede,* BB 2016, 3011, 3016. Kritisch auch *Preuß,* in: LMRKM, Kartellrecht, § 33g GWB, Rn. 153.

741 *Klumpe / Thiede,* BB 2016, 3011, 3016.

742 Vgl. auch *Preuß,* in: LMRKM, Kartellrecht, § 33g GWB, Rn. 17, 144, 153 f.

743 *Galle / Popot-Müller,* NZKart 2019, 317, 318; *Klumpe / Thiede,* BB 2016, 3011, 3016; *Klumpe / Thiede,* NZKart 2017, 332, 337; *Makatsch / Kacholdt,* in: MüKo, WettbR, Band 2, § 33g GWB, Rn. 166.

744 *Klumpe / Thiede,* BB 2016, 3011, 3016.

Auskunft gemäß § 33g Abs. 10 GWB nur schwer zu beziffern[745] beziehungsweise schwer nachzuweisen[746].

Dem ist jedenfalls für den Fall zuzustimmen, dass der Anspruchsteller des Schadensersatzanspruchs, § 33g Abs. 8 GWB, keinen Verzögerungsschaden geltend macht. Der Schadensersatzanspruch gemäß § 33g Abs. 8 GWB begründet dann den von der Literatur[747] beschriebenen Zirkelschluss. Ein (vermeintlicher) Kartellgeschädigter, der so arm an Beweismitteln ist, dass er einen Beweismittelherausgabeanspruch gemäß § 33g Abs. 1 GWB oder einen Auskunftsanspruch gemäß § 33g Abs. 10 GWB i.V.m. § 33g Abs. 1 GWB geltend macht, wird kaum in Besitz von Beweismitteln sein, mit denen er einen Schadensersatzanspruch gemäß § 33g Abs. 8 GWB beweisen kann. Wenn ein (vermeintlicher) Kartellgeschädigter schon nicht den Schaden beziffern kann, der ihm durch ein Kartell entstanden ist, dann kann er erst recht nicht den Schaden beziffern, der ihm dadurch entsteht, dass eine Auskunft unvollständig, falsch oder nicht erteilt wurde oder dass ein Beweismittel unvollständig, fehlerhaft oder nicht herausgegeben wurde.

Denn der Schaden im Sinne von § 33g Abs. 8 GWB ist für den Kartellgeschädigten von der Höhe des Schadens im Sinne von § 33a Abs. 1 GWB abhängig.[748] Der Schaden im Sinne von § 33g Abs. 8 GWB besteht für den (vermeintlichen) Kartellgeschädigten darin, dass er seinen Kartellschadensersatzanspruch gemäß § 33a Abs. 1 GWB vollständig oder teilweise nicht erfolgreich durchsetzen kann. Mithin ist der Schaden im Sinne von § 33g Abs. 8 GWB so hoch, wie der nicht erfolgreich durchgesetzte Kartellschadensersatzanspruch gemäß § 33a Abs. 1 GWB. Kann dieser Kartell-

---

745 *Bechtold / Bosch,* in: Bechtold / Bosch, GWB, § 33g GWB, Rn. 23; *Mäsch,* in: Berg / Mäsch, Deutsches und Europäisches Kartellrecht, § 33g GWB, Rn. 38.

746 *Inderst / Thomas,* in: Inderst / Thomas, Schadensersatz bei Kartellverstößen, S. 507.

747 *Galle / Popot-Müller,* NZKart 2019, 317, 318; *Klumpe / Thiede,* BB 2016, 3011, 3016; *Klumpe / Thiede,* NZKart 2017, 332, 337; *Makatsch / Kacholdt,* in: MüKo, WettbR, Band 2, § 33g GWB, Rn. 166.

748 Vgl. *Bechtold / Bosch,* in: Bechtold / Bosch, GWB, § 33g GWB, Rn. 23.

schadensersatzanspruch gemäß § 33a Abs. 1 GWB nicht beziffert werden, so kann auch der Schadensersatzanspruch gemäß § 33g Abs. 8 GWB nicht beziffert werden.

Dem (vermeintlichen) Kartellgeschädigten ist durch den Schadensersatzanspruch gemäß § 33g Abs. 8 GWB jedenfalls nicht geholfen, wenn er nicht auf andere Weise die zur Erhebung eines Kartellschadensersatzanspruchs, § 33a Abs. 1 GWB, erforderlichen Beweismittel erlangen kann. Es wird ihm dann nicht möglich sein, seinen Schaden im Sinne von § 33g Abs. 8 GWB zu beziffern, sodass der Schadensersatzanspruch gemäß § 33g Abs. 8 GWB für ihn wegen des Zirkelschlusses in diesem Fall keine praktische Bedeutung haben wird.

Demgegenüber droht bei § 33g Abs. 8 GWB kein Zirkelschluss bei einem Verzögerungsschaden: Kann der (vermeintliche) Kartellgeschädigte, § 33g Abs. 1 GWB (ggfs. i.V.m. § 33g Abs. 10 GWB) oder der (vermeintliche) Schädiger, § 33g Abs. 2 GWB (ggfs. i.V.m. § 33g Abs. 10 GWB) die Beweismittel auf andere Weise erlangen, also von jemanden beschaffen, den er zunächst nicht auf Offenlegung in Anspruch genommen hat, besteht kein Zirkelschluss. Wenn wegen dieser Offenlegung auf andere Weise hohe Aufwendungen gemacht werden (beispielsweise auch ersatzfähige Aufwendungen im Sinne von § 33g Abs. 7 GWB), könnte der (vermeintliche) Kartellgeschädigte beziehungsweise der (vermeintliche) Schädiger diese Aufwendungen als Schaden beziffern und diesen Schaden gemäß § 33g Abs. 8 GWB als Verzögerungsschaden geltend machen. Ein Schaden des (vermeintlichen) Kartellgeschädigten oder des (vermeintlichen) Schädigers würde jedenfalls dann vorliegen, wenn die Aufwendungen der Offenlegung höher sind als diejenigen, die der zunächst zur Offenlegung Verpflichtete gehabt hätte. Mithin verbleibt für § 33g Abs. 8 GWB ein eigenständiger Anwendungsbereich, wenn der Anspruchstellers des Offenlegungsanspruchs seinen Verzögerungsschaden geltend machen will.

Mithin droht in diesen Fällen kein Zirkelschluss und es verbleibt dann ein eigenständiger Anwendungsbereich von § 33g Abs. 8 GWB. Für diese Fälle stellt der Schadensersatzanspruch gemäß § 33g Abs. 8 GWB neben der Vollstreckung eine weitere wirksame, verhältnismäßige und abschreckende Sanktion im Sinne von Art. 8 Abs. 2 S. 1 SE-RL dar.

V. Die Auskunftsansprüche gemäß § 33g Abs. 10 GWB

Im Rahmen der Umsetzung der Kartellschadensersatzrichtlinie hat der deutsche Gesetzgeber in § 33g Abs. 10 GWB Auskunftsansprüche geschaffen. Der (vermeintliche) Geschädigte hat gemäß § 33g Abs. 10 GWB i.V.m. § 33g Abs. 1 GWB einen Auskunftsanspruch. Der (vermeintliche) Schädiger hat gemäß § 33g Abs. 10 GWB i.V.m. § 33g Abs. 2 GWB einen Auskunftsanspruch.

Die Kartellschadensersatzrichtlinie fordert keinen Auskunftsanspruch in den mitgliedstaatlichen Rechtsordnungen. Insofern ist der deutsche Gesetzgeber über die Vorgaben der Kartellschadensersatzrichtlinie in europarechtskonformer Weise, vgl. Art. 5 Abs. 8 SE-RL, hinausgegangen.

1. Bisherige Rechtslage

Auskunftsansprüche sind der deutschen Rechtsordnung nicht fremd. Ein allgemeiner Auskunftsanspruch besteht als Nebenpflicht zum Rechtsgeschäft und wird aus § 242 BGB hergeleitet.[749] Weitere Auskunftsansprüche bestehen zum Beispiel gemäß §§ 402, 666, 2027, 2057 BGB.

Ein Auskunftsanspruch über Beweismittel, wie ihn § 33g Abs. 10 GWB einführt, gibt es bislang nicht in der deutschen Rechtsordnung. Der Auskunftsanspruch gemäß § 33g Abs. 10 GWB geht auch über § 142 ZPO hinaus. Denn § 142 ZPO erfasst gerade nicht eine prozessuale Auskunftspflicht der Partei darüber, welche erheblichen Urkunden und Unterlagen sich in ihrem Besitz befinden.[750]

---

749 *Grüneberg*, in: Palandt, BGB, § 242 BGB, Rn. 21, 25, 37.

750 *Prütting*, in: Prütting / Gehrlein, ZPO, § 142 ZPO, Rn. 6.

2. Entsprechende Geltung von § 33g Abs. 1 bis Abs. 9 GWB

Für die Auskunftsansprüche gemäß § 33g Abs. 10 GWB gelten § 33g Abs. 1 bis Abs. 9 GWB sowie § 89b GWB bis § 89d GWB über die Herausgabe von Beweismitteln entsprechend, § 33g Abs. 10 GWB. Damit finden auch die Anspruchsvoraussetzung des § 33g Abs. 1 GWB und des § 33g Abs. 2 GWB für die Auskunftsansprüche gemäß § 33g Abs. 10 GWB entsprechend Anwendung.

a) Präzise Fragestellung und Zugänglichkeit von Informationen

Aufgrund der entsprechenden Anwendung der Anspruchsvoraussetzung „möglichst genaue Bezeichnung der herauszugebenden Beweismittel" des § 33g Abs. 1 GWB und des § 33g Abs. 2 GWB muss der Anspruchsteller des Auskunftsanspruchs, § 33g Abs. 10 GWB, die begehrten Auskünfte so genau umschreiben, wie dies auf Grundlage der mit zumutbarem Aufwand zugänglichen Tatsachen möglich ist.[751] Eine solche Umschreibung der begehrten Auskünfte kann gegebenenfalls durch die Stellung präziser Fragen erfolgen.[752]

Darüber hinaus ergibt eine entsprechende Anwendung von § 33g Abs. 1 GWB und § 33g Abs. 2 GWB, dass nicht der Besitz von Beweismitteln Anspruchsvoraussetzung des Auskunftsanspruchs, § 33g Abs. 10 GWB, ist, sondern dass stattdessen der Zugang zu den begehrten Informationen Anspruchsvoraussetzung des Auskunftsanspruchs, § 33g Abs. 10 GWB, ist.[753] Gegebenenfalls können auch Nachforschungspflichten des Anspruchsgegners des Auskunftsanspruchs, § 33g Abs. 10 GWB, bestehen.[754] Das bedeu-

---

751 *Makatsch / Kacholdt,* in: MüKo, WettbR, Band 2, § 33g GWB, Rn. 178.

752 *Makatsch / Kacholdt,* in: MüKo, WettbR, Band 2, § 33g GWB, Rn. 178.

753 *Makatsch / Kacholdt,* in: MüKo, WettbR, Band 2, § 33g GWB, Rn. 178.

754 *Bornkamm / Tolkmitt,* in: Langen / Bunte, Kartellrecht, Band 1, § 33g GWB, Rn. 28; *Makatsch / Kacholdt,* in: MüKo, WettbR, Band 2, § 33g GWB, Rn. 178; *Preuß,* in: LMRKM, Kartellrecht, § 33g GWB, Rn. 34.

tet, dass Informationen für den Anspruchsgegner des Auskunftsanspruchs, § 33g Abs. 10 GWB, auch dann zugänglich sind, wenn er für die Kenntniserlangung dieser Informationen erst Nachforschungen betreiben muss.

b) Ähnliche Anwendungsprobleme wie bei § 33g Abs. 1, 2 GWB

Folge der entsprechenden Anwendung von § 33g Abs. 1, 2 GWB ist, dass der Auskunftsanspruch gemäß § 33g Abs. 10 GWB i.V.m. § 33g Abs. 1 GWB und der Auskunftsanspruch gemäß § 33g Abs. 10 GWB i.V.m. § 33g Abs. 2 GWB an den Problemen krankt, die auch der Beweismittelherausgabeanspruch gemäß § 33g Abs. 1 GWB und der Beweismittelherausgabeanspruch gemäß § 33g Abs. 2 GWB aufweist.

Insbesondere der Auskunftsanspruch gemäß § 33g Abs. 10 GWB i.V.m. § 33 Abs. 1 GWB dürfte den Anspruchsteller vor ähnliche Herausforderungen stellen wie der Beweismittelherausgabeanspruch gemäß § 33g Abs. 1 GWB. Denn auch für den Auskunftsanspruch gemäß § 33g Abs. 10 GWB i.V.m. § 33g Abs. 1 GWB muss der (vermeintliche) Geschädigte „glaubhaft machen", einen Kartellschadensersatzanspruch, § 33a Abs. 1 GWB, zu haben. Wegen der Auslegung dieser Anspruchsvoraussetzung wird auf die Ausführungen unter Gliederungspunkt D. I. 1. d) verwiesen.

3. Auskunftsanspruch als Erleichterung

Die Auskunftsansprüche, § 33g Abs. 10 GWB, können die Beweisführung im Kartellschadensersatzprozess erheblich erleichtern. Denn die Auskunftsansprüche, § 33g Abs. 10 GWB, ergänzen die Beweismittelherausgabeansprüche, § 33g Abs. 1, 2 GWB. Erst durch die Kombination von Beweismittelherausgabeansprüchen, § 33g Abs. 1, 2 GWB, und Auskunftsansprüchen, § 33g Abs. 10 GWB, besteht ein vollständiges und praxistaugliches Offenlegungskonzept, das in seiner Gesamtheit betrachtet und angewendet werden sollte.

a) Problem: Keine Kenntnis von Beweismitteln im Besitz von (vermeintlichen) Schädigern und Dritten

Der Anspruchsteller eines Beweismittelherausgabeanspruchs, § 33g Abs. 1, 2 GWB, wird in der Regel keine Kenntnis davon haben, welche konkreten Beweismittel sich im Besitz des Anspruchsgegners befinden. Wie bereits unter Gliederungspunkt D. I. 1. b) dargelegt, führt insbesondere diese mangelnde Kenntnis des Anspruchstellers dazu, dass die Beweismittelherausgabeansprüche gemäß § 33g Abs. 1 GWB und § 33g Abs. 2 GWB nicht praxistauglich sind. Denn dem Anspruchsteller des Beweismittelherausgabeanspruchs, § 33g Abs. 1, 2 GWB, wird es häufig nicht möglich sein, die herauszugebenden Beweismittel so konkret zu bezeichnen, dass die Anforderungen des § 253 Abs. 2 Nr. 2 ZPO an einen bestimmten Klageantrag erfüllt werden. Auch in der Literatur[755] wird darauf hingewiesen, dass eine präzise Bezeichnung der Beweismittel dem Anspruchsteller häufig nicht möglich sein wird.

b) Lösung: Abhilfe durch Auskunftsanspruch

Ein Auskunftsanspruch könnte Abhilfe schaffen. Derjenige, der die Herausgabe von Beweismitteln gemäß § 33g Abs. 1 GWB oder gemäß § 33g Abs. 2 GWB begehrt, könnte zunächst einen Auskunftsanspruch gemäß § 33g Abs. 10 GWB geltend machen und dann nach Erteilung der Auskunft einen Beweismittelherausgabeanspruch gemäß § 33g Abs. 1 GWB oder gemäß § 33g Abs. 2 GWB geltend machen.[756]

Mit Hilfe des Auskunftsanspruchs, § 33g Abs. 10 GWB, könnte der Anspruchsteller zunächst in Erfahrung bringen, ob und welche potenziellen Beweismittel sich im Besitz des Anspruchsgegners befinden und ob sich

---

755 *Keßler,* VuR 2015, 83, 87; *Makatsch / Kacholdt,* in: MüKo, WettbR, Band 2, § 33g GWB, Rn. 31; *Seifert,* NZKart 2017, 512, 513. Vgl. auch *Inderst / Thomas,* in: Inderst / Thomas, Schadensersatz bei Kartellverstößen, S. 499 f.

756 Vgl. auch *Preuß,* in: LMRKM, Kartellrecht, § 33g GWB, Rn. 25.

diese potenziellen Beweismittel für eine Beweisführung im Rahmen eines Kartellschadensersatzprozesses möglicherweise eignen würden. Aufgrund des Auskunftsanspruchs, § 33g Abs. 10 GWB, kann der Anspruchsteller beurteilen, hinsichtlich welcher konkreten Beweismittel die Herausgabe nach § 33g Abs. 1, 2 GWB zur Durchsetzung eines Kartellschadensersatzanspruchs, § 33a Abs. 1 GWB, oder zur Verteidigung gegen einen Kartellschadensersatzanspruch, § 33a Abs. 1 GWB, zweckmäßig sein würde.

Sobald die Auskunft durch den Anspruchsgegner erteilt wurde, § 33g Abs. 10 GWB, wäre es dem Anspruchsteller möglich, für die Geltendmachung des Beweismittelherausgabeanspruchs, § 33g Abs. 1, 2 GWB, die herauszugebenden Beweismittel konkret zu benennen und damit einen bestimmten Klageantrag im Sinne von § 253 Abs. 2 Nr. 2 ZPO zu stellen.

c) Praktische Umsetzung: Stufenklage, § 254 ZPO

Prozessual könnte der (vermeintliche) Kartellgeschädigte seinen Auskunftsanspruch und seinen Beweismittelherausgabeanspruch im Wege einer Stufenklage gemäß § 254 ZPO verfolgen.[757] In der Literatur[758] wird darauf hingewiesen, dass in geeigneten Fällen der Auskunftsanspruch gemäß § 33g Abs. 10 GWB i.V.m. § 33g Abs. 1 GWB die erste Stufe einer Stufenklage, § 254 ZPO, sein könnte.

Sofern der (vermeintliche) Kartellgeschädigte vor Anhängigkeit einer Kartellschadensersatzklage die Herausgabe von Beweismitteln begehrt, könnte er mit dem Antrag auf der ersten Stufe einen Auskunftsanspruch hinsichtlich der im Besitz des Anspruchsgegners vermuteten Beweismittel geltend machen und mit dem Antrag auf der zweiten Stufe die Herausgabe der Beweismittel verlangen, die sich im Besitz des Anspruchsgegners befinden und die für die Beweisführung im Kartellschadensersatzprozess relevant sind.

---

757 *Preuß*, in: LMRKM, Kartellrecht, § 33g GWB, Rn. 160. Vgl. *Preuß*, in: Kersting / Podszun, Die 9. GWB-Novelle, Kapitel 10., Rn. 123.

758 *Preuß*, in: Kersting / Podszun, Die 9. GWB-Novelle, Kapitel 10., Rn. 123; *Preuß*, in: LMRKM, Kartellrecht, § 33g GWB, Rn. 160.

Gegebenenfalls kann durch eine eidesstaatliche Versicherung die erteilte Auskunft auf Richtigkeit überprüft werden, § 260 Abs. 2 BGB.[759]

4. Inhalt des Auskunftsanspruchs

Der Auskunftsanspruch gemäß § 33g Abs. 10 GWB ist – wie jeder anderer Auskunftsanspruch der deutschen Rechtsordnung auch – auf die Erteilung von Auskünften gerichtet.[760]

Die Erteilung einer Auskunft stellt eine Wissenserklärung dar.[761] Auskunftspflichten beschränken sich dabei nicht auf das präsente Wissen des Auskunftsverpflichteten.[762] Vielmehr hat der Auskunftsverpflichtete auch gewisse Nachforschungspflichten.[763]

So ist der Auskunftsverpflichtete grundsätzlich dazu verpflichtet, „in zumutbarem Umfang alle ihm zur Verfügung stehenden Möglichkeiten der Informationen auszuschöpfen"[764]. Der Auskunftsverpflichtete muss seine Geschäftsunterlagen durchsehen, und alle weiteren ihm zugänglichen In-

---

759 Vgl. *Bornkamm / Tolkmitt,* in: Langen / Bunte, Kartellrecht, Band 1, § 33g GWB, Rn. 29; *Preuß,* in: LMRKM, Kartellrecht, § 33g GWB, Rn. 35.

760 *Bornkamm / Tolkmitt,* in: Langen / Bunte, Kartellrecht, Band 1, § 33g GWB, Rn. 28.

761 BGH, Urteil vom 23.02.2006 – I ZR 27/03 = GRUR 2006, 504, Rn. 40; *Bornkamm / Tolkmitt,* in: Langen / Bunte, Kartellrecht, Band 1, § 33g GWB, Rn. 28.

762 BGH, Urteil vom 23.02.2006 – I ZR 27/03 = GRUR 2006, 504, Rn. 40; BGH, Teilversäumnis- und Schlussurteil vom 23.01.2003 – I ZR 18/01 = GRUR 2003, 433, 434; *Bornkamm / Tolkmitt,* in: Langen / Bunte, Kartellrecht, Band 1, § 33g GWB, Rn. 28.

763 BGH, Urteil vom 23.02.2006 – I ZR 27/03 = GRUR 2006, 504, Rn. 40; BGH, Teilversäumnis- und Schlussurteil vom 23.01.2003 – I ZR 18/01 = GRUR 2003, 433, 434; *Bornkamm / Tolkmitt,* in: Langen / Bunte, Kartellrecht, Band 1, § 33g GWB, Rn. 28.

764 BGH, Urteil vom 23.02.2006 – I ZR 27/03 = GRUR 2006, 504, Rn. 40. So auch *Bornkamm / Tolkmitt,* in: Langen / Bunte, Kartellrecht, Band 1, § 33g GWB, Rn. 28.

formationen aus seinem Unternehmensbereich zur Erteilung einer vollständigen Auskunft heranziehen.[765] Sofern dies nicht ausreicht, muss der Auskunftsverpflichtete gegebenenfalls durch geeignete Bemühungen, auch gegenüber Dritten, für Aufklärung sorgen.[766] Darüberhinausgehende Nachforschungspflichten, insbesondere zu Ermittlungen bei Dritten, bestehen für den Auskunftsverpflichteten dagegen nicht.[767]

765 BGH, Urteil vom 23.02.2006 – I ZR 27/03 = GRUR 2006, 504, Rn. 40; BGH, Teilversäumnis- und Schlussurteil vom 23.01.2003 – I ZR 18/01 = GRUR 2003, 433, 434; *Bornkamm / Tolkmitt,* in: Langen / Bunte, Kartellrecht, Band 1, § 33g GWB, Rn. 28.

766 BGH, Urteil vom 23.02.2006 – I ZR 27/03 = GRUR 2006, 504, Rn. 40; BGH, Teilversäumnis- und Schlussurteil vom 23.01.2003 – I ZR 18/01 = GRUR 2003, 433, 434; *Bornkamm / Tolkmitt,* in: Langen / Bunte, Kartellrecht, Band 1, § 33g GWB, Rn. 28.

767 BGH, Urteil vom 23.02.2006 – I ZR 27/03 = GRUR 2006, 504, Rn. 40; BGH, Teilversäumnis- und Schlussurteil vom 23.01.2003 – I ZR 18/01 = GRUR 2003, 433, 434.

E. Bisherige Praxis: Rechtsprechung zu den Offenlegungsvorschriften

Zu den Offenlegungsvorschriften § 33g GWB und § 89b GWB liegen bislang noch nicht viele gerichtliche Entscheidungen vor. Die bisher ergangenen Entscheidungen sollen im Folgendem analysiert werden.

I. Oberlandesgericht Düsseldorf, VI-W (Kart) 2/18

Im einstweiligen Verfügungsverfahren hatten die Antragstellerinnen beim Landgericht Köln[768] die Herausgabe einer Entscheidung der Wettbewerbsbehörde wegen eines Wettbewerbsverstoßes beantragt, § 89b Abs. 5 GWB. Das Landgericht Köln hat den Antrag auf Erlass einer einstweiligen Verfügung zurückgewiesen.[769]

Die Antragstellerinnen haben gegen diesen Beschluss des Landgerichts Köln sofortige Beschwerde eingelegt.[770] Daraufhin hat das Oberlandesgericht Düsseldorf[771] (1. Kartellsenat) entschieden, dass die sofortige Beschwerde zulässig, aber nicht begründet sei.[772]

Sodann haben die Antragstellerinnen gegen diesen Beschluss des Oberlandesgerichts Düsseldorf Anhörungsrüge und Gegenvorstellung erhoben.

768 LG Köln, Beschluss vom 16.01.2018 – 31 O 338/17 = BeckRS 2018, 9287.

769 LG Köln, Beschluss vom 16.01.2018 – 31 O 338/17 = BeckRS 2018, 9287.

770 OLG Düsseldorf, Beschluss vom 03.04.2018 – VI-W (Kart) 2/18 = BeckRS 2018, 6656, Rn. 1 f.

771 OLG Düsseldorf, Beschluss vom 03.04.2018 – VI-W (Kart) 2/18 = BeckRS 2018, 6656.

772 OLG Düsseldorf, Beschluss vom 03.04.2018 – VI-W (Kart) 2/18 = BeckRS 2018, 6656, Rn. 1.

Das Oberlandesgericht Düsseldorf[773] (1. Kartellsenat) hat die Anhörungsrüge und die Gegenvorstellung zurückgewiesen.[774]

1. Landgericht Köln, Beschluss vom 16.01.2018, 31 O 338/17

Das Landgericht Köln hat mit Beschluss vom 16.01.2018[775] den Antrag auf Erlass einer einstweiligen Verfügung zurückgewiesen.[776] Denn der Verfügungsgrund liege nicht vor.[777]

Zwar geht das Landgericht Köln davon aus, dass § 89b GWB eine tatsächliche Vermutung der Dringlichkeit statuiere.[778] Aber die Dringlichkeitsvermutung sei dann widerlegt, wenn der Antragsteller ohne nachvollziehbaren Grund das Verfügungsverfahren verzögert eingeleitet habe.[779] Das sei dann der Fall, wenn der Antragsteller ohne Grund mehr als einen Monat mit der Einleitung eines Verfügungsverfahrens warte, obwohl er von der Rechtsverletzung und dem Schuldner Kenntnis habe.[780]

Das Landgericht Köln hat entschieden, dass die Antragstellerinnen die Dringlichkeitsvermutung des § 89b Abs. 5 GWB durch ihr eigenes Verhalten

773 OLG Düsseldorf, Beschluss vom 07.05.2018 – VI-W (Kart) 2/18 = BeckRS 2018, 8830.

774 OLG Düsseldorf, Beschluss vom 07.05.2018 – VI-W (Kart) 2/18 = BeckRS 2018, 8830.

775 LG Köln, Beschluss vom 16.01.2018 – 31 O 338/17 = BeckRS 2018, 9287.

776 LG Köln, Beschluss vom 16.01.2018 – 31 O 338/17 = BeckRS 2018, 9287.

777 LG Köln, Beschluss vom 16.01.2018 – 31 O 338/17 = BeckRS 2018, 9287, Rn. 2.

778 LG Köln, Beschluss vom 16.01.2018 – 31 O 338/17 = BeckRS 2018, 9287, Rn. 3.

779 LG Köln, Beschluss vom 16.01.2018 – 31 O 338/17 = BeckRS 2018, 9287, Rn. 3.

780 LG Köln, Beschluss vom 16.01.2018 – 31 O 338/17 = BeckRS 2018, 9287, Rn. 3.

widerlegt hätten.[781] Denn die nicht-vertrauliche Fassung der Kommissionsentscheidung sei bereits im April 2017 veröffentlicht worden und zudem hätten die Antragstellerinnen bereits im Juli 2017 außergerichtlich Schadensersatzansprüche gegenüber den Antragsgegnerinnen geltend gemacht.[782] Es sei daher nicht verständlich, weshalb die Antragsgegnerinnen den Verfügungsantrag erst im Oktober 2017 eingereicht hätten.[783]

2. Oberlandesgericht Düsseldorf, Beschluss vom 03.04.2018

Die Antragstellerinnen haben gegen den Beschluss des Landgerichts Köln vom 16.01.2018[784] sofortige Beschwerde eingelegt.[785]

Das Oberlandesgericht Düsseldorf (1. Kartellsenat) hat mit Beschluss vom 03.04.2018[786] entschieden, dass die sofortige Beschwerde zulässig, aber nicht begründet sei.[787] Das Landgericht Köln habe den Antrag auf Erlass einer einstweiligen Verfügung zu Recht zurückgewiesen.[788] Der Verfügungsantrag sei unbegründet, da die Antragstellerinnen ihr Rechtsschutzbegehren

781 LG Köln, Beschluss vom 16.01.2018 – 31 O 338/17 = BeckRS 2018, 9287, Rn. 4.

782 LG Köln, Beschluss vom 16.01.2018 – 31 O 338/17 = BeckRS 2018, 9287, Rn. 4.

783 LG Köln, Beschluss vom 16.01.2018 – 31 O 338/17 = BeckRS 2018, 9287, Rn. 4.

784 LG Köln, Beschluss vom 16.01.2018 – 31 O 338/17 = BeckRS 2018, 9287.

785 OLG Düsseldorf, Beschluss vom 03.04.2018 – VI-W (Kart) 2/18 = BeckRS 2018, 6656, Rn. 1 f.

786 OLG Düsseldorf, Beschluss vom 03.04.2018 – VI-W (Kart) 2/18 = BeckRS 2018, 6656.

787 OLG Düsseldorf, Beschluss vom 03.04.2018 – VI-W (Kart) 2/18 = BeckRS 2018, 6656, Rn. 1.

788 OLG Düsseldorf, Beschluss vom 03.04.2018 – VI-W (Kart) 2/18 = BeckRS 2018, 6656, Rn. 1.

weder auf § 89b Abs. 5 GWB noch auf §§ 935, 940 ZPO i.V.m. § 242 BGB stützen könnten.[789]

Im Folgendem soll der Beschluss des Oberlandesgerichts Düsseldorfs in Hinblick darauf untersucht werden, warum der Erlass einer einstweiligen Verfügung nicht auf § 89b Abs. 5 GWB gestützt werden konnte. Auf diese Weise soll die Ansicht des Oberlandesgerichts Düsseldorf zu den verfahrensrechtlichen und materiellrechtlichen Offenlegungsvorschriften des GWB herausgearbeitet werden.

Das Oberlandesgericht Düsseldorf legt dar, dass die Voraussetzungen des § 89b Abs. 5 GWB in mehrfacher Hinsicht nicht vorliegen würden.[790] Es liege weder ein Verfügungsanspruch noch ein Verfügungsgrund vor.[791]

a) Kein Verfügungsanspruch

Zunächst stellt das Oberlandesgericht Düsseldorf klar, dass der Antragsteller auch in dem einstweiligen Verfügungsverfahren gemäß § 89b Abs. 5 GWB die Voraussetzungen des Verfügungsanspruchs, also des Beweismittelherausgabeanspruchs, § 33g Abs. 1 GWB, darlegen und glaubhaftmachen müsse.[792]

Sodann führt das Oberlandesgericht Düsseldorf aus, dass der Erlass der begehrten einstweiligen Verfügung schon deswegen nicht auf § 89b Abs. 5 GWB gestützt werden könne, weil § 89b Abs. 5 GWB schon nicht anwendbar sei.[793] Zwar könne gemäß der Übergangsbestimmung des

---

789 OLG Düsseldorf, Beschluss vom 03.04.2018 – VI-W (Kart) 2/18 = BeckRS 2018, 6656, Rn. 10.

790 OLG Düsseldorf, Beschluss vom 03.04.2018 – VI-W (Kart) 2/18 = BeckRS 2018, 6656, Rn. 13.

791 OLG Düsseldorf, Beschluss vom 03.04.2018 – VI-W (Kart) 2/18 = BeckRS 2018, 6656, Rn. 20, 28.

792 OLG Düsseldorf, Beschluss vom 03.04.2018 – VI-W (Kart) 2/18 = BeckRS 2018, 6656, Rn. 14.

793 OLG Düsseldorf, Beschluss vom 03.04.2018 – VI-W (Kart) 2/18 = BeckRS 2018, 6656, Rn. 16.

§ 186 Abs. 4 GWB die Herausgabe der Entscheidung einer Wettbewerbsbehörde im Wege der einstweiligen Verfügung gemäß § 89b Abs. 5 GWB auch in einem isolierten Verfahren vor Klageerhebung in der Hauptsache verfolgt werden, sofern dieses Verfahren nach dem 26.12.2016 rechtshängig geworden sei.[794] Aber § 89b Abs. 5 GWB sowie § 33g GWB seien nur auf solche Kartellschadensersatzansprüche anwendbar, die nach dem Inkrafttreten der neunten GWB-Novelle am 09.06.2017 entstanden sind.[795]

aa) Übergangsbestimmung gemäß § 186 GWB

Dass die Herausgabe der Entscheidung einer Wettbewerbsbehörde im Wege der einstweiligen Verfügung gemäß § 89b Abs. 5 GWB „auch in einem isolierten Verfahren vor Klageerhebung in der Hauptsache verfolgt werden kann, solange dieses nach dem 26. Dezember 2016 rechtshängig geworden ist“[796], begründet das Oberlandesgericht Düsseldorf mit einer Auslegung der Übergangsregelung § 186 Abs. 4 GWB.[797] Sofern das einstweilige Verfügungsverfahren nach dem 26.12.2016 rechtshängig geworden ist, sei es nicht erforderlich, dass vor dem einstweiligen Verfügungsverfahren eine Hauptsacheklage auf Schadensersatz gemäß § 33a Abs. 1 GWB erhoben wird oder eine Hauptsacheklage auf Herausgabe gemäß § 33g GWB erhoben wird oder die einstweilige Verfügung innerhalb eines solchen Hauptsacheverfahrens beantragt werden muss.[798]

---

794 OLG Düsseldorf, Beschluss vom 03.04.2018 – VI-W (Kart) 2/18 = BeckRS 2018, 6656, Rn. 15.

795 OLG Düsseldorf, Beschluss vom 03.04.2018 – VI-W (Kart) 2/18 = BeckRS 2018, 6656, Rn. 16.

796 OLG Düsseldorf, Beschluss vom 03.04.2018 – VI-W (Kart) 2/18 = BeckRS 2018, 6656, Rn. 15.

797 OLG Düsseldorf, Beschluss vom 03.04.2018 – VI-W (Kart) 2/18 = BeckRS 2018, 6656, Rn. 15.

798 OLG Düsseldorf, Beschluss vom 03.04.2018 – VI-W (Kart) 2/18 = BeckRS 2018, 6656, Rn. 15.

Die Übergangsregelung stelle nur sicher, dass „eine einstweilige Verfügung zur Herausgabe wettbewerbsbehördlicher Entscheidungen nach § 89b Abs. 5 GWB nicht für ein Schadensersatzverfahren ergehen kann, das vor dem Stichtag bereits rechtshängig war"[799].[800] Demgegenüber regele die Übergangsvorschrift nicht, auf welche Weise eine einstweilige Verfügung beantragt werden müsse, sofern zum Stichtag noch kein Hauptsachverfahren anhängig wäre.[801] Vielmehr sei es so, dass eine einstweilige Verfügung auch vor Anhängigkeit einer Hauptsacheklage beantragt werden könne, da auch § 89b Abs. 5 GWB insoweit keine Einschränkung mache.[802]

bb) Relevanz des Zeitpunkts der Entstehung des Schadensersatzanspruchs

Darüber hinaus sei für die Anwendbarkeit von § 89b Abs. 5 GWB der Zeitpunkt der Entstehung des Kartellschadensersatzanspruchs relevant.[803]

Nach dem Oberlandesgericht Düsseldorf würden § 89b Abs. 5 GWB und § 33g GWB nur auf solche Schadensersatzansprüche Anwendung finden, die entstanden sind, nachdem die neunte GWB-Novelle am 09.06.2017 in Kraft getreten ist.[804] Dies begründet das Oberlandesgericht Düsseldorf damit, dass der zeitliche Anwendungsbereich von § 33g Abs. 1 GWB im Rahmen der

---

799 OLG Düsseldorf, Beschluss vom 03.04.2018 – VI-W (Kart) 2/18 = BeckRS 2018, 6656, Rn. 15.

800 OLG Düsseldorf, Beschluss vom 03.04.2018 – VI-W (Kart) 2/18 = BeckRS 2018, 6656, Rn. 15.

801 OLG Düsseldorf, Beschluss vom 03.04.2018 – VI-W (Kart) 2/18 = BeckRS 2018, 6656, Rn. 15.

802 OLG Düsseldorf, Beschluss vom 03.04.2018 – VI-W (Kart) 2/18 = BeckRS 2018, 6656, Rn. 15.

803 OLG Düsseldorf, Beschluss vom 03.04.2018 – VI-W (Kart) 2/18 = BeckRS 2018, 6656, Rn. 16, 22.

804 OLG Düsseldorf, Beschluss vom 03.04.2018 – VI-W (Kart) 2/18 = BeckRS 2018, 6656, Rn. 16.

Anwendung von § 89b Abs. 5 GWB berücksichtigt werden müsste.[805] Aufgrund des materiellrechtlichen Charakters von § 33g GWB würde sich der Anwendungsbereich von § 33g GWB nach den „zeitlichen Anwendbarkeitsvoraussetzungen für das materielle Recht“[806] bestimmen.[807]

(1) Dualer Charakter von § 33g Abs. 1 GWB

Der Beweismittelherausgabeanspruch gemäß § 33g Abs. 1 GWB ist nach dem Oberlandesgericht Düsseldorf ein selbständiger materieller „Rechtsanspruch“[808].[809] Die Kartellschadensersatzrichtlinie habe von den Mitgliedstaaten nur die Schaffung verfahrensrechtlicher Offenlegungsvorschriften verlangt.[810] Wegen der verfahrensrechtlichen Vorgaben der Kartellschadensersatzrichtlinie einerseits und der materiellrechtlichen Umsetzung durch den deutschen Gesetzgeber andererseits, weise die deutsche Offenlegungsvorschrift § 33g GWB einen dualen Charakter auf.[811]

805 OLG Düsseldorf, Beschluss vom 03.04.2018 – VI-W (Kart) 2/18 = BeckRS 2018, 6656, Rn. 16 ff.

806 OLG Düsseldorf, Beschluss vom 03.04.2018 – VI-W (Kart) 2/18 = BeckRS 2018, 6656, Rn. 21.

807 OLG Düsseldorf, Beschluss vom 03.04.2018 – VI-W (Kart) 2/18 = BeckRS 2018, 6656, Rn. 21.

808 OLG Düsseldorf, Beschluss vom 03.04.2018 – VI-W (Kart) 2/18 = BeckRS 2018, 6656, Rn. 17.

809 OLG Düsseldorf, Beschluss vom 03.04.2018 – VI-W (Kart) 2/18 = BeckRS 2018, 6656, Rn. 17.

810 OLG Düsseldorf, Beschluss vom 03.04.2018 – VI-W (Kart) 2/18 = BeckRS 2018, 6656, Rn. 17.

811 OLG Düsseldorf, Beschluss vom 03.04.2018 – VI-W (Kart) 2/18 = BeckRS 2018, 6656, Rn. 17 f.

(2) Relevanz der zeitlichen Anwendbarkeitsvoraussetzungen für das materielle Recht

Da § 33g GWB ein materiellrechtlicher Anspruch sei, müssen nach dem Oberlandesgericht Düsseldorf für diesen „auch die zeitlichen Anwendbarkeitsvoraussetzungen für das materielle Recht vorliegen“[812].[813] Gemäß § 186 Abs. 4 GWB könne der Beweismittelherausgabeanspruch, § 33g Abs. 1 GWB, zwar grundsätzlich gerichtlich geltend gemacht werden, sofern das jeweilige Verfahren nach dem 26.12.2016 rechtshängig wird.[814] Die Beachtung dieser Voraussetzung des § 186 Abs. 4 GWB reiche für die Anwendung des Beweismittelherausgabeanspruchs gemäß § 33g Abs. 1 GWB jedoch allein nicht aus.[815]

Zudem sei Voraussetzung des Beweismittelherausgabeanspruchs, § 33g Abs. 1 GWB, dass die Beweismittel für die Erhebung eines Schadensersatzanspruchs gemäß § 33a Abs. 1 GWB erforderlich seien.[816] Diese Voraussetzung sei auch für die Anwendbarkeit des § 33g Abs. 1 GWB relevant.[817] Denn der Schadensersatzanspruch nach § 33a GWB sei gemäß der Übergangsbestimmung des § 186 Abs. 3 S. 1 GWB nur auf solche Schadensersatz-

812 OLG Düsseldorf, Beschluss vom 03.04.2018 – VI-W (Kart) 2/18 = BeckRS 2018, 6656, Rn. 21.

813 OLG Düsseldorf, Beschluss vom 03.04.2018 – VI-W (Kart) 2/18 = BeckRS 2018, 6656, Rn. 21.

814 OLG Düsseldorf, Beschluss vom 03.04.2018 – VI-W (Kart) 2/18 = BeckRS 2018, 6656, Rn. 21.

815 OLG Düsseldorf, Beschluss vom 03.04.2018 – VI-W (Kart) 2/18 = BeckRS 2018, 6656, Rn. 21.

816 OLG Düsseldorf, Beschluss vom 03.04.2018 – VI-W (Kart) 2/18 = BeckRS 2018, 6656, Rn. 22.

817 OLG Düsseldorf, Beschluss vom 03.04.2018 – VI-W (Kart) 2/18 = BeckRS 2018, 6656, Rn. 22.

ansprüche anwendbar, die erst nach dem 26.12.2016 entstanden seien.[818] § 33 Abs. 3 GWB a.F., der für Schadensersatzansprüche, die vor diesem relevanten Stichpunkt des § 186 Abs. 3 S. 1 GWB entstanden sind, anwendbar sei, finde in § 33g Abs. 1 GWB keine Erwähnung.[819]

Damit können nur solche Beweismittel gemäß § 33g Abs. 1 GWB herausverlangt werden, die für die Erhebung von Schadensersatzansprüchen erforderlich sind, die nach dem 26.12.2016 entstanden sind.[820] Das bedeutet also, dass nach dem Oberlandesgericht Düsseldorf die Anwendbarkeit des Beweismittelherausgabeanspruchs gemäß § 33g Abs. 1 GWB und damit auch die Anwendbarkeit des § 89b Abs. 5 GWB durch die zeitlichen Anwendbarkeitsvoraussetzungen des Schadensersatzanspruchs gemäß § 33a Abs. 1 GWB begrenzt werden.

cc) Kein Anspruch auf Herausgabe der in Bezug genommenen Urkunden und sonstigen Beweismittel

Das Oberlandesgericht Düsseldorf hat auch über den Umfang des Anspruchs auf Herausgabe im Verfahren gemäß § 89b Abs. 5 GWB entschieden. § 89b Abs. 5 GWB gewähre nach seinem eindeutigen Wortlaut nur einen Anspruch auf Herausgabe der bindenden Entscheidung der Wettbewerbsbehörde, die den Kartellverstoß des Antragsgegners festgestellt habe.[821] § 89b Abs. 5 GWB gewähre jedoch nicht einen Anspruch auf die in der Entscheidung der Wettbewerbsbehörde in Bezug genommenen Urkunden und

818 OLG Düsseldorf, Beschluss vom 03.04.2018 – VI-W (Kart) 2/18 = BeckRS 2018, 6656, Rn. 22.

819 OLG Düsseldorf, Beschluss vom 03.04.2018 – VI-W (Kart) 2/18 = BeckRS 2018, 6656, Rn. 22.

820 OLG Düsseldorf, Beschluss vom 03.04.2018 – VI-W (Kart) 2/18 = BeckRS 2018, 6656, Rn. 22.

821 OLG Düsseldorf, Beschluss vom 03.04.2018 – VI-W (Kart) 2/18 = BeckRS 2018, 6656, Rn. 26.

weiteren Beweismittel.[822] Ein Rechtsschutzbegehren, das auf die Herausgabe der in den Fußnoten der Entscheidung der Wettbewerbsbehörde angegebenen Beweisdokumente gerichtet ist, ist nach dem Oberlandesgericht Düsseldorf unbegründet.[823]

b) Kein Verfügungsgrund

Das Oberlandesgericht Düsseldorf hat entschieden, dass auch im einstweiligen Verfügungsverfahren gemäß § 89b Abs. 5 GWB ein Verfügungsgrund vorliegen muss.[824]

aa) Kein einstweiliger Rechtsschutz ohne Dringlichkeit der Angelegenheit

Das Landgericht Köln habe zu Recht angenommen, „dass § 89b Abs. 5 GWB [...] keinen einstweiligen Rechtsschutz ohne eine Dringlichkeit der Angelegenheit (= Verfügungsgrund) bereitstellt, sondern zu Gunsten des (vermeintlichen) Kartellgeschädigten lediglich eine widerlegbare tatsächliche Vermutung der Eilbedürftigkeit normiert“[825].[826] Dieses Normverständnis ergebe sich aus dem Wortlaut des § 89b Abs. 5 GWB sowie aus einem Vergleich zur textgleichen Vorschrift des § 12 Abs. 2 UWG.[827]

---

822 OLG Düsseldorf, Beschluss vom 03.04.2018 – VI-W (Kart) 2/18 = BeckRS 2018, 6656, Rn. 26.

823 OLG Düsseldorf, Beschluss vom 03.04.2018 – VI-W (Kart) 2/18 = BeckRS 2018, 6656, Rn. 26.

824 OLG Düsseldorf, Beschluss vom 03.04.2018 – VI-W (Kart) 2/18 = BeckRS 2018, 6656, Rn. 28 ff.

825 OLG Düsseldorf, Beschluss vom 03.04.2018 – VI-W (Kart) 2/18 = BeckRS 2018, 6656, Rn. 29.

826 OLG Düsseldorf, Beschluss vom 03.04.2018 – VI-W (Kart) 2/18 = BeckRS 2018, 6656, Rn. 29.

827 OLG Düsseldorf, Beschluss vom 03.04.2018 – VI-W (Kart) 2/18 = BeckRS 2018, 6656, Rn. 33.

(1) Wortlaut des § 89b Abs. 5 GWB

Nach dem Oberlandesgericht Düsseldorf würde § 89b Abs. 5 GWB die Geltendmachung des Beweismittelherausgabeanspruchs, § 33g Abs. 1 GWB, erleichtern, sofern der Anspruchsteller die Herausgabe der wettbewerbsbehördlichen Entscheidung begehrt.[828] Denn § 89b Abs. 5 GWB befreie den Antragsteller davon, „die Dringlichkeit seines Herausgabebegehrens darzulegen und glaubhaft zu machen“[829].[830] Bereits aus dem Wortlaut von § 89 Abs. 5 GWB ergebe sich, dass „nicht die Eilbedürftigkeit selbst entbehrlich ist, sondern nur ihre Darlegung und Glaubhaftmachung“[831].[832]

(2) Vergleich mit der textgleichen Vorschrift § 12 Abs. 2 UWG

Das Oberlandesgericht legt dar, dass sich diese bloße Dringlichkeitsvermutung in § 89b Abs. 5 GWB auch durch einen Vergleich mit der „textgleichen Vorschrift des § 12 Abs. 2 UWG“[833] bestätige.[834] Nach dieser Vorschrift können „zur Sicherung der im UWG bezeichneten Ansprüche auf Unterlassen einstweilige Verfügungen auch ohne die Darlegung und Glaubhaftmachung

---

828 OLG Düsseldorf, Beschluss vom 03.04.2018 – VI-W (Kart) 2/18 = BeckRS 2018, 6656, Rn. 32.

829 OLG Düsseldorf, Beschluss vom 03.04.2018 – VI-W (Kart) 2/18 = BeckRS 2018, 6656, Rn. 32.

830 OLG Düsseldorf, Beschluss vom 03.04.2018 – VI-W (Kart) 2/18 = BeckRS 2018, 6656, Rn. 32.

831 OLG Düsseldorf, Beschluss vom 03.04.2018 – VI-W (Kart) 2/18 = BeckRS 2018, 6656, Rn. 32.

832 OLG Düsseldorf, Beschluss vom 03.04.2018 – VI-W (Kart) 2/18 = BeckRS 2018, 6656, Rn. 32.

833 OLG Düsseldorf, Beschluss vom 03.04.2018 – VI-W (Kart) 2/18 = BeckRS 2018, 6656, Rn. 33.

834 OLG Düsseldorf, Beschluss vom 03.04.2018 – VI-W (Kart) 2/18 = BeckRS 2018, 6656, Rn. 33.

der in den §§ 935 und 940 ZPO bezeichneten Voraussetzungen erlassen werden“[835].[836]

Das Oberlandesgericht Düsseldorf erläutert, dass es ständige Rechtsprechung sei, dass § 12 Abs. 2 UWG einen Verfügungsgrund nicht entbehrlich mache, sondern tatsächlich widerlegbar vermute, dass die vom Antragsteller in Wettbewerbssachen begehrte Verbotsverfügung in der Regel für diesen besonders dringlich sei.[837] Weiter führt das Oberlandesgericht Düsseldorf aus, dass nach ständiger Rechtsprechung der Antragsteller diese Vermutung der Dringlichkeit durch sein eigenes Verhalten widerlege, wenn er mit diesem zum Ausdruck bringe, „dass ihm an einer zeitnahen Klärung der Berechtigung seiner Ansprüche nicht wirklich gelegen ist, weil er etwa mit der Rechtsverfolgung zu lange wartet oder das Verfahren nicht zügig, sondern schleppend betreibt“[838].[839]

Nach dem Oberlandesgericht Düsseldorf habe der Gesetzgeber der neunten GWB-Novelle in Kenntnis der Rechtsprechung zu § 12 Abs. 2 UWG einen vergleichbaren Wortlaut für § 89b Abs. 5 GWB gewählt.[840] Daher müsse

835 OLG Düsseldorf, Beschluss vom 03.04.2018 – VI-W (Kart) 2/18 = BeckRS 2018, 6656, Rn. 33.

836 OLG Düsseldorf, Beschluss vom 03.04.2018 – VI-W (Kart) 2/18 = BeckRS 2018, 6656, Rn. 33.

837 OLG Düsseldorf, Beschluss vom 03.04.2018 – VI-W (Kart) 2/18 = BeckRS 2018, 6656, Rn. 34.

838 OLG Düsseldorf, Beschluss vom 03.04.2018 – VI-W (Kart) 2/18 = BeckRS 2018, 6656, Rn. 34.

839 OLG Düsseldorf, Beschluss vom 03.04.2018 – VI-W (Kart) 2/18 = BeckRS 2018, 6656, Rn. 34.

840 OLG Düsseldorf, Beschluss vom 03.04.2018 – VI-W (Kart) 2/18 = BeckRS 2018, 6656, Rn. 35.

auch § 89b Abs. 5 GWB so ausgelegt werden, „dass die Dringlichkeit nicht verzichtbar ist, sondern nur widerleglich vermutet wird“[841].[842]

bb) Widerlegung der Dringlichkeitsvermutung

Das Oberlandesgericht Düsseldorf sieht die Dringlichkeitsvermutung des § 89b Abs. 5 GWB jedenfalls dann widerlegt, wenn die Antragstellerinnen bereits seit der am Tag der Kommissionsentscheidung veröffentlichten Pressemitteilung (zu eben dieser Kommissionsentscheidung) hätten erkennen können, dass sie zur Geltendmachung von Kartellschadensersatzansprüchen auf Auskunft über den Inhalt der Entscheidung der Kommission angewiesen sein könnten, und die Antragstellerinnen erst ein Jahr seit dem Erlass der Kommissionsentscheidung Schadensersatzansprüche gegen die Antragsgegnerinnen geltend machen und zudem weitere zwei Monate nach dieser Geltendmachung von Schadensersatzansprüchen erstmals eine vollständige Kopie der vertraulichen Fassung der Kommissionsentscheidung lediglich von einer von mehreren Antragsgegnerinnen herausverlangen.[843] Nach dem Oberlandesgericht Düsseldorf sei entscheidend für die Widerlegung der Dringlichkeit, dass die Antragstellerinnen nach dem Erlass der Kommissionsentscheidung zu lange gewartet hätten, bis sie den Antrag auf Erlass einer einstweiligen Verfügung gestellt hätten.[844]

---

841 OLG Düsseldorf, Beschluss vom 03.04.2018 – VI-W (Kart) 2/18 = BeckRS 2018, 6656, Rn. 35.

842 OLG Düsseldorf, Beschluss vom 03.04.2018 – VI-W (Kart) 2/18 = BeckRS 2018, 6656, Rn. 35.

843 OLG Düsseldorf, Beschluss vom 03.04.2018 – VI-W (Kart) 2/18 = BeckRS 2018, 6656, Rn. 39.

844 OLG Düsseldorf, Beschluss vom 03.04.2018 – VI-W (Kart) 2/18 = BeckRS 2018, 6656, Rn. 40.

3. Oberlandesgericht Düsseldorf, Beschluss vom 07.05.2018

Die Antragstellerinnen haben gegen den Beschluss des Oberlandesgerichts Düsseldorf vom 03.04.2018[845] Anhörungsrüge und Gegenvorstellung erhoben. Mit Beschluss vom 07.05.2018[846] hat das Oberlandesgericht Düsseldorf (1. Kartellsenat) die Anhörungsrüge und die Gegenvorstellung zurückgewiesen.[847]

Mit dem Beschluss vom 07.05.2018 bestätigt das Oberlandesgericht den Beschluss vom 03.04.2018 und erläutert die Ausführungen des Beschlusses vom 03.04.2018 zu den verfahrensrechtlichen und materiellrechtlichen Offenlegungsvorschriften des GWB. Im Folgendem sollen diese Erläuterungen des Oberlandesgerichts Düsseldorf aus dem Beschluss vom 07.05.2018 im Einzelnen dargestellt.

a) Besondere Dringlichkeit als Voraussetzung

Die einstweilige Verfügung setze „bereits begrifflich eine besondere Dringlichkeit voraus“[848]. Denn andernfalls könne der Antragsteller sein Begehren auch im Hauptsacheverfahren verfolgen.[849] Daher verzichte § 89b Abs. 5 GWB lediglich auf die Darlegung und Glaubhaftmachung der in den §§ 935 und 940 ZPO bezeichneten Voraussetzungen, um die Durchsetzung des Beweismittelherausgabeanspruchs gemäß § 33g Abs. 1 GWB im einstweiligen

845 OLG Düsseldorf, Beschluss vom 03.04.2018 – VI-W (Kart) 2/18 = BeckRS 2018, 6656.

846 OLG Düsseldorf, Beschluss vom 07.05.2018 – VI-W (Kart) 2/18 = BeckRS 2018, 8830.

847 OLG Düsseldorf, Beschluss vom 07.05.2018 – VI-W (Kart) 2/18 = BeckRS 2018, 8830.

848 OLG Düsseldorf, Beschluss vom 07.05.2018 – VI-W (Kart) 2/18 = BeckRS 2018, 8830, Rn. 6.

849 OLG Düsseldorf, Beschluss vom 07.05.2018 – VI-W (Kart) 2/18 = BeckRS 2018, 8830, Rn. 6.

Rechtsschutz zu erleichtern.[850] § 89b Abs. 5 GWB verzichte jedoch nicht auf das Vorliegen der in den §§ 935 und 940 ZPO bezeichneten Voraussetzungen.[851] Denn dann hätte der Gesetzgeber in § 89b Abs. 5 GWB „eine andere Formulierung wählen müssen“[852].[853] Der Gesetzgeber hätte dann beispielsweise in § 89b Abs. 5 GWB formulieren müssen, „dass die einstweilige Verfügung auch ohne das Vorliegen der in den §§ 935 und 940 ZPO bezeichneten Voraussetzungen angeordnet werden kann“[854].[855]

Diese sich aus dem Wortlaut ergebende Auslegung finde ihre Bestätigung in der ständigen Rechtsprechung zu der wortgleichen Vorschrift § 12 Abs. 2 UWG.[856] Denn auch nach ständiger Rechtsprechung zu § 12 Abs. 2 UWG werde die besondere Dringlichkeit tatsächlich und widerleglich vermutet.[857] Es gäbe auch keine Anhaltspunkte, dass § 89b Abs. 5 GWB und § 12 Abs. 2 UWG trotz identischen Wortlauts einen unterschiedlichen rechtlichen Inhalt aufweisen würden.[858]

---

850 OLG Düsseldorf, Beschluss vom 07.05.2018 – VI-W (Kart) 2/18 = BeckRS 2018, 8830, Rn. 6.

851 OLG Düsseldorf, Beschluss vom 07.05.2018 – VI-W (Kart) 2/18 = BeckRS 2018, 8830, Rn. 6.

852 OLG Düsseldorf, Beschluss vom 07.05.2018 – VI-W (Kart) 2/18 = BeckRS 2018, 8830, Rn. 6.

853 OLG Düsseldorf, Beschluss vom 07.05.2018 – VI-W (Kart) 2/18 = BeckRS 2018, 8830, Rn. 6.

854 OLG Düsseldorf, Beschluss vom 07.05.2018 – VI-W (Kart) 2/18 = BeckRS 2018, 8830, Rn. 6.

855 OLG Düsseldorf, Beschluss vom 07.05.2018 – VI-W (Kart) 2/18 = BeckRS 2018, 8830, Rn. 6.

856 OLG Düsseldorf, Beschluss vom 07.05.2018 – VI-W (Kart) 2/18 = BeckRS 2018, 8830, Rn. 7.

857 OLG Düsseldorf, Beschluss vom 07.05.2018 – VI-W (Kart) 2/18 = BeckRS 2018, 8830, Rn. 7.

858 OLG Düsseldorf, Beschluss vom 07.05.2018 – VI-W (Kart) 2/18 = BeckRS 2018, 8830, Rn. 7.

b) Unerheblichkeit des genauen Zeitpunkts der Kenntniserlangung

Das Oberlandesgericht Düsseldorf stellt klar, dass der genaue Zeitpunkt der Kenntnisnahme von der Pressemitteilung zu der Entscheidung der Europäischen Kommission unerheblich sei.[859] Vielmehr sei entscheidend, dass jeder Zeitpunkt zwischen der Veröffentlichung der Pressemitteilung vom 19.07.2016 zu der Kommissionsentscheidung und „dem Datum der erstmaligen schriftlichen Geltendmachung von Schadensersatzansprüchen am 13./14. Juli 2017“[860] durch die Antragstellerinnen dringlichkeitsschädlich sei.[861] Denn die Antragstellerinnen hätten zu lange gewartet bis sie den Antrag auf Herausgabe der Kommissionsentscheidung im einstweiligen Rechtsschutz gestellt hätten.[862] Jedenfalls aus den Schreiben, mit denen die Antragstellerinnen erstmalig Schadensersatzansprüche schriftlich geltend machen, ergebe sich, dass das Vorliegen der Kommissionsentscheidung den Antragstellerinnen bekannt war.[863]

c) Keine Darlegung von Verjährungsfragen notwendig

Weiter legt das Oberlandesgericht Düsseldorf dar, dass im Rahmen des einstweiligen Rechtsschutzes gemäß § 89b Abs. 5 GWB nicht dargelegt werden müsse, „dass die Verjährung des Schadensersatzanspruchs droht, dessen Gel-

859 OLG Düsseldorf, Beschluss vom 07.05.2018 – VI-W (Kart) 2/18 = BeckRS 2018, 8830, Rn. 11.

860 OLG Düsseldorf, Beschluss vom 07.05.2018 – VI-W (Kart) 2/18 = BeckRS 2018, 8830, Rn. 11.

861 OLG Düsseldorf, Beschluss vom 07.05.2018 – VI-W (Kart) 2/18 = BeckRS 2018, 8830, Rn. 11.

862 OLG Düsseldorf, Beschluss vom 07.05.2018 – VI-W (Kart) 2/18 = BeckRS 2018, 8830, Rn. 11.

863 OLG Düsseldorf, Beschluss vom 07.05.2018 – VI-W (Kart) 2/18 = BeckRS 2018, 8830, Rn. 11.

tendmachung mit der im einstweiligen Verfügungsverfahren verfolgten Beweismittelherausgabe vorbereitet werden soll"[864].[865]

Für die Antragstellerinnen streite wegen des Verzichts auf die Darlegung und Glaubhaftmachung der in den §§ 935, 940 ZPO bezeichneten Voraussetzungen die Vermutung für die Dringlichkeit ihres Begehrens.[866] Daher bräuchten die Antragstellerinnen auch nicht dazu vortragen, „dass und wann ihre behaupteten Kartellschadensersatzansprüche ganz oder teilweise verjähren würden"[867].[868] Die Dringlichkeit der Beweismittelherausgabe gemäß § 89b Abs. 5 GWB werde vermutet ungeachtet dessen, ob die Verjährung tatsächliche drohe und sie durch die sofortige Erhebung einer Kartellschadensersatzklage gehemmt werden könnte.[869]

Entscheidend sei, dass die Antragstellerinnen die Dringlichkeit widerlegt hätten, indem sie zu lange mit der Stellung des Antrags auf Erlass einer einstweiligen Verfügung gemäß § 89b Abs. 5 GWB gewartet hätten.[870] Selbst ein Vortrag der Antragstellerinnen zur Verjährung hätte diese Dringlichkeitswiderlegung nicht ändern können.[871] Denn durch das lange Warten bis zur

864 OLG Düsseldorf, Beschluss vom 07.05.2018 – VI-W (Kart) 2/18 = BeckRS 2018, 8830, Rn. 14.

865 OLG Düsseldorf, Beschluss vom 07.05.2018 – VI-W (Kart) 2/18 = BeckRS 2018, 8830, Rn. 14.

866 OLG Düsseldorf, Beschluss vom 07.05.2018 – VI-W (Kart) 2/18 = BeckRS 2018, 8830, Rn. 14.

867 OLG Düsseldorf, Beschluss vom 07.05.2018 – VI-W (Kart) 2/18 = BeckRS 2018, 8830, Rn. 14.

868 OLG Düsseldorf, Beschluss vom 07.05.2018 – VI-W (Kart) 2/18 = BeckRS 2018, 8830, Rn. 14.

869 OLG Düsseldorf, Beschluss vom 07.05.2018 – VI-W (Kart) 2/18 = BeckRS 2018, 8830, Rn. 14.

870 OLG Düsseldorf, Beschluss vom 07.05.2018 – VI-W (Kart) 2/18 = BeckRS 2018, 8830, Rn. 14.

871 OLG Düsseldorf, Beschluss vom 07.05.2018 – VI-W (Kart) 2/18 = BeckRS 2018, 8830, Rn. 14.

Stellung des Antrags hätten die Antragstellerinnen zu erkennen gegeben, dass sie ungeachtet einer möglicherweise drohenden Verjährung ihnen die Angelegenheit nicht dringlich sei.[872]

d) Der zeitliche Anwendungsbereich des Beweismittelherausgabeanspruchs, § 33g GWB

Das Oberlandesgericht Düsseldorf führt aus, „dass der deutsche Gesetzgeber den Anwendungsbereich des eigenständigen materiellrechtlichen Beweismittelherausgabeanspruchs auf nach dem 26. Dezember 2016 entstandene Schadensersatzansprüche begrenzen durfte“[873].

Denn der Beweismittelherausgabeanspruch, § 33g GWB, stelle eine Regelung dar, die über die Vorgaben der Kartellschadensersatzrichtlinie hinausgehe und die mehr Rechte gewähre als die Kartellschadensersatzrichtlinie vorsehe.[874] Die Kartellschadensersatzrichtlinie habe in Art. 5 SE-RL den Mitgliedstaaten allein die Schaffung von verfahrensrechtlichen Offenlegungsvorschriften vorgeschrieben, nicht jedoch die Schaffung von materiellrechtlichen Offenlegungsvorschriften wie § 33g GWB.[875] Gleichwohl gestatte die Kartellschadensersatzrichtlinie den Mitgliedstaaten gemäß Art. 5 Abs. 8 SE-RL umfassendere Regelungen als die in der Richtlinie vorgesehenen Regelungen zu treffen.[876]

---

872 OLG Düsseldorf, Beschluss vom 07.05.2018 – VI-W (Kart) 2/18 = BeckRS 2018, 8830, Rn. 14.

873 OLG Düsseldorf, Beschluss vom 07.05.2018 – VI-W (Kart) 2/18 = BeckRS 2018, 8830, Rn. 27.

874 OLG Düsseldorf, Beschluss vom 07.05.2018 – VI-W (Kart) 2/18 = BeckRS 2018, 8830, Rn. 26 f.

875 OLG Düsseldorf, Beschluss vom 07.05.2018 – VI-W (Kart) 2/18 = BeckRS 2018, 8830, Rn. 26 f.

876 OLG Düsseldorf, Beschluss vom 07.05.2018 – VI-W (Kart) 2/18 = BeckRS 2018, 8830, Rn. 27.

Mitgliedstaaten könnten für über die Vorgaben der Kartellschadensersatzrichtlinie hinausgehende Vorschriften wie § 33g GWB und § 89 Abs. 5 GWB „ohne weiteres einen geringeren zeitlichen Anwendungsbereich [...] als die von der Richtlinie vorgeschriebenen“[877] bestimmen.[878] Daher verstoße es zweifellos nicht gegen Unionsrecht, wenn der deutsche Gesetzgeber den zeitlichen Anwendungsbereich der materiellrechtlichen Offenlegungsvorschrift § 33g GWB auf nach dem 26.12.2016 entstandene Schadensersatzansprüche beschränke.[879]

Die deutsche Richtlinienumsetzung würde den Vorgaben des Art. 5 SE-RL hinsichtlich der zeitlichen Anwendbarkeit dadurch genügen, dass § 89b Abs. 1, 2 GWB i.V.m. § 142 ZPO in nach dem 26.12.2016 erhobenen Schadensersatzklagen auch auf ältere Schadensersatzansprüche anwendbar wäre.[880]

4. Reaktion auf die Rechtsprechung des Oberlandesgerichts Düsseldorf

Der Referentenentwurf[881] (Bearbeitungsstand: 24.01.2020, 09:32 Uhr) des Bundesministeriums für Wirtschaft und Energie (BMWi) zur zehnten GWB-

877 OLG Düsseldorf, Beschluss vom 07.05.2018 – VI-W (Kart) 2/18 = BeckRS 2018, 8830, Rn. 27.

878 OLG Düsseldorf, Beschluss vom 07.05.2018 – VI-W (Kart) 2/18 = BeckRS 2018, 8830, Rn. 27.

879 OLG Düsseldorf, Beschluss vom 07.05.2018 – VI-W (Kart) 2/18 = BeckRS 2018, 8830, Rn. 27.

880 OLG Düsseldorf, Beschluss vom 07.05.2018 – VI-W (Kart) 2/18 = BeckRS 2018, 8830, Rn. 26 f.

881 Referentenentwurf des Bundesministeriums für Wirtschaft und Energie (Bearbeitungsstand: 24.01.2020, 09:32 Uhr): Entwurf eines Zehnten Gesetzes zur Änderung des Gesetzes gegen Wettbewerbsbeschränkungen für ein fokussiertes, proaktives und digitales Wettbewerbsrecht 4.0 (GWB-Digitalisierungsgesetz).

Novelle reagiert unter anderem auch auf die Rechtsprechung des Oberlandesgerichts Düsseldorf.[882] Er schlägt eine Änderung des § 89b Abs. 5 GWB und eine Änderung des § 186 Abs. 4 GWB vor.[883]

a) Änderung des § 89b Abs. 5 GWB

Der Referentenentwurf (Bearbeitungsstand: 24.01.2020, 09:32 Uhr) schlägt vor, § 89b Abs. 5 GWB um den Zusatz zu ergänzen, dass eine Anordnung nach § 89b Abs. 5 S. 1 GWB „keine Eildürftigkeit"[884] voraussetze.[885] Ausweislich der Begründung des Entwurfs (Bearbeitungsstand: 24.01.2020, 09:32 Uhr), die auf die Rechtsprechung des Oberlandesgericht Düsseldorf[886] ausdrücklich Bezug nimmt, soll diese Ergänzung klarstellen, dass eine An-

882 Vgl. *Lahme / Ruster*, NZKart 2019, 645, 645, 646.

883 Referentenentwurf des Bundesministeriums für Wirtschaft und Energie (Bearbeitungsstand: 24.01.2020, 09:32 Uhr): Entwurf eines Zehnten Gesetzes zur Änderung des Gesetzes gegen Wettbewerbsbeschränkungen für ein fokussiertes, proaktives und digitales Wettbewerbsrecht 4.0 (GWB-Digitalisierungsgesetz), S. 54 f., 153 ff.

884 Referentenentwurf des Bundesministeriums für Wirtschaft und Energie (Bearbeitungsstand: 24.01.2020, 09:32 Uhr): Entwurf eines Zehnten Gesetzes zur Änderung des Gesetzes gegen Wettbewerbsbeschränkungen für ein fokussiertes, proaktives und digitales Wettbewerbsrecht 4.0 (GWB-Digitalisierungsgesetz), S. 54.

885 Referentenentwurf des Bundesministeriums für Wirtschaft und Energie (Bearbeitungsstand: 24.01.2020, 09:32 Uhr): Entwurf eines Zehnten Gesetzes zur Änderung des Gesetzes gegen Wettbewerbsbeschränkungen für ein fokussiertes, proaktives und digitales Wettbewerbsrecht 4.0 (GWB-Digitalisierungsgesetz), S. 54, 153.

886 OLG Düsseldorf, Beschluss vom 03.04.2018 – VI-W (Kart) 2/18 = BeckRS 2018, 6656; OLG Düsseldorf, Beschluss vom 07.05.2018 – VI-W (Kart) 2/18 = BeckRS 2018, 8830.

ordnung der Herausgabe keine Eilbedürftigkeit voraussetze.[887] Damit werde nicht nur auf die Darlegung und Glaubhaftmachung des Verfügungsgrundes verzichtet, sondern vielmehr auf das Vorliegen der Eilbedürftigkeit an sich.[888] Nur hinsichtlich des Verfügungsanspruchs, also hinsichtlich der Voraussetzungen des § 33g GWB, sei die Darlegung und Glaubhaftmachung erforderlich.[889]

b) Änderung des § 186 Abs. 4 GWB

Nach geltendem Recht sieht § 186 Abs. 4 GWB vor, dass § 33c Abs. 5 GWB und § 33g GWB sowie § 89b GWB bis § 89e GWB nur in den Rechtsstreiten anzuwenden sind, in denen nach dem 26.12.2016 Klage erhoben worden ist. Der Referentenentwurf (Bearbeitungsstand: 24.01.2020, 09:32 Uhr) schlägt vor, § 186 Abs. 4 GWB durch die Einfügung eines Zusatzes dahingehend zu ändern, dass § 33c Abs. 5 GWB und § 33g GWB sowie § 89b GWB bis § 89e GWB „unabhängig vom Zeitpunkt der Entstehung der Schadensersatz-

887 Referentenentwurf des Bundesministeriums für Wirtschaft und Energie (Bearbeitungsstand: 24.01.2020, 09:32 Uhr): Entwurf eines Zehnten Gesetzes zur Änderung des Gesetzes gegen Wettbewerbsbeschränkungen für ein fokussiertes, proaktives und digitales Wettbewerbsrecht 4.0 (GWB-Digitalisierungsgesetz), S. 153.

888 Referentenentwurf des Bundesministeriums für Wirtschaft und Energie (Bearbeitungsstand: 24.01.2020, 09:32 Uhr): Entwurf eines Zehnten Gesetzes zur Änderung des Gesetzes gegen Wettbewerbsbeschränkungen für ein fokussiertes, proaktives und digitales Wettbewerbsrecht 4.0 (GWB-Digitalisierungsgesetz), S. 153.

889 Referentenentwurf des Bundesministeriums für Wirtschaft und Energie (Bearbeitungsstand: 24.01.2020, 09:32 Uhr): Entwurf eines Zehnten Gesetzes zur Änderung des Gesetzes gegen Wettbewerbsbeschränkungen für ein fokussiertes, proaktives und digitales Wettbewerbsrecht 4.0 (GWB-Digitalisierungsgesetz), S. 153.

ansprüche“[890] nur in den Rechtsstreiten anzuwenden sind, in denen nach dem 26.12.2016 Klage erhoben worden ist.[891] Ausweislich der Begründung zum Referentenentwurf (Bearbeitungsstand: 24.01.2020, 09:32 Uhr) sei die im Referentenentwurf (Bearbeitungsstand: 24.01.2020, 09:32 Uhr) vorgeschlagene Einfügung eine Klarstellung im Sinne der geltenden Regelung der neunten GWB-Novelle.[892]

II. Landgericht Stuttgart, Urteil vom 20.06.2018, 30 O 79/18

Das Landgericht Stuttgart hat mit Urteil vom 20.06.2018[893] im einstweiligen Verfügungsverfahren über einen Antrag auf Übersendung einer Abschrift des an die Antragsgegnerin adressierten Bußgeldbescheids der Europäischen Kommission zum Verfahren im sogenannten „Lkw-Kartell“ entschieden.[894]

---

890 Referentenentwurf des Bundesministeriums für Wirtschaft und Energie (Bearbeitungsstand: 24.01.2020, 09:32 Uhr): Entwurf eines Zehnten Gesetzes zur Änderung des Gesetzes gegen Wettbewerbsbeschränkungen für ein fokussiertes, proaktives und digitales Wettbewerbsrecht 4.0 (GWB-Digitalisierungsgesetz), S. 55.

891 Referentenentwurf des Bundesministeriums für Wirtschaft und Energie (Bearbeitungsstand: 24.01.2020, 09:32 Uhr): Entwurf eines Zehnten Gesetzes zur Änderung des Gesetzes gegen Wettbewerbsbeschränkungen für ein fokussiertes, proaktives und digitales Wettbewerbsrecht 4.0 (GWB-Digitalisierungsgesetz), S. 55.

892 Referentenentwurf des Bundesministeriums für Wirtschaft und Energie (Bearbeitungsstand: 24.01.2020, 09:32 Uhr): Entwurf eines Zehnten Gesetzes zur Änderung des Gesetzes gegen Wettbewerbsbeschränkungen für ein fokussiertes, proaktives und digitales Wettbewerbsrecht 4.0 (GWB-Digitalisierungsgesetz), S. 155.

893 LG Stuttgart, Urteil vom 20.06.2018 – 30 O 79/18 = BeckRS 2018, 16091.

894 LG Stuttgart, Urteil vom 20.06.2018 – 30 O 79/18 = BeckRS 2018, 16091, Rn. 13.

Die Klägerin hatte die Übersendung der vertraulichen, nicht gekürzten und nicht geschwärzten Fassung des Bußgeldbescheides beantragt.[895]

1. Sachverhalt[896]

Mit Beschluss vom 19.07.2016 (im Folgenden: „Bußgeldbescheid") hat die Europäische Kommission festgestellt, dass Lkw-Hersteller zwischen 1997 und 2011 gegen EU-Kartellvorschriften verstoßen haben. Die Verfügungsbeklagte und andere Kartellanten haben ihre Kartellbeteiligung eingeräumt.

Die Europäische Kommission veröffentlichte eine Pressemitteilung und eine Zusammenfassung des Bußgeldbescheids im Amtsblatt der Europäischen Union. Jeder kann den Bußgeldbescheid seit dem 06.04.2017 in einer vorläufigen, nicht-vertraulichen Fassung („provisional, non-confidential version") in englischer Sprache von der Internetseite der Europäischen Kommission, Generaldirektion Wettbewerb, herunterladen. Der an die Verfügungsbeklagte adressierte Bußgeldbescheid ist in ihrem Besitz, und zwar in einer Fassung ohne Schwärzungen und Auslassungen.

Die Verfügungsklägerin bestellte bei der Verfügungsbeklagten im Jahr 2001 sowie im Jahr 2003 insgesamt drei Lkw und bezahlte diese. Weiter behauptet die Verfügungsklägerin, dass sie darüber hinaus noch 13 weitere Fahrzeuge von Kartellanten des Lkw-Kartells erworben habe.

Mit außergerichtlichem Schreiben vom 15.12.2017 forderte die Verfügungsklägerin die Verfügungsbeklagte unter anderem auf, den Bußgeldbescheid herauszugeben. Sie legte in dem außergerichtlichen Schreiben dar, dass ihr durch das Lkw-Kartell ein Schaden entstanden sei. Die Verfügungsbeklagte lehnte die von der Verfügungsklägerin geltend gemachten Ansprüche mit Schreiben vom 02.01.2018 ab.

---

895 LG Stuttgart, Urteil vom 20.06.2018 – 30 O 79/18 = BeckRS 2018, 16091, Rn. 13.

896 LG Stuttgart, Urteil vom 20.06.2018 – 30 O 79/18 = BeckRS 2018, 16091, Rn. 1–19.

Die Verfügungsklägerin erhob zunächst eine Feststellungsklage gegen die Verfügungsbeklagte vor dem Landgericht Kiel, um die Haftung der Verfügungsklägerin für Schäden aus den Kartellrechtsverstößen feststellen zu lassen. Sodann beantragte die Verfügungsklägerin am 22.05.2018 beim Landgericht Stuttgart den Erlass einer einstweiligen Verfügung gegen die Verfügungsbeklagte auf Herausgabe des an die Verfügungsbeklagte adressierten Bußgeldbescheides.

Die Verfügungsklägerin ist der Ansicht, dass die Herausgabe des Bußgeldbescheides erforderlich sei, „um ihren Schadensersatzanspruch dem Grunde, aber auch der Höhe nach, insbesondere zu Art und Inhalt sowie zu den Auswirkungen der Absprachen und zum Umsatz der Kartellanten weiter substantiieren zu können“[897]. Dazu käme es insbesondere auf die in der veröffentlichen Fassung des Bußgeldbescheides geschwärzten Textstellen an.

2. Entscheidungsgründe

Das Landgericht Stuttgart hat den Antrag auf Erlass einer einstweiligen Verfügung zurückgewiesen. Der Antrag auf Erlass einer einstweiligen Verfügung sei unzulässig.[898]

Die Entscheidung des Landgerichts Stuttgarts beschränkt sich auf die Zulässigkeit des einstweiligen Verfügungsverfahrens und beschäftigt sich nicht mit den Voraussetzungen des § 33g GWB im Einzelnen. Das Landgericht Stuttgart nimmt im Rahmen der Zulässigkeit des einstweiligen Verfügungsverfahrens zur Zuständigkeit und zum Verfügungsgrund als besonderer Form des Rechtsschutzbedürfnisses Stellung. Im Einzelnen:

897 LG Stuttgart, Urteil vom 20.06.2018 – 30 O 79/18 = BeckRS 2018, 16091, Rn. 10.

898 LG Stuttgart, Urteil vom 20.06.2018 – 30 O 79/18 = BeckRS 2018, 16091, Rn. 20.

a) Zuständigkeit

Das Landgericht Stuttgart hat geurteilt, dass Hauptsache im Sinne von §§ 937, 943 ZPO nicht ein Schadensersatzprozess sei, sondern ein Prozess auf Herausgabe.[899] Sofern bei einem anderen Gericht bereits ein Schadensersatzprozess anhängig sei, sei dieser nicht die Hauptsache im Sinne von §§ 937, 943 ZPO.[900]

Das Landgericht Stuttgart begründet dies damit, dass der Gesetzgeber mit § 33g GWB „in (wohl überschießender) Umsetzung“[901] der Kartellschadensersatzrichtlinie „einen eigenständigen, materiell-rechtlichen Herausgabeanspruch“[902] geschaffen habe. Dieser Herausgabeanspruch sei zwar prozessbezogen und aus prozesswirtschaftlichen Erwägungen zweckmäßigerweise im bereits anhängigen Schadensersatzprozess geltend zu machen.[903] Gleichwohl sei das Gericht, bei dem nicht ein Hauptsacheverfahren auf Herausgabe des Bußgeldbescheides anhängig sei, sondern nur der Schadensersatzprozess anhängig sei, nicht das Gericht der Hauptsache.[904]

899 LG Stuttgart, Urteil vom 20.06.2018 – 30 O 79/18 = BeckRS 2018, 16091, Rn. 22.

900 LG Stuttgart, Urteil vom 20.06.2018 – 30 O 79/18 = BeckRS 2018, 16091, Rn. 22.

901 LG Stuttgart, Urteil vom 20.06.2018 – 30 O 79/18 = BeckRS 2018, 16091, Rn. 22.

902 LG Stuttgart, Urteil vom 20.06.2018 – 30 O 79/18 = BeckRS 2018, 16091, Rn. 22.

903 LG Stuttgart, Urteil vom 20.06.2018 – 30 O 79/18 = BeckRS 2018, 16091, Rn. 22.

904 LG Stuttgart, Urteil vom 20.06.2018 – 30 O 79/18 = BeckRS 2018, 16091, Rn. 22.

b) Verfügungsgrund

Das Landgericht Stuttgart hat entschieden, dass auch § 89b Abs. 5 GWB einen Verfügungsgrund verlange.[905] § 89b Abs. 5 GWB gestatte keinen Eilrechtsschutz ohne Dringlichkeit der Angelegenheit, sondern begründe nur „eine tatsächliche Vermutung der Eilbedürftigkeit zu Gunsten des (vermeintlichen) Kartellgeschädigten"[906]. Damit schließt sich das Landgericht Stuttgart dem Oberlandesgericht Düsseldorf[907] an.

Das Landgericht Stuttgart begründet das Erfordernis eines Verfügungsgrunds im Rahmen des Eilrechtsschutzes gemäß § 89b Abs. 5 GWB damit, dass der Wortlaut der Norm die Darlegung und Glaubhaftmachung nenne und sich nicht auf ein Entfallen der Voraussetzungen der §§ 935, 940 ZPO beschränke.[908] Darüber hinaus habe der Gesetzgeber in Kenntnis der Rechtsprechung zu § 12 Abs. 2 UWG mit § 89b Abs. 5 GWB eine im Wortlaut nahezu identische Vorschrift erlassen.[909] Zu § 12 Abs. 2 UWG sei es ständige Rechtsprechung der Oberlandesgerichte, dass die Vorschrift das Erfordernis eines Verfügungsgrundes nicht entfallen lasse, sondern nur die Dringlichkeit widerleglich vermute.[910]

---

905 LG Stuttgart, Urteil vom 20.06.2018 – 30 O 79/18 = BeckRS 2018, 16091, Rn. 27.

906 LG Stuttgart, Urteil vom 20.06.2018 – 30 O 79/18 = BeckRS 2018, 16091, Rn. 27.

907 OLG Düsseldorf, Beschluss vom 07.05.2018 – VI-W (Kart) 2/18 = BeckRS 2018, 8830, Rn. 5 ff.; OLG Düsseldorf, Beschluss vom 03.04.2018 – VI-W (Kart) 2/18 = BeckRS 2018, 6656, Rn. 29 ff.

908 LG Stuttgart, Urteil vom 20.06.2018 – 30 O 79/18 = BeckRS 2018, 16091, Rn. 28.

909 LG Stuttgart, Urteil vom 20.06.2018 – 30 O 79/18 = BeckRS 2018, 16091, Rn. 29 f.

910 LG Stuttgart, Urteil vom 20.06.2018 – 30 O 79/18 = BeckRS 2018, 16091, Rn. 30.

Nach dem Landgericht Stuttgart könne die tatsächliche Vermutung der Eilbedürftigkeit gemäß § 89b Abs. 5 GWB durch vermeidbare Verzögerungen bei der Antragstellung widerlegt werden.[911] Für die Widerlegung der Dringlichkeitsvermutung sei maßgeblich, in welchem Zeitpunkt die Verfügungsklägerin die den Anspruch gemäß § 33g Abs. 1 GWB begründenden Tatsachen kannte.[912] Dazu müsse der vermeintliche Geschädigte jedenfalls „von der Zuwiderhandlung in persönlicher, zeitlicher, örtlicher und sachlicher Hinsicht, dem begehrten Beweismittel im Sinne des § 33g Abs. 1 GWB 2017 und dessen potentieller Beweisbedeutung"[913] Kenntnis haben und wissen, dass ihm deshalb ein Schadensersatzanspruch zustehe.[914]

Für die Kenntnis vom Anspruch gemäß § 33g Abs. 1 GWB ist nach der Entscheidung des Landgerichts Stuttgart hingegen nicht notwendig, dass der Schaden der Höhe nach feststeht.[915] Denn der Anspruch gemäß § 33g Abs. 1 GWB solle dem mutmaßlichen Kartellgeschädigten gerade den Nachweis des Schadensersatzanspruchs ermöglichen.[916]

Das Landgericht Stuttgart hat entschieden, dass ein vermeidbares Zögern der Verfügungsklägerin vorliege, weil sie den Antrag auf Erlass einer einstweiligen Verfügung auf Herausgabe des Bußgeldbescheides erst gestellt habe, nachdem die Verfügungsbeklagte bereits mehr als vier Monate zuvor die Herausgabe des Bußgeldbescheides und die Zahlung von Schadensersatzsatz mit

911 LG Stuttgart, Urteil vom 20.06.2018 – 30 O 79/18 = BeckRS 2018, 16091, Rn. 27.

912 LG Stuttgart, Urteil vom 20.06.2018 – 30 O 79/18 = BeckRS 2018, 16091, Rn. 33.

913 LG Stuttgart, Urteil vom 20.06.2018 – 30 O 79/18 = BeckRS 2018, 16091, Rn. 33.

914 LG Stuttgart, Urteil vom 20.06.2018 – 30 O 79/18 = BeckRS 2018, 16091, Rn. 33.

915 LG Stuttgart, Urteil vom 20.06.2018 – 30 O 79/18 = BeckRS 2018, 16091, Rn. 34.

916 LG Stuttgart, Urteil vom 20.06.2018 – 30 O 79/18 = BeckRS 2018, 16091, Rn. 34.

außergerichtlichem Schreiben verweigert habe.[917] Mit diesem vermeidbaren Zögern habe die Verfügungsklägerin zu erkennen gegeben, dass ihr der beantragte Herausgabeanspruch nicht eilig sei.[918]

III. Landgericht Hannover, Urteil vom 18.12.2017, 18 O 8/17

Das Landgericht Hannover hat mit Grund-, Zwischen- und Teilurteil vom 18.12.2017[919] über eine Kartellschadensersatzklage im sogenannten „Lkw-Kartell" entschieden.[920] Dieses „Lkw-Kartell" war von der Europäischen Kommission festgestellt worden.[921]

1. Sachverhalt

Nach öffentlichen Ausschreibungen erwarb die Klägerin, eine Körperschaft des öffentlichen Rechts, für die Stadtreinigung Göttingen beziehungsweise für die Entsorgungsbetriebe Göttingen und die Berufsfeuerwehr Lkw-Fahrgestelle sowie spezielle Aufbauten.[922] Streitgegenständlich sind 13 Auftragsvergaben.[923] Die Klägerin behauptet, dass sämtliche streitgegenständlichen

---

917 LG Stuttgart, Urteil vom 20.06.2018 – 30 O 79/18 = BeckRS 2018, 16091, Rn. 37.

918 LG Stuttgart, Urteil vom 20.06.2018 – 30 O 79/18 = BeckRS 2018, 16091, Rn. 37.

919 LG Hannover, Urteil vom 18.12.2017 – 18 O 8/17 = BeckRS 2017, 140329.

920 LG Hannover, Urteil vom 18.12.2017 – 18 O 8/17 = BeckRS 2017, 140329, Rn. 1.

921 LG Hannover, Urteil vom 18.12.2017 – 18 O 8/17 = BeckRS 2017, 140329, Rn. 1.

922 LG Hannover, Urteil vom 18.12.2017 – 18 O 8/17 = BeckRS 2017, 140329, Rn. 2, 5.

923 LG Hannover, Urteil vom 18.12.2017 – 18 O 8/17 = BeckRS 2017, 140329, Rn. 6.

Auftragsvergaben kartellbetroffen sind.[924] Wegen der Kartellbetroffenheit der Auftragsvergaben sei ihr ein Schaden entstanden.[925] Die Klägerin begehrt wegen des Erwerbs dieser Lkw-Fahrgestelle sowie Lkw-Aufbauten Schadensersatz.[926] Die Beklagte beantragt Auskunft und Herausgabe von Beweismitteln.[927]

Das Landgericht Hannover entschied, dass die Klage hinsichtlich einiger Lkw-Beschaffungsvorgänge dem Grunde nach gerechtfertigt sei.[928] Sämtliche Auskunftsanträge der Beklagten wies das Landgericht Hannover ab.[929] Hinsichtlich der Auskunftsanträge hat das Landgericht Hannover durch Zwischenurteil gemäß § 89b Abs. 3 GWB entschieden.[930]

2. Entscheidungsgründe

Das Landgericht Hannover hat entschieden, dass der Beklagten die geltend gemachten Auskunftsansprüche nicht zu stehen.

a) Für die Verteidigung erforderlich

Das Landgericht Hannover definiert vorab, welche Informationen für die Verteidigung gegen einen Schadensersatzanspruch gemäß § 33a Abs. 1 GWB „erforderlich" sind.

---

924 LG Hannover, Urteil vom 18.12.2017 – 18 O 8/17 = BeckRS 2017, 140329, Rn. 10.

925 LG Hannover, Urteil vom 18.12.2017 – 18 O 8/17 = BeckRS 2017, 140329, Rn. 10.

926 LG Hannover, Urteil vom 18.12.2017 – 18 O 8/17 = BeckRS 2017, 140329, Rn. 1, 12.

927 LG Hannover, Urteil vom 18.12.2017 – 18 O 8/17 = BeckRS 2017, 140329, Rn. 14.

928 LG Hannover, Urteil vom 18.12.2017 – 18 O 8/17 = BeckRS 2017, 140329.

929 LG Hannover, Urteil vom 18.12.2017 – 18 O 8/17 = BeckRS 2017, 140329.

930 LG Hannover, Urteil vom 18.12.2017 – 18 O 8/17 = BeckRS 2017, 140329.

Dazu müsste der Anspruchsteller des § 33g Abs. 2 GWB die Informationen zum Nachweis einer Tatsache benötigen, auf die er sich zur Verteidigung gegen den Kartellschadensersatzanspruch stützt.[931] Nach dem Landgericht Hannover sind diese Informationen dann zur Verteidigung erforderlich, „wenn sie hierzu geeignet sind und der Anspruchssteller den Beweis nicht auf andere Weise führen kann“[932].

Demnach hänge der Umfang des Herausgabe- und Auskunftsanspruchs „von einer Abwägung sämtlicher Umstände des Einzelfalls unter Berücksichtigung des Grundsatzes der Verhältnismäßigkeit ab“[933].

b) Zu den geltend gemachten Auskunftsanträgen im Einzelnen

Über die hilfsweise gestellten Auskunftsanträge zu 1) und zu 2) hat das Landgericht Hannover nicht entschieden. Die Auskunftsanträge zu 3) bis 6) hat das Landgericht Hannover als unbegründet abgewiesen.

aa) Auskunftsantrag zu 3)

Mit dem Auskunftsantrag zu 3) hat die Beklagte Auskünfte und Beweismittel über die Kosten der Einrichtungen der Klägerin, in denen die streitgegenständlichen Lkw eingesetzt werden, über die erhobenen Abgaben für Entsorgung und Straßenreinigung, über die erhobenen Abgaben für Einsätze der Feuerwehr sowie über Dokumente zur Erläuterung der Festsetzung der Abgaben der Klägerin in den Bereichen öffentliche Entsorgung, Straßenrei-

---

931 LG Hannover, Urteil vom 18.12.2017 – 18 O 8/17 = BeckRS 2017, 140329, Rn. 78.

932 LG Hannover, Urteil vom 18.12.2017 – 18 O 8/17 = BeckRS 2017, 140329, Rn. 78.

933 LG Hannover, Urteil vom 18.12.2017 – 18 O 8/17 = BeckRS 2017, 140329, Rn. 78.

nigung und Brandschutz begehrt.[934] Die Beklagte begehrt die mit dem Antrag zu 3) geltend gemachten Auskünfte und Beweismittel, um sich mit dem „passing-on"-Einwand gegen die Kartellschadensersatzklage verteidigen zu können.

Das Landgericht Hannover hat den Auskunftsantrag zu 3) mit der Begründung abgewiesen, dass die Auskünfte nicht erforderlich seien.[935] Nach dem Landgericht Hannover könne die Beklagte keinen „passing-on"-Einwand geltend machen, weil schon kein Anschlussmarkt vorhanden sei.[936] Daher benötige sie auch die mit dem Antrag zu 3) begehrten Auskünfte nicht.[937]

bb) Auskunftsantrag zu 4)

Die Beklagte hat mit dem Antrag zu 4) insbesondere Auskünfte und Beweismittel über die Nutzungsart und -dauer der streitgegenständlichen Fahrzeuge sowie über Steuerunterlagen in Hinblick auf die streitgegenständlichen Lkw begehrt.[938]

Den Antrag zu 4) hat das Landgericht Hannover mit der Begründung abgewiesen, dass die von der Beklagten begehrten Auskünfte und Beweismittel allenfalls im Rahmen des „passing-on"-Einwandes relevant werden

934 LG Hannover, Urteil vom 18.12.2017 – 18 O 8/17 = BeckRS 2017, 140329, Rn. 14, 81.

935 LG Hannover, Urteil vom 18.12.2017 – 18 O 8/17 = BeckRS 2017, 140329, Rn. 81.

936 LG Hannover, Urteil vom 18.12.2017 – 18 O 8/17 = BeckRS 2017, 140329, Rn. 81.

937 LG Hannover, Urteil vom 18.12.2017 – 18 O 8/17 = BeckRS 2017, 140329, Rn. 81.

938 LG Hannover, Urteil vom 18.12.2017 – 18 O 8/17 = BeckRS 2017, 140329, Rn. 14, 82.

könnten.[939] Dieser Einwand scheide jedoch in diesem Fall aus.[940] Daher fehle es an einem erheblichen Tatsachenvortrag der Beklagten, für den sie die begehrten Auskünfte und Beweismittel zum Nachweis benötige.[941] Eine konkrete Verteidigungssituation, die Voraussetzung für den Anspruch gemäß § 33g Abs. 2 GWB sei, liege somit nicht vor.[942]

cc) Auskunftsantrag zu 5)

Mit dem Auskunftsantrag zu 5) hat die Beklagte unter anderem darüber Auskunft begehrt, ob und welche der streitgegenständlichen Fahrzeuge zwischenzeitlich veräußert worden sind und wie hoch ein etwaiger Verkaufspreis gewesen sei.[943]

Auch den Auskunftsantrag zu 5) hat das Landgericht Hannover abgewiesen. Das Landgericht Hannover hat entschieden, dass die Beklagte die mit dem Auskunftsantrag zu 5) begehrten Auskünfte über etwaige zwischenzeitliche Veräußerungen der streitgegenständlichen Fahrzeuge nicht benötige.[944] Denn die Beklagte habe weder vorgetragen noch sei für das Landgericht Hannover ersichtlich, dass aus einem etwaig von der Klägerin erzielten Verkaufspreis für einen der streitgegenständlichen Lkw auf eine Kompensation

---

939 LG Hannover, Urteil vom 18.12.2017 – 18 O 8/17 = BeckRS 2017, 140329, Rn. 82.

940 LG Hannover, Urteil vom 18.12.2017 – 18 O 8/17 = BeckRS 2017, 140329, Rn. 82.

941 LG Hannover, Urteil vom 18.12.2017 – 18 O 8/17 = BeckRS 2017, 140329, Rn. 82.

942 LG Hannover, Urteil vom 18.12.2017 – 18 O 8/17 = BeckRS 2017, 140329, Rn. 82.

943 LG Hannover, Urteil vom 18.12.2017 – 18 O 8/17 = BeckRS 2017, 140329, Rn. 14, 83.

944 LG Hannover, Urteil vom 18.12.2017 – 18 O 8/17 = BeckRS 2017, 140329, Rn. 83.

eines Preisüberhöhungsschadens bei Erwerb des jeweiligen Lkw geschlossen werden könnte.[945]

dd) Auskunftsantrag zu 6)

Die Beklagte hat mit dem Antrag zu 6) Auskünfte und Beweismittel darüber begehrt, in Bezug auf welche Fahrzeuge und in welcher Höhe Ausgleichszahlungen sowie von Dritttherstellern erhaltene Boni, Rabatte und Skonti im Zusammenhang mit dem sogenannten Feuerwehrkartell gewährt wurden.[946]

Das Landgericht Hannover hat den Auskunftsantrag zu 6) abgewiesen. Die mit diesem Antrag begehrten Auskünfte stünden im Zusammenhang mit dem Feuerwehrkartell.[947] Die Beklagte hafte jedoch nicht für die Anschaffung der streitgegenständlichen Feuerwehrfahrzeuge.[948] Daher seien die Auskünfte und Beweismittel auch nicht erforderlich.[949]

IV. Folgerung aus der Analyse der bisherigen Rechtsprechung

Den bisherigen gerichtlichen Entscheidungen zu den Offenlegungsvorschriften ist gemein, dass sie mehr auf das einstweilige Verfügungsverfahren, § 89b Abs. 5 GWB, und weniger auf den Offenlegungsanspruch, § 33g GWB, eingehen. Die gerichtlichen Entscheidungen ergehen insbesondere zu der

---

945 LG Hannover, Urteil vom 18.12.2017 – 18 O 8/17 = BeckRS 2017, 140329, Rn. 83.

946 LG Hannover, Urteil vom 18.12.2017 – 18 O 8/17 = BeckRS 2017, 140329, Rn. 14, 84.

947 LG Hannover, Urteil vom 18.12.2017 – 18 O 8/17 = BeckRS 2017, 140329, Rn. 84.

948 LG Hannover, Urteil vom 18.12.2017 – 18 O 8/17 = BeckRS 2017, 140329, Rn. 84.

949 LG Hannover, Urteil vom 18.12.2017 – 18 O 8/17 = BeckRS 2017, 140329, Rn. 84.

Verfahrensvorschrift § 89b GWB. Aber sie verhalten sich kaum zu den Voraussetzungen des § 33g GWB, sodass sich eine gefestigte Rechtsprechung[950] zu § 33g GWB noch nicht etabliert hat. Dies hat zur Folge, dass die Rechtsunsicherheit über die Anwendung des Offenlegungsanspruchs zunächst fortbestehen wird.

950 Vgl. *Makatsch / Kacholdt,* in: MüKo, WettbR, Band 2, § 33g GWB, Rn. 7.

F. Rechtsvergleich mit dem österreichischen Bundesgesetz gegen Kartelle und andere Wettbewerbsbeschränkungen (Kartellgesetz 2005 – KartG 2005)

Ein Mitgliedsstaat, der die Offenlegungsvorschriften der Kartellschadensersatzrichtlinie gänzlich anders umgesetzt hat als der deutsche Gesetzgeber, ist Österreich. Denn Österreich hat sich entschieden die Offenlegungsvorschriften der Kartellschadensersatzrichtlinie vollständig durch verfahrensrechtliche Vorschriften umzusetzen.[951]

Der österreichische Gesetzgeber hat die Kartellschadensersatzrichtlinie durch das Kartell- und Wettbewerbsrechts-Änderungsgesetz 2017 (KaWeRÄG 2017) umgesetzt.[952] Aufgrund dieser österreichischen Novelle wurden sowohl Änderungen im österreichischen Kartellgesetz (KartG), als auch im österreichischen Wettbewerbsgesetz (WettbG) vorgenommen.[953] Das österreichische Kartellgesetz (KartG) regelt vor allem das materielle Kartellrecht sowie das kartellgerichtliche Verfahren.[954] Demgegenüber trifft das Wettbewerbsgesetz (WettbG) Regelungen zur Organisation und zum Verfahren vor der Bundeswettbewerbsbehörde (BWB).[955]

Die Art. 5, 6, 7, 8 SE-RL hat der österreichische Gesetzgeber im Kartellgesetz (KartG) umgesetzt.

---

951 *Podszun / Kreifels*, GWR 2017, 67, 69.

952 *Hoffer / Raab*, NZKart 2017, 206, 206.

953 *Hoffer / Raab*, NZKart 2017, 206, 206.

954 *Hoffer / Raab*, NZKart 2017, 206, 206.

955 *Hoffer / Raab*, NZKart 2017, 206, 206.

I. Systematische Gegenüberstellung von GWB und KartG

Die Regelungen zum Kartellschadensersatzrecht befinden sich im 5. Abschnitt des II. Hauptstücks des österreichischen Kartellgesetzes (KartG; „Bundesgesetz gegen Kartelle und andere Wettbewerbsbeschränkungen (Kartellgesetz 2005 – KartG 2005)“).[956] Auch die Vorschriften zur Offenlegung von Beweismitteln befinden sich im 5. Abschnitt des II. Hauptstücks des österreichischen Kartellgesetzes. Damit hat sich der österreichische Gesetzgeber genau wie der deutsche Gesetzgeber dafür entschieden, das Kartellschadensersatzrecht als Sonderzivilrecht und Sonderprozessrecht im Wettbewerbsrecht zu regeln.

1. Systematik der österreichischen Offenlegungsvorschriften

Wie der deutsche Gesetzgeber unterscheidet auch der österreichische Gesetzgeber zwischen Beweismitteln, die sich in der Verfügungsgewalt einer Partei oder eines Dritten befinden, und solchen Beweismitteln, die sich in den Akten von Gerichten oder Behörden befinden.

Die Offenlegung von Beweismitteln, die sich in der Verfügungsgewalt einer Partei oder eines Dritten befinden, erfährt in § 37j KartG eine Regelung und die Offenlegung von Beweismitteln, die sich in Akten von Gerichten oder Behörden befinden, in § 37k KartG eine Regelung. Ergänzt werden § 37j KartG und § 37k KartG durch die Vorschriften § 37l KartG und § 37m KartG.

Auf Ersuchen eines Gerichts kann dieses gemäß § 37l KartG durch das Kartellgericht, den Bundeskartellanwalt und die Bundeswettbewerbsbehörde bei der Festlegung der Höhe des Schadenersatzes unterstützt werden. Nach § 37m KartG kann das Gericht gegen Parteien und deren Vertreter sowie Dritte im Zusammenhang mit der Offenlegung von Beweismitteln Ordnungsstrafen verhängen.

---

956 *Reidlinger / Hartung,* in: Reidlinger / Hartung, Das österreichische Kartellrecht, S. 254.

2. Systematische Unterschiede zur deutschen Umsetzung

Auch wenn der österreichische Gesetzgeber wie der deutsche Gesetzgeber hinsichtlich der Offenlegung von Beweismitteln danach unterscheidet, wer die Beweismittel herauszugeben hat, und insofern wie der deutsche Gesetzgeber die Offenlegung in zwei verschiedenen Paragraphen regelt, wird ein systematischer Unterschied zwischen beiden Umsetzungen deutlich.

Der deutsche Gesetzgeber hat die von einer Partei oder von einem Dritten herauszugebenden Beweismittel mit § 33g GWB in einem materiellrechtlichen Abschnitt des GWB zum Kartellschadensersatzrecht geregelt und die in Behördenakten (Akten der Wettbewerbsbehörde, Akten anderer Behörden sowie Akten von Gerichten) befindlichen Beweismittel mit § 89c GWB in einem verfahrensrechtlichen Kapitel des GWB geregelt.

Dass der deutsche Gesetzgeber die Offenlegung von Beweismitteln einerseits als Anspruch, § 33g GWB, und andererseits als verfahrensrechtliche Vorschrift, § 89c GWB, geregelt hat, wird mithin auch systematisch deutlich. Demgegenüber hat der österreichische Gesetzgeber die Offenlegung von Beweismitteln einheitlich im 5. Abschnitt des II. Hauptstücks des KartG in zwei aufeinander folgenden Verfahrensvorschriften geregelt.

3. Systematische Gemeinsamkeiten mit der deutschen Umsetzung

Sowohl der deutsche Gesetzgeber als auch der österreichische Gesetzgeber haben sich dafür entschieden, die von einer Partei oder von einem Dritten herauszugebenden Beweismittel einerseits und die in Behördenakten befindlichen Beweismitteln andererseits in zwei verschiedenen Vorschriften zu normieren. Dies dürfte dem Umstand geschuldet sein, dass auch die Kartellschadensersatzrichtlinie diesbezüglich zwei verschiedene Vorschriften anführt, nämlich Art. 5 SE-RL und Art. 6 SE-RL.

II. Die Offenlegungsvorschriften des KartG

Im Folgenden sollen die Regelungen des KartG zur Offenlegung von Beweismitteln durch Parteien und Dritte ausführlich dargestellt werden. Die Darstellung erläutert die zentrale sowie umfangreiche Vorschrift des § 37j KartG zur Offenlegung von Beweismitteln durch Parteien und Dritte. Abschließend wird die § 37j KartG ergänzende Vorschrift § 37m KartG zu den Ordnungsstrafen dargestellt.

1. Regelungen des § 37j KartG

Die Verfahrensvorschrift § 37j KartG bestimmt sowohl die Anforderungen an die Substantiiertheit einer Kartellschadensersatzklage als auch die Voraussetzungen für die Offenlegung von Beweismitteln durch Parteien und Dritte. Hinsichtlich der Offenlegung von Beweismitteln durch Parteien und Dritte stellt § 37j KartG die Kernvorschrift dar. Infolge wird § 37j KartG entlang seiner einzelnen Absätze beschrieben.

a) Anforderungen an die Substantiierung, § 37j Abs. 1 KartG

§ 37j Abs. 1 KartG trifft Regelungen bezüglich der Substantiierung einer Klage, mit der Ersatzansprüche aus einer Wettbewerbsrechtsverletzung geltend gemacht werden.

Es ist gemäß § 37j Abs. 1 KartG ausreichend, wenn die Klage zumindest soweit substantiiert ist, als diejenigen Tatsachen und Beweismittel enthalten sind, die dem Kläger mit zumutbarem Aufwand zugänglich sind und die die Plausibilität eines Schadensersatzanspruchs ausreichend stützen. Mithin hat der Kläger die ihm bekannten Tatsachen darzustellen und gegebenenfalls zu behaupten, dass er weitere Tatsachen nach Abschluss des Offenlegungsverfahrens vorbringen wird.[957] Das Gericht prüft gemäß § 37j Abs. 1 KartG die

957 *Brand,* in: Brand, Schadenersatz im Kartellrecht, S. 256.

Schlüssigkeit der Kartellschadensersatzklage von Amts wegen und berücksichtigt dabei den Offenlegungsantrag und dessen Begründung.[958]

b) Anordnung der Offenlegung durch das Gericht, § 37j Abs. 2 KartG

Der zweite Absatz von § 37j KartG stellt den Schwerpunkt der Regelung zur Offenlegung von Beweismitteln durch Parteien und Dritte im Kartellschadensersatzprozess dar.

Gemäß § 37j Abs. 2 KartG kann das Gericht auf begründeten Antrag einer Partei in Verfahren, die Ersatzansprüche aus einer Wettbewerbsrechtsverletzung zum Gegenstand haben, der Gegenpartei oder einem Dritten nach ihrer Anhörung auftragen, Beweismittel offenzulegen; und zwar einschließlich solcher Beweismittel, die vertrauliche Informationen enthalten, wenn die Offenlegung unter Berücksichtigung der berechtigten Interessen aller Parteien und der betroffenen Dritten verhältnismäßig ist. Der Antrag auf Offenlegung kann gemäß § 37j Abs. 2 KartG von beiden Parteien gestellt werden.[959]

Damit sieht § 37j Abs. 2 KartG wie die Kartellschadensersatzrichtlinie vor, dass jede Partei an das Gericht einen Antrag auf Offenlegung von Beweismitteln stellen kann und das Gericht über diesen Antrag entscheidet und dann gegebenenfalls die Offenlegung anordnen kann. Mithin stellt § 37j Abs. 2 KartG wie Art. 5 Abs. 1 SE-RL eine verfahrensrechtliche Vorschrift dar und setzt die Kartellschadensersatzrichtlinie nicht wie § 33g GWB durch einen Offenlegungsanspruch durch. Nach der österreichischen Richtlinienumsetzung durch das KartG ist es der Partei eines Kartellschadensersatzprozesses nicht möglich, die jeweils andere Partei oder einen Dritten auf Offenlegung von Beweismitteln unmittelbar zu verklagen, da das KartG den Parteien keinen Anspruch auf Offenlegung von Beweismitteln gegen die jeweils andere Partei oder einen Dritten gewährt.

---

958 *Brand,* in: Brand, Schadenersatz im Kartellrecht, S. 257.

959 *Brand,* in: Brand, Schadenersatz im Kartellrecht, S. 257 f.; *Dokalik,* RdW 4/2017, 219, 225; *Gruber,* ÖZK 2017, 135, 146.

Indem § 37j Abs. 2 KartG auf § 37j Abs. 1 KartG Bezug nimmt, stellt der österreichische Gesetzgeber sicher, dass die Anforderungen des § 37j Abs. 1 KartG auch im Rahmen eines Antrags auf Offenlegung von Beweismitteln beachtet werden. § 37j Abs. 1 KartG und § 37j Abs. 2 KartG setzen gemeinsam Art. 5 Abs. 1 SE-RL hinsichtlich der Anforderung um, dass der (vermeintliche) Kartellgeschädigte eine substantiierte Begründung zur Plausibilisierung des Kartellschadensersatzanspruchs vorlegen muss, sofern er einen Antrag auf Offenlegung von Beweismitteln im Rahmen eines Kartellschadensersatzprozesses stellt.

Der Wortlaut des Art. 5 Abs. 1 S. 1 SE-RL legt zwar die Intention des Unionsgesetzgebers nahe, dass diese substantiierte Begründung zur Plausibilität des Kartellschadensersatzanspruchs erst mit dem Antrag auf Offenlegung von Beweismitteln vorgelegt werden muss; so wie es § 33g Abs. 1 GWB im Gegensatz zu § 37j Abs. 2 KartG i.V.m. § 37j Abs. 1 KartG vorsieht.

Gleichwohl ist auch eine Umsetzung wie § 37j KartG richtlinienkonform, nach der bereits mit der Erhebung der Kartellschadensersatzklage die substantiierte Begründung zur Plausibilität des Kartellschadensersatzanspruchs vorgelegt werden muss. Denn es ist in richtlinienkonformer Auslegung nach dem Willen des Unionsgesetzgebers unbeachtlich, zu welchem Zeitpunkt die substantiierte Begründung zur Plausibilität des Kartellschadensersatzanspruchs vom Kläger vorgelegt wird, sofern sie jedenfalls im Zeitpunkt des Antrags auf Offenlegung von Beweismitteln vorliegt.

c) Anforderungen an den Antrag auf Offenlegung, § 37j Abs. 3 KartG

In § 37j Abs. 3 KartG formuliert der österreichische Gesetzgeber seine Anforderungen an den Antrag auf Offenlegung von Beweismitteln nach § 37j Abs. 2 KartG.

Der Antragsteller muss den Antrag begründen.[960] Er muss die Beweismittel oder die relevanten Kategorien von Beweismitteln, deren Offenlegung er

960 *Brand,* in: Brand, Schadenersatz im Kartellrecht, S. 258 f.; *Dokalik,* RdW 4/2017, 219, 225; *Gruber,* ÖZK 2017, 135, 146.

gemäß § 37j Abs. 2 KartG begehrt, in dem Antrag so genau und so präzise wie möglich bezeichnen, wie dies auf der Grundlage der mit zumutbarem Aufwand zugänglichen Tatsachen möglich ist, § 37j Abs. 3 KartG.[961]

In der österreichischen Literatur[962] wird darüber hinaus im Einzelnen dargelegt, welche weiteren Anforderungen an die Begründung des Offenlegungsantrags zu stellen sind: Im Antrag sei darzulegen, aus welchem Grund die Offenlegung zu erfolgen hat.[963] Der Antragsteller müsse begründen, für welches Beweisthema er die offenzulegenden Beweismittel benötigt.[964] Zudem habe der Antragsteller darzulegen, dass er ohne die offenzulegenden Beweismittel Beweisschwierigkeiten haben würde.[965] Darüber hinaus habe der Antragsteller darzulegen, aus welchen Gründen die begehrte Offenlegung von Beweismitteln dem Verhältnismäßigkeitsgrundsatz entspreche.[966]

Diese Anforderungen an die Begründung des Antrags sind richtlinienkonform. Gleichwohl gebietet eine richtlinienkonforme Auslegung, dass diese Anforderungen an die Begründung des Antrags nicht überspannt werden dürfen, da dies die Offenlegung von Beweismitteln in unzulässiger Weise behindern würde.

Mit § 37j Abs. 3 KartG setzt der österreichische Gesetzgeber Art. 5 Abs. 2 SE-RL um.

d) Anforderungen an die Verhältnismäßigkeit, § 37j Abs. 4 KartG

Wenn die Offenlegung unter Berücksichtigung der berechtigten Interessen aller Parteien und der betroffenen Dritten verhältnismäßig ist, kann das Gericht

961 *Brand,* in: Brand, Schadenersatz im Kartellrecht, S. 258 f.

962 *Brand,* in: Brand, Schadenersatz im Kartellrecht, S. 258 ff.

963 *Brand,* in: Brand, Schadenersatz im Kartellrecht, S. 258.

964 *Brand,* in: Brand, Schadenersatz im Kartellrecht, S. 259.

965 *Brand,* in: Brand, Schadenersatz im Kartellrecht, S. 259.

966 *Brand,* in: Brand, Schadenersatz im Kartellrecht, S. 261.

die Beweismittel gemäß § 37j Abs. 2 KartG offenlegen.[967] § 37j Abs. 4 KartG legt die Anforderungen an die gemäß § 37j Abs. 2 KartG zu prüfende Verhältnismäßigkeit dar.

Gemäß § 37j Abs. 4 KartG müssen bei der Prüfung der Verhältnismäßigkeit nach § 37j Abs. 2 KartG die berechtigten Interessen aller Parteien und betroffenen Dritten gegeneinander abgewogen werden. Dabei legt § 37j Abs. 4, zweiter Halbsatz KartG dar, welche Erwägungen vor allem in die Verhältnismäßigkeitsprüfung einzustellen sind. Durch die Verwendung des Wortes „insbesondere" in § 37j Abs. 4, zweiter Halbsatz KartG stellt der österreichische Gesetzgeber klar, dass vornehmlich die Erwägungen gemäß § 37j Abs. 4 Nr. 1, 2, 3 KartG im Rahmen der Verhältnismäßigkeit zu prüfen sind. Jedoch sind diese Erwägungen nicht abschließend und mithin sind auch weitere Erwägungen zu berücksichtigen, sofern sie die berechtigten Interessen der Parteien und der betroffenen Dritten berühren.

§ 37j Abs. 4 KartG setzt Art. 5 Abs. 3 SE-RL um. Die Verhältnismäßigkeitserwägungen gemäß § 37j Abs. 4 Nr. 1, 2, 3 KartG setzen die Verhältnismäßigkeitserwägungen gemäß Art. 5 Abs. 3 S. 3 a), b), c) SE-RL um. Auch die Kartellschadensersatzrichtlinie verdeutlicht wie § 37j Abs. 4, zweiter Halbsatz KartG durch die Verwendung des Wortes „insbesondere", Art. 5 Abs. 3 S. 3 SE-RL, dass die in Art. 5 Abs. 3 S. 3 SE-RL aufgeführten Erwägungen nicht abschließend für die Verhältnismäßigkeitsprüfung sind.

e) Keine Schutzwürdigkeit des Interesses Klagen zu vermeiden, § 37j Abs. 5 KartG

In § 37j Abs. 5 KartG wird klargestellt, dass das Interesse von Unternehmen, Schadensersatzklagen aufgrund von Wettbewerbsrechtsverletzungen zu vermeiden, nicht schutzwürdig ist und im Rahmen der gemäß § 37j Abs. 2 KartG vorzunehmenden Verhältnismäßigkeitsprüfung nicht zu berücksichtigen ist. § 37j Abs. 5 KartG stellt eine Umsetzung von Art. 5 Abs. 5 SE-RL dar.

---

967 *Brand,* in: Brand, Schadenersatz im Kartellrecht, S. 262; *Dokalik,* RdW 4/2017, 219, 225; *Gruber,* ÖZK 2017, 135, 147.

f) Maßnahmen für den Schutz vertraulicher Informationen, § 37j Abs. 6 KartG

Weiter trifft § 37j KartG in Absatz sechs eine Regelung zum Schutz vertraulicher Informationen im Rahmen von Verfahren, die Ersatzansprüche aus einer Wettbewerbsrechtsverletzung zum Gegenstand haben.

Gemäß § 37j Abs. 6 KartG hat das Gericht wirksame Maßnahmen für den Schutz vertraulicher Informationen anzuordnen. In § 37j Abs. 6 Nr. 1 bis Nr. 4 KartG ist aufgeführt, welche Maßnahmen das Gericht „insbesondere" (siehe Wortlaut des § 37j Abs. 6 KartG) anordnen kann. Durch die Verwendung des Wortes „insbesondere" macht der österreichische Gesetzgeber deutlich, dass die Aufzählung in § 37j Abs. 6 Nr. 1 bis Nr. 4 KartG nicht abschließend ist und das Gericht auch andere Maßnahmen für den Schutz vertraulicher Informationen anordnen kann als diejenigen, die in § 37j Abs. 6 Nr. 1 bis Nr. 4 KartG aufgeführt sind.

Die Anordnungen zum Schutz vertraulicher Informationen setzen voraus, dass Beweismittel vertrauliche Informationen enthalten.[968] Hierfür ist derjenige beweispflichtig, der sich auf die Vertraulichkeit der Informationen beruft.[969]

§ 37j Abs. 6 KartG stellt eine Umsetzung von Art. 5 Abs. 4 SE-RL dar.

g) Offenlegung nur gegenüber dem Gericht, § 37j Abs. 7 KartG

§ 37j Abs. 7 KartG bestimmt weitere Maßnahmen zum Schutz vertraulicher Informationen; und zwar kann der zur Offenlegung eines Beweismittels Verpflichtete verlangen, dass bestimmte, einzeln bezeichnete Beweismittel wegen einer gesetzlich anerkannten Verschwiegenheitspflicht oder eines ihm zustehenden Aussageverweigerungsrechts nur gegenüber dem Gericht offengelegt werden müssen, § 37j Abs. 7 S. 1 KartG. Das Gericht hat dann nach

968 *Brand,* in: Brand, Schadenersatz im Kartellrecht, S. 262.

969 *Brand,* in: Brand, Schadenersatz im Kartellrecht, S. 262.

Sichtung der Beweismittel zu entscheiden, ob diese auch der die Offenlegung begehrenden Partei gegenüber offenzulegen sind.

h) Regelungen in § 37j Abs. 8 und Abs. 9 KartG

Die Anfechtung von Entscheidungen, die von dem Gericht hinsichtlich der Offenlegung von Beweismitteln gemäß § 37j KartG getroffen werden, erfährt in § 37j Abs. 8 KartG eine Regelung. § 37j Abs. 9 KartG trifft in Verbindung mit § 79 AußStrG vollstreckungsrechtliche Regelungen.

2. Regelung des § 37m KartG

Die Offenlegungsvorschrift des § 37j KartG wird durch die Verfahrensvorschrift § 37m KartG ergänzt. Gemäß § 37m KartG hat das Gericht gegen Parteien und deren Vertretern sowie Dritte Ordnungsstrafen bis zu EUR 100.000 zu verhängen, wenn diese relevante Beweismittel dem Beweisführer entziehen, beseitigen oder zur Benutzung untauglich machen, die Erfüllung der mit einer Anordnung zum Schutz vertraulicher Informationen auferlegten Verpflichtungen unterlassen oder verweigern oder unzulässigerweise aktenkundige Beweismittel benutzen, deren Offenlegung oder Verwendung einer Beschränkung unterliegt.

3. Aufklärungs- und Mitwirkungspflichten in Österreich

Die Regelungen in § 37j KartG und § 37m KartG müssen vor dem Hintergrund der österreichischen Zivilprozessordnung (im Folgenden: „österreichische ZPO“ oder „ZPO-Ö“) gesehen werden und eingeordnet werden.

Insofern ist zu berücksichtigen, dass die österreichische ZPO „sowohl von einer allgemeinen Aufklärungspflicht aus auch von einer umfassenden Mitwirkungspflicht der nicht beweisbelasteten Partei ausgeht“[970]. Die allgemeine

970 *Rassi,* in: Rassi, Kooperation und Geheimnisschutz bei Beweisschwierigkeiten im Zivilprozess, Rn. 118.

prozessuale Aufklärungspflicht ist in § 184 ZPO-Ö und in § 178 Abs. 1 ZPO-Ö i.V.m. § 82 ZPO-Ö oder § 258 Abs. 2 ZPO-Ö normiert.[971] Die Mitwirkungspflicht der nicht beweisbelasteten Partei prägt das Beweisverfahren.[972] Eine „Passivität der nicht beweisbelasteten Parteien“[973] will die österreichische ZPO verhindern.[974]

Die österreichische ZPO geht „von einer grundsätzlichen und umfassenden Pflicht zur Aufklärung und Mitwirkung der nicht beweisbelasteten Partei“[975] aus.[976] Dadurch werden mildert die österreichische ZPO die Beweisschwierigkeiten der beweisbelasteten Partei ab.[977] Gleichwohl bestehen die Aufklärungs- und Mitwirkungspflichten der nicht beweisbelasteten Partei „nicht grenzen- und bedingungslos“[978].[979]

Eine solche weite Aufklärungs- und Mitwirkungspflicht ist der deutschen ZPO fremd. Die deutsche ZPO kennt lediglich eine sekundäre Darlegungs-

---

971 *Rassi,* in: Rassi, Kooperation und Geheimnisschutz bei Beweisschwierigkeiten im Zivilprozess, Rn. 118.

972 *Rassi,* in: Rassi, Kooperation und Geheimnisschutz bei Beweisschwierigkeiten im Zivilprozess, Rn. 118.

973 *Rassi,* in: Rassi, Kooperation und Geheimnisschutz bei Beweisschwierigkeiten im Zivilprozess, Rn. 118.

974 *Rassi,* in: Rassi, Kooperation und Geheimnisschutz bei Beweisschwierigkeiten im Zivilprozess, Rn. 118.

975 *Rassi,* in: Rassi, Kooperation und Geheimnisschutz bei Beweisschwierigkeiten im Zivilprozess, Rn. 118.

976 *Rassi,* in: Rassi, Kooperation und Geheimnisschutz bei Beweisschwierigkeiten im Zivilprozess, Rn. 118.

977 *Rassi,* in: Rassi, Kooperation und Geheimnisschutz bei Beweisschwierigkeiten im Zivilprozess, Rn. 118.

978 *Rassi,* in: Rassi, Kooperation und Geheimnisschutz bei Beweisschwierigkeiten im Zivilprozess, Rn. 118.

979 *Rassi,* in: Rassi, Kooperation und Geheimnisschutz bei Beweisschwierigkeiten im Zivilprozess, Rn. 118.

last. Auch § 142 ZPO begründet keine umfassende Aufklärungs- und Mitwirkungspflicht der nicht beweisbelasteten Partei.

Neben der Aufklärungs- und Mitwirkungspflicht der nicht beweisbelasteten Partei ist als weitere Besonderheit der österreichischen ZPO zu berücksichtigen, dass die österreichische ZPO „dem Richter (fast) umfassende Befugnisse zur amtswegigen Sachverhaltsaufklärung"[980] einräumt.[981] Eine solche amtswegige Sachverhaltsaufklärung ist der deutschen ZPO fremd.

III. Inhaltlicher Vergleich von § 33g GWB mit § 37j KartG

Im Folgenden sollen die wesentlichen Unterschiede zwischen § 33g GWB und § 37j KartG sowie ihre Gemeinsamkeiten aufgezeigt werden.

1. Verfahrensvorschrift versus Anspruch

Der wesentliche Unterschied zwischen § 33g GWB und § 37j KartG besteht darin, dass § 33g GWB eine materiellrechtliche Vorschrift darstellt, die sowohl dem (vermeintlichen) Kartellgeschädigten als auch dem (vermeintlichen) Schädiger einen Anspruch auf Herausgabe von Beweismitteln, § 33g Abs. 1, 2 GWB, sowie auf Erteilung von Auskünften gewährt, § 33g Abs. 10 GWB i.V.m. § 33g Abs. 1, 2 GWB, und § 37j KartG hingegen eine verfahrensrechtliche Vorschrift[982] darstellt, die mithin keine materiellrechtlichen Ansprüche gewährt.

Der deutsche Gesetzgeber hat nicht nur einen Anspruch auf Herausgabe von Beweismitteln in § 33g Abs. 1 GWB und in § 33g Abs. 2 GWB kodifiziert, sondern darüber hinaus in § 33g Abs. 10 GWB i.V.m. § 33g Abs. 1 GWB und

980 *Rassi,* in: Rassi, Kooperation und Geheimnisschutz bei Beweisschwierigkeiten im Zivilprozess, Rn. 138.

981 *Rassi,* in: Rassi, Kooperation und Geheimnisschutz bei Beweisschwierigkeiten im Zivilprozess, Rn. 138.

982 *Podszun / Kreifels,* GWR 2017, 67, 69.

in § 33g Abs. 10 GWB i.V.m. § 33g Abs. 2 GWB jeweils auch einen Anspruch auf Erteilung von Auskünften kodifiziert. Auch einen solchen Auskunftsanspruch hat der österreichische Gesetzgeber im Rahmen der Richtlinienumsetzung nicht in das KartG aufgenommen.

2. Relevanz der Anhängigkeit der Klage für die Offenlegung

Ein weiterer Unterschied zwischen den beiden Richtlinienumsetzungen ist die Relevanz der Anhängigkeit der Kartellschadensersatzklage für die Offenlegung von Beweismitteln.

Nach der deutschen Richtlinienumsetzung kann der (vermeintliche) Kartellgeschädigte bereits vor der Anhängigkeit der Kartellschadensersatzklage die Beweismittelherausgabe und die Auskunftserteilung von (vermeintlichen) Schädigern und Dritten verlangen. Demgegenüber muss nach der österreichischen Richtlinienumsetzung erst eine Kartellschadensersatzklage anhängig sein, damit der (vermeintliche) Kartellgeschädigte als Kläger die Offenlegung von Beweismitteln von dem (vermeintlichen) Schädiger als Beklagten oder von Dritten verlangen kann.

a) Die deutsche Richtlinienumsetzung

Der deutsche Gesetzgeber hat sich bei der Umsetzung der Kartellschadensersatzrichtlinie dafür entschieden, dass der (vermeintliche) Kartellgeschädigte, nicht jedoch der (vermeintliche) Schädiger, vgl. § 33g Abs. 2 GWB, bereits vor der Anhängigkeit einer Kartellschadensersatzklage einen Anspruch auf Herausgabe von Beweismitteln, § 33g Abs. 1 GWB, sowie einen Anspruch auf Erteilung von Auskünften geltend machen kann, § 33g Abs. 10 GWB i.V.m. § 33g Abs. 1 GWB.

Für einen Beweismittelherausgabeanspruch gemäß § 33g Abs. 1 GWB und für einen Auskunftsanspruch gemäß § 33g Abs. 10 GWB i.V.m. § 33g Abs. 1 GWB ist weder die Anhängigkeit noch die Rechtshängigkeit einer Kartellschadensersatzklage, § 33a Abs. 1 GWB, erforderlich. Diese

Ansprüche können bereits im Vorfeld[983] einer Kartellschadensersatzklage, § 33a Abs. 1 GWB, sowie unabhängig von ihrer Erhebung geltend gemacht und vollstreckt werden.

b) Die österreichische Richtlinienumsetzung

Nach der österreichischen Richtlinienumsetzung kann gemäß § 37j Abs. 2 KartG sowohl der (vermeintliche) Kartellgeschädigte als auch der (vermeintliche) Schädiger einen Antrag auf Offenlegung von Beweismitteln bei einem österreichischen Gericht erst stellen, wenn eine Kartellschadensersatzklage anhängig ist.[984]

Dies ergibt sich aus § 37j Abs. 2 KartG i.V.m. § 37j Abs. 1 KartG. Denn gemäß § 37j Abs. 2 KartG kann nur in Verfahren nach § 37j Abs. 1 KartG ein Antrag auf Offenlegung von Beweismitteln gestellt werden. Verfahren nach § 37j Abs. 1 KartG sind solche, die Ersatzansprüche aus einer Wettbewerbsrechtsverletzung zum Gegenstand haben, somit Schadensersatzklagen.

3. Anforderungen an die Bezeichnung der Beweismittel

Ferner weichen § 33g GWB und § 37j KartG insofern voneinander ab, als sie die Anforderungen an die Bezeichnung der offenzulegenden Beweismittel unterschiedlich regeln.

Gemäß § 37j Abs. 3 KartG ist es ausreichend, wenn der Antragsteller in seinem Antrag auf Offenlegung von Beweismitteln lediglich „relevante Kategorien von Beweismitteln“ bezeichnet. Demgegenüber ist für die Beweismittelherausgabeansprüche gemäß § 33g Abs. 1 GWB und gemäß § 33g Abs. 2 GWB die Bezeichnung von Kategorien von Beweismitteln nicht ausreichend. Vielmehr sind bei der Geltendmachung der Beweismittelher-

---

983 *Makatsch / Kacholdt,* in: MüKo, WettbR, Band 2, § 33g GWB, Rn. 10.

984 *Brand,* in: Brand, Schadenersatz im Kartellrecht, S. 255; *Dokalik,* RdW 4/2017, 219, 224; *Hoffer / Raab,* NZKart 2017, 206, 209; *Podszun / Kreifels,* GWR 2017, 67, 69.

ausgabeansprüche gemäß § 33g Abs. 1 GWB und gemäß § 33g Abs. 2 GWB in Übereinstimmung mit der herrschenden Meinung[985] die herauszugebenden Beweismittel so genau zu bezeichnen, dass die Bezeichnung den Anforderungen an einen vollstreckungsfähigen und bestimmten Antrag im Sinne von § 253 Abs. 2 Nr. 2 ZPO genügt (siehe dazu Gliederungspunkt D. I. 1. b)).

Sofern der Anspruchsteller eines Beweismittelherausgabeanspruchs gemäß § 33g Abs. 1 GWB oder eines Beweismittelherausgabeanspruchs gemäß § 33g Abs. 2 GWB die herauszugebenden Beweismittel nicht bestimmt im Sinne von § 253 Abs. 2 Nr. 2 ZPO bezeichnen kann, muss er zunächst einen Auskunftsanspruch gemäß § 33g Abs. 10 GWB geltend machen (siehe dazu Gliederungspunkt D. I. 1. b) und Gliederungspunkt D. V. 3.). Erst wenn der Anspruchsteller aufgrund der vom Anspruchsgegner erteilten Auskunft die Beweismittel dann bestimmt im Sinne von § 253 Abs. 2 Nr. 2 ZPO bezeichnen kann, kann er einen Beweismittelherausgabeanspruch gemäß § 33g Abs. 1 GWB oder gemäß § 33g Abs. 2 GWB geltend machen und mit diesem schließlich die Herausgabe der Beweismittel verlangen (siehe dazu Gliederungspunkt D. I. 1. b) und Gliederungspunkt D. V. 3.).

4. Stringenz der Offenlegungsvorschriften

Die deutsche Umsetzung und die österreichische Umsetzung unterscheiden sich auch hinsichtlich ihrer Stringenz.

§ 37j KartG ist eine stringente verfahrensrechtliche Vorschrift. Demgegenüber stellt § 33g GWB durch die Verwendung des prozessualen Begriffs „Glaubhaftmachung" keine stringente materiellrechtliche Vorschrift dar.

---

985 *Bechtold / Bosch,* in: Bechtold / Bosch, GWB, § 33g GWB, Rn. 11; *Mäsch,* in: Berg / Mäsch, Deutsches und Europäisches Kartellrecht, § 33g GWB, Rn. 12; *Preuß,* in: Kersting / Podszun, Die 9. GWB-Novelle, Kapitel 10., Rn. 36.

5. „Sonderzivilrecht" und „Sonderprozessrecht"

Der deutschen und österreichischen Richtlinienumsetzung zur Offenlegung von Beweismitteln ist gemein, dass beide Umsetzungen sich auf Kartellschadensersatzprozesse beschränken und die Vorschriften über die Offenlegung von Beweismitteln als „Sonderzivilrecht" beziehungsweise „Sonderprozessrecht" im jeweiligen mitgliedstaatlichen Gesetz gegen Wettbewerbsbeschränkungen beziehungsweise gegen Kartelle regeln.

IV. Bewertung der Umsetzung von Art. 5 SE-RL durch § 37j KartG

Bei der Umsetzung der Kartellschadensersatzrichtlinie durch § 37j KartG hat sich der österreichische Gesetzgeber sehr stark an Art. 5 SE-RL orientiert,[986] sodass es kaum nennenswerte inhaltliche Unterschiede zwischen § 37j KartG und Art. 5 SE-RL gibt. Dies ist der Grund dafür, dass sich § 37j KartG als eine stringente verfahrensrechtliche Vorschrift darstellt.

Der österreichische Gesetzgeber hat Art. 5 SE-RL umgesetzt, indem er den Parteien eines Kartellschadensersatzprozesses genau die Rechte verleiht und die Pflichten auferlegt, die auch die Kartellschadensersatzrichtlinie den Parteien in Art. 5 SE-RL überträgt. Dabei hält sich der österreichische Gesetzgeber überwiegend an den Wortlaut von Art. 5 SE-RL und nimmt vornehmlich nur sprachliche Anpassungen vor, deren Notwendigkeit sich insbesondere daraus ergibt, dass die Kartellschadensersatzrichtlinie eben keine EU-Verordnung ist, sondern eine EU-Richtlinie ist, die zu ihrer Konkretisierung und Umsetzung der Anpassung an das jeweilige mitgliedstaatliche nationale Recht bedarf.

Die österreichische Richtlinienumsetzung ist auch deswegen eine Umsetzung eng an den Vorgaben der Richtlinie, weil der österreichische Gesetzge-

986 *Dokalik,* RdW 4/2017, 219, 220; *Hoffer / Raab,* NZKart 2017, 206, 209. Vgl. auch *Podszun / Kreifels,* GWR 2017, 67, 69.

ber lediglich die Mindestanforderungen der Kartellschadensersatzrichtlinie, vgl. Art. 5 Abs. 8 SE-RL, umgesetzt hat und mithin nicht unter Ausnutzung des ihm gemäß Art. 5 Abs. 8 SE-RL gewährten Umsetzungsspielraums Offenlegungsvorschriften eingeführt hat, die zu einer umfassenderen Offenlegung von Beweismitteln führen würden.

Dadurch dass der österreichische Gesetzgeber die Formulierung der Richtlinie in Art. 5 Abs. 1 SE-RL hinsichtlich der Anforderungen zur Substantiierung fast wörtlich in § 37j Abs. 1 KartG übernommen hat und die Substantiierung darüber hinaus im Rahmen einer Verfahrensvorschrift regelt, stellen sich bei § 37j KartG nicht die Probleme, die bei der materiellrechtlichen Vorschrift § 33g Abs. 1 GWB durch die Verwendung des Begriffs „glaubhaft machen“ entstehen. Die österreichische Umsetzung der Richtlinienvorgaben zur Substantiierung, § 37j Abs. 1 KartG, ist ein prominentes Beispiel dafür, dass sich durch eine Umsetzung eng am Wortlaut der Richtlinie Brüche und Dissonanzen im nationalen Recht vermeiden lassen.

Durch die Sondervorschriften des KartG in Verbindung mit der in Österreich allgemein geltenden amtswegigen Sachverhaltsaufklärung[987] und in Verbindung mit den in der österreichischen ZPO allgemein geltenden weitreichenden Aufklärungs- und Mitwirkungspflichten[988] der nicht beweisbelasteten Partei stehen in Österreich umfassende Vorschriften zur Verfügung, um die „Informationsasymmetrie“[989] im Kartellschadensersatzprozess zu beseitigen.

---

987 *Rassi,* in: Rassi, Kooperation und Geheimnisschutz bei Beweisschwierigkeiten im Zivilprozess, Rn. 138.

988 *Rassi,* in: Rassi, Kooperation und Geheimnisschutz bei Beweisschwierigkeiten im Zivilprozess, Rn. 118.

989 Siehe Erwägungsgrund 15 der Kartellschadensersatzrichtlinie.

V. Vorteile und Nachteile von § 33g GWB gegenüber § 37j KartG

Im Folgenden sollen die Vorteile und Nachteile von § 33g GWB gegenüber § 37j KartG aufgezeigt werden und zwar insbesondere diejenigen Vorteile und Nachteile, die sich daraus ergeben, dass sich der deutsche Gesetzgeber im Gegensatz zum österreichischen Gesetzgeber für eine Umsetzung der Offenlegungsvorschriften der Kartellschadensersatzrichtlinie, Art. 5 SE-RL, durch einen materiellrechtlichen Offenlegungsanspruch, § 33g GWB, entschieden hat.

1. Offenlegung vor Anhängigkeit der Klage

Ein entscheidender Vorteil der deutschen Richtlinienumsetzung gegenüber der österreichischen Richtlinienumsetzung ist, dass der (vermeintliche) Kartellgeschädigte nach der deutschen Umsetzung bereits vor Anhängigkeit der Kartellschadensersatzklage die Offenlegung von Beweismitteln verlangen kann.[990] Denn die Offenlegungsansprüche gemäß § 33g Abs. 1 GWB und gemäß § 33g Abs. 10 GWB i.V.m. § 33g Abs. 1 GWB bestehen schon vorgerichtlich und außergerichtlich.

a) Förderung außergerichtlicher Einigungen

Ausweislich der deutschen Gesetzgebungsmaterialien sollen außergerichtliche Einigungen dadurch gefördert werden, dass der (vermeintliche) Kartellgeschädigte die Offenlegung von Beweismitteln bereits vor Anhängigkeit einer Kartellschadensersatzklage geltend machen kann.[991]

Außergerichtliche Einigungen werden tatsächlich durch § 33g Abs. 1 GWB und § 33g Abs. 10 GWB i.V.m. § 33g Abs. 1 GWB gefördert, weil der (ver-

---

990 *Podszun / Kreifels*, GWR 2017, 67, 69.

991 Regierungsbegründung, BT-Drs. 18/10207, S. 62. So auch *Althammer*, in: Festschrift für Prütting, S. 208.

meintliche) Kartellgeschädigte bereits vor Anhängigkeit einer Kartellschadensersatzklage Beweismittel einsehen kann und so bereits außergerichtlich beurteilen kann, ob er einen Kartellschadensersatzanspruch beweisen[992] kann. Gegebenenfalls kann der (vermeintliche) Kartellgeschädigte durch die Offenlegung von Beweismitteln und die Erteilung von Auskünften schon außergerichtlich seinen Kartellschadensersatzanspruch beziffern und beweisen. In diesem Fall hätte der (vermeintliche) Kartellgeschädigte jedenfalls eine gute Verhandlungsposition für eine außergerichtliche Einigung und es wäre jedenfalls nicht abwegig zu vermuten, dass der (vermeintliche) Schädiger sich auf außergerichtliche Vergleichsverhandlungen einlässt.

Demgegenüber fördert die österreichische Richtlinienumsetzung mit § 37j KartG die außergerichtliche Einigung nicht.[993] Denn der (vermeintliche) Kartellgeschädigte muss zunächst die Kartellschadensersatzklage anhängig machen, bevor er die Offenlegung von Beweismitteln gemäß § 37j KartG verlangen kann.[994] Ist der (vermeintliche) Kartellgeschädigte auf die Offenlegung von Beweismitteln gemäß § 37j KartG angewiesen, so wird er vor Anhängigkeit der Kartellschadensersatzklage seinen Schadensersatzanspruch nicht beziffern und beweisen können.[995] In diesem Fall wird sich der Kartellant nicht auf außergerichtliche Vergleichsverhandlungen vor Anhängigkeit der Kartellschadensersatzklage einlassen.

Dass nach der österreichischen Umsetzung Beweismittel erst nach Anhängigkeit einer Kartellschadensersatzklage offengelegt werden müssen und außergerichtliche Einigungen mithin nicht gefördert werden,[996] ist die Folge

---

992 Vgl. *Brand,* in: Brand, Schadenersatz im Kartellrecht, S. 255 f.

993 *Podszun / Kreifels,* GWR 2017, 67, 69. Vgl. auch *Althammer,* in: Festschrift für Prütting, S. 208.

994 *Brand,* in: Brand, Schadenersatz im Kartellrecht, S. 255; *Dokalik,* RdW 4/2017, 219, 224; *Hoffer / Raab,* NZKart 2017, 206, 209; *Podszun / Kreifels,* GWR 2017, 67, 69.

995 *Brand,* in: Brand, Schadenersatz im Kartellrecht, S. 255.

996 *Podszun / Kreifels,* GWR 2017, 67, 69. Vgl. auch *Althammer,* in: Festschrift für Prütting, S. 208.

der Entscheidung des österreichischen Gesetzgebers für eine ausschließlich verfahrensrechtliche Umsetzung der Offenlegungsvorschriften der Kartellschadensersatzrichtlinie. Demgegenüber ermöglicht die Umsetzung der Offenlegungsvorschriften durch einen Anspruch, dass der (vermeintliche) Kartellgeschädigte bereits vor Anhängigkeit einer Kartellschadensersatzklage und unabhängig von ihrer Erhebung die Offenlegung von Beweismitteln verlangen kann.

b) Bessere Einschätzung des Prozessrisikos

Neben der Förderung außergerichtlicher Einigungen hat die deutsche Richtlinienumsetzung durch einen Anspruch auch den Vorteil, dass der (vermeintliche) Kartellgeschädigte bereits vor Erhebung der Kartellschadensersatzklage beurteilen kann, ob er einen Kartellschadensersatzanspruch voraussichtlich beziffern und beweisen kann.[997] Sofern auch mit Hilfe des Offenlegungsanspruchs gemäß § 33g GWB dem (vermeintlichen) Kartellgeschädigten die Bezifferung und der Beweis eines Kartellschadensersatzes nicht gelingt, ist der (vermeintlich) Kartellgeschädigte gewarnt und wird in der Regel nicht eine Kartellschadensersatzklage erheben.

Hingegen ist der (vermeintliche) Kartellgeschädigte bei einer rein verfahrensrechtlichen Umsetzung der Offenlegungsvorschriften dazu angehalten, zunächst eine Kartellschadensersatzklage zu erheben, um die Offenlegung von Beweismitteln gemäß § 37j Abs. 2 KartG beantragen zu können.[998] Sofern der (vermeintliche) Kartellgeschädigte vor Erhebung der Kartellschadensersatzklage den Kartellschadensersatzanspruch noch nicht beziffern und beweisen kann, wird er erst nach Anhängigkeit der Kartellschadensersatzklage und nach Beantragung der Offenlegung von Beweismittel gemäß

---

997 Vgl. *Brand,* in: Brand, Schadenersatz im Kartellrecht, S. 255 f.

998 *Hoffer / Raab,* NZKart 2017, 206, 209; *Podszun / Kreifels,* GWR 2017, 67, 69.

§ 37j Abs. 2 KartG beurteilen können, ob ihm die Bezifferung und der Beweis eines Kartellschadensersatzanspruchs gelingen wird.[999]

Dies hat zur Folge, dass der (vermeintlich) Kartellgeschädigte womöglich eine von vornherein erfolglose Kartellschadensersatzklage erhebt und die Prozesskosten tragen muss.[1000] Im Zeitpunkt der Klageerhebung kann der Kläger die Erfolgsaussichten seiner Klage nicht abschätzen, da ihm nicht bekannt ist, welche Beweismittel aufgrund eines Antrages gemäß § 37j Abs. 2 KartG noch offengelegt werden.[1001]

Ein Offenlegungsanspruch, der wie § 33g Abs. 1 GWB und § 33g Abs. 10 GWB i.V.m. § 33g Abs. 1 GWB bereits vor Anhängigkeit einer Kartellschadensersatzklage besteht, kann von vornherein erfolglose Kartellschadensersatzklagen verhindern und somit unnötige Prozesskosten vermeiden. Denn der (vermeintliche) Kartellgeschädigte kann die Beweissituation mit Hilfe des Offenlegungsanspruchs besser „abtasten" und so bereits vor Erhebung der Kartellschadensersatzklage den Erfolg dieser Klage wesentlich besser beurteilen.

c) Prozessuale Effizienz

Die Anhängigkeit der Kartellschadensersatzklage als Voraussetzung der Offenlegung gemäß § 37j KartG hat gegenüber § 33g Abs. 1 GWB und § 33g Abs. 10 GWB i.V.m. § 33g Abs. 1 GWB den Vorteil, dass der über die Kartellschadensersatzklage erkennende Richter auch über den Offenlegungsantrag entscheidet.[1002] Damit ist nach der österreichischen Umsetzung der über den Offenlegungsantrag erkennende Richter mit dem Inhalt der Sache vertraut.[1003] Darüber hinaus kann das Verhalten der Parteien im Of-

---

999 *Brand,* in: Brand, Schadenersatz im Kartellrecht, S. 255.

1000 *Brand,* in: Brand, Schadenersatz im Kartellrecht, S. 255.

1001 *Brand,* in: Brand, Schadenersatz im Kartellrecht, S. 255.

1002 Vgl. *Brand,* in: Brand, Schadenersatz im Kartellrecht, S. 256.

1003 *Brand,* in: Brand, Schadenersatz im Kartellrecht, S. 256.

fenlegungsverfahren in die Beweiswürdigung einfließen.[1004] In der Regel wird ein einheitliches Verfahren, wie es § 37j KartG vorsieht, der prozessualen Effizienz dienen.[1005]

2. Darlegungs- und Beweislast

Für den Anspruchsteller des Offenlegungsanspruchs, § 33g GWB, ist es von Nachteil, dass er nach allgemeinen beweisrechtlichen Grundsätzen für die positiven Anspruchsvoraussetzungen des Beweismittelherausgabeanspruchs, § 33g Abs. 1, 2 GWB, und des Auskunftsanspruchs, § 33g Abs. 10 GWB i.V.m. § 33g Abs. 1, 2 GWB, darlegungs- und beweisbelastet ist.

a) Darlegungs- und Beweislast bei einer materiellrechtlichen Offenlegungsvorschrift

Die positiven Anspruchsvoraussetzungen des Offenlegungsanspruchs nach § 33g GWB muss der Anspruchsteller darlegen und beweisen (siehe dazu Gliederungspunkt C. III. 3.)

Gelingt ihm der Nachweis nicht, kann er den Beweis auch nur einer positiven Anspruchsvoraussetzung nicht führen, wird die Klage auf Herausgabe von Beweismitteln beziehungsweise die Klage auf Auskunft abgewiesen. Ohne die begehrten Beweismittel wird dem (vermeintlichen) Kartellgeschädigten der Beweis seines Kartellschadensersatzanspruchs, § 33a Abs. 1 GWB, möglicherweise nicht gelingen und dem (vermeintlichen) Schädiger wird die Verteidigung gegen den Kartellschadensersatzanspruch, § 33a Abs. 1 GWB, möglicherweise nicht gelingen. Jedenfalls wird sich für den Anspruchsteller des Offenlegungsanspruchs die Beweissituation verschlechtern, sofern ihm die begehrte Offenlegung von Beweismitteln gemäß § 33g Abs. 1, 2 GWB (ggfs. i.V.m. § 33g Abs. 10 GWB) verwehrt wird.

1004 *Brand,* in: Brand, Schadenersatz im Kartellrecht, S. 256.

1005 *Brand,* in: Brand, Schadenersatz im Kartellrecht, S. 256.

Sofern eine Klage auf Herausgabe von Beweismitteln beziehungsweise auf Erteilung von Auskunft abgewiesen werden würde, da der (vermeintliche) Kartellgeschädigte den Offenlegungsanspruch, § 33g Abs. 1 GWB (ggfs. i.V.m. § 33g Abs. 10 GWB), nicht beweisen kann, wird auch eine außergerichtliche Einigung keinen Erfolg haben. Denn der Kartellant wird sich nicht auf eine außergerichtliche Einigung einlassen, wenn er merkt, dass er so oder so nichts zu befürchten hat, weil der (vermeintliche) Kartellgeschädigte nicht einmal einen Offenlegungsanspruch, § 33g Abs. 1 GWB (ggfs. i.V.m. § 33g Abs. 10 GWB), darlegen und beweisen kann.

Durch die Schaffung des Offenlegungsanspruchs gemäß § 33g Abs. 1 GWB (ggfs. i.V.m. § 33g Abs. 10 GWB), der bereits vorgerichtlich besteht und außergerichtlich geltend gemacht werden kann, fördert der deutsche Gesetzgeber außergerichtliche Einigungen über den Schadensersatz. Gleichwohl wird der Vorteil des Offenlegungsanspruchs gemäß § 33g Abs. 1 GWB (ggfs. i.V.m. § 33g Abs. 10 GWB) dadurch begrenzt, dass der (vermeintliche) Kartellgeschädigte die Anspruchsvoraussetzungen darlegen und beweisen muss.

b) Keine Darlegungs- und Beweislast bei einer verfahrensrechtlichen Offenlegungsvorschrift

Demgegenüber muss nach der österreichischen Umsetzung lediglich die die Offenlegung begehrende Partei den Offenlegungsantrag gemäß § 37j Abs. 2 KartG begründen.[1006] Den Kläger trifft darüber hinaus die Pflicht, die Kartellschadensersatzklage gemäß § 37j Abs. 1 KartG soweit zu substantiieren, als diejenigen Tatsachen und Beweismittel enthalten sind, die dem Kläger mit zumutbarem Aufwand zugänglich sind und die die Plausibilität eines Schadenersatzanspruchs ausreichend stützen. Weitergehende Darlegungs- und Beweispflichten hinsichtlich der Offenlegung treffen die die Offenlegung begehrende Partei gemäß § 37j KartG nicht.

1006 *Brand,* in: Brand, Schadenersatz im Kartellrecht, S. 258 f.; *Dokalik,* RdW 4/2017, 219, 225; *Gruber,* ÖZK 2017, 135, 146.

3. Missbrauchsgefahr

Ein Offenlegungsanspruch, der wie § 33g Abs. 1 GWB (ggfs. i.V.m. § 33g Abs. 10 GWB) bereits vorgerichtlich besteht und außergerichtlich geltend gemacht werden kann, hat gegenüber der verfahrensrechtlichen Vorschrift des § 37j KartG den Nachteil, dass die Gefahr einer missbräuchlichen Verwendung besteht.

§ 37j KartG bindet die Offenlegung von Beweismitteln an die Erhebung einer Kartellschadensersatzklage und stellt damit sicher, dass die Offenlegung wegen des Kartellschadensersatzprozesses und mithin zweckgebunden erfolgt. Nur wenn bereits eine Klageschadensersatzklage anhängig ist, kann innerhalb dieses Verfahrens die Offenlegung von Beweismitteln beantragt werden, § 37j Abs. 2 KartG i.V.m. § 37j Abs. 1 KartG.

Demgegenüber kann der (vermeintliche) Kartellgeschädigte auch dann einen Offenlegungsanspruch gemäß § 33g Abs. 1 GWB (ggfs. i.V.m. § 33g Abs. 10 GWB) geltend machen, wenn noch keine Kartellschadensersatzklage anhängig ist und der (vermeintliche) Kartellgeschädigte darüber hinaus nie beabsichtigt, eine Kartellschadensersatzklage zu erheben. Damit besteht bei § 33g GWB die Gefahr, dass der Beweismittelherausgabeanspruch gemäß § 33g Abs. 1 GWB und der Auskunftsanspruch gemäß § 33g Abs. 10 GWB i.V.m. § 33g Abs. 1 GWB vom (vermeintlichen) Kartellgeschädigten zweckentfremdet werden und nicht oder jedenfalls nicht ausschließlich für die Beweisführung in einem Kartellschadensersatzprozess genutzt werden.

4. Ausforschungsgefahr

Bei der Verhältnismäßigkeitsprüfung gemäß § 33g Abs. 3 GWB ist problematisch, dass diese als Ausschlusstatbestand konzipiert ist. Dies begünstigt Ausforschungen und gefährdet den Schutz vertraulicher Informationen, weil der Anspruchsgegner des Offenlegungsanspruchs für die Unverhältnismäßigkeit der Offenlegung von Beweismitteln beweisbelastet[1007] ist (siehe dazu Gliederungspunkt C. III. 3.).

a) Begünstigung der Ausforschung durch eine materiellrechtliche Offenlegungsvorschrift

Der Anspruchsteller des Offenlegungsanspruchs muss nach der ungeschriebenen Beweislastregel die rechtsbegründenden Tatbestandmerkmale beweisen (siehe dazu Gliederungspunkt C. III. 3.).

aa) Grundregel der Beweislast im Zivilrecht

Die ungeschriebene und allgemein anerkannte Grundregel der Beweislast im Zivilrecht besagt, dass der Anspruchsteller die Beweislast für die rechtsbegründenden Tatbestandsmerkmale trägt und der Anspruchsgegner die Beweislast für die rechtsvernichtenden, rechtsverhindernden und rechtshemmenden Tatbestandsmerkmale.[1008] Sofern den rechtsvernichtenden Tatsachen wiederum vernichtungshindernde (rechtserhaltende) Tatsachen gegenüberstehen, trägt der Anspruchsteller für diese rechtserhaltenden Tatsachen wieder die Beweislast.[1009]

1007 *Bornkamm / Tolkmitt,* in: Langen / Bunte, Kartellrecht, Band 1, § 33g GWB, Rn. 64; *Mäsch,* in: Berg / Mäsch, Deutsches und Europäisches Kartellrecht, § 33g GWB, Rn. 10.

1008 BGH, Urteil vom 14.01.1991 – II ZR 190/89 = NJW 1991, 1052, 1053; BGH, Urteil vom 13.11.1998 – V ZR 386/97 = NJW 1999, 352, 353; *Greger,* in: Zöller, ZPO, vor § 284 ZPO, Rn. 17a.

1009 BGH, Urteil vom 13.11.1998 – V ZR 386/97 = NJW 1999, 352, 353; *Greger,* in: Zöller, ZPO, vor § 284 ZPO, Rn. 17a.

bb) Bestimmung der Beweislast im Einzelfall

Der Gesetzgeber hat durch die positive oder negative Formulierung von Tatbestandsmerkmalen und durch die Konstruktion von Regel- und Ausnahmetatbeständen in vielen Fällen bestimmt, wer nach der beweisrechtlichen Grundregel das Risiko der Beweislosigkeit tragen soll.[1010] Ein prominentes Beispiel für die Bestimmung der Beweislast durch den Gesetzgeber ist § 280 Abs. 1 S. 2 BGB.[1011]

Durch die negative Formulierung des Tatbestandsmerkmals des Vertretenmüssens („Dies gilt nicht, wenn [...]" in § 280 Abs. 1 S. 2 BGB), hat der deutsche Gesetzgeber zum Ausdruck gebracht, dass der Anspruchsgegner[1012] für das Nichtvertretenmüssen beweispflichtig ist.[1013] Demgegenüber hat der deutsche Gesetzgeber in § 280 Abs. 1 S. 1 BGB durch die positive Formulierung der übrigen Tatbestandsmerkmale des Schadensersatzanspruchs nach § 280 Abs. 1 BGB bestimmt, dass für diese der Anspruchsteller die Beweislast trägt.[1014] Mithin ist § 280 Abs. 1 S. 2 BGB nach dem Willen des deutschen Gesetzgebers keine materiellrechtliche Einwendung, sondern eine Norm, die die Beweislastverteilung regelt.[1015]

cc) § 33g Abs. 3 GWB als eine die Beweislastverteilung regelnde Norm

Auch § 33g Abs. 3 GWB ist eine die Beweislastverteilung regelnde Norm. Dies veranschaulicht ein Vergleich von § 33g Abs. 3 GWB mit

1010 *Greger,* in: Zöller, ZPO, vor § 284 ZPO, Rn. 17a.

1011 Vgl. *Greger,* in: Zöller, ZPO, vor § 284 ZPO, Rn. 17a.

1012 BGH, Urteil vom 12.05.2009 – XI ZR 586/07 = NJW 2009, 2298, 2299.

1013 *Grüneberg,* in: Palandt, BGB, § 280 BGB, Rn. 34.

1014 Vgl. BGH, Urteil vom 12.05.2009 – XI ZR 586/07 = NJW 2009, 2298, 2299; *Grüneberg,* in: Palandt, BGB, § 280 BGB, Rn. 34.

1015 *Grüneberg,* in: Palandt, BGB, § 280 BGB, Rn. 34.

§ 280 Abs. 1 S. 2 GWB. In § 33g Abs. 3 GWB verwendet der deutsche Gesetzgeber eine ähnliche Formulierung wie in § 280 Abs. 1 S. 2 BGB.

Die Beweismittelmittelherausgabeansprüche, § 33g Abs. 1, 2 GWB, und die Auskunftsansprüche, § 33g Abs. 10 GWB i.V.m. § 33g Abs. 1 GWB, § 33g Abs. 10 GWB i.V.m. § 33g Abs. 2 GWB, sind ausgeschlossen, wenn die Beweismittelherausgabe beziehungsweise die Auskunftserteilung gemäß § 33g Abs. 3 GWB unverhältnismäßig sind. § 33g Abs. 3 GWB ist ein Ausschlusstatbestand und als solcher ein negatives[1016] Tatbestandsmerkmal. Damit ist § 33g Abs. 3 GWB als negatives[1017] Tatbestandsmerkmal wie § 280 Abs. 1 S. 2 BGB keine materiellrechtliche Einwendung, sondern eine die Beweislastverteilung regelnde Norm.

Für die Anspruchsvoraussetzungen des § 33g Abs. 1 GWB (ggfs. i.V.m. § 33g Abs. 10 GWB) und des § 33g Abs. 2 GWB (ggfs. i.V.m. § 33g Abs. 10 GWB) ist der Anspruchssteller beweispflichtig.[1018] Demgegenüber ist der Anspruchsgegner dafür beweisbelastet, dass die Beweismittelherausgabe beziehungsweise die Auskunftserteilung unverhältnismäßig ist.[1019] Das bedeutet, das für den Ausschlussgrund der Unverhältnismäßigkeit gemäß § 33g Abs. 3 GWB allein der Anspruchsgegner beweisbelastet ist.[1020]

dd) Begünstigung der Ausforschung durch § 33g Abs. 3 GWB

Mit dieser Beweislastregel in § 33g Abs. 3 GWB begünstigt der deutsche Gesetzgeber den Anspruchssteller und bürdet dem Anspruchsgegner das Risiko

---

1016 Vgl. auch *Preuß*, in: LMRKM, Kartellrecht, § 33g GWB, Rn. 14.

1017 Vgl. auch *Preuß*, in: LMRKM, Kartellrecht, § 33g GWB, Rn. 14.

1018 *Bornkamm / Tolkmitt*, in: Langen / Bunte, Kartellrecht, Band 1, § 33g GWB, Rn. 64.

1019 *Bornkamm / Tolkmitt*, in: Langen / Bunte, Kartellrecht, Band 1, § 33g GWB, Rn. 64.

1020 *Bornkamm / Tolkmitt*, in: Langen / Bunte, Kartellrecht, Band 1, § 33g GWB, Rn. 64; *Mäsch*, in: Berg / Mäsch, Deutsches und Europäisches Kartellrecht, § 33g GWB, Rn. 10.

der Beweislosigkeit bezüglich der Unverhältnismäßigkeit der Beweismittelherausgabe beziehungsweise der Auskunftserteilung, § 33g Abs. 3 GWB, auf.

Kann der Anspruchsgegner nicht beweisen, dass die Beweismittelherausgabe beziehungsweise die Auskunftserteilung gemäß § 33g Abs. 3 GWB unverhältnismäßig ist, ist er zur Beweismittelherausgabe beziehungsweise zur Auskunftserteilung verpflichtet. Der Anspruchsgegner trägt unter anderem das Risiko, dass er die Ausforschung von Tatsachen und die Unmöglichkeit des Schutzes von vertraulichen Informationen beweisen kann. Demgegenüber hat der Anspruchsteller lediglich die Voraussetzungen des § 33g Abs. 1 GWB (ggfs. i.V.m. § 33g Abs. 10 GWB) beziehungsweise die Voraussetzungen des § 33g Abs. 2 GWB (ggfs. i.V.m. § 33g Abs. 10 GWB) darzulegen und zu beweisen.

Mithin fördert die Beweislastverteilung des Offenlegungsanspruchs nach§ 33g GWB die Ausforschung von Tatsachen und gefährdet den Schutz von vertraulichen Informationen. Der Ausforschung von Tatsachen dürfte lediglich entgegenwirken, dass der Anspruchsteller gemäß § 33g Abs. 1 GWB (ggfs. i.V.m. § 33g Abs. 10 GWB) die Erforderlichkeit der Beweismittel für die Erhebung des Kartellschadensersatzanspruchs darlegen und beweisen muss und der Anspruchsteller gemäß § 33g Abs. 2 GWB (ggfs. i.V.m. § 33g Abs. 10 GWB) die Erforderlichkeit der Beweismittel für die Verteidigung gegen einen Kartellschadensersatzanspruch darlegen und beweisen muss.

b) Verhinderung der Ausforschung durch eine verfahrensrechtliche Offenlegungsvorschrift

Als Verfahrensvorschrift kommt § 37j KartG ohne eine dem § 33g GWB vergleichbare Beweislastverteilung aus. Die Unverhältnismäßigkeit der Offenlegung ist nicht Ausschlussgrund des Antrags nach § 37j Abs. 2 KartG, sondern vielmehr ist die Verhältnismäßigkeit der Offenlegung positive Voraussetzung dieses Antrags. Lediglich im Rahmen der Anordnung von Maßnahmen gemäß § 37j Abs. 6 KartG durch das Gericht hat derjenige, der sich auf die Vertraulichkeit von Informationen beruft, auch zu beweisen, dass die offenzulegenden Beweismittel vertrauliche Informationen enthalten.[1021]

5. Erforderlichkeit eines bestimmten Antrags

Ein weiterer bedeutender Nachteil von § 33g GWB ist, dass bei gerichtlicher oder außergerichtlicher Geltendmachung des Beweismittelherausgabeanspruchs gemäß § 33g Abs. 1 GWB sowie des Beweismittelherausgabeanspruchs gemäß § 33g Abs. 2 GWB der jeweilige Anspruchsteller die herauszugebenden Beweismittel bestimmt im Sinne von § 253 Abs. 2 Nr. 2 ZPO bezeichnen muss (siehe dazu Gliederungspunkt D. I. 1. b)). Kann der Anspruchsteller, § 33g Abs. 1, 2 GWB, die herauszugebenden Beweismittel nicht bestimmt bezeichnen, muss er zunächst einen Auskunftsanspruch gemäß § 33g Abs. 10 GWB i.V.m. § 33g Abs. 1 GWB beziehungsweise gemäß § 33g Abs. 10 GWB i.V.m. § 33g Abs. 2 GWB geltend machen (siehe dazu Gliederungspunkt D. I. 1. b) und Gliederungspunkt D. V. 3.).

Demgegenüber ist es nach der österreichischen Richtlinienumsetzung gemäß § 37j Abs. 3 KartG ausreichend, wenn der Antragsteller die Beweismittel oder die relevanten Kategorien von Beweismitteln, so genau und so präzise wie möglich abgrenzt, wie dies auf der Grundlage der mit zumutbarem Aufwand zugänglichen Tatsachen möglich ist. Mit dieser Formulierung orientiert sich der österreichische Gesetzgeber sehr eng an den Vorgaben der Kartellschadensersatzrichtlinie gemäß Art. 5 Abs. 2 SE-RL.

6. Ergebnis: Überwiegen der Nachteile

Die Umsetzung von Art. 5 SE-RL durch einen Anspruch wie § 33g GWB bringt gegenüber einer verfahrensrechtlichen Umsetzung überwiegend Nachteile mit sich.

Insbesondere hinsichtlich des Beweises der Voraussetzungen des Offenlegungsanspruchs, § 33g GWB, und der bestimmten Bezeichnung der her-

1021 *Brand,* in: Brand, Schadenersatz im Kartellrecht, S. 262.

auszugebenden Beweismittel bestehen Schwierigkeiten, die den praktischen Nutzen von § 33g GWB als Offenlegungsvorschrift in Frage stellen. Zudem besteht die Gefahr des Missbrauchs von § 33g GWB bei einer außergerichtlichen Geltendmachung sowie die Gefahr der Ausforschung von Tatsachen. Ferner ist durch die Beweislastregel in § 33g Abs. 3 GWB der Schutz vertraulicher Informationen unzureichend.

Diesen Nachteilen steht lediglich ein einziger Vorteil der materiellrechtlichen Umsetzung von Art. 5 SE-RL gegenüber. Der Vorteil besteht darin, dass der Offenlegungsanspruch, § 33g Abs.1 GWB (ggfs. i.V.m. § 33g Abs. 10 GWB), gegenüber einer verfahrensrechtlichen Offenlegungsvorschrift bereits vor Anhängigkeit einer Klage geltend gemacht werden kann. Dieser Vorteil läuft jedoch im Ergebnis leer, wenn die Anwendung von § 33g GWB für die Praxis schwierig bleibt. Denn die außergerichtliche Geltendmachung des § 33g Abs. 1 GWB (ggfs. i.V.m. § 33g Abs. 10 GWB) würde den (vermeintlichen) Schädiger nicht zu Vergleichsverhandlungen bewegen, wenn er von der gerichtlichen Geltendmachung dieses Anspruchs ohnehin nichts zu befürchten hätte. § 33g GWB wäre dann ein stumpfes Schwert.

Dass die Nachteile der materiellrechtlichen Umsetzung die Vorteile überwiegen, ist ein Indiz dafür, dass sich die Richtlinienvorgaben in Art. 5 SE-RL nur schlecht durch einen Anspruch umsetzen lassen. Wie bereits dargelegt, hatte der Unionsgesetzgeber offensichtlich eine Umsetzung von Art. 5 SE-RL durch verfahrensrechtliche Vorschriften im Blick.[1022] Insofern war es für den deutschen Gesetzgeber schwierig, diese Richtlinienvorgaben durch einen Anspruch umzusetzen und dabei zugleich die überkommenen zivilrechtlichen und zivilprozessualen Grundsätze der deutschen Rechtsordnung zu beachten und nicht aufzugeben.

1022 Vgl. OLG Düsseldorf, Beschluss vom 07.05.2018 – VI-W (Kart) 2/18 = BeckRS 2018, 8830, Rn. 26 f.

G. Vorschlag für eine Änderung von § 33g GWB

Unter Berücksichtigung der Erkenntnisse, die aus dem Rechtsvergleich von § 33g GWB mit dem österreichischen Bundesgesetz gegen Kartelle und andere Wettbewerbsbeschränkungen (Kartellgesetz 2005 – KartG 2005) gewonnen wurden (siehe dazu Gliederungspunkt F.), wird ein Vorschlag für eine Änderung von § 33g GWB unterbreitet.

I. Lösungsansatz für eine Änderung von § 33g GWB

Es drängt sich auf, dass eine Umsetzung von Art. 5 SE-RL durch eine ausschließlich verfahrensrechtliche Regelung zweckmäßiger gewesen wäre. Denn die Probleme, die sich bei der Umsetzung des Art. 5 SE-RL durch § 33g GWB stellen, sind insbesondere dem Umstand geschuldet, dass § 33g GWB als materiellrechtliche Vorschrift einen Artikel umsetzen möchte, der ersichtlich auf die Umsetzung durch eine verfahrensrechtliche Vorschrift[1023] abzielt.

1. Problem: Nachteile durch materiellrechtliche Umsetzung

Der Vergleich von § 33g GWB mit § 37j KartG (siehe dazu Gliederungspunkt F.) hat gezeigt, dass die Vorteile einer verfahrensrechtlichen Umsetzung die Vorteile einer materiellrechtlichen Umsetzung deutlich überwiegen. Unter Gliederungspunkt F. V. wurden bei der Gegenüberstellung von § 33g GWB mit § 37j KartG die Vorteile und Nachteile im Einzelnen dargelegt.

In diesem Zusammenhang wurde insbesondere auch erörtert, dass ein sehr bedeutender Nachteil von § 33g Abs. 1 GWB (ggfs. i.V.m. § 33g Abs. 10 GWB) und § 33g Abs. 2 GWB (ggfs. i.V.m. § 33g Abs. 10 GWB) ist, dass wegen des materiellrechtlichen Charakters von § 33g GWB die positiven Anspruchsvo-

1023 *Podszun / Kreifels*, GWR 2017, 67, 69.

raussetzungen von § 33g Abs. 1 GWB (ggfs. i.V.m. § 33g Abs. 10 GWB) und § 33g Abs. 2 GWB (ggfs. i.V.m. § 33g Abs. 10 GWB) bewiesen werden müssen (siehe dazu Gliederungspunkt F. V. 2.). Auch wenn der Anspruchsteller des § 33g Abs. 1 GWB (ggfs. i.V.m. § 33g Abs. 10 GWB) sowie der Anspruchsteller des § 33g Abs. 2 GWB (ggfs. i.V.m. § 33g Abs. 10 GWB) durch die für sie besonders günstige Beweislastverteilung des § 33g GWB nur die positiven Anspruchsvoraussetzungen des § 33g GWB beweisen müssen und nicht die Ausschlussgründe und die Herausgabeverweigerungsrechte des § 33g GWB beweisen müssen, erschwert ihnen die Notwendigkeit des Beweises der positiven Anspruchsvoraussetzungen die Offenlegung von Beweismitteln.

Die Beweislastverteilung des § 33g GWB hat darüber hinaus einen weiteren Nachteil. Dadurch dass der Anspruchsgegner für die Unverhältnismäßigkeit, § 33g Abs. 3 GWB, darlegungs- und beweisbelastet[1024] ist, wird die Ausforschung begünstigt und der Schutz vertraulicher Informationen gefährdet (siehe dazu Gliederungspunkt F. V. 4.).

2. Lösung: verfahrensrechtliche Offenlegungsvorschrift

Diese bedeutsamen Nachteile hätte der deutsche Gesetzgeber vermeiden können, wenn er die Richtlinienvorgaben durch eine verfahrensrechtliche Offenlegungsvorschrift in der Art von § 37j KartG umgesetzt hätte. Auch in der Literatur[1025] wurde eine prozessuale Umsetzung teilweise als „möglicherweise sogar vorzugswürdig“[1026] beurteilt.[1027]

Im Folgenden wird daher ein Vorschlag für eine ausschließlich verfahrensrechtliche Umsetzung von Art. 5 SE-RL dargestellt. Dieser Vorschlag soll ein Gegenentwurf zu § 33g GWB sein und zur Änderung des § 33g GWB von

1024 *Preuß*, in: LMRKM, Kartellrecht, § 33g GWB, Rn. 84.

1025 *Hellmann / Steinbrück*, NZKart 2017, 164, 169.

1026 *Hellmann / Steinbrück*, NZKart 2017, 164, 169.

1027 Dazu auch *Althammer*, in: Festschrift für Prütting, S. 218.

einer materiellrechtlichen Offenlegungsvorschrift in eine verfahrensrechtliche Offenlegungsvorschrift anregen.

Als Vorbild könnte dieser Vorschlag von der bereits bestehenden Anordnungsvorschrift § 142 ZPO ausgehen und die nach dieser Vorschrift bereits bestehenden Anordnungsmöglichkeiten erweitern.[1028] Denn § 142 ZPO dient sowohl dem Zweck, lückenhaftes Tatsachenvorbringen der Parteien zu klären, als auch dem Zweck bestrittene Behauptungen festzustellen, also zu beweisen.[1029]

Auch wenn § 142 ZPO als Ausgangspunkt für eine Änderung von § 33g GWB dienen könnte, könnte § 142 ZPO in seiner jetzigen Fassung nicht ausreichend sein, um Art. 5 SE-RL richtlinienkonform umzusetzen. Denn das Gericht ist gemäß § 142 ZPO nicht befugt, unabhängig von einem schlüssigen oder erheblichen Vortrag zum Zweck der Informationsgewinnung Urkunden anzufordern.[1030] Denn dies wäre im Sinne von § 142 ZPO eine unzulässige Ausforschung.[1031] Das bedeutet, dass die Parteien durch § 142 ZPO bis § 144 ZPO nicht von ihrer Darlegungs- und Beweislast befreit werden.[1032]

Ob § 142 ZPO tatsächlich Ausgangspunkt für eine Überarbeitung von § 33g GWB sein kann, inwiefern § 142 ZPO tatsächlich als Vorbild für eine

---

1028 *Hellmann / Steinbrück,* NZKart 2017, 164, 169. Vgl. auch *Makatsch / Kacholdt,* in: MüKo, WettbR, Band 2, § 33g GWB, Rn. 3. Auch *Stadler,* in: Musielak / Voit, ZPO, § 142 ZPO, Rn. 1a geht davon aus, dass eine Ausweitung prozessualer Vorschriften möglich gewesen wäre.

1029 *Althammer,* in: Stein / Jonas, ZPO, Band 2, § 142 ZPO, Rn. 1; *Fritsche,* in: MüKo, ZPO, Band 1, § 144 ZPO, Rn. 1.

1030 *Fritsche,* in: MüKo, ZPO, Band 1, § 144 ZPO, Rn. 1; *Greger,* in: Zöller, ZPO, § 253 ZPO, Rn. 10.

1031 *Fritsche,* in: MüKo, ZPO, Band 1, § 144 ZPO, Rn. 1. Auch *Althammer,* in: Stein / Jonas, ZPO, Band 2, § 142 ZPO, Rn. 4 und *Greger,* in: Zöller, ZPO, § 142 ZPO, Rn. 2 beurteilen eine Ausforschung auf der Grundlage von § 142 ZPO als unzulässig.

1032 *Fritsche,* in: MüKo, ZPO, Band 1, § 144 ZPO, Rn. 1.

Überarbeitung von § 33g GWB dienen kann und welche Erweiterungen von § 142 ZPO erforderlich sind, um eine richtlinienkonforme Umsetzung von Art. 5 SE-RL sicherzustellen, wird im Folgenden dargestellt.

II. Vorteile einer verfahrensrechtlichen Regelung in Anlehnung an § 142 ZPO

Die in Art. 5 SE-RL formulierten Anforderungen der Kartellschadensersatzrichtlinie lassen sich durch eine verfahrensrechtliche Vorschrift nach dem Vorbild von § 142 ZPO wesentlich besser umsetzen; und zwar ohne eine Ausforschung zu begünstigen und ohne mit überkommenen Grundsätzen des deutschen Zivilrechts und der deutschen Zivilprozessordnung zu brechen.

Da Art. 5 SE-RL auf eine Umsetzung durch eine Verfahrensvorschrift abzielt und sich mithin nur schwer durch einen Anspruch wie § 33g GWB umsetzen lässt, soll unter Beachtung der durch den Rechtsvergleich gewonnen Erkenntnisse (siehe dazu Gliederungspunkt F.) die Vorteile aufgezeigt werden, die eine verfahrensrechtliche Umsetzung unter Beachtung der überkommenen Grundsätze der deutschen Zivilprozessordnung nach dem Vorbild von § 142 ZPO mit sich bringen würde. Es wird dargestellt, welche bereits existierenden Regelungen des § 142 ZPO sich der deutsche Gesetzgeber bei der Umsetzung von Art. 5 SE-RL hätte nützlich machen können.

1. Vermeidung eines Bruchs mit überkommenen Grundsätzen

Mit einer verfahrensrechtlichen Vorschrift in Anlehnung an § 142 ZPO hätte der deutsche Gesetzgeber die Anforderungen der Kartellschadensersatzrichtlinie an die Offenlegung von Beweismitteln, Art. 5 SE-RL ff., umsetzen können ohne eine Vorschrift einzuführen, die der deutschen Rechtsordnung fremd ist.

Die Umsetzung des Substantiierungserfordernisses von Art. 5 S. 1 SE-RL durch die Anspruchsvoraussetzung „der glaubhaft macht, einen solchen Schadensersatzanspruch zu haben" in § 33g Abs. 1 GWB (ggfs. i.V.m. § 33g Abs. 10 GWB) führt zu einem Bruch mit überkommenen Grundsätzen des deutschen Zivilrechts und des deutschen Zivilprozessrechts. Denn der deutschen Rechtsordnung sind Regelungen im materiellen Recht zur Substantiierung und zum Beweismaß gänzlich fremd. Fragen zur Substantiierung und zum Beweismaß werden ausschließlich in der deutschen Zivilprozessordnung geregelt, und zwar strikt vom materiellen Recht getrennt.

Demgegenüber wäre durch die Umsetzung von Art. 5 SE-RL in Anlehnung an § 142 ZPO ein Bruch mit überkommenen Grundsätzen des deutschen Zivilrechts und des deutschen Zivilprozessrechts insofern vermieden worden, als Regelungen zur Substantiierung innerhalb einer verfahrensrechtlichen Vorschrift zur Anordnung von Urkundenvorlegung der deutschen Zivilprozessordnung ausweislich von § 142 ZPO bekannt sind.

Auch § 142 ZPO ermöglicht dem Gericht nicht, die Vorlage von Urkunden anzuordnen unabhängig von einem schlüssigen oder erheblichen Vortrag zum Zweck der Informationsgewinnung.[1033] Vielmehr ist im Rahmen von § 142 ZPO ein substantiierter Parteivortrag erforderlich, der neben konkreten Tatsachenbehauptungen auch hinreichende Anhaltspunkte für das Vorliegen der (streiterheblichen) Tatsachen beinhalten muss.[1034]

2. Vermeidung von Ausforschung

Der deutsche Gesetzgeber hätte sich bei der Umsetzung der Offenlegungsvorschriften zu Nutze machen können, dass mit § 142 ZPO bereits eine Verfahrensvorschrift im deutschen Recht besteht, die die Vorlage von Urkunden von einem substantiierten Vortrag abhängig macht, um eine Ausforschung zu vermeiden.

1033 *Fritsche,* in: MüKo, ZPO, Band 1, § 144 ZPO, Rn. 1; *Greger,* in: Zöller, ZPO, § 253 ZPO, Rn. 10.

1034 *Althammer,* in: Stein / Jonas, ZPO, Band 2, § 142 ZPO, Rn. 9 f. Vgl. auch *Prütting,* in: Prütting / Gehrlein, ZPO, § 142 ZPO, Rn. 7 f.

Der substantiierte, das heißt auf konkrete Tatsachen[1035] bezogene Parteivortrag, soll bei der Anordnung der Urkundenvorlegung gemäß § 142 ZPO eine Ausforschung der Gegenpartei vermeiden.[1036] Mithin befreit § 142 ZPO die Parteien nicht von ihrer allgemeinen Darlegungs- und Substantiierungslast.[1037] Auf dieses Erfordernis hat der Rechtausschuss des Deutschen Bundestages [1038] im Rahmen des Gesetzgebungsverfahrens des ZPRG 2001 besonders hingewiesen, um den Bedenken entgegenzutreten, dass sich die Neufassung des § 142 ZPO in einer mit den Prinzipien des deutschen Zivilprozesses nicht zu vereinbarenden Weise dem discovery-Verfahren des US-amerikanischen Rechts annähert.[1039]

Damit hebt § 142 ZPO den Grundsatz nicht auf, nach dem niemand verpflichtet ist, dem Prozessgegner die Waffen an die Hand zu geben.[1040] Vielmehr gilt auch nach der Neufassung des § 142 ZPO im Rahmen des Gesetzgebungsverfahrens des ZPRG 2001, „dass die Anordnung der Urkundenvorlage bei unsubstantiierten Behauptungen nicht zu dem Zweck erfolgen darf, der Partei erst das Material zur Aufstellung eines substantiierten Vortrags zu verschaffen“[1041].[1042]

1035 *Fritsche,* in: MüKo, ZPO, Band 1, § 144 ZPO, Rn. 10.

1036 *Althammer,* in: Stein / Jonas, ZPO, Band 2, § 142 ZPO, Rn. 9. Vgl. auch *Prütting,* in: Prütting / Gehrlein, ZPO, § 142 ZPO, Rn. 7 f.

1037 *Althammer,* in: Stein / Jonas, ZPO, Band 2, § 142 ZPO, Rn. 9; *Fritsche,* in: MüKo, ZPO, Band 1, § 144 ZPO, Rn. 10; *Prütting,* in: Prütting / Gehrlein, ZPO, § 142 ZPO, Rn. 7.

1038 BT-Drs. 14/6030, S. 121 f.

1039 *Althammer,* in: Stein / Jonas, ZPO, Band 2, § 142 ZPO, Rn. 9.

1040 *Althammer,* in: Stein / Jonas, ZPO, Band 2, § 142 ZPO, Rn. 9.

1041 *Althammer,* in: Stein / Jonas, ZPO, Band 2, § 142 ZPO, Rn. 9.

1042 *Althammer,* in: Stein / Jonas, ZPO, Band 2, § 142 ZPO, Rn. 9.

3. Ähnlichkeit der Anforderungen an den Parteivortrag

Bei § 142 ZPO soll eine Beweiserhebung „ins Blaue hinein“ verhindert werden, indem für einen substantiierten Parteivortrag neben konkreten Tatsachenbehauptungen auch hinreichende Anhaltspunkte für das Vorliegen der (streiterheblichen) Tatsache erforderlich sind.[1043] Zwar muss die Partei nach allgemeinen Grundsätzen die Existenz der behaupteten Tatsachen nicht kennen.[1044] Gleichwohl ist eine Beweiserhebung „ins Blaue hinein“ nicht zulässig.[1045] Vielmehr muss die Partei hinreichende Anhaltspunkte dafür darlegen, dass die behaupteten Tatsachen vorliegen.[1046]

Diese bereits für § 142 ZPO entwickelten Anforderungen an den Parteivortrag zur Vermeidung einer Ausforschung hätte der deutsche Gesetzgeber bei der Umsetzung von Art. 5 SE-RL nutzen können. Denn auch Art. 5 Abs. 1 SE-RL verlangt nicht nur „eine substantiierte Begründung“ des Klägers. Vielmehr verlangt Art. 5 Abs. 1 SE-RL wie § 142 ZPO für eine Substantiierung des Parteivortrags hinreichende Anhaltspunkte für das Vorliegen der streiterheblichen Tatsachen. Gemäß Art. 5 Abs. 1 SE-RL muss die substantiierte Begründung mit zumutbarem Aufwand zugängliche Tatsachen und Beweismittel enthalten, die die Plausibilität des Kartellschadensersatzanspruchs ausreichend stützen.

Hinsichtlich der Darlegung von hinreichenden Anhaltspunkten bezüglich der behaupteten Tatsachen dürfte unter Berücksichtigung von Art. 5 Abs. 1 SE-RL sowie unter Berücksichtiung der Beweisschwierigkeiten[1047] in Kartellschadensersatzprozessen und der Intention der Kartellschadensersatzrichtlinie gerade diese Beweisschwierigkeiten zu mindern[1048]

1043 *Althammer,* in: Stein / Jonas, ZPO, Band 2, § 142 ZPO, Rn. 9.

1044 *Althammer,* in: Stein / Jonas, ZPO, Band 2, § 142 ZPO, Rn. 9.

1045 *Althammer,* in: Stein / Jonas, ZPO, Band 2, § 142 ZPO, Rn. 9.

1046 *Althammer,* in: Stein / Jonas, ZPO, Band 2, § 142 ZPO, Rn. 9.

1047 Siehe Erwägungsgrund 15 der Kartellschadensersatzrichtlinie.

1048 Siehe Erwägungsgrund 14 f. der Kartellschadensersatzrichtlinie.

keine zu hohen Anforderungen an die Begründung des Offenlegungsantrags im Kartellschadensersatzprozess gestellt werden. In Art. 5 Abs. 1 S. 1 SE-RL stellt der Unionsgesetzgeber ausdrücklich klar, dass nur die mit zumutbarem Aufwand zugänglichen Tatsachen und Beweismittel enthalten sein müssen.

Der deutsche Gesetzgeber hätte die Anforderungen der Kartellschadensersatzrichtlinie an die substantiierte Begründung des Offenlegungsantrags ohne weitere Klarstellung, das heißt durch ausschließliche Verwendung des Begriffs „Substantiierung", umsetzen können. Denn eine richtlinienkonforme Auslegung des Begriffs „Substantiierung" könnte die im Kartellschadensersatzprozess vorhandenen Beweisschwierigkeiten als Besonderheit berücksichtigen.

Im Ergebnis gleichen sich § 142 ZPO und Art. 5 SE-RL stark hinsichtlich der Anforderungen an den Parteivortrag. Dies hätte sich der deutsche Gesetzgeber zunutze machen können. Zumal die Substantiierung des Parteivortrags im Rahmen der Anordnung der Urkundenvorlegung gemäß § 142 ZPO die Ausforschung der Gegenpartei verhindern soll und die Ausforschung gerade ein Problem ist, das bei der Umsetzung von Offenlegungsvorschriften Berücksichtigung finden sollte.

4. Ziel der Richtlinie besser erreichbar

Eine verfahrensrechtliche Offenlegungsvorschrift in Anlehnung an § 142 ZPO würde auch dem Ziel[1049] der Kartellschadensersatzrichtlinie, Beweisschwierigkeiten in Kartellschadensersatzprozessen zu mindern, besser gerecht werden.

Aufgrund einer verfahrensrechtlichen Offenlegungsvorschrift in Anlehnung an § 142 ZPO könnte eine Offenlegung von Beweismitteln einfacher erlangt werden als aufgrund des Beweismittelherausgabeanspruchs gemäß § 33g GWB. Denn gemäß § 142 ZPO ist lediglich ein substantiierter Parteivortrag erforderlich, der neben konkreten Tatsachenbehauptungen auch hinreichende Anhaltspunkte für das Vorliegen der streiterheblichen Tatsachen

1049 Siehe Erwägungsgrund 14 f. der Kartellschadensersatzrichtlinie.

beinhalten muss.[1050] Mithin müssen die Parteien gemäß § 142 ZPO lediglich ihrer allgemeinen Darlegungs- und Substantiierungslast nachkommen.[1051]

Demgegenüber muss der Anspruchsteller eines materiellrechtlichen Offenlegungsanspruchs gemäß § 33g GWB die positiven Anspruchsvoraussetzungen darlegen und insbesondere auch beweisen, § 286 ZPO (siehe dazu Gliederungspunkt C. III. 3.). Ein substantiierter Parteivortrag im Sinne von § 142 ZPO ist für eine Offenlegung gemäß § 33g GWB nicht ausreichend. Lediglich hinsichtlich des Vortrags zum Kartellschadensersatzanspruchs ist das Beweismaß bei § 33g GWB insofern reduziert, als der (vermeintliche) Kartellgeschädigte einen Kartellschadensersatzanspruch nur glaubhaft machen muss.

Der deutsche Gesetzgeber hat versucht, dem Anspruchsteller des Offenlegungsanspruchs, § 33g GWB, die Beweisführung und somit die Offenlegung von Beweismitteln zu erleichtern, indem er neben den negativen[1052] Anspruchsvoraussetzungen in § 33g Abs. 5 GWB und in § 33g Abs. 4 GWB auch die Verhältnismäßigkeit in § 33g Abs. 3 GWB als negative[1053] Anspruchsvoraussetzung ausgestaltet hat und insofern den Anspruchsgegner beweisbelastet hat. Durch diese Gestaltung der Beweislast hat der deutsche Gesetzgeber zwar dem Anspruchsteller die Beweisführung bezüglich des Offenlegungsanspruchs wesentlich erleichtert. Gleichwohl ist auch eine Konsequenz dieser Beweislastregelung, dass die Ausforschung begünstigt wird und der Schutz von vertraulichen Informationen gefährdet wird.

Somit kann die Beweislastregel des § 33g GWB und die Lösung der beweisrechtlichen Probleme, die infolge der materiellrechtlichen Umsetzung entstanden sind, nicht als gelungen beurteilt werden.

1050 *Althammer,* in: Stein / Jonas, ZPO, Band 2, § 142 ZPO, Rn. 9 f. Vgl. auch *Prütting,* in: Prütting / Gehrlein, ZPO, § 142 ZPO, Rn. 7 f.

1051 *Althammer,* in: Stein / Jonas, ZPO, Band 2, § 142 ZPO, Rn. 9; *Fritsche,* in: MüKo, ZPO, Band 1, § 144 ZPO, Rn. 10; *Prütting,* in: Prütting / Gehrlein, ZPO, § 142 ZPO, Rn. 7.

1052 Vgl. auch *Preuß,* in: LMRKM, Kartellrecht, § 33g GWB, Rn. 14.

1053 Vgl. auch *Preuß,* in: LMRKM, Kartellrecht, § 33g GWB, Rn. 14.

5. Kein bestimmter Antrag erforderlich

Ein weiterer Vorteil einer verfahrensrechtlichen Umsetzung gegenüber § 33g GWB ist, dass derjenige, der die Offenlegung begehrt, keinen bestimmten Antrag gemäß § 253 Abs. 2 Nr. 2 ZPO stellen muss.

Bei einer Verfahrensvorschrift in Anlehnung an § 142 ZPO müsste der (vermeintliche) Kartellgeschädigte im Rahmen des Kartellschadensersatzprozesses lediglich einen Antrag an das Gericht stellen. Dieser Antrag müsste nicht den Anforderungen des § 253 Abs. 2 Nr. 2 ZPO genügen, da § 253 Abs. 2 Nr. 2 ZPO lediglich für Klageanträge gilt. Bei der Umsetzung von Art. 5 SE-RL durch eine Verfahrensvorschrift nach dem Vorbild von § 142 ZPO müssten die Parteien bei der Stellung des Antrags lediglich die Anforderungen des Art. 5 Abs. 2 SE-RL beachten und ihrer allgemeinen Darlegungs- und Substantiierungslast[1054] nachkommen, die auch Art. 5 Abs. 1 SE-RL vom Kläger verlangt.

6. Ergebnis: Überwiegen der Vorteile

Die Vorteile einer Umsetzung von Art. 5 SE-RL durch eine verfahrensrechtliche Vorschrift in Anlehnung an § 142 ZPO überwiegen die Vorteile einer Umsetzung in Gestalt der materiellrechtlichen Vorschrift § 33g GWB.

Dies ist auf den Umstand zurückzuführen, dass Art. 5 SE-RL auf eine Umsetzung durch eine Verfahrensvorschrift abzielt und sich mithin nur sehr schwer durch einen Anspruch umsetzen lässt. Jedenfalls divergieren die Anforderungen des Art. 5 SE-RL so stark von einem materiellrechtlichen Anspruch nach deutschem Recht, dass sie sich ohne Aufgabe von Grundsätzen der deutschen Rechtsordnung nicht durch einen Anspruch umsetzen lassen.

Demgegenüber lässt sich Art. 5 SE-RL nicht nur ohne Aufgabe von Grundsätzen der deutschen Rechtsordnung durch eine Verfahrensvorschrift

---

1054 Vgl. *Althammer,* in: Stein / Jonas, ZPO, Band 2, § 142 ZPO, Rn. 9; *Fritsche,* in: MüKo, ZPO, Band 1, § 144 ZPO, Rn. 10; *Prütting,* in: Prütting / Gehrlein, ZPO, § 142 ZPO, Rn. 7.

umsetzen, sondern die deutsche Rechtsordnung verfügt mit § 142 ZPO bereits über eine Vorschrift, die Ausgangspunkt für eine verfahrensrechtliche Umsetzung von Art. 5 SE-RL sein könnte. Mit einer Umsetzung in Anlehnung an § 142 ZPO hätte der deutsche Gesetzgeber an eine der bereits existierende Anordnungsvorschrift der deutschen Rechtsordnung anschließen können. Damit hätte der deutsche Gesetzgeber sichergestellt, dass nicht eine gänzlich neue, der deutschen Rechtsordnung fremde Vorschrift geschaffen wird.

Eine Umsetzung unter Beachtung anerkannter Rechtsgrundsätze und in Anlehnung an eine bereits bekannte Verfahrensvorschrift erleichtert zudem der Rechtspraxis die Rechtsanwendung und schafft damit Rechtssicherheit.

III. Umsetzung von Art. 5 SE-RL durch eine Verfahrensvorschrift

Unter Berücksichtigung der vorstehenden Erwägungen sollte sich eine Umsetzung von Art. 5 SE-RL an § 142 ZPO orientieren.[1055] Allerdings kann § 142 ZPO nur der Ausgangspunkt für die Überlegungen zur Umsetzung von Art. 5 SE-RL sein. Denn entgegen einer Meinung in der Literatur[1056] erfordert eine richtlinienkonforme Umsetzung von Art. 5 SE-RL eine Verfahrensvorschrift, die über die Möglichkeiten von § 142 ZPO zur Anordnung der Urkundenvorlegung hinausgeht. Daher ist auch § 89 Abs. 1 GWB i.V.m. § 142 ZPO für eine richtlinienkonforme Umsetzung nicht ausreichend.

Im Folgenden wird dargestellt, inwiefern eine verfahrensrechtliche Umsetzung für eine richtlinienkonforme Umsetzung von Art. 5 SE-RL über die Möglichkeiten des § 142 ZPO hinausgehen müsste.

1055 Vgl. *Hellmann / Steinbrück*, NZKart 2017, 164, 169; *Makatsch / Kacholdt*, in: MüKo, WettbR, Band 2, § 33g GWB, Rn. 3.

1056 *Mallmann / Lübbig*, in: Fuchs / Weitbrecht, Handbuch Private Kartellrechtsdurchsetzung, § 13, Rn. 50.

1. Aufklärung eines streitigen Sachverhalts

Der Anwendungsbereich von § 142 ZPO ist umstritten.[1057] Es ist umstritten, ob § 142 ZPO auch bei streitigem Parteivortrag Anwendung findet; also ob durch die Vorlageanordnung gemäß § 142 ZPO auch Beweismittel bereitgestellt werden können, mit denen ein streitiger Sachverhalt aufgeklärt werden soll.[1058]

Wenn § 142 ZPO der Ausgangspunkt für die Umsetzung der Offenlegungsvorschriften der Kartellschadensersatzrichtlinie seien soll, dann muss jedenfalls von der Arbeitshypothese ausgegangen werden, dass § 142 ZPO so zu verstehen ist, dass durch eine Vorlageanordnung gemäß § 142 ZPO auch Beweismittel bereitgestellt werden können, mit denen ein streitiger Sachverhalt aufgeklärt werden soll.

Andernfalls wäre § 142 ZPO als Ausgangspunkt für eine Umsetzung der Offenlegungsvorschriften gänzlich ungeeignet. Denn die Offenlegungsvorschriften der Kartellschadensersatzrichtlinie dienen gerade dem Zweck, dass Beweismittel offengelegt werden sollen, die die beweisbelastete Partei zum Beweis des von ihr behaupteten und von der gegnerischen Partei bestrittenen Vortrags benötigt. Würden Beweismittel zur Aufklärung des streitigen Sachverhalts nicht offengelegt werden dürfen, würde der Zweck der Kartellschadensersatzrichtlinie, die „Informationsasymmetrie“[1059] der Parteien zu beseitigen, verfehlt werden. Eine Richtlinienumsetzung, die die Offenlegung von Beweismitteln bei streitigem Sachverhalt nicht ermöglichen würde, wäre keine richtlinienkonforme Umsetzung der Kartellschadensersatzrichtlinie.

1057 *Althammer,* in: Festschrift für Geimer, S. 15; *Stadler,* in: Musielak / Voit, ZPO, § 142 ZPO, Rn. 1.

1058 *Stadler,* in: Musielak / Voit, ZPO, § 142 ZPO, Rn. 1. Für eine Anwendung bei streitigem Parteivortrag: *Althammer,* in: Festschrift für Geimer, S. 15 f.; *Althammer,* in: Festschrift für Prütting, S. 211.

1059 Siehe Erwägungsgrund 15 der Kartellschadensersatzrichtlinie.

2. Konkrete Bezugnahme auf die Urkunde

Voraussetzung für eine Urkundenvorlage nach § 142 ZPO ist, dass sich eine Partei auf die Urkunde oder sonstige Unterlage bezogen hat.[1060] Die Bezugnahme auf die Urkunde oder sonstige Unterlage durch eine Partei kann ausdrücklich oder sinngemäß erfolgen.[1061]

Die Voraussetzung der Bezugnahme auf die vorzulegenden Urkunden oder Unterlagen ergibt sich bereits aus dem Wortlaut des § 142 ZPO.[1062] Denn in § 142 ZPO heißt es, dass das Gericht anordnen kann, „dass eine Partei oder ein Dritter, die in ihrem oder seinem Besitz befindlichen Urkunden oder sonstigen Unterlagen, auf die sich eine Partei bezogen hat, vorlegt."

Diese Voraussetzung der Bezugnahme auf die vorzulegenden Urkunden oder sonstigen Unterlagen wäre mit einer richtlinienkonformen Umsetzung von Art. 5 SE-RL nicht vereinbar. Denn Art. 5 Abs. 1 SE-RL erfordert lediglich, dass der (vermeintliche) Kartellgeschädigte im Rahmen des Antrags auf Offenlegung eine substantiierte Begründung vorlegt, die mit zumutbarem Aufwand zugängliche Tatsachen und Beweismittel enthält. Die offenzulegenden Beweismittel oder Kategorien von Beweismitteln muss der (vermeintliche) Kartellgeschädigte gemäß Art. 5 Abs. 2 SE-RL lediglich so genau und so präzise wie möglich bezeichnen, wie dies auf der Grundlage der mit zumutbaren Aufwand zugänglichen Tatsachen in der substantiierten Begründung möglich ist.

In Erwägungsgrund 15 SE-RL stellt der Unionsgesetzgeber ausdrücklich klar, dass der (vermeintliche) Kartellgeschädigte das Recht erhalten muss, die

1060 *Fritsche,* in: MüKo, ZPO, Band 1, § 144 ZPO, Rn. 8; *Greger,* in: Zöller, ZPO, § 142 ZPO, Rn. 6; *Prütting,* in: Prütting / Gehrlein, ZPO, § 142 ZPO, Rn. 6; *Makatsch / Kacholdt,* in: MüKo, WettbR, Band 2, § 33g GWB, Rn. 32. Vgl. auch *Althammer,* in: Festschrift für Geimer, S. 16.

1061 *Fritsche,* in: MüKo, ZPO, Band 1, § 144 ZPO, Rn. 8; *Greger,* in: Zöller, ZPO, § 142 ZPO, Rn. 6. Vgl. auch *Althammer,* in: Festschrift für Prütting, S. 213.

1062 *Fritsche,* in: MüKo, ZPO, Band 1, § 144 ZPO, Rn. 8; *Prütting,* in: Prütting / Gehrlein, ZPO, § 142 ZPO, Rn. 6.

Offenlegung der für seinen Anspruch relevanten Beweismittel zu erwirken, ohne konkrete Beweismittel benennen zu müssen. Der Unionsgesetzgeber begründet dies mit der „Informationsasymmetrie“[1063] in wettbewerbsrechtlichen Streitigkeiten.[1064] Dieser Intention des Unionsgesetzgebers würde es zuwiderlaufen, wenn der (vermeintliche) Kartellgeschädigte auf die offenzulegenden Beweismittel ausdrücklich oder sinngemäß Bezug nehmen müsste, so wie es § 142 ZPO erfordert.[1065]

3. Prozessrelevanz der Urkunde

Für eine Anordnung der Urkundenvorlegung gemäß § 142 ZPO ist weitere Voraussetzung, dass eine Partei schlüssig zur Prozessrelevanz der Urkunde vorträgt.[1066] Die Partei muss darlegen, dass sich die von der Vorlage der Urkunde zu erwartenden Erkenntnisse auf den Streitgegenstand beziehen.[1067] Mithin muss die Partei die Beweiseignung der Urkunde darlegen.[1068]

Diese Anforderung an den Parteivortrag stellt die Kartellschadensersatzrichtlinie nicht. Für die Offenlegung von Beweismitteln soll es gemäß Art. 5 Abs. 1, 2 SE-RL nicht erforderlich sein, dass der Kläger im Rahmen des Antrags auf Offenlegung die Prozessrelevanz der offenzulegenden Urkunde vorträgt.

Dies ergibt sich zum einen aus Art. 5 Abs. 1 SE-RL, der die Anforderungen an die Substantiierung des Parteivortrags im Rahmen des Antrags auf Offenlegung von Beweismitteln formuliert und es diesbezüglich genügen lässt, dass

1063 Siehe Erwägungsgrund 15 der Kartellschadensersatzrichtlinie.

1064 Siehe Erwägungsgrund 15 der Kartellschadensersatzrichtlinie.

1065 Vgl. auch *Althammer,* in: Festschrift für Geimer, S. 17; *Makatsch / Kacholdt,* in: MüKo, WettbR, Band 2, § 33g GWB, Rn. 32.

1066 *Greger,* in: Zöller, ZPO, § 142 ZPO, Rn. 7.

1067 *Prütting,* in: Prütting / Gehrlein, ZPO, § 142 ZPO, Rn. 6. Vgl. auch *Greger,* in: Zöller, ZPO, § 142 ZPO, Rn. 7.

1068 *Althammer,* in: Stein / Jonas, ZPO, Band 2, § 142 ZPO, Rn. 10; *Wöstmann,* in: Saenger, Hk-ZPO, § 142 ZPO, Rn. 4.

der Kläger eine substantiierte Begründung vorlegt, die mit zumutbarem Aufwand zugängliche Tatsachen und Beweismittel enthält, die die Plausibilität seines Schadensersatzanspruchs ausreichend stützen. Zum anderen daraus, dass Art. 5 Abs. 2 SE-RL die Anforderungen hinsichtlich der Bezeichnung der offenzulegenden Beweismittel darlegt und es diesbezüglich ausreichen lässt, wenn die Beweismittel so genau und so präzise wie möglich abgrenzt sind, wie dies auf der Grundlage der mit zumutbarem Aufwand zugänglichen Tatsachen in der substantiierten Begründung möglich ist.

Art. 5 Abs. 2 SE-RL fordert gerade keinen Vortrag zur Prozessrelevanz der Beweismittel. Da Art. 5 Abs. 2 SE-RL nicht einmal die Bezeichnung eines konkreten Beweismittels erfordert, wäre ein Vortrag zur Prozessrelevanz eines bestimmten Beweismittels dem (vermeintlichen) Kartellgeschädigten auch gar nicht möglich. Es wäre geradezu absurd den (vermeintlichen) Kartellgeschädigten einerseits von der konkreten Bezeichnung der Beweismittel zu entbinden und andererseits zur Darlegung der Prozessrelevanz eines bestimmten Beweismittels zu verpflichten.

Unter Berücksichtigung der Intention der Richtlinie, die „Informationsasymmetrie“[1069] in Kartellschadensersatzprozessen zu beseitigen,[1070] wäre eine Umsetzung von Art. 5 SE-RL durch eine Verfahrensvorschrift, die einen Vortrag zur Prozessrelevanz der offenzulegenden Beweismittel verlangt, auch europarechtswidrig. Denn ein Vortrag zur Prozessrelevanz würde die Offenlegung von Beweismitteln erschweren.

Ein Vortrag zur Prozessrelevanz der offenzulegenden Beweismittel wird dem (vermeintlichen) Kartellgeschädigten auch in der Regel nicht möglich sein, weil er keine Kenntnis über Inhalt und Umfang der offenzulegenden Beweismittel hat. Vielmehr ist der (vermeintliche) Kartellgeschädigte darauf angewiesen, dass ihm eine Regelung an die Hand gegeben wird, zunächst die Offenlegung von Beweismitteln zu bewirken, um im Anschluss daran die Beweismittel einzusehen und ihre Prozessrelevanz beurteilen zu können.

1069 Siehe Erwägungsgrund 15 der Kartellschadensersatzrichtlinie.

1070 Siehe Erwägungsgrund 14 f. der Kartellschadensersatzrichtlinie.

4. Anordnung der Urkundenvorlegung von Amts wegen

Die Anordnung der Urkundenvorlegung gemäß § 142 ZPO steht im Ermessen des Gerichts.[1071] Dies ergibt sich schon aus dem Wortlaut des § 142 Abs. 1 ZPO durch die Verwendung des Wortes „kann".[1072] Das Gericht muss bei der Ausübung des Ermessens neben dem Erkenntniswert und der Verhältnismäßigkeit auch berechtigte Belange des Geheimnis- oder Persönlichkeitsschutzes berücksichtigen.[1073] Das Ermessen muss von dem Gericht ausgeübt werden.[1074] Sofern die Anordnung der Urkundenvorlegung gemäß § 142 ZPO die Wahrheitsfindung fördern und zugleich nicht schützenswerte Belange des Vorlegungspflichtigen verletzen würde, wäre es verfahrensfehlerhaft, wenn das Gericht eine Anordnung gemäß § 142 ZPO nicht einmal in Erwägung ziehen würde.[1075]

Eine gerichtliche Anordnung gemäß § 142 ZPO ergeht von Amts wegen.[1076] Daher kann der auf eine gerichtliche Anordnung gemäß § 142 ZPO gerichtete Antrag einer Partei allenfalls eine Anregung darstellen.[1077]

1071 *Althammer,* in: Festschrift für Geimer, S. 15; *Althammer,* in: Festschrift für Prütting, S. 210; *Althammer,* in: Stein / Jonas, ZPO, Band 2, § 142 ZPO, Rn. 6; *Fritsche,* in: MüKo, ZPO, Band 1, § 144 ZPO, Rn. 3; *Greger,* in: Zöller, ZPO, § 142 ZPO, Rn. 8; *Prütting,* in: Prütting / Gehrlein, ZPO, § 142 ZPO, Rn. 7.

1072 *Althammer,* in: Stein / Jonas, ZPO, Band 2, § 142 ZPO, Rn. 6.

1073 BGH, Urteil vom 26. 06.2007 – XI ZR 277/05 = NJW 2007, 2989,2992; *Greger,* in: Zöller, ZPO, § 142 ZPO, Rn. 8. Siehe dazu auch *Althammer,* in: Festschrift für Geimer, S. 20 f.; *Althammer,* in: Festschrift für Prütting, S. 217.

1074 *Greger,* in: Zöller, ZPO, § 142 ZPO, Rn. 8.

1075 BGH, Urteil vom 26. 06.2007 – XI ZR 277/05 = NJW 2007, 2989,2992; *Greger,* in: Zöller, ZPO, § 142 ZPO, Rn. 8. Vgl. auch *Althammer,* in: Stein / Jonas, ZPO, Band 2, § 142 ZPO, Rn. 7.

1076 *Althammer,* in: Festschrift für Geimer, S. 15; *Althammer,* in: Stein / Jonas, ZPO, Band 2, § 142 ZPO, Rn. 1; *Greger,* in: Zöller, ZPO, § 142 ZPO, Rn. 8; *Prütting,* in: Prütting / Gehrlein, ZPO, § 142 ZPO, Rn. 14.

1077 *Prütting,* in: Prütting / Gehrlein, ZPO, § 142 ZPO, Rn. 14.

Zwar muss auch nach der Kartellschadensersatzrichtlinie die Offenlegung von Beweismitteln verhältnismäßig sein, Art. 5 Abs. 3 SE-RL. Gemäß Art. 5 Abs. 3 S. 2 SE-RL muss das Gericht im Rahmen der Verhältnismäßigkeitsprüfung eines Antrags auf Offenlegung von Beweismitteln die berechtigten Interessen aller Parteien und betroffener Dritter berücksichtigen. Durch diese Verhältnismäßigkeitsprüfung räumt auch die Kartellschadensersatzrichtlinie dem Gericht Ermessen ein. Insofern unterscheiden sich die Anforderungen der Offenlegungsvorschriften der Kartellschadensersatzrichtlinie nicht von § 142 ZPO.

Gleichwohl entspricht § 142 ZPO den Anforderungen der Richtlinie deswegen nicht, weil eine Anordnung der Urkundenvorlegung gemäß § 142 ZPO von Amts wegen erfolgt. Demgegenüber muss die Offenlegung von Beweismitteln gemäß Art. 5 SE-RL auf Antrag des Klägers oder des Beklagten erfolgen können. Dies stellt die Kartellschadensersatzrichtlinie durch die Verwendung des Wortes „Antrag“ ausdrücklich und wiederholt in Art. 5 Abs. 1 S. 1, S. 2, Abs. 3 S. 3 a) SE-RL klar.

In Erwägungsgrund 15 SE-RL nimmt der Unionsgesetzgeber auf die Position desjenigen, der die Offenlegung begehrt, sogar ausdrücklich Bezug. Er stellt ausdrücklich klar, dass der (vermeintliche) Kartellgeschädigte das Recht erhalten muss, die Offenlegung von Beweismitteln zu erwirken. Dem würde es zuwiderlaufen, wenn eine Offenlegung von Beweismitteln von Amts wegen erfolgen würde.

5. Sanktionen

§ 142 ZPO sieht keine Sanktionen gegenüber den Parteien vor, wenn die Anordnung des Gerichts gemäß § 142 ZPO nicht befolgt wird.[1078] Dem Gericht ist es nicht möglich gegenüber den Parteien bei Nichtbefolgung einer Anordnung gemäß § 142 ZPO Ordnungsgeld oder Ordnungshaft zu verhängen. In

1078 *Althammer,* in: Stein / Jonas, ZPO, Band 2, § 142 ZPO, Rn. 35; *Fritsche,* in: MüKo, ZPO, Band 1, § 144 ZPO, Rn. 15; *Greger,* in: Zöller, ZPO, § 142 ZPO, Rn. 15; *Prütting,* in: Prütting / Gehrlein, ZPO, § 142 ZPO, Rn. 12.

der Literatur[1079] wird überwiegend vertreten, dass das Gericht die Nichtbefolgung einer Anordnung gemäß § 142 ZPO lediglich im Rahmen der freien Beweiswürdigung gemäß § 286 ZPO berücksichtigen kann.

Im Gegensatz zu § 142 ZPO sieht die Kartellschadensersatzrichtlinie ausdrücklich die Verhängung von Sanktion vor, Art. 8 SE-RL. Gemäß Art. 8 SE-RL müssen die Mitgliedstaaten gewährleisten, dass die nationalen Gerichte die Möglichkeit der Verhängung von Sanktionen gegen die Parteien, Dritte und ihre rechtlichen Vertreter haben, wenn diese die Offenlegungsanordnung eines nationalen Gerichts nicht befolgen oder die Befolgung verweigern, relevante Beweismittel vernichten, die Erfüllung der mit einer Anordnung eines nationalen Gerichts zum Schutz vertraulicher Informationen auferlegten Verpflichtungen unterlassen oder verweigern oder gegen die in Art. 5 SE-RL bis Art. 8 SE-RL vorgesehenen Beschränkungen der Beweisverwertung verstoßen, Art. 8 Abs. 1 SE-RL.

a) Notwendigkeit einer ausdrücklichen Regelung

Die Kartellschadensersatzrichtlinie stellt den Mitgliedstaaten frei, welche Sanktionen sie gegen Parteien, Dritte und ihre rechtlichen Vertreter verhängen wollen.

Beispielhaft räumt die Kartellschadensersatzrichtlinie in Art. 8 Abs. 2 S. 2 SE-RL den Mitgliedstaaten ausdrücklich ein, als Sanktion wählen zu können, dass die nationalen Gerichte gemäß Art. 8 Abs. 2 S. 2 SE-RL zu Lasten einer Partei nachteilige Schlussfolgerungen ziehen können, wie beispielsweise den betreffenden Beweis als erbracht anzusehen, Klagen oder Klageerwiderungen ganz oder teilweise zurückzuweisen und die betreffende Partei zur Kostentragung zu verpflichten.

1079 *Fritsche*, in: MüKo, ZPO, Band 1, § 144 ZPO, Rn. 15; *Greger*, in: Zöller, ZPO, § 142 ZPO, Rn. 15; *Prütting*, in: Prütting / Gehrlein, ZPO, § 142 ZPO, Rn. 12.

Diese von der Kartellschadensersatzrichtlinie zur Wahl gestellten Sanktionen entsprechen im Ansatz dem, was die überwiegende Literatur[1080] zur Nichtbefolgung einer Anordnung nach § 142 ZPO vertritt. Die Besonderheit der von der überwiegenden Literatur[1081] vertretenen Folge der Nichtbefolgung einer Anordnung gemäß § 142 ZPO ist jedoch, dass diese Folge lediglich im Rahmen der freien Beweiswürdigung, § 286 ZPO, berücksichtigt wird und nicht gesetzlich regelt ist.

Nach der Kartellschadensersatzrichtlinie müssen die Mitgliedstaaten jedoch gewährleisten, dass die Sanktionen, die von den nationalen Gerichten verhängt werden können, wirksam, verhältnismäßig und abschreckend sind, Art. 8 Abs. 2 S. 1 SE-RL. In Anbetracht dieser Anforderungen sollten die Sanktionen gemäß Art. 8 Abs. 2 S. 2 SE-RL ausdrücklich durch eine Verfahrensvorschrift geregelt werden und nicht nur lediglich im Rahmen der freien Beweiswürdigung, § 286 ZPO, berücksichtigt werden. Denn dann wäre für die Parteien des Kartellschadensersatzprozesses konkret vorhersehbar, welche Sanktionen sie treffen, sofern sie den Offenlegungsvorschriften zuwiderhandeln. Dies hätte eine größere abschreckende Wirkung.

b) Vorschläge für die Regelung von Sanktionen

Sofern der deutsche Gesetzgeber § 33g GWB in eine verfahrensrechtliche Offenlegungsvorschrift abändern sollte, könnte er für eine ausdrückliche Regelung einer Sanktion Art. 8 Abs. 2 S. 2 SE-RL zum Vorbild nehmen. Denn die Regelung des Art. 8 Abs. 2 S. 2 SE-RL ist vergleichbar mit der von der überwiegenden Literatur[1082] vertretenen und ungeschriebenen Folge der Nichtbefolgung einer Anordnung gemäß § 142 ZPO.

1080 *Fritsche,* in: MüKo, ZPO, Band 1, § 144 ZPO, Rn. 15; *Greger,* in: Zöller, ZPO, § 142 ZPO, Rn. 15; *Prütting,* in: Prütting / Gehrlein, ZPO, § 142 ZPO, Rn. 12.

1081 *Fritsche,* in: MüKo, ZPO, Band 1, § 144 ZPO, Rn. 15; *Greger,* in: Zöller, ZPO, § 142 ZPO, Rn. 15; *Prütting,* in: Prütting / Gehrlein, ZPO, § 142 ZPO, Rn. 12.

1082 *Fritsche,* in: MüKo, ZPO, Band 1, § 144 ZPO, Rn. 15; *Greger,* in: Zöller, ZPO, § 142 ZPO, Rn. 15; *Prütting,* in: Prütting / Gehrlein, ZPO, § 142 ZPO, Rn. 12.

Neben den in Art. 8 Abs. 2 S. 2 SE-RL aufgeführten Möglichkeiten könnte als Sanktion auch eine Ordnungsstrafe nach dem Vorbild von § 37m KartG in Betracht kommen.[1083] Eine Ordnungsstrafe nach § 37m KartG hat mit § 33g Abs. 8 GWB die intendierte tatsächliche Folge gemein, dass derjenige, der Beweismittel herausgeben muss, als Sanktion Geld zahlen muss, sofern er seiner Offenlegungspflicht nicht oder fehlerhaft nachkommt.

Die Verhängung von Ordnungsgeld ist der deutschen Zivilprozessordnung (ZPO) im Zusammenhang mit einer Vorlageanordnung auch nicht fremd.[1084] Zwar ist bei Nichtbefolgung einer Vorlageanordnung gemäß § 142 ZPO gegenüber den Parteien keine Sanktion[1085] und mithin auch kein Ordnungsgeld möglich. Aber bei Nichtbefolgung einer Vorlageanordnung durch Dritte unterliegen diese, sofern kein Weigerungsrecht gemäß § 142 Abs. 2 S. 1 ZPO besteht, den Ungehorsamsfolgen wie Zeugen nach § 142 Abs. 2 S. 2 ZPO i.V.m. §§ 386 bis 390 ZPO.[1086] Damit wird gegen Dritte bei Nichtbefolgung einer Vorlageanordnung ein Ordnungsgeld und für den Fall, dass dieses nicht beigetrieben werden kann, Ordnungshaft festgesetzt, § 142 Abs. 2 S. 2 ZPO i.V.m. § 390 Abs. 1 S. 2 ZPO.

Darüber hinaus kennt die deutsche Zivilprozessordnung in einem anderen Zusammenhang aber auch die Verhängung von Ordnungsgeld gegen Parteien. Hat das Gericht das persönliche Erscheinen beider Parteien angeordnet, so kann gegen die Partei, die im Termin ausbleibt, ein Ordnungsgeld wie gegen einen im Vernehmungstermin nicht erschienen Zeugen festgesetzt werden, § 141 Abs. 3 S. 1 ZPO.

Mithin würde sich der deutsche Gesetzgeber mit der Umsetzung von Art. 8 SE-RL durch Ordnungsgeld einem der deutschen Zivilprozessord-

---

1083 *Klumpe / Thiede,* NZKart 2017, 332, 337. Vgl. auch *Althammer,* in: Festschrift für Geimer, S. 23.

1084 Vgl. auch *Althammer,* in: Festschrift für Geimer, S. 23.

1085 *Greger,* in: Zöller, ZPO, § 142 ZPO, Rn. 15.

1086 *Greger,* in: Zöller, ZPO, § 142 ZPO, Rn. 15. Vgl. auch *Althammer,* in: Festschrift für Geimer, S. 23.

nung bekannten Instrument bedienen. Die österreichische Umsetzung von Art. 8 SE-RL durch § 37m KartG könnte dabei der Orientierung dienen.[1087]

Nach der österreichischen Richtlinienumsetzung kann das Gericht gemäß § 37m KartG sowohl gegen Parteien und deren Vertreter als auch gegen Dritte eine Ordnungsstrafe bis zu EUR 100.000 verhängen. Gegenüber unbeteiligten Dritten erscheint dies angemessen. Unter Berücksichtigung von präventiven und repressiven Erwägungen sollte das Ordnungsgeld gegen die Parteien jedenfalls EUR 100.000 übersteigen und bis zu EUR 1.000.000 betragen. Denn im Gegensatz zu Dritten haben die Parteien ein eigenes wirtschaftliches Interesse am Ausgang des Kartellschadensersatzprozesses.

6. Zusammenfassender Vorschlag für eine Überarbeitung

§ 142 ZPO sollte der Ausgangspunkt für eine Umsetzung von Art. 5 SE-RL sein.[1088] Gleichwohl ist § 142 ZPO in seiner jetzigen Fassung nicht ausreichend, um Art. 5 SE-RL umzusetzen.[1089] Denn § 142 ZPO verlangt die konkrete Bezugnahme auf die vorzulegende Urkunde und schlüssigen Vortrag zur Prozessrelevanz der vorzulegenden Urkunde. Weiter ergeht die gerichtliche Anordnung gemäß § 142 ZPO von Amts wegen.

Unter Berücksichtigung dieser Erkenntnisse sollte eine Verfahrensvorschrift in Umsetzung von Art. 5 SE-RL und in Abänderung von § 33g GWB sich zwar an der bereits bestehenden Vorschrift § 142 ZPO als Ausgangspunkt orientieren, aber in Abweichung von § 142 ZPO nicht die konkrete Bezugnahme auf die vorzulegende Urkunde und keinen schlüssigen Vortrag zur Prozessrelevanz der vorzulegenden Urkunde verlangen.

1087 Vgl. *Klumpe / Thiede,* NZKart 2017, 332, 337; *Galle / Popot-Müller,* NZKart 2019, 317, 320.

1088 Vgl. *Hellmann / Steinbrück,* NZKart 2017, 164, 169; *Makatsch / Kacholdt,* in: MüKo, WettbR, Band 2, § 33g GWB, Rn. 3.

1089 Anderer Auffassung: *Mallmann / Lübbig,* in: Fuchs / Weitbrecht, Handbuch Private Kartellrechtsdurchsetzung, § 13, Rn. 50.

Zudem darf aufgrund dieser neuen Verfahrensvorschrift die Anordnung der Urkundenvorlegung nicht nur von Amts wegen ergehen. Vielmehr muss die Anordnung der Vorlegung in Abweichung zu § 142 ZPO auf Antrag der Prozesspartei erfolgen können.

Weiter sollte eine neue Verfahrensvorschrift in Umsetzung von Art. 5 SE-RL und Art. 8 SE-RL sowie in Abweichung von § 142 ZPO eine ausdrückliche Regelung zu den Sanktionen aufnehmen, die das Gericht gegen die Parteien, Dritte und ihre rechtlichen Vertreter verhängen kann.

H. Ergebnis

Das Ergebnis der Untersuchung und mithin die Antwort auf die unter Gliederungspunkt A. III. aufgeworfene Forschungsfrage ist, dass der Offenlegungsanspruch gemäß § 33g GWB eine richtlinienkonforme und damit eine europarechtskonforme Umsetzung des Art. 5 SE-RL ist.

Der Offenlegungsanspruch gemäß § 33g GWB ist unter Anwendung der Interessenmatrix (siehe dazu Gliederungspunkt A. V.) einer Auslegung und somit einer Anwendung zugänglich. Damit ermöglicht die im Rahmen der Untersuchung vorgenommene Auslegung eine Offenlegung von Beweismitteln gemäß § 33g GWB, obgleich noch keine gefestigte Rechtsprechung zu § 33g GWB vorliegt.

Das Ergebnis des Rechtsvergleichs mit der österreichischen Umsetzung der Offenlegungsvorschriften ist, dass eine Umsetzung des Art. 5 SE-RL durch eine ausschließlich verfahrensrechtliche Offenlegungsvorschrift zweckmäßiger gewesen wäre. Denn die Offenlegungsvorschriften der Kartellschadensersatzrichtlinie zielen auf eine verfahrensrechtliche Umsetzung ab,[1090] sodass sie sich schlecht durch einen Anspruch umsetzen lassen. Jedenfalls hat die Umsetzung der Offenlegungsvorschriften der Kartellschadensersatzrichtlinie durch § 33g GWB zur Folge, dass mit Grundsätzen der deutschen Rechtsordnung gebrochen wurde. Dies wird insbesondere an der Anspruchsvoraussetzung „glaubhaft machen“, § 33g Abs. 1 GWB, deutlich.

Darüber hinaus hat die materiellrechtliche Umsetzung von Art. 5 SE-RL durch § 33g GWB Dissonanzen zur Folge, die an der Anspruchsvoraussetzung der „möglichst genauen Bezeichnung der herauszugebenden Beweismittel“ deutlich werden. Um mit Grundsätzen der deutschen Rechtsordnung nicht brechen zu müssen, muss diese Voraussetzung dahingehend ausgelegt werden, dass sie mit dem Begriff „bestimmt“ im Sinne von § 253 Abs. 2 Nr. 2 ZPO kongruent ist.

1090 OLG Düsseldorf, Beschluss vom 07.05.2018 – VI-W (Kart) 2/18 = BeckRS 2018, 8830, Rn. 26 f.

Um hinsichtlich der Bezeichnung der offenzulegenden Beweismittel gleichwohl eine richtlinienkonforme Umsetzung sicherzustellen, muss ein Umweg beschritten werden: Derjenige, der die Herausgabe von Beweismitteln gemäß § 33g Abs. 1 GWB oder gemäß § 33g Abs. 2 GWB begehrt, aber die herauszugebenden Beweismittel nicht „bestimmt" im Sinne von § 253 Abs. 2 Nr. 2 ZPO bezeichnen kann, muss hinsichtlich der Beweismittel zunächst einen Auskunftsanspruch gemäß § 33g Abs. 10 GWB geltend machen. Mit Hilfe der erteilten Auskunft kann derjenige, der die Herausgabe der Beweismittel begehrt, die herauszugebenden Beweismittel nunmehr „bestimmt" im Sinne von § 253 Abs. 2 Nr. 2 ZPO bezeichnen und somit einen Anspruch auf Herausgabe der Beweismittel gemäß § 33g Abs. 1 GWB oder gemäß § 33g Abs. 2 GWB geltend machen.

Die aufgezeigten Widersprüche des § 33g GWB erschweren bislang seine Anwendung und mithin die Offenlegung von Beweismitteln. Daher sollte der deutsche Gesetzgeber unter Berücksichtigung der Erkenntnisse aus dem Rechtsvergleich mit der österreichischen Richtlinienumsetzung den Offenlegungsanspruch, § 33g GWB, in eine Verfahrensvorschrift nach dem Vorbild von § 142 ZPO ändern.

Der deutsche Gesetzgeber sollte sich die bereits existierende Anordnungsvorschrift § 142 ZPO zunutze machen und sich bei einer Überarbeitung von § 33g GWB an dieser orientieren. Gleichwohl kann § 142 ZPO nur der Ausgangspunkt für eine Überarbeitung sein, weil § 142 ZPO zur Umsetzung der Richtlinienvorgaben allein noch nicht ausreichend ist. Denn Art. 5 SE-RL erfordert eine Anordnungsvorschrift zur Urkundenvorlegung, die über die Möglichkeiten des § 142 ZPO hinausgeht.

Eine Überarbeitung von § 33g GWB könnte sich neben § 142 ZPO auch an der österreichischen Richtlinienumsetzung, § 37j KartG, orientieren. Die österreichische Richtlinienumsetzung, § 37j KartG, ist stringent und zeigt, dass eine Umsetzung der Offenlegungsvorschriften der Kartellschadensersatzrichtlinie durch ausschließlich verfahrensrechtliche Regelungen keine Widersprüche aufweist. Durch eine verfahrensrechtliche Umsetzung der Art. 5 SE-RL ff. kann insbesondere auch vermieden werden, dass der prozessuale Begriff „Glaubhaftmachung" Voraussetzung eines Anspruchs ist.

Die nicht stringente Trennung in § 33g GWB von verfahrensrechtlichen Begriffen einerseits und materiellrechtlichen Begriffen andererseits sowie die fehlende Abstimmung von § 33g GWB als Anspruch auf die zivilprozessuale Vorschrift § 253 Abs. 2 Nr. 2 ZPO hat nicht nur eine Aufgabe von überkommenen Grundsätzen der deutschen Rechtsordnung zur Folge, sondern erschwert auch die Anwendung von § 33g GWB. Im Interesse der Einheit der deutschen Rechtsordnung sollten die Grundsätze des deutschen Zivilrechts und Zivilprozessrechts für die Umsetzung einer EU-Richtlinie möglichst nicht aufgegeben werden. Eine verfahrensrechtliche Umsetzung würde zu mehr Rechtssicherheit führen und würde die bei § 33g GWB aufgezeigten Widersprüche zumindest minimieren. Viele Probleme, die sich bei der Anwendung von § 33g GWB ergeben, könnten durch eine verfahrensrechtliche Umsetzung vermieden werden.

Insgesamt ist festzuhalten, dass im Kartellschadensersatzrecht durch § 33g GWB die Offenlegung von Beweismitteln im Vergleich zur Rechtslage vor der neunten GWB-Novelle zwar erleichtert wird und so mithin die in Kartellschadensersatzprozessen bestehenden „Informationsasymmetrien“[1091] gemindert werden. Gleichwohl könnte im Kartellschadensersatzrecht die Offenlegung von Beweismitteln durch den deutschen Gesetzgeber noch optimiert werden, indem der deutsche Gesetzgeber den Offenlegungsanspruch, § 33g GWB, in eine verfahrensrechtliche Offenlegungsvorschrift nach dem Vorbild von § 142 ZPO ändert.

1091 Siehe Erwägungsgrund 15 der Kartellschadensersatzrichtlinie.

Literaturverzeichnis

Ahrens, Martin / Gehrlein, Markus / Ringstmeier, Andreas (Hg.)
Insolvenzrecht, 3. Auflage, Köln 2017

Alexander, Christian
Wege und Irrwege – Europäisierung im Kartell- und Lauterkeitsrecht, GRUR Int 2013, S. 636–S. 641

Althammer, Christoph
Festschrift für Reinhold Geimer, München 2017, S. 15–S. 24

Althammer, Christoph
Festschrift für Hanns Prütting, Köln 2018, S. 207–S. 219

Bach, Albrecht / Wolf, Christoph
Neue Instrumente im Kartellschadensersatzrecht – Zu den Regeln über Offenlegung, Verjährung und Bindungswirkung, NZKart 2017, S. 285–S. 294

Baumbach, Adolf / Lauterbach, Wolfgang / Hartmann, Peter / Anders, Monika/ Gehle, Burkhard (Hg.)
Zivilprozessordnung: ZPO, 78. Auflage, München 2020

Bechtold, Rainer / Bosch, Wolfgang
Gesetz gegen Wettbewerbsbeschränkungen: GWB, 9. Auflage, München 2018

Berg, Werner / Mäsch, Gerald (Hg.)
Deutsches und Europäisches Kartellrecht, 3. Auflage, Köln 2018

Berger, Christian
Beweisführung mit elektronischen Dokumenten, NJW 2005, S. 1016–S. 1020

Bien, Florian
Wozu brauchen wir die Richtlinie über private Kartellschadensersatzklagen noch?, NZKart 2013, S. 481–S. 482

Blome, Max-Niklas / Fritzsche, Alexander
Der Schutz von Geschäftsgeheimnissen im Kartellschadensersatzprozess, NZKart 2019, S. 247–S. 251

Brand, Michael
Schadenersatz im Kartellrecht, Wien 2017

Brand, Peter-Andreas
Grenzen zivilprozessualer Wahrheit und Gerechtigkeit, Disclosure- und Discovery-Elemente im deutschen Zivilverfahrensrecht, NJW 2017, S. 3558–S. 3563

Braun, Eberhard (Hg.)
Insolvenzordnung (InsO), 8. Auflage, München 2020

Creifelds, Carl (Begr.)
Rechtswörterbuch, 23. Auflage, München 2019

Dietrich, Michael/ Nowak, Christine
Die Vorschläge der EU-Kommission zum Schutz vertraulicher Informationen in Kartellschadensersatzklagen – ein Aufruf an den Gesetzgeber zum Handeln, NZKart 2020, S. 15–S. 20

Dokalik, Dietmar
Schadenersatz wegen Wettbewerbsverletzungen nach dem KaWeRÄG 2017, RdW 4/2017, S. 219 - S. 226

Dose, Michael
Die 9. GWB-Novelle und der Verbraucherschutz, VuR 2017, S. 297–S. 302

Fiedler, Lilly/ Huttenlauch, Anna Blume
Der Schutz von Kronzeugen- und Settlementerklärungen vor der Einsichtnahme durch Dritte nach dem Richtlinien-Vorschlag der Kommission, NZKart 2013, S. 350–S. 355

Fiedler, Lilly/ Niermann, Marcus
Neue Regeln zur Offenlegung von Beweismitteln: Wer zahlt die Zeche für die Kosten der Disclosure?, NZKart 2017, S. 497–S. 502

Fuchs, Andreas/ Weitbrecht, Andreas (Hg.)
Handbuch Private Kartellrechtsdurchsetzung, München 2019

Galle, René/ Popot-Müller, Friederike
Sanktionen bei Vereitelung der Herausgabepflicht nach § 33g GWB, NZKart 2019, S. 317–S. 321

Gruber, Johannes Peter
Das Kartell- und Wettbewerbsrechts-Änderungsgesetz 2017 (Teil 1), ÖZK 2017, S. 135–S. 149

Haus, Florian C./ Serafimova, Mariya
Neues Schadensersatzrecht für Kartellverstöße – die EU-Richtlinie über Schadensersatzklagen, BB 2014, S. 2883–S. 2890

Hellmann, Hans-Joachim / Steinbrück, Ben
Discovery Light – Informations- und Beweismittelbeschaffung im Rahmen von Kartellschadensersatzklagen, NZKart 2017, S. 164–S. 175

Hiéramente, Mayeul
Verfassungsrechtliche Aspekte der Anhörungspraxis des Bundeskartellamtes bei Akteneinsichtsgesuchen Dritter, NZKart 2018, S. 260–S. 263

Hoffer, Raoul / Raab, Christoph
Die Novellierung des österreichischen Kartellrechts als RL-Umsetzung PLUS, NZKart 2017, S. 206–S. 211

Inderst, Roman / Thomas, Stefan
Schadensersatz bei Kartellverstößen, 2. Auflage, Düsseldorf 2018

Jarass, Hans D./Pieroth, Bodo
Grundgesetz für die Bundesrepublik Deutschland: GG, 15. Auflage, München 2018

Kahlenberg, Harald / Heim, Lena
Referentenentwurf der 9. GWB-Novelle: Mehr Effizienz für die private und behördliche Rechtsdurchsetzung, BB 2016, S. 1863–S. 1871

Kamann, Hans-Georg / Ohlhoff, Stefan / Völcker, Sven (Hg.)
Kartellverfahren und Kartellprozess, München 2017

Kersting, Christian/ Podszun, Rupprecht (Hg.)
Die 9. GWB-Novelle, München 2017

Keßler, Jürgen
Die europäische Richtlinie über Schadensersatz im Wettbewerbsrecht – Cui bono?, VuR 2015, S. 83–S. 92

Klumpe, Gerhard / Thiede, Thomas
Regierungsentwurf zur 9. GWB-Novelle: Änderungsbedarf aus Sicht der Praxis, BB 2016, S. 3011–S. 3018

Klumpe, Gerhard/ Thiede, Thomas
Auskunftsklagen nach der GWB-Novelle – Gedankensplitter aus der Praxis, NZKart 2016, S. 471–S. 473

Klumpe, Gerhard/ Thiede, Thomas
Keeping the Floodgates Shut – Kartellschadensersatz nach der 9. GWB-Novelle, NZKart 2017, S. 332–S. 339

Lahme, Rüdiger/ Ruster, Andreas
Der zeitliche Anwendungsbereich des § 33g GWB – Ein fiktives Streitgespräch, NZKart 2019, S. 645–S. 650

Langen, Eugen/ Bunte, Hermann-Josef (Hg.)
Kartellrecht, Band 1, 13. Auflage, Köln 2018

Loewenheim, Ulrich/ Meessen, Karl/ Riesenkampff, Alexander/ Kersting, Christian/ Meyer-Lindemann, Hans Jürgen (Hg.)
Kartellrecht, 4. Auflage, München 2020

Lübbig, Thomas/ Mallmann, Roman A.
Offenlegung von Beweismitteln gemäß dem Kabinettsentwurf für das 9. GWB-Änderungsgesetz, NZKart 2016, S. 518–S. 522

Makatsch, Tilman/ Mir, Arif Sascha
Die neue EU-Richtlinie zu Kartellschadensersatzklagen – Angst vor der eigenen „Courage"?, EuZW 2015, S. 7–S. 13

Mederer, Wolfgang
Richtlinienvorschlag über Schadensersatzklagen im Bereich des Wettbewerbsrechts, EuZW 2013, S. 847–S. 851

MüKo, BGB, Band 1
Münchener Kommentar zum Bürgerlichen Gesetzbuch: BGB, Band 1, herausgegeben von Franz Jürgen Säcker, Roland Rixecker, Hartmut Oetker, Bettina Limperg, 8. Auflage, München 2018

MüKo, BGB, Band 2
Münchener Kommentar zum Bürgerlichen Gesetzbuch: BGB, Band 2, herausgegeben von Franz Jürgen Säcker, Roland Rixecker, Hartmut Oetker, Bettina Limperg, 8. Auflage, München 2019

MüKo, InsO, Band 1
Münchener Kommentar zur Insolvenzordnung: InsO, Band 1, herausgegeben von Rolf Stürner, Horst Eidenmüller, Heinrich Schoppmeyer, 4. Auflage, München 2019

MüKo, WettbR, Band 2
Münchener Kommentar zum Wettbewerbsrecht, Band 2, herausgegeben von Franz Jürgen Säcker, Peter Meier Beck, 3. Auflage, München 2020

MüKo, ZPO, Band 1
Münchener Kommentar zur Zivilprozessordnung: ZPO, Band 1, herausgegeben von Wolfgang Krüger, Thomas Rauscher, 5. Auflage, München 2016

MüKo, ZPO, Band 2
Münchener Kommentar zur Zivilprozessordnung: ZPO, Band 2, herausgegeben von Wolfgang Krüger, Thomas Rauscher, 5. Auflage, München 2016

Musielak, Hans-Joachim/ Voit, Wolfgang (Hg.)
Zivilprozessordnung: ZPO, 16. Auflage, München 2019

Oest, Isabel/ Hess, Berndt/ Janutta, Kim-Simone
Kartellschadensersatz in Deutschland und Großbritannien: Strategische Überlegungen aus Kläger- und Beklagtensicht, CCZ 2017, S. 273–S. 281

Palandt, Otto (Namensgeber)
Bürgerliches Gesetzbuch: BGB, 79. Auflage, München 2020

Petrasincu, Alex
Überblick über die 9. GWB-Novelle, WRP 2017, S. 921–S. 927

Petrasincu, Alex
Kartellschadensersatz nach dem Referentenentwurf der 9. GWB-Novelle, WuW 2016, S. 330–S. 336

Petrasincu, Alex / von Steuben, Karl-Christoph
Wie Phoenix aus der Asche – Zeitliche Anwendbarkeit der Offenlegungsregeln des § 33g GWB im Lichte jüngster Rechtsprechung, NZKart 2018, S. 286–S. 291

Podszun, Rupprecht / Kreifels, Stephan
Kommt der Ausforschungsanspruch? – Anmerkungen zum geplanten § 33g GWB, GWR 2017, S. 67–S. 72

Podszun, Rupprecht / Kreifels, Stephan / Schmieder, Gregor
Streitpunkte der 9. GWB-Novelle, WuW 2017, S. 114–S. 120

Preuß, Nicola
Offenlegung von Beweismitteln nach der 9. GWB-Novelle: Sonderregeln mit Modellcharakter?, WuW 2017, S. 301

Prütting, Hanns / Gehrlein, Markus (Hg.)
ZPO – Kommentar, 11. Auflage, Köln 2019

Rassi, Jürgen C. T.
Kooperation und Geheimnisschutz bei Beweisschwierigkeiten im Zivilprozess, Wien 2020

Reidlinger, Axel / Hartung, Isabella
Das österreichische Kartellrecht, 4. Auflage, Wien 2019

Rosenfeld, Andreas / Brand, Peter-Andreas
Die neuen Offenlegungsregeln für Kartellschadensersatzansprüche nach der 9. GWB-Novelle, WuW 2017, S. 247–S. 252

Rother, Christopher
Kartellschadensersatz nach der 9. GWB-Novelle, NZKart 2017, S. 1–S. 2

Saenger, Ingo (Hg.)
Zivilprozessordnung: ZPO, 8. Auflage, Baden-Baden 2019

Saller, Michael
Vertraulichkeit von anonymen Informanten im Kartellverfahren, BB 2013, S. 1160–S. 1163

Schweitzer, Heike
Die neue Richtlinie für wettbewerbsrechtliche Schadensersatzklagen, NZKart 2014, S. 335–S. 345

Seeliger, Daniela/ de Crozals, Dorothee
Zukunftsweisend: Die 9. GWB-Novelle, ZRP 2017, S. 37–S. 40

Seifert, Konstantin
Informationsbeschaffung für Kartellschadensersatzverfahren – Kommen Geschädigte (noch) an die Akte des Bundeskartellamtes?, NZKart 2017, S. 512–S. 518

Stein / Jonas, ZPO Band 2
Kommentar zur Zivilprozessordnung: ZPO, Band 2, hg. von Friedrich Stein, Martin Jonas, 23. Auflage, Tübingen 2016

Stein /Jonas, ZPO Band 4
Kommentar zur Zivilprozessordnung: ZPO, Band 4, hg. von Friedrich Stein, Martin Jonas, 23. Auflage, Tübingen 2018

Thomas, Heinz / Putzo, Hans (Begr.)
Zivilprozessordnung: ZPO, weitergeführt von Klaus Reichold, Rainer Hüßtege, Christian Seiler, 40. Auflage, München 2019

Weitbrecht, Andreas
Eine neue Ära im Kartellschadensersatzrecht – Die 9. GWB-Novelle, NJW 2017, S. 1574–S. 1578

Weitbrecht, Andreas
Kartellschadensersatz 2017, NZKart 2018, S. 106–S. 112

Weitbrecht, Andreas
Kartellschadensersatz 2018, NZKart 2019, S. 70–S. 76

Wiedemann, Gerhard (Hg.)
Handbuch des Kartellrechts, 4. Auflage, München 2020

Zöller, Richard (Hg.)
Zivilprozessordnung: ZPO, 33. Auflage, Köln 2020

Rechtswissenschaftliche Forschung und Entwicklung

Herausgegeben von

Prof. Dr. jur. Michael Lehmann, Dipl.-Kfm.
Universität München

Band 853: Caroline Rohling: **§ 33g GWB – Die Offenlegung von Beweismitteln im Kartellschadensersatzprozess**
2022 · 328 Seiten · ISBN 978-3-8316-4960-0

Band 852: Thomas Pallien: **Die Private Company Limited by Shares als Rechtsform für ausländische Direktinvestitionen in Indien** · Darstellung und Analyse der rechtlichen Rahmenbedingungen
2022 · 296 Seiten · ISBN 978-3-8316-4957-0

Band 851: Simon Untergruber: **Grenzen der Informationsfreiheit des Bürgers nach dem Informationsfreiheitsrecht im Polizeirecht**
2022 · 320 Seiten · ISBN 978-3-8316-4956-3

Band 850: Stephan Borries: **Kollektive Informationspflichten und das individuelle Informationsrecht des Kommanditisten** · Eine rechtsdogmatische Untersuchung aus Anlass der Reform des Personengesellschaftsrechts durch das MoPeG
2022 · 424 Seiten · ISBN 978-3-8316-4952-5

Band 849: Johannes Pfeiffer: **Das zwangsweise Entfernen eines Gesellschafters aus der GmbH** · Die Zwangseinziehung von Geschäftsanteilen sowie die statutarische Abtretungsverpflichtung und der Ausschluss ohne Satzungsregelung als Alternativen zur Zwangseinziehung
2022 · 244 Seiten · ISBN 978-3-8316-4863-4

Band 848: Philippe Bhering: **Grenzbeschlagnahme und Piraterie in Deutschland und Brasilien unter Berücksichtigung des Transits von Markenwaren**
2021 · 268 Seiten · ISBN 978-3-8316-4927-3

Band 847: Larinca Ritschl: **Die Reichweite der analogen Anwendung des § 47 Abs. 4 Satz 2 Alt. 1 GmbHG bei der Beteiligung eines GmbH-Gesellschafters an dem Vertragspartner der GmbH**
2021 · 232 Seiten · ISBN 978-3-8316-4921-1

Band 846: Konrad Hildebrand: **Der Schutz des Beschuldigten bei Medienauskünften von Staatsanwaltschaften im Ermittlungsverfahren**
2021 · 216 Seiten · ISBN 978-3-8316-4904-4

Band 845: Caroline Beyersdorf: **Mediale Öffentlichkeit als Strafzumessungskriterium** · Zugleich eine Untersuchung der empirischen und rechtlichen Befunde von Medienöffentlichkeit im Strafverfahren
2021 · 180 Seiten · ISBN 978-3-8316-4905-1

Band 844: Dominik Forstner: **Das US-amerikanische Tarifvertragsrecht aus der Perspektive der Luftfahrt**
2021 · 340 Seiten · ISBN 978-3-8316-4900-6

Band 843: Michael Richter: **Spielräume für die Landesgesetzgebung und sonstige Maßnahmen der Landes- und Kommunalpolitik im Kreislaufwirtschaftsrecht** · Gegenstände, Handlungsarenen und verfassungsrechtlicher Rahmen
2021 · 250 Seiten · ISBN 978-3-8316-4901-3

Band 842: Nanette von Tucher: **Der Mord an Kurt Eisner durch Anton Graf von Arco auf Valley**
2021 · 496 Seiten · ISBN 978-3-8316-4877-1

Band 841: Marcin Rodek: **Patente im Chemiebereich – Motor oder Bremse der Innovation?**
2021 · 372 Seiten · ISBN 978-3-8316-4867-2

Band 840: René Wünschmann: **Qualitätsmanagement in der akutstationären Versorgung von gesetzlich Krankenversicherten**
2020 · 222 Seiten · ISBN 978-3-8316-4829-0

Band 839: Dominik Angstwurm: **Kreativität vs. Urheberrecht im digitalen Bereich** · Chancen und Grenzen vorhandener Selbstregulierungsansätze
2019 · 290 Seiten · ISBN 978-3-8316-4808-5

Band 838: Karolina Vogel: **Die EUNAVFOR MED Operation Sophia zur Bekämpfung des Migrantenschmuggels auf Hoher See im Mittelmeer** · Eine rechtliche Einordnung auf drei Ebenen
2019 · 282 Seiten · ISBN 978-3-8316-4784-2

Band 837: Ines Marin: **Sonderverjährungstatbestände für Gewährleistungsrechte im Kauf- und Werkvertragsrecht** · Eine exemplarische Problemanalyse der Verjährung der Gewährleistungsrechte bei mangelhaften Photovoltaikanlagen unter besonderer Berücksichtigung der obergerichtlichen und höchstrichterlichen Rechtsprechung seit 2012
2019 · 538 Seiten · ISBN 978-3-8316-4779-8

Band 836: Chuan-Ching Liu: **Die hypothetische Einwilligung im Arztstrafrecht**
2019 · 314 Seiten · ISBN 978-3-8316-4772-9

Band 835: Stephanie Fay: **Die Novellierung des Sanktionensystems im Lauterkeitsrecht** · Entwicklungsperspektiven für ein einheitliches Verbraucherschutzniveau nach den Vorgaben der UGP-Richtlinie
2019 · 262 Seiten · ISBN 978-3-8316-4770-5

Band 834: Corinna Göggerle: **Fremdrechtsanwendung bei der Behandlung von EU/EWR-Auslandsgesellschaften sowie der Societas Europaea nach deutschem Strafrecht**
2019 · 260 Seiten · ISBN 978-3-8316-4765-1

Band 833: Raoul Müller: **Im Zweifel für den Fiskus** · Eine kritische Betrachtung des Umgangs der Strafverfolgungspraxis mit dem Straftatbestand der Steuerhinterziehung bei Umsatzsteuerkarussellen im Lichte des Bestimmtheitsgebots gemäß Art.103 Abs. 2 GG
2019 · 306 Seiten · ISBN 978-3-8316-4764-4

Band 832: Benedikt A. Groh: **Entwicklung eines Rechtsrahmens zum Betrieb ziviler unbemannter Fluggeräte** · Eine rechtsvergleichende Analyse des bestehenden nationalen Rechtsrahmens mit dem Rechtsrahmen der Vereinigten Staaten von Amerika
2019 · 218 Seiten · ISBN 978-3-8316-4763-7

Band 831: Enno Schley: **Das lauterkeitsrechtliche Trennungsgebot im Internet**
2018 · 236 Seiten · ISBN 978-3-8316-4753-8

Band 830: Charlotte Lauser: **Die Bindung der Verfassungsorgane an den Grundsatz der Europarechtsfreundlichkeit**
2018 · 284 Seiten · ISBN 978-3-8316-4739-2

Band 829: Fabian Patrick Philipp Roth: **Die Haftung der Vorstände der Krankenkassen, der Krankenkassenverbände und der Kassenärztlichen Vereinigungen**
2018 · 270 Seiten · ISBN 978-3-8316-4712-5

Band 828: Vincent Burgert: **Die genetische Beratung im Spannungsfeld zwischen Selbstbestimmung und Drittinteressen** · Zugleich eine aktuelle Untersuchung zur ärztlichen Schweigepflicht im Bereich der Humangenetik
2018 · 262 Seiten · ISBN 978-3-8316-4693-7

Band 827: Zhuomin Wu: **Der Schutz biotechnologischer Erfindungen in der V. R. China unter Berücksichtigung internationaler Entwicklungen**
2018 · 202 Seiten · ISBN 978-3-8316-4710-1

Band 826: Alexander Hödemaker: **Marktzugang und Staatszugehörigkeit im internationalen und europäischen Investitionsrecht**
2018 · 262 Seiten · ISBN 978-3-8316-4687-6

Band 825: Sebastian Eberz: **Konkurrenz direktionsrechtlicher Normen und ihre Systemfolge für die Weisungserteilung Dritter**
2018 · 208 Seiten · ISBN 978-3-8316-4707-1

Band 824: Anna Pötzl: **Demografischer Wandel und Verwaltungsorganisation**
2018 · 408 Seiten · ISBN 978-3-8316-4711-8

Band 823: Luping Duan: **Gleichnamigkeit im Kennzeichenrecht** · Eine vergleichende Untersuchung zwischen Deutschland und China
2017 · 282 Seiten · ISBN 978-3-8316-4665-4

Band 822: Maximilian Reinartz: **Öffentlichkeitsarbeit seitens des Verletzten einer Straftat** · Belastung der Verfahrensstruktur oder legitime Verwirklichung von Opferinteressen?
2017 · 200 Seiten · ISBN 978-3-8316-4659-3

Band 821: Christina Lang: **Die Einstellung nach § 154 StPO in der Revisionsinstanz** · Eine kritische Analyse der Rechtsprechung des Bundesgerichtshofs
2018 · 250 Seiten · ISBN 978-3-8316-4651-7

Erhältlich im Buchhandel oder direkt beim Verlag:
utzverlag GmbH, München
089-277791-00 · info@utzverlag.de

Gesamtverzeichnis mit mehr als 3000 lieferbaren Titeln: www.utzverlag.de